播音员主持人
汉字读音手册

[第2版]

BOYINYUAN
ZHUCHIREN HANZI DUYIN
SHOUCE [DI-ER BAN]

张涵 ◎ 编著

中国传媒大学 出版社
·北京·

第 2 版修订说明

《播音员主持人汉字读音手册》2011年8月出版后,受到播音员、主持人、播音与主持艺术专业师生和广大播音主持艺术爱好者的好评。很多播音员、主持人将此书作为工作用书,放在手边查看。很多高校将此书选为教学参考书。

本书收录的1 900余个字词是广大读者容易读错用错的字词。播音员、主持人作为普通话的示范者,更要将这些字词读准用好。

本书第2版根据《现代汉语词典(第7版)》,对个别词条的注音方式进行了修订。

(1)轻声字,注音不标调号,注音前加圆点,如:嘀咕(dí·gu)。

(2)一般轻读、间或重读的字,注音上标调号,注音前再加圆点,如:鹌鹑(ān·chún)。

(3)专名和姓氏的注音,第一个字母大写。

(4)音节界限有混淆可能的,加隔音符号(')。

由于水平有限,这次修订工作肯定会有一些不足甚至失误的地方,希望读者朋友提出宝贵意见,使《播音员主持人汉字读音手册》通过修订更加臻于完善。

前　言

《播音员主持人汉字读音手册》是为播音员、主持人准备的一本手边常用的查询汉语字词读音释义的参考书，从文字、文学、文化、历史、地理、社会等多方面、多视角地对汉语字词加以剖析和诠释。本书共收录1900余个在播音主持实际工作中容易读错用错的字词，主要侧重于读音的正确使用和词义的基本解释。其中，读音的使用基本遵循历届普通话异读词审音的成果和标准，同时也吸纳参考了《现代汉语词典》《新华字典》《现代汉语规范词典》等最新版的标音，个别词语的读音还照应到了群众约定俗成的口语习惯，即使目前尚无明确定论，但也基本表明了作者的观点。涉及一些古代人名姓氏、地名称谓、古音今变、古义今用等，也从古为今用的角度进行了必要的诠释。

本书对于一些字词的读音，有的直接采用字词典的标定，有的采用历届普通话审音的结论，还有的是根据字词典给出的释义，合理辨析推及后的结果。第三种结论的或然性很大，作为一家之言，实际运用中仁智各见，欢迎同界诸君关注研讨、批评指正。

目录 CONTENTS

字词序目 ……… 1

A(27个) ……… 1
B(107个) ……… 1
C(169个) ……… 2
D(101个) ……… 2
E(10个) ……… 3
F(43个) ……… 3
G(118个) ……… 3
H(97个) ……… 4
J(190个) ……… 4
K(52个) ……… 5
L(106个) ……… 5
M(66个) ……… 6
N(36个) ……… 6
O(6个) ……… 6
P(100个) ……… 6
Q(101个) ……… 7
R(22个) ……… 7
S(98个) ……… 8
T(58个) ……… 8
W(46个) ……… 8
X(104个) ……… 9
Y(151个) ……… 9
Z(129个) ……… 10

A ……… 1

阿斗 / 1
腌臜 / 1
挨打 / 1
嫪毐 / 1
嗳气 / 2
暮霭 / 2
关隘 / 2
狭隘 / 2
碍口 / 2

令嫒 / 2
皑皑 / 3
暧昧 / 3
庵堂 / 3
谙熟 / 3
鹌鹑 / 4
埯子 / 4
铵根 / 4
甲胺 / 4
盎然 / 4
凹地 / 5
熬心 / 5
遨游 / 5
嗷嗷待哺 / 6
老媪 / 6
拗口 / 6
违拗 / 6
鏊子 / 6

B 7

跋扈 /7
靠把 /7
拜把子 /7
鲅鱼 /7
瞎掰 /7
百色 /7
大伯子 /8
纵横捭阖 /8
稗子 /8
稗官野史 /8
蛤蚌 /8
牛蒡 /9
炮羊肉 /9
剥皮儿 /9
龅牙 /9
煲饭 /9
褒奖 /9
薄饼 /10
老鸨 /10
刨冰 /10
曝光 /10
陂塘 /10
背负 /11
背包 /11
背静 /11
悖论 /11
焙干 /11

鐾刀 /11
胳臂 /11
奔命 /12
贲门 /12
虎贲 /12
锛子 /12
苯酚 /13
绷脸 /13
蚌埠 /13
绷脆 /13
荸荠 /13
匕首 /13
考妣 /14
秕糠 /14
俾斯麦 /14
俾众周知 /14
卑鄙 /15
包庇 /15
泌阳 /15
贲临 /15
敝人 /15
奴婢 /16
赑屃 /16
麻痹 /16
刚愎自用 /16
辅弼 /16
裨益 /16
算子 /17

薜荔 /17
便嬖 /17
髀骨 /17
皱襞 /17
砭石 /18
针砭时弊 /18
煸锅 /18
蝙蝠 /18
褊狭 /18
马弁 /19
苄甲基 /19
汴梁 /19
黄骠马 /19
蹲膘 /19
飙车 /19
摽劲儿 /20
鱼鳔 /20
瘪三 /20
蹩脚 /20
别嘴 /20
傧相 /20
槟子 /21
摈弃 /21
殡葬 /21
髌骨 /21
鬓发 /21
并州 /22
槟榔 /22

屏除 / 22	参禅 / 29	谄谀 / 35
摒除 / 22	孱头 / 29	阐述 / 35
钵盂 / 22	粲然 / 29	盘缠 / 35
般若 / 23	伧俗 / 29	羼杂 / 35
吐蕃 / 23	粗糙 / 29	伥鬼 / 35
伯仲 / 23	嘈杂 / 30	倡优 / 36
布帛 / 23	参差 / 30	场院 / 36
柏拉图 / 24	岑寂 / 30	徜徉 / 37
亳州 / 25	偏差 / 30	霓裳 / 37
鹁鸪 / 25	打喳喳 / 31	大氅 / 37
锡箔 / 25	喀嚓 / 31	怅惘 / 38
浇薄 / 26	搽粉 / 31	焯菠菜 / 38
跛子 / 26	浮槎 / 31	剿说 / 38
颠簸 / 26	侘傺 / 32	工尺谱 / 38
薄荷 / 26	古刹 / 32	坼裂 / 38
黄檗 / 26	刹那 / 32	掣电 / 38
擘画 / 26	惊诧 / 32	掣肘 / 39
巨擘 / 27	裙钗 / 32	抻面 / 39
簸箕 / 27	侪辈 / 33	郴州 / 39
逋留 / 27	蜂蛋 / 33	嗔怪 / 39
白醭儿 / 27	觇标 / 33	瞋目 / 40
反哺 / 27	单于 / 33	谌 / 40
大埔 / 28	谗言 / 34	牙碜 / 40
安瓿 / 28	婵娟 / 34	寒碜 / 40
	孱弱 / 34	龀牙 / 40
C 28	蝉蜕 / 34	称职 / 40
礤床儿 / 28	蟾蜍 / 34	谶语 / 41
采邑 / 28	巉峻 / 35	柽柳 / 41

琤玐 / 41	炽热 / 47	抽搐 / 53
蛏子 / 41	敕封 / 47	憷头 / 53
饼铛 / 41	何啻 / 47	罢黜 / 53
瞠目结舌 / 42	忧心忡忡 / 47	欻拉 / 53
伥触 / 42	舂米 / 47	搋子 / 54
乘客 / 42	憧憧 / 48	揣测 / 54
大乘 / 42	艨艟 / 48	囊揣 / 54
惩罚 / 43	种 / 48	遄往 / 54
田塍 / 43	宠幸 / 48	椽子 / 54
澄清 / 43	冲床 / 49	舛误 / 55
驰骋 / 43	铳子 / 49	玉钏 / 55
王禹偁 / 43	紬绎 / 49	创伤 / 55
蚩尤 / 44	俦类 / 49	幢幢 / 55
鸱鸮 / 44	惆怅 / 50	闯荡 / 56
眼眵 / 45	绸缪 / 50	怆然 / 56
鞭笞 / 45	畴昔 / 50	椎心泣血 / 56
嗤之以鼻 / 45	踌躇 / 50	棒槌 / 56
痴子 / 45	樗蒲 / 51	淳于 / 56
魑魅魍魉 / 45	刍议 / 51	鹑衣 / 56
羹匙 / 45	处理 / 51	踔厉 / 57
丹墀 / 45	处暑 / 51	啜泣 / 57
踟蹰 / 46	杵臼 / 52	风姿绰约 / 57
侈谈 / 46	楮墨 / 52	刺啦 / 57
豆豉 / 46	褚 / 52	挨呲儿 / 57
褫夺 / 46	相形见绌 / 52	吹毛求疵 / 57
彳亍 / 46	俶尔 / 53	鸬鹚 / 57
叱咤 / 46	保俶塔 / 53	糍粑 / 58
整饬 / 47	畜肥 / 53	刺挠 / 58

枞树 / 58
青骢马 / 58
从容 / 58
淙淙 / 58
辐辏 / 59
腠理 / 59
粗谢 / 59
猝死 / 59
蚕蔟 / 59
蹙眉 / 59
一蹴而就 / 60
汆汤 / 60
撺掇 / 60
攒聚 / 60
分蘖 / 60
璀璨 / 60
淬火 / 60
毳毛 / 61
皴裂 / 61
思忖 / 61
蹉跎 / 61
嵯峨 / 61
锉子 / 62
痤疮 / 62
安厝 / 62
厝火积薪 / 62
挫折 / 62

D 62
奔拉 / 62
褡裢 / 63
妲己 / 63
鞑靼 / 63
打扮 / 63
大夫 / 64
大黄 / 64
呆板 / 64
大城 / 64
山大王 / 65
骀荡 / 65
玳瑁 / 65
殆尽 / 65
怠惰 / 65
逮捕 / 65
耽搁 / 66
老聃 / 66
殚精竭虑 / 66
箪食壶浆 / 66
儋州 / 66
黄疸 / 67
掸子 / 67
啖饭 / 67
肆无忌惮 / 67
当时 / 67
正当 / 68
当年 / 68

当地 / 68
说论 / 68
当天 / 68
适当 / 68
凼肥 / 68
砀山 / 68
跌宕 / 69
档次 / 69
叨唠 / 69
叨咕 / 69
捯饬 / 69
倒腾 / 69
倒嚼 / 70
祷告 / 70
蹈袭 / 70
悼词 / 70
得劲儿 / 70
得亏 / 70
非得 / 70
黄澄澄 / 70
氐族 / 70
羝羊 / 71
提防 / 71
提溜 / 71
金日磾 / 71
的卢 / 71
觌面 / 72
嘀咕 / 72

墨翟 / 72	句读 / 76	摁扣儿 / 82
锋镝 / 72	买椟还珠 / 77	迩来 / 82
骶骨 / 72	文牍 / 77	
标的 / 73	黩武 / 77	**F** 82
娣姒 / 73	爆肚儿 / 77	法子 / 82
谛听 / 73	肚子 / 78	令人发指 / 83
睇眄 / 73	笃志 / 78	珐琅 / 83
棠棣 / 74	蠹虫 / 78	藩篱 / 83
发嗲 / 74	碓房 / 78	樊笼 / 84
掂掇 / 74	敦聘 / 78	樊篱 / 84
滇池 / 74	趸批 / 79	梵文 / 84
碘酊 / 74	混沌 / 79	不妨 / 84
踮脚 / 74	咄咄怪事 / 79	游舫 / 84
佃户 / 74	咄咄逼人 / 79	绯闻 / 85
玷污 / 75	掇拾 / 79	蜚声 / 85
靛蓝 / 75	揣度 / 80	腓骨 / 85
蚯垤 / 75	踱步 / 80	获益匪浅 / 85
日昳 / 75	驮子 / 80	菲薄 / 85
堞墙 / 75		悱恻 / 86
喋血 / 75	**E** 80	斐然 / 86
史牒 / 75	阿附 / 80	香榧 / 86
蹀躞 / 75	阿胶 / 80	氛围 / 86
疔毒 / 75	阿弥陀佛 / 80	汾河 / 87
靪前掌 / 76	阿房宫 / 81	忿詈 / 87
订正 / 76	婀娜 / 81	偾事 / 87
钉扣子 / 76	讹传 / 81	趺坐 / 87
侗族 / 76	峨冠博带 / 81	跗骨 / 87
胴体 / 76	呃逆 / 82	敷衍 / 87

逝者如斯夫 / 87
凫水 / 88
芙蕖 / 88
米芾 / 88
茯苓 / 88
佛戾 / 89
仿佛 / 89
拂晓 / 89
祓除 / 89
涪陵 / 89
幞头 / 89
田父 / 90
皇甫 / 90
开张甫及 / 90
拊膺 / 90
果脯 / 91
讣告 / 91
复杂 / 91
洑水 / 91

G 91
旮旯儿 / 91
胳肢窝 / 91
伽马射线 / 91
咖喱 / 91
轧朋友 / 92
嘎调 / 92
嘎伦 / 92

噶厦 / 92
嘎古 / 92
垓下 / 92
赅博 / 93
盖 / 93
干系 / 93
射干 / 93
干将 / 93
坩埚 / 94
糖苷 / 94
矸石 / 94
泔水 / 94
尴尬 / 94
杆菌 / 95
杆秤 / 95
擀毡 / 95
宵衣旰食 / 95
绀青 / 95
力能扛鼎 / 95
天罡 / 96
罡风 / 96
岗尖儿 / 96
钢刀 / 96
睾丸 / 96
杲杲 / 96
缟素 / 96
枯槁 / 97
诰命 / 97

膏油 / 97
仡佬族 / 97
疙疸 / 97
疙瘩 / 97
袼褙 / 98
胳肢 / 98
瓜葛 / 98
搁不住 / 98
蛤蜊 / 98
蛤蚧 / 98
自个儿 / 99
诸葛 / 99
虼蚤 / 99
硌硬 / 99
硌牙 / 99
逗哏 / 99
发艮 / 99
亘古 / 100
年庚 / 100
绠短汲深 / 100
脖颈子 / 100
如鲠在喉 / 100
女红 / 100
供应 / 101
肱骨 / 101
股肱 / 101
觥筹交错 / 101
拱手 / 102

勾践 / 102	老鸹 / 108	**H** 115
高句丽 / 102	诖误 / 108	哈喇 / 115
佝偻 / 103	纶巾 / 109	哈喇子 / 115
枸橘 / 103	桂冠 / 109	蛤蟆 / 115
篝火 / 103	冠县 / 110	哈达 / 115
苟安 / 104	鳏夫 / 110	哈巴狗 / 115
勾当 / 104	东莞 / 110	哈巴 / 116
诟骂 / 104	毌丘俭 / 110	哈什蚂 / 116
縠中 / 104	道观 / 111	骸骨 / 116
媾和 / 104	盥洗 / 111	骇然 / 116
呱呱坠地 / 105	白鹳 / 111	蚶子 / 117
曹大家 / 105	鹳雀楼 / 111	酣战 / 117
轱辘 / 106	粗犷 / 112	憨直 / 117
骨朵 / 106	桄子 / 112	打鼾 / 117
汩没 / 106	皈依 / 112	邗江 / 117
训诂 / 106	瑰丽 / 112	罕见 / 118
骨头 / 106	玫瑰 / 112	扞格不入 / 118
牯牛 / 106	妫水 / 113	菡萏 / 118
商贾 / 106	庋藏 / 113	颔首 / 118
羖羊 / 107	日晷 / 113	夯实 / 118
鹄的 / 107	刽子手 / 113	巷道 / 119
车毂 / 107	桧柏 / 113	蒿子 / 119
瞽言 / 107	衮服 / 113	茼蒿 / 119
估衣 / 107	聒噪 / 114	薅草 / 119
桎梏 / 108	虢国 / 114	嚆矢 / 119
呱唧 / 108	馃子 / 114	号丧 / 119
拉呱儿 / 108	棺椁 / 114	蚝油 / 120
刽刑 / 108		貉子 / 120

貉绒 /120	鹄立 /127	一晃儿 /132
同好 /120	觳觫 /127	麾下 /133
镐京 /120	浒湾 /127	一会儿 /133
诃子 /121	虎不拉 /127	名讳 /133
回纥 /121	怙恶不悛 /128	教诲 /133
弹劾 /121	戽斗 /128	悔恨 /133
隔阂 /122	竹笏 /128	晦涩 /134
涸辙之鲋 /122	瓠瓜 /128	不容置喙 /134
上颌 /122	扈从 /128	珲春 /134
一丘之貉 /122	糊弄 /128	诨号 /134
阖家 /123	华不注 /129	混合 /134
恫吓 /123	划拳 /129	温和 /135
负荷 /123	华山 /129	暖和 /135
喝问 /123	白桦 /129	尺蠖 /135
横祸 /124	徘徊 /130	
哄抢 /124	踝骨 /130	J ················ 136
阿訇 /125	狗獾 /130	茶几 /136
薨逝 /125	乍暖还寒 /130	芨芨草 /136
闳中肆外 /125	盘桓 /131	奇数 /136
雪里蕻 /125	朱鹮 /131	及笄 /136
黉门 /125	云鬟 /131	木屐 /137
哄骗 /125	浣衣 /131	期年 /137
内讧 /125	浣溪沙 /131	赍恨 /137
哄闹 /126	豢养 /132	犄角 /137
鸿鸧 /126	病入膏肓 /132	缉私 /137
闽侯 /126	遑论 /132	畸形 /137
滹沱河 /126	修篁 /132	畸轻畸重 /138
囫囵吞枣 /127	惝恍 /132	跻身 /138

箕踞 / 138	觊觎 / 147	鹡鸰 / 152
钩稽 / 138	悸动 / 147	鞍鞯 / 152
齑粉 / 139	成绩 / 147	老茧 / 153
京畿 / 139	社稷 / 147	趼子 / 153
羁留 / 139	鲫鱼 / 147	眼睑 / 153
孔伋 / 139	发髻 / 148	杀手锏 / 153
汲取 / 139	夹杂 / 148	谫陋 / 153
即兴 / 140	伽倻琴 / 148	戬灭 / 153
佶屈聱牙 / 140	雪茄 / 148	乖蹇 / 153
负笈 / 140	汗流浃背 / 148	间隙 / 154
疾病 / 140	胡笳 / 149	饯行 / 154
棘手 / 141	夹袄 / 149	监利 / 154
披荆斩棘 / 141	恝然 / 149	监生 / 154
蒺藜 / 141	戛然而止 / 149	国子监 / 154
舟楫 / 141	岬角 / 150	进谏 / 155
嫉妒 / 142	肩胛骨 / 150	槛车 / 155
瘠薄 / 142	稼穑 / 150	僭越 / 155
狼藉 / 142	间架 / 150	将养 / 155
纪晓岚 / 143	间奏曲 / 150	豇豆 / 156
虮子 / 143	间不容发 / 150	浆洗 / 156
济南 / 143	草菅人命 / 151	耩子 / 156
人才济济 / 144	便笺 / 151	降解 / 156
给付 / 144	渐染 / 151	犟嘴 / 156
脊梁 / 145	西学东渐 / 151	教学 / 156
兵戟 / 145	犍牛 / 152	矫情 / 157
麂皮 / 145	湔雪 / 152	佼佼 / 157
解铃系铃 / 146	缄默 / 152	铰接 / 158
事迹 / 146	缣帛 / 152	矫正 / 158

矫揉造作 / 158	褯子 / 164	针灸 / 169
皎洁 / 158	慰藉 / 164	臼齿 / 170
缴纳 / 158	骄矜 / 164	归咎 / 170
校对 / 158	禁不住 / 164	欷歔 / 170
校场 / 159	尽量 / 164	灵柩 / 170
发酵 / 159	妗子 / 165	马厩 / 170
噍类 / 159	浸染 / 165	雕鹫 / 170
节骨眼儿 / 159	缙绅 / 165	范且 / 171
开花结果 / 159	朝觐 / 165	苴麻 / 171
秸秆 / 159	根茎 / 166	狙击 / 171
嗟叹 / 160	泾渭分明 / 166	炭疽 / 171
嗟来之食 / 160	菁华 / 166	拮据 / 171
楷木 / 160	旌旗 / 166	焗油 / 172
孑遗 / 160	腈纶 / 166	柑橘 / 172
孑孓 / 161	粳米 / 167	柜柳 / 172
攻讦 / 161	自刭 / 167	咀嚼 / 172
诘难 / 161	瓶颈 / 167	沮丧 / 172
结婚 / 161	刎颈之交 / 167	枸橼 / 172
桔梗 / 161	儆戒 / 168	矩形 / 173
桀纣 / 162	刚劲 / 168	循规蹈矩 / 173
仓颉 / 162	经纱 / 168	龃龉 / 173
碑碣 / 162	胫骨 / 168	踽踽独行 / 173
羯羊 / 162	痉挛 / 169	句容 / 174
羯族 / 162	靓妆 / 169	沮洳 / 174
解甲归田 / 163	绥靖 / 169	倨傲 / 174
解差 / 163	迥异 / 169	惶遽 / 174
解元 / 163	斑鸠 / 169	镌刻 / 174
女起解 / 163	抓阄儿 / 169	隽永 / 174

圈养 / 175
角色 / 175
口角 / 175
驮骒 / 175
倔强 / 175
觖望 / 176
诡谲 / 176
可发一噱 / 176
矍铄 / 176
龟裂 / 176

K 177
卡尺 / 177
咯血 / 177
揩油 / 177
同仇敌忾 / 177
看押 / 177
佛龛 / 178
戡乱 / 178
俯瞰 / 178
高亢 / 178
犒赏 / 178
坷垃 / 179
孟轲 / 179
砢碜 / 179
沉疴 / 179
下巴颏儿 / 179
窠白 / 179

磕打 / 180
磕巴 / 180
壳郎猪 / 180
坎坷 / 180
可汗 / 180
恪守 / 181
骒马 / 181
缂丝 / 181
溘然 / 181
剋 / 181
铿锵 / 181
倥偬 / 182
空城计 / 182
抠搜 / 182
眍䁖 / 182
矻矻 / 182
刳木为舟 / 182
纨绔 / 183
侉子 / 183
扛痒痒 / 183
市侩 / 183
狯狯 / 183
脍炙人口 / 183
匡算 / 183
诓骗 / 184
诳语 / 184
圹埌 / 184
框框 / 184

钟馗 / 184
揆度 / 184
睽别 / 184
夔州 / 185
跬步 / 185
喟叹 / 185
愦乱 / 185
廓清 / 185

L 185
哈喇子 / 185
邋遢 / 185
疤癞 / 186
半拉 / 186
拉拉蛄 / 186
剌戾 / 186
丢三落四 / 186
瘌痢 / 186
辣手 / 186
招徕 / 187
青睐 / 187
赏赉 / 187
山岚 / 187
褴褛 / 187
啷当 / 187
郎当 / 188
琅玕 / 188
书声琅琅 / 188

铓铛 / 188	黧黑 / 195	囹圄 / 200
稂莠 / 188	蠡测 / 195	西泠 / 201
屎壳郎 / 189	俚语 / 196	高屋建瓴 / 201
阆中 / 189	范蠡 / 196	镏金 / 201
阆苑 / 189	暴戾 / 196	随大溜 / 201
唠叨 / 189	郦食其 / 196	镏子 / 201
醪糟 / 189	瓦砾 / 197	弄堂 / 201
落枕 / 189	牡蛎 / 197	娄子 / 202
莲花落 / 190	妆奁 / 197	镂空 / 202
肋贼 / 190	裣衽 / 197	油葫芦 / 202
伯乐 / 190	装殓 / 197	掳掠 / 202
不亦乐乎 / 190	楝树 / 197	六安 / 202
悬崖勒马 / 191	潋滟 / 198	六合 / 203
嫘祖 / 191	跳踉 / 198	六幺 / 203
缧绁 / 191	计量 / 198	辘轳 / 203
羸弱 / 192	踉跄 / 198	杀戮 / 203
耒耜 / 192	寮房 / 198	露天 / 204
连累 / 192	燎泡 / 199	乡间 / 204
蓓蕾 / 193	了然 / 199	棕榈 / 204
芭蕾 / 193	蓼蓝 / 199	捋胡子 / 205
擂台 / 193	火烧火燎 / 199	膂力 / 205
丽水 / 194	炝蹶子 / 200	革履 / 205
高丽 / 194	瞭望 / 200	氯气 / 205
狸猫 / 194	镙铧 / 200	尝鼎一脔 / 205
骊山 / 195	趔趄 / 200	论语 / 205
黄鹂 / 195	仓廪 / 200	抡材 / 206
嫠妇 / 195	淋病 / 200	捋胳膊 / 206
罹难 / 195	令狐 / 200	大大落落 / 206

泺水 / 206
卓荦 / 206
珞巴族 / 206
炮烙 / 207

M ················ 207
抹布 / 207
麻麻黑 / 207
阴霾 / 207
颟顸 / 207
埋怨 / 207
蔓菁 / 207
牤牛 / 208
麦芒儿 / 208
斑蝥 / 208
猫腰 / 208
蟊贼 / 208
卯榫 / 208
耄耋 / 208
广袤 / 208
奋袂 / 209
猜谜儿 / 209
扪心自问 / 209
愤懑 / 209
愚氓 / 209
牛虻 / 210
蒙学 / 210
雕甍 / 211

懵懂 / 211
眯缝 / 211
弥撒 / 211
靡费 / 211
麋鹿 / 211
弭谤 / 212
敉平 / 212
披靡 / 212
风靡一时 / 212
便秘 / 213
沔水 / 213
分娩 / 213
渑池 / 213
眄视 / 213
岁杪 / 213
邈远 / 213
乜斜 / 214
席篾 / 214
旻天 / 214
黾勉 / 214
泯灭 / 214
酩酊大醉 / 215
纰缪 / 215
宏谟 / 215
模糊 / 215
模式 / 215
按摩 / 215
没奈何 / 216

没羽箭 / 216
没药 / 216
抹不开 / 216
冒顿 / 216
含情脉脉 / 217
粮秣 / 217
蓦然 / 217
鞣鞨 / 217
民瘼 / 217
模样儿 / 217
模具 / 218
天姥 / 218
仫佬族 / 218
牟平 / 218
中牟 / 219
首蓿 / 219

N ················ 219
那 / 219
南无 / 219
老衲 / 220
按捺 / 220
小囡 / 220
赧然 / 220
牛腩 / 220
蝗蝻 / 220
排忧解难 / 220
孬子 / 221

齉鼻子 / 221
呶呶不休 / 221
铙钹 / 221
淖尔 / 221
哪吒 / 222
木讷 / 222
气馁 / 222
比拟 / 222
亲昵 / 223
拘泥 / 223
拈花惹草 / 223
酝酿 / 223
拿捏 / 223
发蔫 / 224
圭臬 / 224
啮合 / 224
喏嚅 / 224
拧手巾 / 224
奸佞 / 224
泥泞 / 225
拗不过 / 225
驽钝 / 225
鼻衄 / 225
疟疾 / 225
袅娜 / 225
搦战 / 226

O 226
区 / 226
瓯子 / 226
呕心沥血 / 226
怄蚊子 / 226
沤肥 / 226
怄气 / 226

P 227
派司 / 227
奇葩 / 227
扒手 / 227
扒肘子 / 227
扒拉 / 227
钉耙 / 227
笆子 / 227
俳优 / 228
迫击炮 / 228
排子车 / 228
番禺 / 228
柴爿 / 228
心广体胖 / 229
涅槃 / 229
蹒跚 / 229
蟠桃 / 229
拚弃 / 229
泮宫 / 229

壶鋬 / 230
车襻 / 230
滂沱 / 230
膀肿 / 230
逄 / 230
胡咘 / 230
耪地 / 230
泡货 / 230
泡桐 / 231
海兰泡 / 231
庖厨 / 231
炮制 / 231
袍泽之谊 / 231
鲍瓜 / 232
跑槽 / 232
虎跑泉 / 232
胚胎 / 232
辔头 / 232
甘霈 / 233
喷香 / 233
怦然心动 / 233
澎湃 / 233
邳州 / 233
坯胎 / 233
黄陂 / 233
枇杷 / 234
毗邻 / 234
蚍蜉 / 234

脾脏 / 234	撇弃 / 239	Q 244
裨将 / 234	瞥见 / 240	两栖 / 244
熊罴 / 234	苤蓝 / 240	休戚与共 / 244
掱鼓 / 235	姘头 / 240	缏边儿 / 245
匹夫 / 235	妃嫔 / 240	蹊跷 / 245
倾圮 / 235	颦蹙 / 240	蒲圻 / 245
仳离 / 235	牝牛 / 240	黄芪 / 245
否极泰来 / 235	伶俜 / 240	祈求 / 245
地痞 / 235	娉婷 / 241	神祇 / 245
劈叉 / 236	朴刀 / 241	耆宿 / 246
劈柴 / 236	陂陀 / 241	颀长 / 246
癖好 / 236	血泊 / 241	畦子 / 246
睥睨 / 236	鄱阳湖 / 241	坐骑 / 246
媲美 / 236	叵测 / 242	綮切 / 246
譬如 / 236	笸箩 / 242	白鳍豚 / 246
一叶扁舟 / 237	厚朴 / 242	枸杞 / 247
犏牛 / 237	琥珀 / 242	杞人忧天 / 247
翩跹 / 237	糟粕 / 242	绮丽 / 247
大腹便便 / 237	解剖 / 242	稽首 / 247
骈文 / 238	一抔土 / 243	收讫 / 248
胼胝 / 238	前仆后继 / 243	迄今 / 248
谝能 / 238	扑克 / 243	妻 / 248
影片 / 238	匍匐 / 243	修葺 / 248
慓悍 / 239	菩提 / 243	小憩 / 248
剽窃 / 239	璞玉 / 244	袷袢 / 248
饿殍 / 239	濮阳 / 244	髂骨 / 249
漂洗 / 239		哨卡 / 249
骠勇 / 239		阡陌 / 249

悭吝 / 249	家雀儿 / 255	祛除 / 260
愆期 / 249	愀然 / 255	蛆虫 / 260
荨麻 / 249	躯壳 / 255	黢黑 / 260
钤印 / 250	讥诮 / 255	劬劳 / 260
掮客 / 250	伽蓝 / 255	冤句 / 260
潜力 / 250	伽南香 / 255	通衢 / 260
黔首 / 250	切脉 / 255	龋齿 / 261
缱绻 / 250	胆怯 / 256	阒然 / 261
纤夫 / 250	提纲挈领 / 256	小觑 / 261
茜草 / 251	惬意 / 256	蜷缩 / 261
呼天抢地 / 251	藤箧 / 256	鬈发 / 261
羌族 / 251	衾枕 / 257	畎亩 / 261
戗风 / 251	黄芩 / 257	奖券 / 261
戕害 / 251	覃 / 257	炔烃 / 262
将进酒 / 252	黥首 / 257	阙如 / 262
镪水 / 252	苘麻 / 257	商榷 / 262
羟基 / 252	顷刻 / 257	逡巡 / 262
强迫 / 252	深中肯綮 / 258	麇集 / 262
戗面儿 / 253	亲家 / 258	
炝锅 / 253	编磬 / 258	R ················ 263
雀子 / 253	告罄 / 258	蚺蛇 / 263
高跷 / 253	邛崃 / 258	髯口 / 263
跷跷板 / 253	茕茕孑立 / 259	攘外 / 263
翘首 / 253	寒蛩 / 259	饶舌 / 263
连翘 / 254	龟兹 / 259	桡骨 / 263
谯楼 / 254	后鞧 / 259	扰攘 / 264
樵夫 / 254	仇 / 259	娆恼 / 264
悄然 / 254	虬髯 / 260	围绕 / 264

任丘 / 264	歃血 / 269	佘太君 / 274
荏苒 / 264	煞白 / 269	舍下 / 274
稔知 / 264	霎时 / 269	拾级而上 / 274
衽席 / 264	色酒 / 270	赦免 / 275
仍然 / 265	色子 / 270	歙县 / 275
冗长 / 265	芟秋 / 270	参商 / 275
儒家 / 265	潸然 / 270	妊娠 / 275
妇孺皆知 / 265	膻气 / 270	轻哂 / 275
汝辈 / 266	膻中 / 270	谂知 / 276
溽热 / 266	掺手 / 270	瘆人 / 276
繁文缛节 / 266	讪笑 / 271	数不胜数 / 276
中阮 / 266	苫布 / 271	史乘 / 276
方枘圆凿 / 266	疝气 / 271	炻器 / 277
偌大 / 267	封禅 / 271	矢口 / 277
	禅让 / 271	有的放矢 / 277
S 267	骟马 / 272	侍候 / 277
撒吃挣 / 267	嬗变 / 272	繁峙 / 277
靸鞋 / 267	丰赡 / 272	舐犊 / 278
萨其马 / 267	赡养 / 272	谥号 / 278
飒子 / 267	浩浩汤汤 / 272	嗜好 / 278
丧钟 / 267	国殇 / 272	螫针 / 278
推搡 / 268	滥觞 / 273	骨殖 / 278
缫丝 / 268	绱鞋 / 273	似的 / 279
本色 / 268	老少边穷 / 273	狩猎 / 279
栓塞 / 268	少不更事 / 273	秫秸 / 279
稼穑 / 269	召公 / 273	黍子 / 279
杉篙 / 269	猞猁 / 273	腧穴 / 279
莎车 / 269	折耗 / 274	刷白 / 279

吮吸 / 280
说服 / 280
媒妁 / 280
数见不鲜 / 280
巳时 / 281
螺蛳 / 281
褒姒 / 281
伺机 / 281
食 / 281
茅厕 / 281
怂恿 / 282
悚然 / 282
老叟 / 282
渊薮 / 282
抖擞 / 282
甘肃 / 282
嗦子 / 283
回溯 / 283
半身不遂 / 283
骨髓 / 283
作祟 / 283
顺遂 / 284
毛遂自荐 / 284
鹰隼 / 284
莎草 / 284
踏莎行 / 285
婆娑 / 285
摩挲 / 285

蓑笠 / 285
羧基 / 285

T 286
趿拉 / 286
一塌糊涂 / 286
水獭 / 286
拓片 / 286
疲沓 / 286
鞭挞 / 287
漯河 / 287
天台 / 287
青苔 / 287
昙花一现 / 288
覃思 / 288
澹台 / 288
忐忑 / 288
袒护 / 288
羰基 / 288
趟水 / 289
溏心儿 / 289
公帑 / 289
倘使 / 289
叨陪 / 289
绦虫 / 289
韬晦 / 290
饕餮 / 290
号啕 / 290

熏陶 / 290
梼杌 / 290
饨馒头 / 291
誊录 / 291
体己 / 291
剔除 / 291
醍醐 / 291
倜傥 / 291
孝悌 / 291
嚏喷 / 292
恬不知耻 / 292
忝列 / 292
暴殄天物 / 292
轻佻 / 292
迢迢 / 292
髫龄 / 293
挑大梁 / 293
请帖 / 293
字帖 / 293
烯烃 / 293
彤云 / 294
侗佤 / 294
洪洞 / 294
崆峒 / 294
悲恸 / 295
骰子 / 295
荼毒 / 295
於菟 / 295

倾吐 / 295	赠遗 / 301	X 306
湍急 / 296	裂罅 / 301	消息儿 / 306
豢辞 / 296	蓊郁 / 301	翕张 / 307
颓丧 / 296	请君入瓮 / 301	嬉笑 / 307
馄饨 / 296	倭寇 / 302	熹微 / 307
拓扑学 / 296	帷幄 / 302	檄文 / 307
	斡旋 / 302	玉玺 / 307
W 296	龌龊 / 303	畏葸 / 308
瓦剌 / 296	於乎 / 303	迁徙 / 308
瓦刀 / 297	毋宁 / 303	敝屣 / 308
崴子 / 297	吾辈 / 303	阋墙 / 309
海参崴 / 297	违忤 / 303	呷 / 309
烷烃 / 297	庑庑 / 303	狎昵 / 309
莞尔 / 297	怃然 / 304	狡黠 / 309
瓜蔓儿 / 298	忤逆 / 304	罅隙 / 309
枉然 / 298	牴牾 / 304	纤维 / 309
王 / 298	兀术 / 304	氙灯 / 310
逶迤 / 298	兀立 / 304	籼稻 / 310
委蛇 / 298	乌拉草 / 304	鲜卑 / 310
葳蕤 / 298	戌戍 / 305	鲜于 / 310
韦编三绝 / 299	好莱坞 / 305	暹罗 / 310
天下为公 / 299	杌子 / 305	动人心弦 / 311
圩田 / 299	可恶 / 306	涎水 / 311
违例 / 300	孙悟空 / 306	舷梯 / 311
唯唯诺诺 / 300	晤谈 / 306	癫痫 / 311
推诿 / 300	痦子 / 306	白鹇 / 311
猥琐 / 301		洗 / 312
回味 / 301		跣足 / 312

鲜见 / 312	獬豸 / 318	漩涡 / 324
兵燹 / 312	邂逅 / 318	晅赫 / 324
苋菜 / 312	燮理 / 318	泫然 / 324
见 / 313	洶溋一气 / 319	炫耀 / 324
庠序 / 313	歆羡 / 319	眩晕 / 324
享用 / 313	囟门 / 319	旋风 / 324
饷客 / 313	芯子 / 319	渲染 / 325
关饷 / 313	寻衅 / 319	楦子 / 325
枭雄 / 314	王不留行 / 319	穴位 / 325
切削 / 314	井陉 / 319	踅摸 / 325
刀削面 / 314	荥阳 / 320	噱头 / 325
骁勇 / 314	省亲 / 320	血液 / 325
翛然 / 314	擤鼻涕 / 320	嘲谑 / 326
混淆 / 315	荇菜 / 320	微醺 / 326
谡闻 / 315	川芎 / 320	寻思 / 326
肖像 / 315	束脩 / 321	荨麻疹 / 326
哮喘 / 315	珍馐 / 321	驯服 / 326
叶韵 / 315	通宿 / 321	徇私 / 327
要挟 / 316	腋臭 / 321	殉情 / 327
偕同 / 316	星宿 / 322	浚县 / 327
颉颃 / 316	胥吏 / 322	熏着了 / 327
采撷 / 317	自诩 / 322	
血晕 / 317	抚恤 / 323	Y ················ 328
万俟卨 / 317	畜养 / 323	倾轧 / 328
头屑 / 317	酗酒 / 323	压根儿 / 328
猥亵 / 317	勖勉 / 323	迎迓 / 328
解数 / 318	拂煦 / 323	揠苗助长 / 328
解州 / 318	煊赫 / 324	恹恹欲睡 / 328

殷红 / 328	怏怏不乐 / 334	颐养 / 339
阏氏 / 329	无恙 / 335	大快朵颐 / 340
淹留 / 329	打烊 / 335	迤逦 / 340
腌渍 / 329	高要 / 335	旖旎 / 340
嫣然 / 329	爻辞 / 335	倚重 / 340
燕山 / 330	僬侥 / 335	割刈 / 341
芫荽 / 330	皋陶 / 336	自怨自艾 / 341
妍媸 / 330	杳无音信 / 336	造诣 / 341
百花争妍 / 331	舀子 / 336	昳丽 / 341
河沿儿 / 331	窈窕 / 336	挹取 / 342
铅山 / 331	疟子 / 336	翊戴 / 342
筵席 / 331	鹞子 / 336	翌日 / 342
奄忽 / 331	藏掖 / 336	自缢 / 342
奄奄一息 / 332	抽噎 / 336	云翳 / 342
俨然 / 332	莫邪 / 337	懿贵妃 / 342
衍生 / 332	揶揄 / 337	氤氲 / 343
郾城 / 332	叶公 / 337	喑哑 / 343
蔡琰 / 332	摇曳 / 337	饮场 / 343
梦魇 / 333	哽咽 / 337	荫庇 / 343
鼹鼠 / 333	奖掖 / 338	应届 / 343
砚池 / 333	拜谒 / 338	膺选 / 344
唁电 / 333	笑靥 / 338	坟茔 / 344
酽茶 / 333	衣锦还乡 / 338	荥经 / 344
餍足 / 334	揖让 / 339	嬴政 / 344
赝品 / 334	涟漪 / 339	应征 / 344
旸谷 / 334	不合时宜 / 339	供不应求 / 345
佯装 / 334	贻贝 / 339	媵臣 / 345
溃疡 / 334	胰子 / 339	佣人 / 345

饕餮 / 345	愚拙 / 351	斧钺 / 357
颙望 / 345	予以 / 351	伍员 / 357
甬道 / 346	伛偻 / 352	陨落 / 358
攸关 / 346	瘐死 / 352	殒灭 / 358
邮政 / 346	窳败 / 352	晕车 / 358
柚木 / 346	与会 / 352	愠色 / 358
赘疣 / 346	吁请 / 353	
鸿猷 / 346	吐谷浑 / 353	**Z** 359
酉时 / 346	翁妪 / 353	包扎 / 359
良莠不齐 / 347	久旱不雨 / 353	匝月 / 359
户牖 / 347	不以语人 / 353	咂摸 / 359
黝黑 / 347	听阈 / 354	载文 / 359
囿于 / 347	手谕 / 354	装载 / 359
釉陶 / 348	尉犁 / 354	糌粑 / 360
宽宥 / 348	尉迟 / 354	簪子 / 360
迂腐 / 348	蔚县 / 355	暂且 / 360
萦纡 / 348	熨帖 / 355	錾子 / 360
予取予求 / 348	燠热 / 355	臧否 / 360
婕妤 / 348	鹬蚌相争 / 355	玄奘 / 360
须臾 / 349	卖官鬻爵 / 355	确凿 / 361
曹禺 / 349	纸鸢 / 355	咋舌 / 361
谀辞 / 349	城垣 / 356	逼仄 / 362
娱乐 / 349	鼋鱼 / 356	憎恨 / 362
茱萸 / 350	御苑 / 356	锃亮 / 362
城隅 / 350	干哕 / 356	甑子 / 362
喁喁私语 / 350	乐清 / 356	查拳 / 362
逾期 / 350	清平乐 / 357	札记 / 363
丰腴 / 351	锁钥 / 357	马扎儿 / 363

手拃 / 363	鸡胗儿 / 368	评骘 / 373
砟子 / 363	砧木 / 368	中肯 / 373
栅栏 / 363	甄别 / 368	荒冢 / 374
侧棱 / 363	箴言 / 368	踵武 / 374
择菜 / 364	缜密 / 369	啁啾 / 374
鹿砦 / 364	鸩毒 / 369	压轴子 / 374
祭公 / 364	朕兆 / 369	甲胄 / 374
占卜 / 364	赈济 / 369	籀文 / 374
谵妄 / 364	丁丁 / 369	白术 / 375
观瞻 / 364	正旦 / 369	舳舻 / 375
颤栗 / 364	怔忪 / 370	主意 / 375
长孙 / 365	症结 / 370	属望 / 375
长子 / 365	诤谏 / 370	苎麻 / 376
仉 / 365	挣脱 / 370	机杼 / 376
高涨 / 365	月氏 / 371	颛顼 / 376
身无长物 / 365	栀子 / 371	旋转 / 376
啁哳 / 366	脂肪 / 371	经传 / 376
朝歌 / 366	摭拾 / 371	鸣啭 / 377
着急 / 366	踯躅 / 371	撰写 / 377
鳞爪 / 367	抵掌 / 371	篆刻 / 377
号召 / 367	枳壳 / 372	盛馔 / 377
笊篱 / 367	指甲 / 372	戆直 / 377
肇始 / 367	虫豸 / 372	惴惴不安 / 378
谪居 / 367	标识 / 372	腛膇 / 378
赭石 / 367	卷帙 / 373	拙劣 / 378
褶子 / 368	栉比 / 373	卓越 / 378
鹧鸪 / 368	对峙 / 373	谣诼 / 378
装帧 / 368	鸷鸟 / 373	擢升 / 378

洗濯 / 379
缁衣 / 379
趑趄 / 379
锱铢 / 379
龇牙咧嘴 / 379
髭须 / 379
秭归 / 380
床笫 / 380
付梓 / 380
桑梓 / 380

訾议 / 380
渣滓 / 381
待字闺中 / 381
恣睢 / 381
睚眦 / 381
浸渍 / 381
枞阳 / 381
箭镞 / 382
刀俎 / 382

编纂 / 382
钻井 / 382
琢磨 / 383
一撮毛 / 383
作坊 / 383
酬酢 / 384

第 1 版后记 / 385

字 词 序 目

A（27 个）

阿斗　腌臜　挨打　嫪毐　嗳气
暮霭　关隘　狭隘　碍口　令嫒
瑷珲　暧昧　庵堂　谙熟　鹌鹑
埯子　铵根　甲胺　盎然　凹地
熬心　遨游　嗷嗷待哺　老媪
拗口　违拗　鏊子

B（107 个）

跋扈　靠把　拜把子　　鲅鱼
瞎掰　百色　大伯子
纵横捭阖　稗子　稗官野史
蛤蚌　牛蒡　炮羊肉
剥皮儿　龅牙　煲饭　褒奖
薄饼　老鸨　刨冰　曝光　陂塘
背负　背包　背静　悖论　焙干

鐾刀　胳臂　奔命　贲门　虎贲
锛子　苯酚　绷脸　蚌埠　绷脆
荸荠　匕首　考妣　秕糠
俾斯麦　俾众周知　卑鄙
包庇　泌阳　贲临　敝人　奴婢
赑屃　麻痹　刚愎自用　辅弼
裨益　算子　薜荔　便嬖　髀骨
皱襞　砭石　针砭时弊　煸锅
蝙蝠　褊狭　马弁　苄甲基
汴梁　黄骠马　　蹲膘　飙车
摽劲儿　鱼鳔　瘭三　蹩脚
别嘴　傧相　槟子　摈弃　殡葬
髌骨　鬓发　并州　槟榔　屏除
摒除　钵盂　般若　吐蕃　伯仲
布帛　柏拉图　　亳州　鹁鸪
锡箔　浇薄　跛子　颠簸　薄荷
黄檗　擘画　巨擘　簸箕　逋留
白醭儿　　反哺　大埔　安瓿

C(169 个)

礤床儿	采邑	参禅	孱头
粲然	伧俗	粗糙	嘈杂	参差
岑寂	偏差	打喳喳	喀嚓
搽粉	浮槎	侘傺	古刹	刹那
惊诧	裙钗	侪辈	蜂虿	觇标
单于	谗言	婵娟	孱弱	蝉蜕
蟾蜍	巉峻	谄谀	阐述	盘缠
羼杂	伥鬼	倡优	场院	徜徉
霓裳	大氅	怅惘	焯菠菜
剿说	工尺谱	坼裂	掣电
掣肘	抻面	郴州	嗔怪	瞋目
谌	牙碜	寒碜	龀牙	称职
谶语	柽柳	珵珌	蛏子	饼铛
瞠目结舌	枨触	乘客	大乘
惩罚	田塍	澄清	驰骋
王禹偁	蚩尤	鸱鸮	眼眵
鞭笞	嗤之以鼻	痴子
魑魅魍魉	羹匙	丹墀	踟蹰
侈谈	豆豉	褫夺	彳亍	叱咤
整饬	炽热	敕封	何啻
忧心忡忡	憧憧	朦朣
种	宠幸	冲床	铳子	绌绎
俦类	惆怅	绸缪	畴昔	踌躇
樗蒲	刍议	处理	处暑	杵臼
楮墨	褚	相形见绌	俶尔

D(101 个)

奓拉	褡裢	妲己	鞑靼	打扮
大夫	大黄	呆板	大城
山大王	骀荡	玳瑁	殆尽
怠惰	逮捕	耽搁	老聃
殚精竭虑	箪食壶浆	儋州
黄疸	掸子	啖饭	肆无忌惮
当时	正当	当年	当地	说论
当天	适当	凼肥	砀山	跌宕
档次	叨唠	叨咕	捯饬	倒腾
倒嚼	祷告	蹈袭	悼词
得劲儿	得亏	非得
黄澄澄	氐族	羝羊	提防

保俶塔　畜肥　抽搐　憷头
罢黜　欻拉　搋子　揣测　囊揣
遄往　椽子　舛误　玉钏　创伤
幢幢　闯荡　怆然　椎心泣血
棒槌　淳于　鹑衣　踔厉　啜泣
风姿绰约　刺啦　挨呲儿
吹毛求疵　鸬鹚　糍粑　刺挠
枞树　青骢马　从容　淙淙
辐辏　腠理　殂谢　猝死　蚕蔟
蹙眉　一蹴而就　氽汤　撺掇
攒聚　分爨　璀璨　淬火　毳毛
皴裂　思忖　蹉跎　嵯峨　矬子
痤疮　安厝　厝火积薪　挫折

提溜	金日磾	的卢	觍面
嘀咕	墨翟	锋镝	骶骨	标的
娣姒	谛听	睇眄	棠棣	发嗲
掂掇	滇池	碘酊	踮脚	佃户
玷污	靛蓝	蚂蛭	日昳	堞墙
喋血	史牒	蹀躞	疔毒
靪前掌	订正	钉扣子
侗族	胴体	句读	买椟还珠
文牍	黩武	爆肚儿	肚子
笃志	蠹虫	碓房	敦聘	趸批
混沌	咄咄怪事	咄咄逼人
掇拾	揣度	踱步	驮子

E(10个)

阿附	阿胶	阿弥陀佛
阿房宫	婀娜	讹传
峨冠博带	呃逆	摁扣儿
迩来

F(43个)

法子	令人发指	珐琅	藩篱
樊笼	樊篱	梵文	不妨	游舫
绯闻	蜚声	腓骨	获益匪浅
菲薄	悱恻	斐然	香榧	氛围
汾河	忿詈	偾事	跌坐	跗骨
敷衍	逝者如斯夫	凫水	芙蕖

米芾	苤苢	佛厉	仿佛	拂晓
袚除	涪陵	幞头	田父	皇甫
开张甫及	拊膺	果脯	讣告
复杂	洑水

G(118个)

旮旯儿	胳肢窝	伽马射线
咖喱	轧朋友	嘎调	噶伦
噶厦	嘎古	垓下	赅博	盖
干系	射干	干将	坩埚	糖苷
矸石	泔水	尴尬	杆菌	杆秤
擀毡	宵衣旰食	绀青
力能扛鼎	天罡	罡风
岗尖儿	钢刀	睾丸	杲杲
缟素	枯槁	诰命	膏油
仡佬族	疙疤	疙瘩	袼褙
胳肢	瓜葛	搁不住	蛤蜊
蛤蚧	自个儿	诸葛	虼蚤
硌硬	硌牙	逗哏	发艮	亘古
年庚	绠短汲深	脖颈子
如鲠在喉	女红	供应	肱骨
股肱	觥筹交错	拱手	勾践
高句丽	佝偻	枸橘	篝火
苟安	勾当	诟骂	彀中	媾和
呱呱坠地	曹大家	轱辘
骨朵	汩没	训诂	骨头	牯牛
商贾	羖羊	鹄的	车毂	瞽言

估衣	桎梏	呱唧	拉呱儿		乍暖还寒	盘桓	朱鹮	云鬟
刿刑	老鸹	诖误	纶巾	桂冠	浣衣	浣溪沙		豢养
冠县	鳏夫	东莞	册丘俭		病入膏肓	遑论	修篁	恛悦
道观	盥洗	白鹳	鹳雀楼		一晃儿	麾下	一会儿	
粗犷	桄子	皈依	瑰丽	玫瑰	名讳	教诲	恚恨	晦涩
奸宄	皮藏	日晷	刽子手		不容置喙	珲春	诨号	混合
桧柏	衮服	聒噪	虢国	馃子	温和	暖和	尺蠖	
棺椁								

J (190个)

H (97个)

茶几	芨芨草		奇数	及笄
木屐	期年	赍恨	犄角	缉私
哈喇	哈喇子	蛤蟆	哈达		畸形	畸轻畸重	跻身	箕踞
哈巴狗		哈巴	哈什蚂		钩稽	齑粉	京畿	羁留	孔伋
骸骨	骇然	蚶子	酣战	憨直	汲取	即兴	佶屈聱牙		负笈
打鼾	邗江	罕见	扞格不入		疾病	棘手	披荆斩棘		蒺藜
菡萏	颔首	夯实	巷道	蒿子	舟楫	嫉妒	瘠薄	狼藉
茼蒿	薅草	嚆矢	号丧	蚝油	纪晓岚		虮子	济南
貉子	貉绒	同好	镐京	诃子	人才济济		给付	脊梁	兵戟
回纥	弹劾	隔阂	涸辙之鲋		麂皮	解铃系铃		事迹	觊觎
上颌	一丘之貉		阖家	恫吓	悸动	成绩	社稷	鲫鱼	发髻
负荷	喝问	横祸	哄抢	阿訇	夹杂	伽倻琴		雪茄	
薨逝	闳中肆外		雪里蕻		汗流浃背		胡笳	夹袄	恝然
箕门	哄骗	内讧	哄闹	鼽咸	戛然而止		岬角	肩胛骨	
闽侯	滹沱河		囫囵吞枣		稼穑	间架	间奏曲	
鹄立	觳觫	浒湾	虎不拉		间不容发		草菅人命		便笺
怙恶不悛		笏斗	竹笏	瓠瓜	渐染	西学东渐		犍牛	湔雪
扈从	糊弄	华不注		划拳	缄默	缣帛	鹣鲽	鞯鞴	老茧
华山	白桦	徘徊	踝骨	狗獾				

跰子	眼睑	杀手锏	谫陋	
戬灭	乖蹇	间隙	饯行	监利
监生	国子监	进谏	槛车	
僭越	将养	豇豆	浆洗	耩子
降解	犟嘴	教学	矫情	佼佼
铰接	矫正	矫揉造作	皎洁	
缴纳	校对	校场	发酵	噍类
节骨眼儿	开花结果		秸秆	
嗟叹	嗟来之食	楷木	孑遗	
孑孓	攻讦	诘难	结婚	桔梗
桀纣	仓颉	碑碣	羯羊	羯族
解甲归田	解差	解元		
女起解	裓子	慰藉	骄矜	
禁不住	尽量	妗子	浸染	
缙绅	朝觐	根茎	泾渭分明	
菁华	旌旗	腈纶	粳米	自刭
瓶颈	刎颈之交	儆戒	刚劲	
经纱	胫骨	痉挛	靓妆	绥靖
迥异	斑鸠	抓阄儿	针灸	
臼齿	归咎	欤疚	灵柩	马厩
雕鹫	范且	苴麻	狙击	炭疽
拮据	焗油	柑橘	柜柳	咀嚼
沮丧	枸橼	矩形	循规蹈矩	
龃龉	踽踽独行		句容	泪汩
倨傲	惶遽	镌刻	隽永	圈养
角色	口角	驵骏	倔强	触蹶
诡谲	可发一噱		矍铄	龟裂

K(52个)

卡尺	咯血	揩油	同仇敌忾
看押	佛龛	戡乱	俯瞰	高亢
犒赏	坷垃	孟轲	碹磉	沉疴
下巴颏儿		窠臼	磕打	磕巴
壳郎猪		坎坷	可汗	恪守
骒马	缂丝	溘然	剋	铿锵
倥偬	空城计	抠搜	眍䁖
砣砢	刳木为舟	纨绔	侉子
扛痒痒		市侩	狡狯
脍炙人口	匡算	诓骗	诳语
圹埌	框框	钟馗	揆度	暌别
夔州	跬步	喟叹	愦乱	廓清

L(106个)

哈喇子	邋遢	疤瘌	半拉
拉拉蛄		剌戾	丢三落四
瘌痢	辣手	招徕	青睐	赏赉
山岚	褴褛	啷当	郎当	琅玕
书声琅琅		锒铛	稂莠
屎壳郎		阆中	阆苑	唠叨
醪糟	落枕	莲花落		肋脦
伯乐	不亦乐乎		悬崖勒马
嫘祖	缧绁	羸弱	耒耜	连累
蓓蕾	芭蕾	擂台	丽水	高丽

狸猫　骊山　黄鹂　嫠妇　罹难
黧黑　蠡测　俚语　范蠡　暴戾
郦食其　　瓦砾　牡蛎　妆奁
裣衽　装殓　楝树　潋滟　跳踉
计量　踉跄　寮房　燎泡　了然
蓼蓝　火烧火燎　尥蹶子
瞭望　镣铐　趔趄　仓廪　淋病
令狐　囹圄　西泠　高屋建瓴
馏金　随大溜　馏子　弄堂
娄子　镂空　油葫芦　掳掠
六安　六合　六幺　辘轳　杀戮
露天　乡闾　棕榈　捋胡子
膂力　革履　氯气　尝鼎一脔
论语　抡材　捋胳膊
大大落落　泺水　卓荦
珞巴族　　炮烙

亹勉　泯灭　酩酊大醉　纰缪
宏谟　模糊　模式　按摩
没奈何　没羽箭　　没药
抹不开　冒顿　含情脉脉
粮秣　蓦然　靺鞨　民瘼
模样儿　　模具　天姥
仫佬族　　牟平　中牟　苜蓿

N(36个)

那　南无　老衲　按捺　小囡
赧然　牛腩　蝗蝻　排忧解难
孬子　齉鼻儿　呶呶不休
铙钹　淖尔　哪吒　木讷　气馁
比拟　亲昵　拘泥　拈花惹草
酾酿　拿捏　发蔫　圭臬　啮合
喔嗫　拧毛巾　奸佞　泥泞
拗不过　驽钝　鼻衄　疟疾
袅娜　挪战

O(6个)

区　瓯子　呕心沥血
怄蚊子　　沤肥　怄气

P(100个)

派司　奇葩　扒手　扒肘子

扒拉	钉耙	笆子	俳优		白鳍豚		枸杞	杞人忧天
迫击炮		排子车	番禺		绮丽	稽首	收讫	迄今 妻
柴爿	心广体胖	涅槃	蹒跚		修葺	小憩	袷袢	髂骨 哨卡
蟠桃	拚弃	泮宫	壶瓬 车襻		阡陌	悭吝	愆期	荨麻 钤印
滂沱	膀肿	逢	胡哨 耪地		掮客	潜力	黔首	缱绻 纤夫
泡货	泡桐	海兰泡	庖厨		茜草	呼天抢地		羌族 戗风
炮制	袍泽之谊	狍瓜	跑槽		戕害	将进酒		锵 羟基
虎跑泉		胚胎	辔头 甘霈		强迫	戗面儿		炝锅 雀子
喷香	怦然心动	澎湃	邳州		高跷	跷跷板		翘首 连翘
坯胎	黄陂	枇杷	毗邻 蚍蜉		谯楼	樵夫	悄然	家雀儿
脾脏	裨将	熊罴	鼙鼓 匹夫		愀然	躯壳	讥诮	伽蓝
倾圮	仳离	否极泰来	地痞		伽南香		切脉	胆怯
劈叉	劈柴	癖好	睥睨 媲美		提纲挈领		惬意	藤箧 衾枕
譬如	一叶扁舟	犏牛	翩跹		黄芩	覃	黥首	苘麻 顷刻
大腹便便		骈文	胼胝 谝能		深中肯綮		亲家	编磬 告罄
影片	慓悍	剽窃	饿殍 漂洗		邛崃	茕茕孑立		寒蛩 龟兹
骠勇	撇弃	瞥见	苤蓝 姘头		后鞧	仇	虬髯	祛除 蛆虫
妃嫔	颦蹙	牝牛	伶俜 娉婷		黢黑	劬劳	冤句	通衢 龋齿
朴刀	陂陀	血泊	鄱阳湖		阒然	小觑	蜷缩	鬈发 觑觎
叵测	笸箩	厚朴	琥珀 糟粕		奖券	炔烃	阙如	商榷 逡巡
解剖	一抔土		前仆后继		麇集			
扑克	匍匐	菩提	璞玉 濮阳					

Q(101 个)

R(22 个)

两栖	休戚与共		缱边儿		蚺蛇	髯口	攘外	饶舌 桡骨
蹊跷	蒲圻	黄芪	祈求 神祇		扰攘	娆恼	围绕	任丘 荏苒
耆宿	顾长	畦子	坐骑 綦切		稔知	衽席	仍然	冗长 儒家
					妇孺皆知		汝辈	溽热

繁文缛节　中阮　方枘圆凿
偌大

S(98个)

撒吡挣	靸鞋	萨其马	
馓子	丧钟	推搡	缫丝	本色
栓塞	稼穑	杉篙	莎车	歃血
煞白	霎时	色酒	色子	芟秋
潸然	膻气	膻中	掺手	讪笑
苫布	疝气	封禅	禅让	骟马
嬗变	丰赡	赡养	浩浩汤汤	
国殇	滥觞	绱鞋	老少边穷	
少不更事	召公	猞猁	折耗	
佘太君	舍下	拾级而上		
赦免	歙县	参商	妊娠	轻哂
谂知	瘆人	数不胜数	史乘	
炻器	矢口	有的放矢	侍候	
繁峙	舐犊	谥号	嗜好	螫针
骨殖	似的	狩猎	秫秸	黍子
腧穴	刷白	吮吸	说服	媒妁
数见不鲜	巳时	螺蛳	褒姒	
伺机	饲	茅厕	怂恿	悚然
老叟	渊薮	抖擞	甘肃	嗉子
回溯		半身不遂	骨髓	
作祟	顺遂	毛遂自荐	鹰隼	
莎草	踏莎行	婆娑	摩挲	
蓑笠	羧基			

T(58个)

跶拉	一塌糊涂	水獭	拓片
疲沓	鞭挞	漯河	天台	青苔
昙花一现	覃思	澹台	忐忑
祖护	羰基	趟水	溏心儿
公帑	倘使	叨陪	绦虫	韬晦
饕餮	号啕	熏陶	梼杌
烫馒头	誊录	体己	剔除
醍醐	倜傥	孝悌	嚏喷
恬不知耻	忝列	暴殄天物
轻佻	迢迢	髫龄	挑大梁
请帖	字帖	烯烃	彤云	侹侗
洪洞	崆峒	悲恸	骰子	荼毒
於菟	倾吐	湍急	象辞	颓丧
馄饨	拓扑学			

W(46个)

瓦剌	瓦刀	崴子	海参崴
烷烃	莞尔	瓜蔓儿	枉然
王	逶迤	委蛇	葳蕤
韦编三绝	天下为公	圩田
违例	唯唯诺诺	推诿	猥琐
回味	赠遗	裂罅	蔚郁
请君入瓮	倭寇	帷幄	斡旋
龌龊	於乎	毋宁	吾辈	违忤

廊庑　怃然　忤逆　牴牾　兀术
兀立　乌拉草　　戊戌
好莱坞　　　杌子　可恶
孙悟空　　　晤谈　痦子

嘲谑　微醺　寻思　荨麻疹
驯服　徇私　殉情　浚县
熏着了

Y（151 个）

倾轧　压根儿　　迎迓
揠苗助长　恹恹欲睡　殷红
阏氏　淹留　腌渍　嫣然　燕山
芫荽　妍媸　百花争妍
河沿儿　　铅山　筵席　奄忽
奄奄一息　俨然　衍生　郾城
蔡琰　梦魇　鼹鼠　砚池　喑哑
酽茶　餍足　赝品　旸谷　佯装
溃疡　怏怏不乐　无恙　打烊
高要　爻辞　僬侥　皋陶
杳无音信　窅子　窈窕　疟子
鹞子　藏掖　抽噎　莫邪　揶揄
叶公　摇曳　哽咽　奖掖　拜谒
笑靥　衣锦还乡　揖让　涟漪
不合时宜　贻贝　胰子　颐养
大快朵颐　迤逦　旖旎　倚重
割刈　自怨自艾　造诣　昳丽
把取　翊戴　翌日　自缢　云翳
懿贵妃　　　氤氲　喑哑　饮场
荫庇　应届　膺选　坟茔　荥经
嬴政　应征　供不应求　媵臣
佣人　饔飧　颙望　甬道　攸关

X（104 个）

消息儿　　　翕张　嬉笑　熹微
檄文　玉玺　畏葸　迁徙　敝屣
阋墙　呷　狎昵　狡黠　罅隙
纤维　氙灯　籼稻　鲜卑　鲜于
暹罗　动人心弦　涎水　舷梯
癫痫　白鹇　洗　跣足　鲜见
兵燹　苋菜　见　庠序　享用
飨客　关饷　枭雄　切削
刀削面　　　骁勇　翛然　混淆
谑闻　肖像　哮喘　叶韵　要挟
偕同　颔颅　采撷　血晕
万俟卨　　　头屑　猥亵　解数
解州　獬豸　邂逅　燮理
沆瀣一气　歆羡　囟门　芯子
寻衅　王不留行　井陉　荥阳
省亲　擤鼻涕　荇菜　川芎
束脩　珍馐　通宿　腋臭　星宿
胥吏　自诩　抚恤　畜养　酗酒
勖勉　拂煦　煊赫　漩涡　眴赫
泫然　炫耀　眩晕　旋风　渲染
楦子　穴位　踅摸　噱头　血液

邮政	柚木	赘疣	鸿猷	酉时	占卜	谵妄	观瞻	颤栗	长孙
良莠不齐		户牖	黝黑	囿于	长子	仉	高涨	身无长物	
釉陶	宽宥	迂腐	萦纡		啁哳	朝歌	着急	鳞爪	号召
予取予求		婕妤	须臾	曹禺	笊篱	肇始	谪居	赭石	褶子
谀辞	娱乐	茱萸	城隅		鹬鸰	装帧	鸡胗儿		砧木
喁喁私语		逾期	丰腴	愚拙	甄别	箴言	缜密	鸩毒	朕兆
予以	伛偻	瘐死	窳败	与会	赈济	丁丁	正旦	怔忪	症结
吁请	吐谷浑		翁妪		净谏	挣脱	月氏	栀子	脂肪
久旱不雨		不以语人		听阈	摭拾	踯躅	抵掌	枳壳	指甲
手谕	尉犁	尉迟	蔚县	熨帖	虫豸	标识	卷帙	栉比	对峙
燠热	鹬蚌相争		卖官鬻爵		鸷鸟	评骘	中肯	荒冢	踵武
纸鸢	城垣	鼋鱼	御苑	干哕	啁啾	压轴子		甲胄	籀文
乐清	清平乐		锁钥	斧钺	白术	舳舻	主意	属望	苎麻
伍员	陨落	殒灭	晕车	愠色	机杼	颛顼	旋转	经传	鸣啭
					撰写	篆刻	盛馔	戆直	

Z（129 个）

包扎	匝月	咂摸	载文	装载	惴惴不安		肫挚	拙劣	卓越
糌粑	簪子	暂且	錾子	臧否	谣诼	擢升	洗濯	缁衣	趑趄
玄奘	确凿	咋舌	逼仄	憎恨	锱铢	龇牙咧嘴		髭须	秭归
铿亮	甑子	查拳	札记		床笫	付梓	桑梓	訾议	渣滓
马扎儿		手拃	砟子		待字闺中		恣睢	眦睚	浸渍
栅栏	侧棱	择菜	鹿砦	祭公	枞阳	箭镞	刀俎	编纂	钻井
					琢磨	一撮毛		作坊	酬酢

A

阿斗(ā)

　　三国时蜀主刘备之子、后主刘禅的小名。公元219年立为太子。公元223年刘备死,袭位于成都。公元263年,弃位降魏,受封为安乐公。刘禅为人昏聩庸碌、胸无大志,虽有诸葛亮等人全力扶助,也不能振兴蜀汉。后世泛称懦弱无能、不思进取的人为"阿斗"或"扶不起的阿斗"。成语"乐不思蜀"即指阿斗。"阿斗"一词里的"阿"字要读ā,不取ē音。

　　"阿"字,作为词头或前缀,一般还加在排行、小名或姓氏及某些亲属称谓的前头,表示亲昵,后面的语素一般为单音节。吴、粤、闽方言区用得较多。如"阿大""阿发""阿舅"等。

腌臜(ā·za)

　　方言,形容肮脏或不干净、不清洁。也引申为窝囊、心里别扭、不痛快,或糟践别人,使难堪。如"屋子里很腌臜""一想起那件事来,心里总觉得挺腌臜的""你别腌臜我了"。

挨打(ái)

　　遭受、忍受的意思。另外"挨说"、"挨饿"、"挨揍"、"挨骂"、"挨呲儿"、"挨批"、"挨冻"、"难挨"、"挨日子"(艰难地度日)、"挨时间"(拖延)等词里的"挨"字也读阳平音。在"挨个儿""挨边儿""挨号儿""挨近""挨次""挨家挨户"等词里的"挨"字要读阴平,表示顺着次序或靠近的意思。

嫪毐(lào'ǎi)

　　战国末期秦国人,时相吕不韦的舍人。经吕不韦推荐,拔须眉为宦,后受太后宠信,权势盛极,门下食客千余,家僮数千。公元前239年,被封为长信侯。次年,秦王嬴政至雍(今陕西凤翔)举行冠礼,准备亲政。他乘机矫诏叛乱,与秦军战于咸阳,后被捕受诛。

　　"嫪"为传统姓氏,"毐"字

旧时指品行不端的人。《说文·毋部》载："毒,士之无行者。"注意与"毒"字在字形上的区别。

嗳气(ǎi)

胃肠道的气体从嘴里排出并发出声音,通称"打嗝儿"。"嗳酸"是胃酸从胃里涌到了嘴里,俗称"吐酸水"。常见于消化性溃疡、胃炎、胃肠神经官能症等。

暮霭(ǎi)

指傍晚的云气或轻雾。如宋代词人柳永《雨霖铃》词的上阕:"寒蝉凄切,对长亭晚,骤雨初歇。都门帐饮无绪,留恋处、兰舟催发。执手相看泪眼,竟无语凝噎。念去去、千里烟波,暮霭沉沉楚天阔。""霭"字,1985 年普通话异读词审音时审为"统读"ǎi。汉语里另有"烟霭""雾霭""云霭""青霭"等词,均不取去声。

关隘(ài)

"隘"字,指险要之处。另有"要隘""险隘""斩关夺隘"等词。"隘"字,1985 年普通话异读词审音时审为"统读"ài。

狭隘(ài)

"隘"字,指狭窄之处。如"隘口""隘巷""隘路"等。如毛泽东于 1930 年初红四军在古田会议后由古田向闽赣边界的武夷山进发途中写的《如梦令·元旦》词:"宁化、清流、归化,路隘林深苔滑。今日向何方,直指武夷山下。山下山下,风展红旗如画。"后用"狭隘"比喻心胸、气量、见识等局限在一个狭小的范围内,不宽广,欠大度。

碍口(ài)

因难为情或碍于情面,话不便或难于说出口。

令嫒(ài)

书面语中的敬辞,尊称对方的女儿。今也可写作"令爱"。注意在字形上与"媛"字相区别。"令"字,在古代表示"善""美"的意思,用为敬辞。如:"令名",表示好的名声;"令尊",敬称对方的父亲;"令堂",敬称对方的母亲;"令郎",敬称对方的儿子;"令兄",敬称对方的哥哥;"令弟",敬称对方的弟弟;"令坦",敬称对方的女婿,或称"东床",取王羲之闻人觅婿,坦腹东床的典故(见《晋书·王羲之传》)。

叆叇(àidài)

形容浓云蔽日的样子。黄庭坚《醉蓬莱》:"对朝云叆叇,暮雨霏微,乱峰相倚。"另有"阴霾叆叇""暮云叆叇"等词。

暧昧(àimèi)

原指昏暗或幽暗。如陶渊明《归园田居》:"暧暧远人村,依依墟里烟。狗吠深巷中,鸡鸣桑树颠。户庭无尘杂,虚室有余闲。久在樊笼里,复得返自然。"后来"暧"引申为(态度或用意)不明朗、模糊不清,或有不便公开示人的隐私。如"态度暧昧""关系暧昧"等。

庵堂(ān)

指小寺庙,多为尼姑所住,如"尼姑庵"。有时也指圆顶小草屋,如"茅庵""村庵""稻草庵""结草为庵"。旧时文人的书斋亦多称为"庵",如陆游的"老学庵"、冒襄的"影梅庵",他们的著作也各自取名为《老学庵笔记》和《影梅庵忆语》。明代张岱所著的小品文集名曰《陶庵梦忆》,被后世誉为笔记中的神品。

谙熟(ān)

指相当熟悉、知晓。另有"谙练"、"谙识"、"不谙水性"、"不谙世故"、"谙达"(蒙古语、满语中指"朋友")等。如白居易《忆江南》:"江南好,风景旧曾谙。日出江花红胜火,春来江水绿如蓝,能不忆江南。"宋代词人晏殊《蝶恋花》:"明月不谙离恨苦,斜光到晓穿朱户。""谙"字,1985年普通话异读词审音时审为"统读"ān。容易误读成去声

鹌鹑(ān·chún)

鹌鹑,鸟的一种,也称"鹑",鸟纲,雉科。身大头小尾短,赤黑羽毛,不善飞,体形酷似鸡雏,雄性好斗,是鸡形目中最小的种类。在我国东北及俄罗斯西伯利亚南部繁殖,迁徙和越冬时遍布于我国东部地区,以谷类和杂草种子为食。现我国各地均有饲养。鹌鹑的肉、卵均可食用,鹌鹑蛋亦为高蛋白食品。元曲《正宫·醉太平》以一连串通俗而又形象的比喻,尖刻地揭露了贪鄙小人的丑恶面目:"夺泥燕口,削铁针头,刮金佛面细搜求,无中觅有。鹌鹑嗉里寻豌豆,鹭鸶腿上劈精肉,蚊子腹内刳(音kū,剜、挖)脂油。亏老先生下手。""鹑"字,一般轻读,间或重读。

掩子(ǎn)

北方方言中指在点种瓜、豆时所挖的小坑。"掩"字,1985年普通话异读词审音时审为"统读"ǎn。

铵根(ǎn)

从氨衍生所得的带正电荷的根,也叫"铵离子",在化合物中的地位与金属离子相当。化肥硫铵和碳酸铵中的分子均含铵根。铵态氮肥有硫酸铵、氯化铵、硝酸铵、磷酸铵、碳酸氢铵、液铵、硫酸亚铁铵等。《现代汉语词典》《新华字典》《辞海》等工具书均有上声的标注。

甲胺(àn)

在有机化学中,氨分子中全部或部分氢原子被烃基取代所生成的碱性物质。另有"苯胺""组胺""磺胺"等词。

铵、胺和氨是三种不同的化学物质,胺和氨是化合物体,而铵只是化合物中的一个正一价的根。读音时不能将这三个字一概读为阴平音。按义符辨读,可记住口诀:"气 ān—金 ǎn—月 àn"。

盎然(àng)

古代一种腹大口小的盛器,与缶类似。东汉王充《论衡·论死》中有"取水实于大盎中,盎破水流地,地水能异于盎中之水乎"句。后引申为洋溢、充盈。朱熹注:"盎,丰厚盈溢之意。"现代汉语有"春意盎然""兴趣盎然""诗意盎然"等词。"盎"字,容易误读成阳平。

凹地(āo)

"凹"字,原为象形文字,指与"凸"字相对应的低于四周的某一块地方,与"洼地"差不多。1959 年第二次审音时将其审定为 āo 音,包括单音字和"凹透镜"中的"凹"字。1985 年普通话异读词审音又审"凹"字"统读"为 āo。相关汉语词还有"凹版""凹陷""凹下""凹面镜""凹透镜""凹心砚""凹凸不平"等。

《广韵》中,凹是"乌洽切",现代某些方言仍在沿用中古读音,读作 wā。我国山陕一带的某些地名,如"核桃凹"中的"凹"即读 wā。这种国家规定与方言相冲突的现象,在其他地方也不鲜见。过去一般采取"名从主人"的原则,尊重个人选择。但前提是,此字必须是两读的。既然国家已经有了统一的读音,原则上还是应读标准音。1985 年,由当时的国家普通话审音委员会修订的《普通话异读词审音表》规定:"人名、地名的异读审订,除原表(1963 年《普通话异读词三次审音总表初稿》)已涉及的少量词条外,留待以后再审。"

熬心(āo)

北方方言里形容心里不痛快或烦闷。另外"熬白菜""熬萝卜""熬豆腐"里的"熬"也读阴平。"熬"也可读阳平 áo,多指在火上长时间慢慢地煮,或忍受疼痛或艰苦的生活等。如"熬药""熬夜""煎熬""熬磨"等。

遨游(áo)

指漫游、游历、游逛。杜甫诗《遣兴五首》之五有"送客东郊道,遨游宿南山"句。现代汉语有"遨游世界""遨游太空"等词。"遨"字,极容易误读成去声。

嗷嗷待哺(áo'áo)

象声词。形容哀号或喊叫的声音。如《诗经》中表现劳动人民服徭役时唱的歌《小雅·鸿雁》云："鸿雁于飞,哀鸣嗷嗷。维此哲人,谓我劬劳。维彼愚人,谓我宣骄。""嗷嗷待哺"形容饥饿时急于求食的样子,多指饿了哭着要奶吃的婴儿。"嗷嗷"极易误读成阴平。

老媪(ǎo)

古代指年老的妇人。公元前265年,秦攻赵,赵求救于齐,齐以赵太后之子长安君做人质为条件,赵太后犹豫不决。左师触龙力说太后联齐抗秦:"今媪尊长安君之位,而封之以膏腴之地,多予之重器,而不令今有功于国。一旦山陵崩,长安君何以自托于赵?老臣以媪为长安君计短也,故以为其爱不若燕后。"(见《战国策·赵策四》)

还有"翁媪""媪妪"(音yù)等词。另有辛弃疾《清平乐·村居》词:"茅檐低小,溪上青青草。醉里吴音相媚好,白发谁家翁媪?大儿锄豆溪东,中儿正织鸡笼。最喜小儿无赖,溪头卧剥莲蓬。"

拗口(ào)

意为说起来很别扭、不顺口。我国有一种民间语言游戏,叫"绕口令",又称"拗口令"或"急口令"。就是把声、韵、调容易相混的字词编成反复、重叠、绕口的段子,训练口齿灵活性,要求用一口气念下来,说起来很别嘴,说快了又极易出错,惹人发笑,有矫正口音的作用。

违拗(wéi'ào)

指对上级或长辈的意见或主意有意违背、不依顺。"违拗"容易误读成 wěiniù。"拗"字在"执拗""拗不过"等词里读 niù,表示固执、不随和。在方言里表示"使折、断或使弯曲"义时,"拗"字读 ǎo。如"他一生气把铅笔给拗断了"。

鏊子(ào)

一种铁制的、平底圆形、中间稍凸,用作摊面食的炊具,可以摊煎饼、烙饼等。

B

跋扈(báhù)

指专横暴戾、傲慢无理、欺上压下。汉语中还有"飞扬跋扈"。"跋"字，原指在山路上行走、翻山越岭，如"跋山涉水"。后指附在文章或书籍（著译）、书画后面的说明、评介、考释、鉴定、鉴赏性的短文，如"序跋""题跋""跋语""跋文"等。

靠把(bǎ)

也叫"靠背"，戏剧舞台上饰演古代武将演员所穿的铠甲。如"靠把戏""靠把武生"等。

拜把子(bǎ)

旧时指要好的朋友通过一定的盟誓结为异姓兄弟，甘苦共尝，生死相伴。"拜把子"应读"中重轻"格式。

鲅鱼(bà)

海洋鱼类的一种，也称"蓝点鲅"。体长，侧扁，口大，鳞细，呈纺锤形，背部黑蓝色，腹部两侧银灰色。供鲜食，也可制成罐头。肝可制鱼肝油。

掰掰(bāi)

有分析、说明的意思。"掰掰"，方言里指胡乱分析和解释，用于贬义和嘲讽。

百色(bǎi)

"百"字，音 bǎi，从《广韵》博陌切，中古入声字。地名。在广西壮族自治区西部，右江上游，邻接云南。清朝设百色厅，1912年改厅为府，1913年改为百色县。今为百色市。1929年冬，中国共产党指派邓小平、张云逸在百色发动了中国农民和士兵的武装起义，史称"百色起义"。

1957年普通话异读词第一次审音时审"百色"为 bósè。但是近来国内广播电视媒体一律读为 bǎisè，虽尚未得到语言权威部门的正式认可，却也几乎约定俗成。

大伯子(bǎi)

过去称丈夫的哥哥为大伯子。"大伯子"应读"中重轻"格式。如"大伯子哥"。《普通话异读词审音表(修订稿)》(2016年5月),"大伯子"中的"伯"审订为bāi。

纵横捭阖(bǎihé)

指在政治、外交领域运用手段对有关方面进行拉拢联合或分化瓦解。"纵横",指用游说来联合;"捭阖",指开合。战国时期,各国诸侯大都豢养了一批专门的策士,这些靠游说诸侯的政治主张和方法来施展自己政治抱负的策士叫做"纵横家",《汉书·艺文志》列为"九流"之一。如苏秦、张仪等。

稗子(bài)

一年生草本植物。叶子似稻,果实像黍米而细小,是稻田或低湿处的主要害草。果实可以酿酒或做饲料,因而有的地方把稗子当作一种作物来栽培。

稗官野史(bài)

记载历史上逸闻琐事的非正史类书籍。一般比喻微小的、不正规的、非正式的。稗官是古代专门给帝王讲述街谈巷议、风俗故事的小官。野史,指民间私家写的史书。明代有《稗海》,计七十四种、四百四十八卷,选录的大部分是唐宋人的笔记小说。清朝的《清稗类钞》是一部有关清代史实的笔记集,也是清朝逸闻琐事的分类汇编。清代还有《宋稗类钞》,三十六卷,是宋人野史笔记和诗话等。

蛤蚌(gébàng)

生活在淡水中的软体动物。用鳃呼吸,无头,有两个椭圆形的坚硬的石灰质介壳,壳表面呈黑绿色,有环行纹,可以开闭,足的形状像斧头能挖掘泥沙,里面有珍珠层,肉可食。有的种类可以产珍珠。蚌器与石器、骨器一样是夏商奴隶制社会的主要生产工具。

另有"河蚌""珍珠蚌""鹬蚌相争,渔翁得利"等语词。

牛蒡(bàng)

两年生草本植物,根和嫩叶可做蔬菜,种子和根可入药,有清热解毒的作用。

炮羊肉(bāo)

"炮",一种烹饪方法。即将牛羊肉片等在旺火上急炒、迅速搅拌,或把带毛的肉用泥裹起来在火上炙烤。另有"炮牛肉"等词。

剥皮儿(bāo)

用手或工具去掉物品外面的皮、壳或包装等。又如"剥蒜""剥花生""剥糖纸""剥豆子""剥橘子""剥栗子"等词。

龅牙(bāo)

指音突露在唇外的牙齿。"龅"字,1985年普通话异读词审音时审为"统读"bāo。极易误读成去声。

煲饭(bāo)

粤语里指将食物和水放入煲内,用文火烧煮或熬的方法做饭,如"煲汤""煲粥"等。也指壁较陡直的圆桶状的锅,有"瓦煲""沙煲""铜煲""电饭煲"等。"煲"字,极易误读成上声。

褒奖(bāo)

表扬、奖励的意思。中古平声字,从《广韵》博毛切。有两种解释:一是,本义指古时儒生们的装束宽袍大带,历史上曾有"褒衣博带"的典故。二是,《说文解字》有"奖饰""赞美""光大"的讲法。《盐铁论·论儒》开篇曰:"御史曰:齐宣王褒儒尊学,孟轲、淳于髡(音kūn)之徒,受上大夫之禄,不任职而论国事,盖齐稷下学生千有余人。"现代汉语里的"褒"可以理解为赞扬、夸奖,跟"贬"相对。还有"褒扬""褒勉""褒贬""褒义词""褒贬与夺"等。

"褒"字,普通话异读词的审音工作都未审及此字,但《现代汉语词典》《新华字典》《辞海》中均有阴平bāo的标定。极易误读成上声。

薄饼(báo)

一种面食,是烤鸭店特有的配合吃烤鸭的很薄的饼。"薄"字,指扁平物上下两面之间的距离很小。还有"薄脆""薄板""薄雾""薄云""薄片""薄田""薄地""厚薄""薄被""薄薄的一层""情谊很薄""脸皮很薄""心比天高,命比纸薄"等。

老鸨(bǎo)

原指比雁略大、头小颈大、能涉水、不善飞而善走的一类鸟,常群栖于草原地带,是我国重点保护动物。"老鸨"即"鸨母"或"鸨儿",旧时指开妓院的女老板。

刨冰(bào)

将冰刨碎后掺入果汁等现做现吃的一种冷食。

"刨"字,既读 bào,也读 páo。读 bào 时,指与刨子、刨床相关的一些器物,如"刨子""刨床""刨刀""刨工""刨花""刨花板""龙门刨""牛头刨"等。

读 páo 时,指挖掘,如"刨土""土里刨食""刨坑儿""刨地""刨花生""刨根问底儿"等。

曝光(bào)

摄影行业用语。本指照相胶片或感光纸在一定条件下感光。如"曝光速度""曝光表"等。也用以比喻将隐秘的事情公开出来,让大家都知道。过去"曝"字只有一个音,无论是"曝光""曝晒""一曝十寒"等都要读作 pù。1985 年普通话异读词审音时,尊重大多数群众的语言习惯,将作为摄影术语的"曝光"中的"曝"字审定为 bào,与"暴光"通用。但在"曝露""曝晒""一曝十寒"中,"曝"读音为 pù。

陂塘(bēi)

指池塘、水塘,也指水边或山坡。王安石《北山》诗云:"北山输绿涨横陂,直堑回塘滟滟时。细数落花因坐久,缓寻芳草得归迟。"前两句描写了春天来临,山水浓绿欲滴,波光山影的景象。后两句则通过"数花"

"寻草"写自己的情感,写得平静,意境却相当深远。

在"陂池""陂泽""塘陂""山陂"等词里,也读作 bēi。在地名"黄陂"中,读作 pí。在"陂陀"中读作 pō。

背负(bēi)

用脊背驮着的意思。引申为担负、承担。如"背负着重任""背负着人民的希望"等。另外,"背包袱""背黑锅""背饥荒""背债""背带"等词里的"背"字也读阴平。

背包(bēi)

这一类词还有"背篓""背搭子""背篼""背筐"等。

背静(bèi·jing)

指偏僻、清静、不引人注意的地方。

悖论(bèi)

指相反、违反、相抵触。"悖论",指某些语义模糊、是非难定、真伪难分的说法。还有"悖理""悖逆""悖谬""悖乱""有悖于""并行不悖"等。

焙干(bèi)

指把东西放在锅、瓦片等上面用微火烘烤,所焙之物多是茶叶、烟叶、食品、药材等。唐·许浑《村舍》诗云:"燕雁下秋塘,田家自此忙。移蔬通远水,收果待繁霜。野碓春秔(音 jīng,'粳'的异体字)滑,山厨焙名香。客来还有酒,随事宿茅堂。"

汉语里另有"烘焙""焙烧""焙烤"等词。"焙"字,1985 年普通话异读词审音时审为"统读"bèi。

鎞刀(bèi)

将刀在布、皮、石头上反复摩擦,使其锋利。如"刀不快,该鎞一鎞了"。

胳臂(gē·bei)

即胳膊。

奔命(bēn/bèn)

"奔"字,自中古以来有两读,一个是古平声字,从《广韵》博昆切,今读 bēn,一般多用于书面语的合成词中,表示"急走""快跑""追逐""逃亡"等义,如"奔跑""奔驰""奔流""奔忙""奔腾""奔走""奔突""奔泻""私奔""出奔"等。另一个是古去声字,从《广韵》甫闷切,今读 bèn。

现代汉语除了沿袭了古义"投靠""将近"外,又有了"直向目的地奔去""为了某事奔走"两层意思,作介词用,表示"朝""向"等义,强调动作的趋向。这一类的常用词有"投奔""直奔""逃奔""奔头儿""往前奔""奔日子""奔小康""奔口饭吃""年奔六十""指哪儿奔哪儿""奔向新的征程"等。

贲门(bēn)

医学名词,指与食管相连的胃上口,食管中的食物通过贲门进入胃内。《医宗必读》曰:"胃之上口,名曰贲门。"中医理论认为,贲门为"七冲门之一"。以吞咽困难、食物反流、胸骨后和上腹部不适为表征的食管神经肌肉功能性障碍疾病叫"贲门痉挛"。贲门部位发生癌变,称之为"贲门癌"。"贲"字,极易误读成阴平的 pēn。

虎贲(bēn)

"贲"字,音 bēn 从《广韵》的博昆切,中古平声字。古代一指像虎一样奔走逐兽的勇士或武士。如《尚书·牧誓序》:"武王戎车三百两(辆),虎贲三百(千)人,与受(商纣王)战于牧野,作《牧誓》。"战国时秦武王有武士孟贲和夏育,史称"贲育"。二为官名,指皇宫中卫戍部队的将领。夏官之属有虎贲氏,汉朝有虎贲中郎将、虎贲郎。历代沿用,至唐始废。

锛子(bēn)

一种砍削木料的平头斧子,柄与刃具垂直呈丁字形,刃具又扁又宽,使用时向下向里用力。另外,刀刃出现了缺口也称"锛",如"这把刀使锛了"。

苯酚(běn)

又名"石炭酸",有机化合物的一种,无色液体,易挥发和燃烧,可用作燃料、香料、溶剂等。另有"甲苯""五氯硝基苯""苯乙烯"等词。

绷脸(běng)

"绷"字,音 běng,极易误读成阴平。不高兴地板着脸。如"他始终绷着脸一言不发"。用于"紧绷绷""绷带""绷簧""绷紧"等词时,读阴平 bēng。

蚌埠(bèng)

"蚌"字,音 bèng。只用于"蚌埠"。蚌埠,在安徽省北部,淮河南岸,京沪铁路与淮南铁路交会处,是重要的交通枢纽,南可至合肥、芜湖、黄山,向东过南京至上海,是皖北工业中心之一。1957 年普通话异读词第一次审音时审"蚌埠"为 bèngbù,1985 年普通话异读词审音时又重新加以确认。

绷脆(bèng)

"绷"字,音 bèng。用在"硬、亮、直、粗、细、脆"等形容词前,表示程度很深。如"绷亮""绷直""绷硬"等。也当"裂开"讲,表面上的釉层有不规则碎纹的瓷器叫"绷瓷"。

荸荠(bí·qi)

生在池沼里或栽培在水田里的多年生草本植物,球状,成熟后皮呈深栗色或枣红色,肉白色,可吃,亦可制成淀粉。有的地方叫"地梨"或"马蹄儿"。

匕首(bǐ)

"匕"字,极易误读成去声。"匕"字,指古代舀取食物的用具,类似现代的羹匙。又指短剑或狭长短刀,因其头像匕,所以叫匕首。如战国时著名刺客荆轲在燕国向秦降将樊於期表达自己欲赴秦刺杀秦王以报樊於期之仇的计略后,樊於期当即自刎以头为质。燕太子丹"求天下之利匕首,得赵人徐夫人匕首,取之百金,使工以药焠之。以试人,血濡缕,人无不立死之"。易水相送后，荆轲奉樊於期人头及燕督亢图于咸阳宫见秦王。当秦王展开地图时，"图穷匕首见。因左手把秦王之袖，而右手持匕首揕（音zhèn，刺也）之"。一片混乱之中，秦王负剑"遂拔以击荆轲，断其左股。荆轲废，乃引其匕首以擿（音zhí，通'掷'）秦王，不中，中桐柱"。（见《史记·刺客列传》）

考妣(kǎobǐ)

已故去的父亲和母亲。旧时父死曰"考"，母死曰"妣"。汉语里另有"先妣""如丧考妣"等词。在墓碑上常能见到"显考""显妣"之称。

秕糠(bǐ)

又叫"糠秕"，指秕子和糠，中空或不饱满的谷物，引申为糟粕的、琐碎无用的、没有价值的东西。陆游《玉局观拜东坡先生海外画像》有诗句："心空物莫挠，气老笔愈纵。秕糠郊祀歌，远友清庙颂。我生虽后公，妙句得吟讽。整衣拜遗像，千古尊正统。"还有"秕谷""秕粒""秕子"等词。

俾斯麦(bǐ)

19世纪中叶普鲁士王国首相，德意志帝国宰相。任首相时推行铁血政策，发动丹麦战争、普奥战争、普法战争，通过王朝战争统一了德意志。1871年，帮助凡尔赛政府镇压巴黎公社。任宰相期间，确立了德国在欧洲大陆的霸权地位，在非洲、大洋洲掠扩殖民地。现西南太平洋上还有"俾斯麦群岛"。"俾斯麦"还曾经是二战时期德国海军的战列舰的名称，被希特勒视为秘密武器。"俾"字，1985年普通话异读词审音时审为"统读"上声bǐ。

俾众周知(bǐ)

"俾"字，使也，使之达到某种效果，使大家都知道。《三国志·武帝纪》载，建安十八年五月，曹操率兵征讨孙权时，汉献帝派御使大夫持节策命曹操为魏公。昭曰："俾我国家拯于危坠,此又君之功也。"汉献帝一共连用了七个"此又君之功也",以彰曹操抚四海、定天下的功勋。

卑鄙(bǐ)

"鄙"字,极易误读成去声。表示品质低劣、粗俗的意思。古代也作自谦词,或含轻视、低下的意思。另有"可鄙""鄙陋""鄙视""鄙弃""鄙俗""鄙俚""粗鄙""鄙夷""鄙薄""鄙人""鄙见""鄙意""肉食者鄙"等词。

包庇(bì)

"庇"字,音 bì,从《广韵》必至切,中古去声字。意为遮蔽、掩护、保护。杜甫《茅屋为秋风所破歌》中有"安得广厦千万间,大庇天下寒士俱欢颜。风雨不动安如山"的名句。另有"庇佑""庇护""托庇""荫庇"等词。极易误读成去声的 pì。

泌阳(bì)

"泌"字,音 bì,从《广韵》兵媚切,中古去声字。古县名,汉置比阳县,唐末称泌州,明初改泌阳。因源出铜山的唐河支流泌水而得名。今泌阳县位于河南省南部、泌阳河北岸,驻马店市所辖。"泌"字,用于"分泌""泌尿"等词时读 mì。

贲临(bì)

"贲"字,音 bì,从《广韵》彼义切,中古去声字。客套语,意为光临。"贲"字,形容装饰得很美的样子。

敝人(bì)

"敝"字,极易误读成上声。对别人谦称自己。原意是破烂、破旧。如"敝屣""敝衣""敝帚自珍"等。旧时也作谦辞,指跟自己有关的事物,既可指自己,也可指他物。如"敝舍""敝姓""敝处""敝校""敝邑""敝国"等。据《史记·吴王濞列传》载,汉文景帝时,面对晁错的削夺诸侯封地的政策,吴王刘濞乘机举兵发动吴楚七国之乱,他在致送汉朝诸王子的书信中煽动说:"敝国虽狭,地方三千里;人虽少,可具五十万。"

奴婢(bì)

"婢"字,极易误读成上声。旧时指被迫供有钱人家雇用役使的女孩子,如"婢女"。"奴婢",指男女奴仆。有时宫中太监对皇上和后妃也自称奴婢。

赑屃(bìxì)

蠵(音 xī)龟的别称,产于海中,体长一米多,很有力量,以鱼、虾、蟹为食。《本草纲目·介部一》解释为:"蠵龟,赑屃。赑屃者,有力貌,今碑趺(音 fū)象之。"碑趺,即碑下的石座,旧时大石碑的石座多雕刻成赑屃形状,就是取其力大能负重的意思。

麻痹(bì)

"痹"字,音 bì,从《广韵》必至切,中古去声字。病名。神经系统病变引起的身体某一部分知觉能力丧失和运动机能障碍称为"麻痹"。如"神经麻痹""小儿麻痹症"等。中医通常把由风、寒、湿等侵犯肌体引起的关节或肢体肿大疼痛、麻木叫"痹症"。还有"风痹""湿痹""寒痹"等词。常引申为失去警惕、疏忽大意,如"麻痹大意""麻痹敌人"等。

"痹"字,异体字也常写作"痺"。1957 年普通话异读词第一次审音时审"麻痹"为 mábì。1985 年又重新确认"痹"字"统读"为 bì。极易误读成 pì。

刚愎自用(bì)

"愎"字,音 bì,从《广韵》符逼切,中古入声字。意为"乖戾""固执""任性""执拗"。在古汉语里,"刚"与"愎"常常连用。刘鹗《老残游记》语:"刚愎自用,小则杀人,大则误国。"

成语"刚愎自用"是指倔强固执,不接受意见、独断专行的行为。

辅弼(bì)

原意是指矫正弓弩的器具,引申为匡正、辅佐。辅弼,即辅助。

裨益(bì)

"裨"字,极易误读成 pì。

原意为增添、补凑,引申为补益、益处。另有"裨补""裨补阙漏"等词。"裨补缺漏"一词,见诸葛亮《出师表》:"愚以为宫中之事,事无大小,悉以咨之,然后施行,必得裨补阙漏,有所广益。""裨"字在"裨将"中读 pí。

箅子(bì)

一种有空隙而能起间隔作用、既能通气又能漏水的片状器具。过去蒸食物时用的是竹箅子(竹屉),今多为铝箅子或钢精箅子。煤炉子有炉箅子,下水道口的是铁箅子,过滤沉淀物用的是沙箅子。

薜荔(bìlì)

我国中南部生长的一种蔓生桑科植物,又叫"山麻"或"木莲",常绿藤本,含乳汁,夏秋开花,果实球形,富含果胶,可制成凉粉。茎、叶、果可供药用,有祛风除湿、活血通络、消肿解毒、补肾通乳等作用。《楚辞·九歌·山鬼》:"若有人兮山之阿(音 ē),被薜荔兮带女萝(植物名)。"

便嬖(piánbì)

"嬖",意为宠爱、宠幸。如《史记·殷本纪》列数商纣王的劣政:"(纣)好酒淫乐,嬖于妇人,爱妲己,妲己之言是从。于是使师涓作新淫声,北里之舞,靡靡之乐……""便嬖"指国君左右受宠信、善于阿谀逢迎的小臣或近臣。另有"嬖臣""嬖人""嬖妾""嬖女""嬖爱""嬖昵"等词。

髀骨(bì)

"髀"字,1985 年普通话异读词审音时审为"统读"bì。指大腿或大腿骨。《淮南子·人间训·塞翁失马》中有"家富良马,其子好骑,堕而折其髀。人皆吊之,其父曰:'此何遽不为福乎。'"还有"抚髀长叹""髀肉复生"等词。

皱襞(bì)

衣服上的皱褶。钟嵘在《诗品》中谈到诗的声律音调时说:王融倡导于前,谢朓、沈约推波助澜于后,"于是士流景慕,务为精密,襞积细微,专相陵架，故使文多拘忌，伤其真美"。

砭石(biān)

"砭"字，音 biān。《广韵》作府廉切，《集韵》作悲廉切，中古平声字。极易误读成上声。古代治病用的经磨制而成的石针或石片，可刺激体表某些部位以解除疾病痛苦，或刺破皮下浅表血管放血及切开脓包排脓等，是华夏最古老的医疗用具。今已改进为用金属针治病。另有"砭骨""砭针""痛砭腐政""针砭时弊"等词。

针砭时弊(biān)

发现、指出或深刻地批评当下社会的弊端。"针砭"，中国古代以石针刺穴治病的方法。"砭"是华夏最古老的医疗用具，即"石针"，后改用金属为针治病。宋人祖士衡的《西斋话记》有"陇州道士曾若虚者，善医，尤得针砭之妙术"的记载。后来也比喻为规诫过失。宋人范成大有诗云："时时苦语见针砭，邂逅天涯得三益。"现代汉语以"针砭"比喻发现和指正错误，力求改正。普通话的几次审音都未审及"砭"字，但《现代汉语词典》和《新华字典》的标音都是阴平，应该读 biān。

煸锅(biān)

北方话指将葱、姜、蒜等调料和菜、肉等放在热油锅里煸炒至半熟。

蝙蝠(biān)

"蝙"字，音 biān，从《广韵》布玄切，中古平声字。一种具有夜间飞翔能力，形似老鼠，视力低弱，靠自身发出的超声波引导飞行，以蚊、蛾等昆虫为捕食对象的哺乳动物。1959 年普通话异读词第二次审音时审"蝙蝠"为 biānfú。1985 年普通话异读词审音又重新加以确认，"蝙"字"统读"为 biān。容易误读成上声。

褊狭(biǎn)

原指衣服狭小，后指狭小、狭隘。

马弁(biàn)

"弁"字,本义是指帽子,古时吉礼之服戴冕,常礼之服戴弁。二十岁的男子要举行加冠礼,以示成人,称作"弁"。另外,书籍或长篇文章的序言或引言叫"弁言",意为"放在前面",如龚自珍《送徐铁孙序》:"乃书是言,以弁君之诗之端。"

"马弁"指军阀时代军官的护兵,也指低职或打杂务的武官,因武官头戴皮弁得名。有"武弁""将弁""皮弁""爵弁""卑弁"等。《儒林外史》三十九回写平少保得圣旨后星飞离京,出师松潘卫。待"各路粮饷俱已调齐,少保升帐,传下将令,叫各弁在辕门听候"。

苄甲基(biàn)

又称"苄基"或"苯甲基"。碳氢化合物的一种,是含芳香环的甲苯分子中失去一个氢原子所成的有机基团,有机化学常将它当作一个化合单位。

汴梁(biàn)

金元以后合称"汴梁"。旧时对开封府的别称,也称"汴京"。开封在战国时为魏都大梁,后世简称"梁"。隋、唐在此置州,因临汴水,故称"汴州",简称"汴"。北宋时称"汴京"。

黄骠马(biāo)

一种全身淡黄栗色而鬃、尾等处夹杂着白斑的马,今名"银河马"。杜甫《徒步归行》诗云:"妻子山中哭向天,须公枥上追风骠。"

蹲膘(biāo)

"膘",指肥肉。"蹲膘"即牲畜养长肥肉。汉语另有"膘情""长膘""上膘""抓膘""保膘""跌膘""膘肥体壮"等词。"膘"字在某些方言里(如山东方言)作形容词用于人时,多含贬义或戏谑义。

飙车(biāo)

"飙"字,又作"飚",原指风暴,如"狂飙"。毛泽东1930年7月写的《蝶恋花·从汀州向长沙》中就有"国际悲歌歌一曲,狂飙为我从天落"句。"飙"

字,古代指驾风而行的车。李白《古风》之四有"羽驾灭去影,飙车绝回轮"句。今指开快车。

摽劲儿(biào)

双方因赌气或竞赛憋着劲儿比着干,也可不加儿化。"摽"还有其他三种解释:(1)捆绑物体使相联结,如"木梯松动了,用铁丝把它摽紧"。(2)北方话里指以手或胳膊紧紧地勾住,如"两个人摽着膀子走"。(3)北方话里指由于利害关系而相互亲近、依附或纠结,如"这伙人整天摽在一块儿"。

鱼鳔(biào)

某些鱼类腹内可以胀缩的白色气囊,里面充满氮、氧、二氧化碳等混合气体,通称"鱼泡儿"。收缩时鱼下沉,膨胀时鱼上浮。有些鱼类的鳔有辅助听觉或呼吸等作用。用鱼鳔或猪皮等熬制的胶叫"鳔胶",黏性很大,多用来粘木器。

瘪三(biē)

"瘪"字,极易误读成上声。损人的话,新中国成立前上海人称城市中无正当职业而以乞讨或偷窃为生的游民或干瘪瘦小、举止猥琐的人。口语里"三"字可儿化。

蹩脚(bié)

"蹩"字,极易误读成去声。崴了脚腕子。方言里称不顺畅、挺别扭叫"蹩脚"。吴方言里还将质量不好、本领不强的货物叫蹩脚货。

别嘴(biè)

绕嘴,说起来不顺畅。汉语词"别扭""别不过"中的"别"字也读去声。

傧相(bīn)

古代指替主人接引宾客或主持礼赞的人。《周礼·秋官·司仪》中规定:"司仪掌九仪之宾客、摈相之礼,以诏仪容、辞令、揖让之节。"郑玄注:"出接宾曰摈,入赞礼曰相。"宋以后婚礼中的赞礼者亦称傧相。现多指举行婚礼时陪伴新郎的男子和陪伴新娘的女子,分为男傧和女傧。

槟子(bīn)

"槟"字,音 bīn,从《广韵》必邻切,中古平声字。槟子树结的果实,比苹果小,红色,熟后转紫色,味酸甜带涩。槟子树,是苹果树与沙果树杂交的树种,落叶乔木。另外,"槟"字用于"香槟酒"和"槟榔"(越南地名)时,也应读 bīn。

摈弃(bìn)

"摈"字,极易误读成阴平。指抛弃、排除。汉语另有"摈除""摈斥""摈却""摈黜"等词。

殡葬(bìn)

"殡"字,极易误读成阴平。出殡和埋葬。指停放灵柩或将灵柩送到墓地去。《淮南子·氾论》中有"夏后氏殡于阼阶之上,殷人殡于两楹之间,周人殡于西阶之上,此礼之不同者也"句。汉语里另有"出殡""送殡""殡车""殡礼""殡殓""殡仪馆"等词。

髌骨(bìn)

膝盖部位的一块骨头,略呈三角形,尖端向下,也叫"膝盖骨"。夏商时期有"髌刑",是削去人的膝盖骨的一种酷刑。到了周、秦、汉时,发展为砍削掉人的脚或脚趾,又叫"刖(音 yuè)刑"。载:《史记·太史公自序》。"髌"字,1985 年普通话异读词审音时审为"统读"bìn。容易误读成阴平。

鬓发(bìn)

"鬓"字,极易误读成阴平。脸两侧靠近耳朵的头发。还有"鬓角""两鬓""双鬓""云鬓"等词。苏轼《江城子·乙卯正月二十日夜记梦》上阕为:"十年生死两茫茫,不思量,自难忘。千里孤坟,无处话凄凉。纵使相逢应不识,尘满面,鬓如霜。"《木兰辞》写女扮男装的木兰女关山万里、征战疆场还故乡后的情景:"开我东阁门,坐我西阁床。脱我战时袍,着我旧时装。当窗理云鬓,对镜贴花黄。出门看伙伴,伙伴皆惊惶:'同行十二年,不知木兰是女郎'。"

并州(bīng)

太原市的别称。相传大禹治水,分天下为九州,并州即为古"九州"之一。汉置并州,治所在晋阳;隋朝改称太原,宋时升为太原府。读阴平音 bīng 的"并"字,只在"并州"一词里用,其余一律读作去声的 bìng。

槟榔(bīng·láng)

果木名,常绿乔木,树干高且直。果实叫"槟榔子",可食用亦可入药,有帮助消化和驱除绦虫等作用。原产于东南亚,自古我国广东、福建、云南、台湾等地(热带或亚热带)均有栽植。左思《吴都赋》中有"槟榔无柯,椰叶无阴"的记载。湖南民歌《采槟榔》词曰:"高高的树上结槟榔,谁先爬上谁先尝。"马来西亚北部的华侨聚居地——槟榔屿州(1910年孙中山曾在此召集会议,决定在广州举行武装起义,史称"黄花岗起义")及首府槟城和亚洲最长的公路桥——槟城大桥中的"槟"字都与"槟榔"有关,因此都应读作后鼻音的 bīng。

屏除(bǐng)

除去、排除的意思。还有"屏弃""屏绝""屏退"等词。"屏"还有抑制、收敛的意思,如"屏气""屏息""屏住呼吸"等。"屏"字在"屏风""屏障""围屏""屏蔽""荧光屏""孔雀开屏"等词里,要读 píng。

摒除(bìng)

排除。与"屏除"意同字不同,音亦不同。另有"摒弃""摒绝"等词。

钵盂(bōyú)

"钵"是梵语"钵多罗"的省称。这里指古代僧徒用的食器,多为陶制,比盆小,平底,口小,形稍扁。唐诗僧贯休《陈情献蜀皇帝》:"一瓶一钵垂垂老,千水千山得得来。""盂"是指敞口的盛液体的器皿,如"水盂""痰盂"等。

般若(bōrě)

佛经用语,为六波罗蜜之一。意译"智慧"或曰脱离妄想,归于清净。佛教用来指如实了解一切事物的智慧。东晋佛法兴盛,当时社会上玄学风行,佛教也借用老庄玄学来解释佛教思想。老庄的玄学讲无,大乘佛教般若学讲空,两者以此相得益彰,因此当时的佛教般若空宗思想得到了极大发展,并出现了所谓般若学的"六家七宗"。到了姚秦时代,龟兹国佛学大师鸠摩罗什于公元401年到达长安,佛教般若学又进入了一个新的时代。他翻译的印度佛教哲学著作,号称"三论",对我国内地佛学的发展起了至关重要的作用。他的弟子还写有《般若无知论》等论文。

吐蕃(Tǔbō)

公元7到9世纪青藏高原上由雅隆农业部落为首的部落联盟发展而来的藏族奴隶制地方政权名。计传九代,历时200余年。其间,赞普松赞干布时定都拉萨,松赞干布和弃隶缩赞先后与大唐文成公主、金成公主联姻,唐、蕃通使频繁,经济文化联系至为密切。拉萨大昭寺门前立有"唐蕃会盟碑",碑文中的彝泰年号是目前仅知的唯一的吐蕃年号。吐蕃政权崩溃后,宋、元、明史籍仍沿用旧称。"吐蕃",音转为"土伯特"。"吐蕃"中的蕃字不取 fān 或 fán 音。

伯仲(bózhòng)

原指哥哥和弟弟,老大和老二。后多用于评价人物的次第,比喻不相上下、等量齐观的人和事。有"伯仲之间""难分伯仲""伯仲叔季"等词。陆游《书愤》一诗盛赞诸葛亮的《出师表》有"出师一表真名世,千载谁堪伯仲间"句。另外"伯父"一词里的"伯"字也读 bó,指父亲的哥哥或称呼跟父亲辈分相同而年纪较大的男子。

布帛(bó)

丝织物的总称。《孟子·梁惠王上》中,孟子向齐宣王阐释自己"保民而王"的政治主张时,将其理想述之为:"五亩之宅,树之以桑,五十者可以衣帛矣;鸡豚狗彘之畜,无失其时,七十者可以食肉矣;百亩之田,勿夺其时,八口之家,可以无饥矣;谨庠序之教,申之以孝悌之义,颁白者不负载于道路矣。"隋唐五代时期,妇女们在娱乐、出行、家居、劳作时常披一以纱罗织成的长条巾,上有印花和绘画,或披于肩,或挽于臂,行走时随风飘动,名曰"披帛"。汉语里另有"财帛""玉帛""竹帛""缣帛""帛画""帛书"等词。

古代人们在还没有发明造纸术之前,最早是将字写在竹片上。春秋战国以后,人们开始渐渐地在丝织品"帛"上写字作画,即为"帛书"。帛质地轻薄柔软,易书写绘画,易携带,易收藏,又可随文字的短长裁断,用轴卷成一束,便于阅读。"帛书"有两种形式,一是卷轴式,二是折叠式。1949 年湖南发掘出土的战国时代楚墓里就有我国现存最古老的绘画作品之一"人物龙凤帛画",1973 年又发掘出土了"人物御龙帛画"。1972 年长沙马王堆出土的"丁字形彩绘帛画",被认为是上古绘画最精美、最完整的作品。出土的帛医书中有《五十二病方》,记载了二百四十多种药物,并有药物炮制和饮服的方法。

柏拉图(bó)

约公元前 427 年—公元前 347 年,古希腊客观唯心主义哲学家,苏格拉底的学生,亚里士多德的老师。其《理想国》《法律篇》等著作,集中表现了他的道德、政治和教育理论,

古"柏"字,从《广韵》博陌切,中古入声字。读 bó 的古语词有"柏舟"(《诗经·柏舟》篇)、"柏人"(战国赵邑,在今河北省隆尧县)、"柏梁体"(汉武帝时的七言诗体)、"柏台"(御史台)、"柏府"(御史府)、"柏海"(古湖泊名,即今青海鄂陵湖)。

古"柏"字发展至今,分为两支:(1)仍读 bó 音,多用于音译字。除了"柏拉图"外,还有

"柏林"（民主德国首都，东、西德统一后仍为首都）、"柏辽兹"（19世纪法国音乐家）、"柏崎"（日本中北部工商业北部城市）、"柏培拉"（索马里北部城市）等。(2)变读为上声音 bǎi。现代汉语有"柏树""柏木""柏油路""侧柏""桧柏""翠柏""松柏"等树木及木制品名称。作地名用字，如河北省的柏乡县、河南省的桐柏县、河南湖北交界的桐柏山等。姓氏用字，《百家姓》收。相传古帝柏皇氏的后裔有柏氏[见《姓觿》（音 xī)]。复姓"柏常""柏侯"中的"柏"字都读上声。"柏"字，只在"黄柏"一词里读去声 bò。

亳州(bó)

旧名亳县，今在安徽省西北端，涡河上游，邻接河南省，为新增地级市。秦置谯县，北周为亳州治。1912年改为亳县。

"亳"又是古都邑名，为商汤最初在山东曹县一带建立的都城，后几经迁徙，数易其都，最终商王盘庚在河南安阳（小屯附近）定都。古时建国先立社，所以当时还有"亳社"，以祭祀土地神。"亳"字，1957年普通话异读词第一次审音审为 bó 音。注意与"毫"字相区别，容易误读成 háozhōu。

鹁鸪(bógū)

黑褐色羽毛的一种鸟，天将下雨或刚晴时，常在树上咕咕地急叫，也叫"水鹁鸪"。其名类似于其鸣。陆游《东园晚兴》诗云："竹鸡群号似知雨，鹁鸪相唤还疑晴。"

锡箔(bó)

指涂过金属粉或裱上金属薄片的纸，旧时做冥锭用。1985年普通话异读词审音时审"箔"字为"统读"bó。

"箔"字还有其他三种解释：(1)用竹子或秫秸织成的帘子，如"苇箔""席箔"；(2)养蚕用的竹筛子或竹席，如"蚕箔"；(3)一般的金属薄片，如"金箔""铜箔"等。

浇薄(jiāobó)

　　书面语中指人情或风俗的刻薄、不淳厚。如"世风浇薄""人情浇薄"等。古"浇"字本身即有"薄"的意思，如"浇风""浇末""浇季"。

跛子(bǒ)

　　指腿、脚有毛病的人，行走时不能保持身体平衡，向两边摇晃。汉语里另有"跛脚""跛行""跛足""跛鳖千里"等词。

颠簸(bǒ)

　　"簸"字，极易误读成阴平。上上下下地摇摆震荡。"颠簸"，古时也写作"颠播"，"播"字通"簸"，都是"摇晃"的意思，也与"簸"同音。《三国演义》第四十七回，凤雏先生庞统给曹操献连环计曰："大江之中，潮生潮落，风浪不息。北兵不惯乘舟，受此颠播，便生疾病。若以大船小船各皆搭配，或三十为一排，或五十为一排，首尾用铁环连锁，上铺阔板，休言人可渡，马亦可走矣。乘此而行，任他风浪潮水上下，复何惧哉？"

薄荷(bò·he)

　　多年生的草本植物。方茎，叶对生，秋季开唇形花。茎叶有清香味，可提取薄荷油、薄荷脑，供医药、食品和化妆品工业用。汉语词有"薄荷油""薄荷糖""凉薄荷""薄荷烟"等。

黄檗(bò)

　　又叫"黄柏"。"柏"是"檗"的异体字，音bò。"黄檗"，属芸香科，落叶乔木为长白山及小兴安岭林区主要阔叶树种之一。枝茎可提制黄色染料。皮根均可入药。《本草纲目》三五"木"二有"檗木"条。

擘画(bò)

　　"擘"字，极易误读成阳平。书面语中指筹划、安排，也写作"擘划"。《淮南子·要略》将《齐俗》篇概略解释为："齐俗者，所以一群生之短修，同九夷之风气，通古今之论，贯万物之理，财制礼义之宜，擘画人事之始终者也。"

巨擘(bò)

"擘"字,本义是大拇指。在一个领域里有能力、有威望的杰出人物或居于首位的人物被称作"巨擘"。如《孟子·滕文公下》中,孟子对匡章曰:"于齐国之士,吾必以仲子为巨擘焉。虽然,仲子恶(音 wū,叹词,何言也)能廉?充仲子之操,则蚓而后可者也。"还有"商界巨擘""学界巨擘""医界巨擘"等。

簸箕(bò·ji)

用竹篾(音 miè)或柳条编织的三面有边儿、一面敞口的器具,用来扬弃粮食中的杂物。也有用铁皮和塑料制成的,多用来撮垃圾。另外,人的指纹有一种类似于簸箕形的,跟"斗"相对。"箕"字,极易误读成轻读的 qi。

逋留(bū)

原意是逃亡、拖延,在这里是逗留、稽留的意思。汉语词还有"逋逃""逋客""逋亡""逋欠""逋租"等。

汉语里另有"逋慢"一词,意为有意规避,不遵守法令。如李密在《陈情表》中表明自己家有老母、不愿出仕为官的心情时表述曰:"诏书切峻,责臣逋慢。郡县逼迫,催臣上道。"北宋有"梅妻鹤子"处士林逋,不娶无子,刚正直谏,三次遭贬。终孤身一人隐居杭州西湖孤山,以植梅放鹤自娱自乐,死后被宋仁宗谥为"和靖先生"。

白醭儿(bú)

酒、酱、醋及部分食物或蔬菜闷捂久了变质后在其表面生出的白霉。白居易《卧急来早晚》诗云:"酒瓮全生醭,歌筵半委尘。"也泛指一切东西受潮而生的霉斑。杨万里《风雨》诗云:"梅天笔墨都生醭,棐几文书懒拂尘。""醭"字,1985 年普通话异读词审音时审为"统读"bú。

反哺(bǔ)

"哺"字,义为喂养、哺育。传说雏鸟长大以后,衔食喂母乌。《本草纲目·禽部》释曰:"慈乌:此鸟初生,母哺六十日,长则反哺六十日,可谓慈孝矣。""反哺"的"反"作"返"。今常比喻子女长大后奉养父母,如"反哺之情"。另外"哺"字还有"嘴里嚼着食物"的意思,如《汉书·高帝纪上》载:当年刘邦与项羽争夺天下,刘邦欲答应策士郦食其立六国,"以问张良,良发八难。汉王辍饭吐哺,曰'竖儒几败乃公事!'"曹操《短歌行》结尾云:"山不厌高,水不厌深。周公吐哺,天下归心。""哺"字,1985年普通话异读词审音时审为"统读"bǔ。容易误读成 pǔ。汉语里另有"哺乳""哺育"等词。

大埔(bù)

在广东省东北部,梅州正东,韩江中游,邻接福建。晋置义招县,隋改万川县,唐为海阳县地,明始置大埔县。现为梅州市所辖县。1962年普通话异读词审音时审定"大埔"里的"埔"字读为 bù。"埔"字用于"黄埔军校""中法黄埔条约"时,音 pǔ。

安瓿(bù)

在商代至战国时指盛水或酒的器皿,圆形、深腹,有的有两耳,像后代的小瓮子或小瓦器。汉代的"瓿"也用以盛酱、醋等物。"安瓿"指装注射剂用的密封的小玻璃瓶,用药时须将瓶颈的上端弄破,英文形式为 ampoule。

C

礤床儿(cǎ)

将瓜、土豆、萝卜等擦成丝儿的工具,通常是在一块木板或竹板的中间抠出一个洞,钉上一块金属片,片上凿开许多小窟窿眼儿,使翘起的鳞状部分成为薄刃片。

采邑(cài)

"采"字,只在用于"采邑"时读去声,其余均读上声。"采邑"也叫"食邑"或"封地"。中国古代诸侯赐给卿大夫作为世代俸禄的封地(包括耕种的土地和耕种土地的奴隶）。采邑的租税收入作为卿大夫的俸禄。西周时此项制度最为盛行，卿大夫在采邑内享有统治权利，并对诸侯承担义务。到战国时开始衰落，秦汉以后则按户口封邑。《礼记·礼运》曰："故天子有田以处其子孙，诸侯有国以处其子孙，大夫有采以处其子孙，是谓制度。"

参禅(cānchán)

　　佛教名词。佛教禅宗的修行方法，即习禅者为求开悟向各处禅师参学。有时也指佛教徒们静坐冥想（依教坐禅）领悟佛理。佛教教义说："妄念不生为禅，坐见本性为定。"即"禅定"。"禅定"是佛教徒的中心任务。

　　凡是与佛教有关的"禅"字，都读chán。如"禅定""禅师""禅杖""禅房""禅机""禅理""禅林""禅门""禅堂""禅学""禅院""禅宗""禅坐""参禅""禅椅""禅心""禅悟""野狐禅"等。"口头禅"原本也是佛教用语，原意指有的和尚只空谈佛教理义而不去具体实行，后来泛指某些人经常挂在嘴边的词语。

孱头(càn·tou)

　　吴方言里指那些软弱无能、怯懦之人。章炳麟《新方言·释言》中说："今谓下劣怯弱为孱头。"

粲然(càn)

　　形容鲜亮光华或笑时露出牙齿的美好样子。魏晋时有善五言律诗的王粲，写有著名的《七哀诗》。

伧俗(cāng)

　　古代讥讽人的粗俗、粗野、鄙贱。魏晋南北朝时，文人士大夫常讥骂人为"伧"或"伧夫"。汉语里还有"伧楚""伧父""伧荒"等词。

粗糙(cāo)

　　"糙"字，音cāo，从《广韵》七到切，中古去声字。原指脱壳未舂的米或舂得不精熟的粗米,即"糙米",后引申为物体表面不光滑、不细腻。清人洪昇在《长生殿·窥浴》中写道:"春纤十个擂槌,玉体浑身糙漆。"汉语词还有"糙米""糙汉""糙人""糙粮""糙纸""毛糙""毛里毛糙"等。1959年普通话异读词审音时审"糙"为cāo,1985年又做了"统读"的规定。极易误读成去声的zào。

嘈杂(cáo)

形容声音的喧嚣杂乱。"嘈"字,1985年普通话异读词审音时审为"统读"cáo。极易误读成cāo或zāo。

参差(cēncī)

指长短、大小、高低不相一致。《诗经·周南·关雎》篇里有"参差荇(音xìng)菜,左右流之。窈窕淑女,寤寐求之。参差荇菜,左右采之。窈窕淑女,琴瑟友之。参差荇菜,左右芼(音mào)之,窈窕淑女,钟鼓乐之"的诗句。1985年《普通话异读词审音表》规定:"参差"中的"差"字读cī。

岑寂(cén)

冷清、寂寞。唐初边塞诗派重要代表人物岑参(音cénshēn),天宝年间进士,长于七言歌行,与高适齐名。其诗作多写塞上风光和军旅生活,气势豪迈,情辞慷慨,语言变化自如。著名诗作《白雪歌送武判官归京》中有"忽如一夜春风来,千树万树梨花开"的名句。

偏差(chā)

"差"字,音chā,从《广韵》初牙切,中古平声字。在书面语合成词里多作名词,指不相同、差异、差别或错误。相关汉语词还有"公差""色差""误差""等差""差距""差异""差别""差错""差额""差价""反差""时差""视差""温差""落差""剪刀差""一球之差""一念之差""一分之差""一秒之差""差强人意""一差二错""阴差阳错""差之毫厘,谬之千里"等。在"偏差""一念之差""一差二错""差之毫厘,谬以千里"等词里的"差"字,极易误读成去声。

据《汉语大字典》,"差"字古时至少有七种读音,演变至今仍有四种读法。除了读 cī 和 chā 外,还读 chà 和 chāi。做口语词单念时的"差"字,多读作去声 chà,从《广韵》楚嫁切,中古去声字,并可在其前面加"太""很"等副词的修饰,既可作动词用,也可作形容词用,还可以是名词。如"质量太差""很差劲""听差了""差不多""最差的一个""差两毛钱""相差无几""少慢差费"等。读 chāi 的"差"字,当"派遣""差役"讲,从《广韵》楚加切,中古平声字。如"出差""美差""公差""差旅费""差使""差役""差事""差遣""苦差""邮差""当差""开小差儿""钦差大臣"等。

古代的"差"也作姓氏用字。《中国姓氏集》的标注为 chā。《集韵》和《新编千家姓》的标注为 chāi。一说夏朝有夏后氏部落,其后姓"差";一说古代有差车之官,其后以"差"为姓。

打喳喳(chā·cha)

"打喳喳"应读"中重轻"格式。方言,指小声说话;耳语。

喀嚓(kāchā)

象声词。形容物体断裂的声音。"嚓"字,容易误读为 cā。

搽粉(chá)

"搽"字,音 chá。从《广韵》宅加切,中古平声字。往脸上或手上敷或涂抹粉、油一类的东西。如"搽点儿紫药水""搽雪花膏"等。马致远《汉宫秋》第一折写道:"将两叶赛宫样儿眉儿画,把一个宜梳裹脸儿搽。"1957 年普通话异读词第一次审音时审"搽"为 chá 音,1985 年《普通话异读词审音表》又做了"统读"chá 的规定。极易误读成阴平。

浮槎(chá)

"槎"字,指竹木筏子。另有"乘槎"一词。元代白贲《百字折桂令》:"曲岸西边,近水湾鱼网纶杆钓槎。断桥东壁,傍溪山竹篱茅舍人家。满山满谷，红叶黄花。正是伤感凄凉时候，离人又在天涯。"描写的是一位旅人在萧瑟秋风中单骑独行的孤凄形象及悲凉心境。

侘傺(chàchì)

不得志、无所依、失意的样子。《楚辞·九章·哀郢》中有"惨郁郁而不通兮，蹇(音 jiǎn)侘傺而含戚"句。

古刹(chà)

见诸文献典籍的"刹"字，读音为 chà，从《广韵》作鎋切，中古入声字。梵语刹多罗(ksetra)的译音省称。原指土地、疆土或世界，转指佛寺或佛塔。相关汉语词还有"宝刹""名刹""什刹海"等。河南嵩山少林寺因僧徒曾助秦王李世民征讨王世充有功，被誉为"天下第一名刹"。南宋宁宗年间，曾制定过禅院等级，有"五山十刹"的规定，成为禅徒游方学道、寻师访友的集中之地。"刹"字，不取 shā 音。

刹那(chànà)

梵语(ksana)的译音。原指古印度最小的计时单位。唐玄奘《大唐西域记》载："时极短者，谓之刹那。"后比喻一念之间、一瞬间或最短暂的时间。佛教著作中有说，一弹指顷有六十刹那；有说，一念中有九十刹那，一刹那又有九百生灭；也有说，刹那就是算术譬喻所不能表达的短暂时间。一般多用于口语中。"刹"字，在现代又派生出"制止""阻止"义，读作 shā。如"刹车""刹把""刹住歪风""刹刹锐气"等。

惊诧(chà)

惊讶、诧异。

裙钗(qúnchāi)

"裙"，指下衣、裙子；"钗"，是古代妇女别在发髻上的一种首饰，由两股簪子合成。"裙钗"合指古代妇女的服饰，因用为妇女的代称。如《红楼梦》第一回，作者自云："今风尘碌碌，一事无成，忽念及当日所有之女子,一一细考较去,觉其行止见识,皆出于我之上。何我堂堂须眉,诚不若彼裙钗哉?"

侪辈(chái)

同辈、朋辈、同一类人。《三国志·魏书·武帝纪》写曹操与其手下大将韩遂的关系:"韩遂请与公相见,公与遂父同岁孝廉,又与遂同时侪辈,于是交马语移时,不及军事。但说京都旧故,拊手欢笑。"汉语词另有"侪流""侪伦""同侪""吾侪"等。

蜂虿(chài)

古书上说的蝎子一类的毒虫。《论衡·物势》载曰:"则生虎、狼、蝮蛇及蜂、虿之虫,皆贼害人。"

觇标(chān)

"觇"字,原意为窥视、察看。"觇标"是一种测量标志,用木材或钢材制成几米或几十米的标架,架设在控制点上作为被瞄准的目标,在高觇标上设有仪器观测台,以便瞄准其他目标。红色的金属测量觇标是峰顶最重要的测量标志,是提高交会测量精度的照准参照物。

单于(chán)

"单"字,音 chán,从《广韵》市连切,中古平声字。"单于"是古代匈奴族最高首领(君主)的称号,全称"撑犁孤涂单于"。在匈奴语中,"单于"意为"广大""天子"。《史记·廉颇蔺相如列传》中写赵国名将李牧与匈奴作战:"单于闻之,大率众来入。李牧多为奇阵,张左右翼击之,大破匈奴十余万骑……,单于奔走。"历史上知名的有"冒顿(音 mòdú)单于""呼韩邪单于""车犁单于""屠耆单于"等。与之相关的汉语词还有:"小单于"(古时的曲调名。秦观《阮郎归》词上阕云:"湘天风雨破寒初,深沉庭院虚。丽谯吹罢《小单于》,迢迢清夜徂。")、"单于台"(唐时距云中县西北百余里,今山西大同境内)、"单桓"(汉时城国名,在今新疆乌鲁木齐市。《西域传》载:"去长安八千八百七十里")、"单于都护府"(唐高宗永徽元年置)等。

谗言(chán)

在别人面前说陷害某人的坏话。《离骚》写楚怀王轻信谗言,拒忠而不察:"荃不察余之中情兮,反信谗以齌怒。"汉语里另有"谗害""谗佞""谗间""谗口""谗谀""进谗"等词。

婵娟(chánjuān)

指形态美好的样子,多用来形容美女或月亮。如李商隐的《霜月》诗:"初闻征雁已无蝉,百尺楼台水接天。青女素娥俱耐冷,月中霜里斗婵娟。"(指美好)苏轼《水调歌头》:"但愿人长久,千里共婵娟。"(指月亮)

孱弱(chánruò)

瘦弱、羸弱,多指身体。也可引申为一个人软弱无能。

蝉蜕(chántuì)

蚱蝉的幼虫向成虫转化时蜕下的壳儿,又叫"蝉衣"。中医可入药,主治感冒发热、咳嗽、音哑、小儿麻痹等症。也比喻解脱。如司马迁在《史记·屈原贾生列传》中评价《离骚》云:"屈平之作离骚,盖自怨生也。……上称帝喾,下道齐桓,中述汤武,以刺世事。明道德之广崇,治乱之条贯,靡不毕见。其文约,其辞微,其志洁,其行廉,其称文小而其指极大,举类迩而见义远。濯淖汙(音 yū)泥之中,蝉蜕于浊秽,以浮游尘埃之外,不获世之滋垢,皭(音 jiào,洁白、干净)然泥而不滓者也。推此志也,虽与日月争光可也。"

"蝉",又名"知了",昆虫的一种。今有"蝉联"(连续相承某个职务或称号)、"蝉翼"(比喻微薄的事物)等词。

蟾蜍(chánchú)

两栖纲蟾蜍科动物的通称,最常见的是大蟾蜍,又名"癞蛤蟆"或"疥蛤蟆"。身体表面有许多疙瘩,内有毒腺,能分泌黏液,吃昆虫、蜗牛等小动物,对农作物有益。"蟾酥"指蟾蜍表皮腺体和耳后腺的分泌物,白色黏液,有毒,中医可入药。古代传说月亮里有三条腿的蟾蜍,因此,古诗文里常用来指月亮,有"蟾宫""蟾光"等词。如萧统《锦带书十二月启》:"皎洁轻冰,对蟾光而写镜。"另外古代科举时一举登科被称作"蟾宫折桂"。

巉峻(chánjùn)

指山势高而险峻。另有"巉岩"(指险峭的岩壁)一词。

谄谀(chǎnyú)

为了讨好而卑贱、谄媚地巴结、奉承别人。《荀子·不苟》曰:"君子崇人之德,扬人之美,非谄谀也。"汉语里还有"谄笑""谄媚"等词。

阐述(chǎn)

申说、论述。汉语词还有"阐发""阐释""阐明""阐扬"等。"阐"字,1985年《普通话异读词审音表》规定"统读"为chǎn。容易误读成shàn。

盘缠(chan)

又叫"盘川",元明以后出现的词,指旅资、路费。刘鹗在《老残游记》第一回中记述老残的身世写道:"其先,他的父亲原也是个三四品的官,因性情迂拙,不会要钱,所以做了二十年实缺,回家仍是卖了袍褂做的盘川。你想,可有余资给他儿子应用呢?"

羼杂(chàn)

原指羊杂处在一起,引申为"掺杂""搀入"。如颜之推《颜氏家训·书证》载:"史之阙文,为日久矣;加复秦人灭学,董卓焚书,典籍错乱,非止于此。……皆由后人所羼,非本文也。""羼"字,1985年普通话异读词审音时审为"统读"chàn。

伥鬼(chāng)

亦称"虎伥"。古时传说人被老虎咬死后,鬼魂仍为虎驱役,老虎出行求食,伥必为虎前做帮凶。成语"为虎作伥"意为助纣为虐。"伥"字,1985年普通话异读词审音时审为"统读"chāng。

倡优(chāng)

也叫"俳优",是古代贵族豢养的专供他们声色之乐的职业人,即以乐舞、戏谑为生的艺人。《汉书·灌夫传》载,汉武帝时,大将军灌夫因喝酒得罪了丞相武安侯田蚡(音fén),被诬有罪。田蚡盛毁灌夫所为横恣,罪逆不道。曰:"天下幸而安乐无事,蚡得为肺腑,所好音乐、狗马、田宅。蚡所爱倡优、巧匠之属,不如魏其、灌夫日夜招聚天下豪桀壮士与议论,腹诽而心谤,不仰视天而俯画地,辟睨两宫间,幸天下有变,而欲有大功。臣乃不如魏其等所为。"

"倡优"后来成为"娼妓"和"优伶"的合称,因为旧时轻视戏曲艺人,所以将之与娼妓并称。

场院(cháng)

"场"字,音cháng,从《广韵》直良切,中古平声字。农村收打庄稼、翻晒粮食的平坦空地,一般有篱笆或围墙环绕。《诗经·豳风·七月》有"九月筑场圃,十月纳禾稼"句。相关汉语词还有"扬场""麦场""场屋""晒场""翻场""轧场""打场""起场""看场""护场""登场"等,都读阳平音。用于事情经过的量词"场",义同"阵"字,也读阳平,如"一场透雨""一场轩然大波""大干一场""得了一场病"等。

作量词用的"场"字读作上声chǎng,一般仅限于文娱活动,如"看了一场电影""连续演了四场戏""本周有三场比赛"。另外,指适应某种需要的比较大的地方,有"会场""广场""操场""商场""战场""市场""散场""场地""场合""场外"等汉语词。又指与舞台表演有关的,如"上场""下场""进场""退场""冷场""捧场""晕场""场次""开场""终场""粉墨登场"等汉语词。

徜徉(chángyáng)

也作"倘佯"。指逍遥、安闲自在地步行、游逛。如韩愈《送李愿归盘谷序》有"膏吾车兮秣吾马,从子于盘兮,终吾身以徜徉"句。有时也指徘徊、彷徨。

霓裳(cháng)

一指以虹霓制作的衣裳("霓"是虹的外环,颜色较淡)。古人认为仙人着此裳,故常以此喻指仙人。特指唐代乐曲《霓裳羽衣曲》。白居易在《长恨歌》里描写唐明皇日夜笙歌、轻歌曼舞的景象,有"缓歌慢舞凝丝竹,尽日君王看不足。渔阳鼙鼓动地来,惊破霓裳羽衣曲"的名句。在《琵琶行》中,白居易写琵琶女在千呼万唤中出场后:"轻拢慢捻抹复挑,初为《霓裳》后《六幺》"。

"裳"字,单独使用时读cháng,从《广韵》市羊切,中古平声字。中国古代传统服装有两种基本形制。一种是上衣下裳制。《释名·释衣服》里说:"凡服上曰衣,……下曰裳。"即上衣为衣,下衣为裳;衣在上,裳在下;衣在表,裳在内;衣在裳外,衣短裳长。另一种是把上衣和下裳连在一起的长衫(长袍),可称作衣裳连属制。古代男女皆可穿"裳","裳"就是一种裙子,但与现代妇女穿的裙子不同。《诗经·邶风·绿衣》中有"绿兮衣兮,绿衣黄里。……绿兮衣兮,绿衣黄裳"句。李白《清平调》曰:"云想衣裳花想容,春风拂槛露华浓。若非群玉山头见。会向瑶台月下逢。"

现代汉语词"衣裳"是"衣"与"裳"合用,即可表上衣又可表下衣。不仅词义发生改变,读音也发生改变,"裳"字轻读为shang。相关汉语词"罗裳""云裳""黄裳"等中读裳cháng。

大氅(chǎng)

"氅"字,原指鹙(音qiū)鸟的羽毛。也引申为用羽毛制成的外衣。汉晋间用以制衣服,叫"鹤氅"。民国时期北方人泛称长大衣或长外套为"大氅",今多称之为"大衣"。

怅惘(chàngwǎng)

惆怅、迷惘、失意或无精打采的样子。汉语词还有"惆怅""怅怅""怅恨""怅然""怅惋"等。

焯菠菜(chāo)

指将蔬菜放在热水里稍微一煮就捞出来,既保持了其营养、色泽,又增强了口感。

剿说(chāo)

指抄袭、抄取。《礼记·曲礼上》:"毋剿说,毋雷同。""剿说"意为窃取或因袭、套用别人的言论或文章作为自己的说法。汉语还有"剿袭"一词,义同"抄袭"。在"围剿"等词里,"剿"字要读作 jiǎo。

工尺谱(chě)

"尺"字在中古时代就有 chǐ 和 chě 两读,均为古入声字。读 chě 音的"尺"字系我国民族音乐音阶上的一级,乐谱上用作记音符号,大致相当于现今简谱的"2"。"工尺谱"是音乐十二律的简称,因用"工""尺"等字记写唱名而有此称谓。它是我国传统记谱法的发展,有悠久的历史,最迟在晚唐五代就已开始使用了。明清时更加盛行。宋代《扬州慢》歌词旁即有宋人标记的工尺谱,被视为考察宋词音乐的有力佐证。有人考证是宋代著名词人、《扬州慢》作者姜夔的自注。京剧无定谱,而昆曲则有明显的工尺谱的限制,正如梅兰芳先生所言:"皮黄要唱稳固,昆曲要唱活。"

坼裂(chèliè)

意为裂开、分裂。《淮南子·本经训》描写天地衰时的景象有"是以松柏菌露夏槁,江河三川绝而不流,夷羊在牧,飞蛩(音 qióng,指蟋蟀)满野,天旱地坼,凤皇(通"凰")不下"句。

掣电(chè)

"掣"字,音 chè,从《广韵》昌列切,中古入声字。犹言像闪电、刮风一样迅疾而过。如杜甫当年困守长安,借骢(音 cōng,青白毛相间的马)马寄托感叹的《高都护骢马行》诗,后四句为:"长安壮儿不敢骑,走过掣电倾城知。青丝络头为君老,何由却出横门道。"也形容短暂,如电光一闪。如苏轼的《将至筠先寄迟适远三犹子》诗:"我为乃翁留十日,掣电一欢何足恃。"汉语里另有成语"风驰电掣"。"掣"字,极易误读成 zhǐ。

掣肘(chè)

"掣"字,原意是"牵引""拉拽""抽取"。《晋书·王献之传》有"(献之)工草隶,善丹青。七八岁时学书,羲之密从后掣其笔不得"的记载。"掣肘",比喻在别人做事时故意从旁留难牵制,以阻挠其成功。汉语另有"掣襟肘见(音 xiàn)"一词。

抻面(chēn)

用手将和好的面团抻拉成面条儿,也指它的制成品。另外"抻"也作"拉""扯"讲,如"抻拉""抻拽""帮我把洗好的床单抻一抻""抻长脖子使劲看"等。

郴州(chēn)

湖南省地级市,旧名郴县,位于南岭北麓、湘江上游,邻接广东。隋开皇九年置州,元朝时改为路,明朝改作府,清为直隶州。1913 年又改为郴县。郴州有"天下第十八福地"——苏仙岭,宋代词人秦观、苏轼都曾在此作词题跋。秦观在谪居郴州期间,就曾写有一首《踏莎行·雾失楼台》词,表达他被贬谪的怨恨和远在他乡的孤独之感,词的最后两句是:"郴江幸自绕郴山,为谁流下潇湘去?""郴"字,1957 年普通话异读词第一次审音时审为 chēn。

嗔怪(chēn)

"嗔"字,音 chēn,从《广韵》昌真切,中古平声字。意为生气、动怒、责怪、埋怨,对别人的言行表示不满。《世说新语·德行》载:"王长豫为人谨顺,事亲尽色养之孝。丞相见长豫辄喜,见敬豫辄嗔。"相关汉语词还有"嗔怒""嗔责""嗔色"等。

瞋目(chēn)

惊诧或发怒时睁大眼睛。如《战国策·燕策三》写为刺秦王,燕太子丹在易水边为荆轲壮行,高渐离击筑,荆轲和而歌。唱罢"风萧萧兮易水寒,壮士一去兮不复还"后,"复为忼(音 kāng,'慷'的异体字)慨羽声,士皆瞋目,发尽上指冠。于是,荆轲遂就车而去,终已不顾。"

谌(chén/Shèn)

作为姓氏用字,读 chén 或 Shèn 音。《广韵》作氏任切,中古平声字。"谌"是罕见姓,其姓氏源自春秋时郑国大夫裨谌后人,江西南昌一带多此姓。东汉有荆州刺史谌仲,东晋陶侃之母即姓谌,宋代有谌贲。"谌"的姓氏读音因地而异。

牙碜(chen)

食物中夹杂着土或沙子,嚼起来硌牙。

寒碜(chen)

也可写作"寒伧(chen)"。北方方言里指丢人、不体面或丑陋难看,有时也指讥笑别人、揭人短处。

龀牙(chèn)

小孩换牙,乳齿脱落,长出恒牙。因以指童年时期,即七八岁的年纪,也称"齠(音 tiáo)龀"。《汉书·刑法志》中谈及周朝的法律时曰:"凡有爵者,与七十者,与未龀者,皆不为奴。"

称职(chèn)

"称"字,音 chèn,从《广韵》昌孕切,中古去声字。适合、相当、符合的意思。相关汉语词还有"相称""称心""对称""匀称""称身""称心如意"等词。北京地区的人多读成后鼻音的 chèng,这是普通话词汇的异读现象。1959 年普通话异读词第二次审音时将这一类词中"称"字的读音审定为前鼻音 chèn。1985 年新审音表又进一步确定。

读 chēng 音的"称"字,从《广韵》处陵切,中古平声字。意为衡量、号称、声称、名称、赞扬。如"号称""名称""自称""声称""称道""称呼""称颂""称号""称赞""称许""称雄""称霸""职称""别称""简称""全称""称谓""著称""拍手称快"等。

读 chèng 音的"称"字,与"秤"互为异体字。(1)作名词,指测量物体轻重的器具,唐代以后专指提系杆秤。(2)量词,古时 15 斤为一秤。

谶语(chèn)

迷信的人指将来或事后要应验的话(预言、预兆)。"谶"是编造、假托神意(隐语)来预言吉凶,常有附图,故又有"图谶"一说;"纬"是用神学迷信来妄解经典。"谶纬"在西汉末开始盛行,到东汉大盛。反对谶纬迷信的代表人物是杰出的唯物主义思想家王充,代表作是《论衡》。

柽柳(chēng)

也叫"红柳"或"三春柳""河柳"。落叶小乔木,老枝红色,叶子似鳞片,夏秋两季开花,能耐碱抗旱,是盐土地区造林防沙的重要树种。在黄河入海口的广袤河滩上,生长着成片成片的柽柳,有多枝柽柳、短穗柽柳、长穗柽柳、密花柽柳、毛柽柳、多花柽柳等。柽柳的枝叶可供药用。

琤瑽(chēngcōng)

象声词。形容玉石撞击声或水流声。义同"琤琤(chēngchēng)"。

蛏子(chēng)

又称"竹蛏",一种穴居在沿海泥沙中的淡褐色的、两片贝壳狭长的软体动物,肉可食用。相关汉语词还有"蛏干""蛏田"等。

饼铛(chēng)

烙饼用的铁制或铝制的平底浅锅。《世说新语·德行·四十五》载:"吴郡陈遗,家至孝,母好食铛底焦饭。遗作郡主簿,恒装一囊,每煮食,辄贮录焦饭,归以遗(音 wèi,赠与)母。"后来陈遗携数斗焦饭从军,兵败后于山泽间多数士兵皆受饿而死,唯陈遗以其所带的焦饭充饥得活。时人以为纯孝之报也。除了"饼铛"中的"铛"字读作 chēng 外,其余的"铛"字均读作 dāng,作金属撞击的象声词,如"铃铛""银铛入狱"等。

瞠目结舌(chēng)

直瞠着眼睛的意思。如《庄子·田子方》中颜渊对孔子说:"夫子步亦步也,夫子言亦言也;夫子趋亦趋也,夫子辩亦辩也;夫子驰亦驰也,夫子言道,回亦言道也;及奔逸绝尘而回瞠若乎后者,夫子不言而信,不比而周,无器而民滔乎前,而不知所以然而已矣。""瞠目结舌"指因受窘或惊呆而直瞠着眼睛说不出话来。"瞠"字,容易误读成 táng。

怅触(chéng)

触动、感触。如李商隐《戏题枢言草阁三十二韵》诗:"君时卧怅触,劝客白玉杯。"

乘客(chéng)

读阳平的汉语词还有"乘机""乘隙""乘便""加减乘除""乘法""乘方""乘警""搭乘""上乘""出乘""乘员""乘凉""乘势而上""乘务员""包乘组""乘风破浪""乘兴""乘虚而入""乘坐""乘人之危"等。

大乘(chéng)

公元一二世纪流行的佛教派别。认为人皆可以成佛,强调解救他人,自以为可以普度众生,所以自命为发大心者所乘的大车——"大乘"。另有"小乘"佛教,强调自我解脱,现主要流传于南亚及东南亚各国,自称上座部佛教。中国云南也有部分小乘佛教徒。"乘"字在"大乘"或"小乘"里均读作 chéng。

惩罚(chéng)

惩戒与处罚。相关汉语词还有"惩戒""惩办""惩治""惩处""严惩""奖惩""惩前毖后"等。"惩"字,1985年普通话异读词审音时读音审定为"统读"阳平 chéng。极易误读成上声。

田塍(chéng)

吴方言指田畦、田间的界路或土埂子。

澄清(chéngqīng/dèngqīng)

两读。(1)读 chéngqīng。作形容词,指水质清澈明净。如毛泽东1961年11月17日写的《七律·和郭沫若同志》诗的下阕:"金猴奋起千钧棒,玉宇澄清万里埃。今日欢呼孙大圣,只缘妖雾又重来。"作动词时,指廓清世乱或将浑浊复杂的事情弄清楚、搞明白。如"一定要澄清事实的真相"。相关汉语词还有"澄澈""澄碧""澄莹""澄清天下"等。

(2)读 dèngqīng。指使液体的杂质下沉分离,从而使液体清澈纯净。如《三国志·吴志·孙静传》载:孙静跟随孙策起兵破王朗,孙静献计,乃令军中曰:"顷连雨水浊,兵饮之多腹痛,令促具罂(yīng)缶(fǒu)数百口澄水。"后分军夜袭,破之。现代汉语词还有"澄泥浆""澄沙子"等。1959年普通话异读词第二次审音时,将这个义项里的"澄"字审定为 dèng。1985年普通话异读词审音时又重新确定。

驰骋(chíchěng)

纵马奔驰。《老子·十二章》:"五色令人目盲,五音令人耳聋,五味令人口爽,驰骋畋(音 tián,打猎)猎令人心发狂,难得之货令人行妨。是以圣人,为腹不为目,故去彼取此。"另外"骋"字也作"放开""展开"讲,汉语有"骋目""骋怀"等词。

王禹偁(chèng)

"偁"字,为"称"的本音,古代"称誉""称举""称谓"中的"称"均写作"偁"。从《广韵》处陵切,中古平声字,今读去声后鼻音的 chèng。王禹偁是北宋文学家，以刚直敢言被称为"直臣"，因而屡遭贬官。曾上《御戎十策》，提出"合兵势而重将权"等防辽方案。王禹偁是北宋倡导诗文革新，横扫唐末五代以来文坛颓靡浮艳文风的擎旗者，同时他在政治上开北宋改革之先河，是敢于直面批判社会腐败之风的勇士。王禹偁于诗至推杜甫、白居易，于文至推韩愈、柳宗元。著有《小畜集》。

蚩尤(chīyóu)

神话传说中东方九黎族部落首领，其活动中心在今山东、河北、河南三省交界地带。据传有兄弟八十一人，个个兽身人语，铜头铁额，以金作兵器，并勇猛善战，能呼风唤雨，常兴风作乱。后黄帝联合炎帝出师征讨，与之战于涿鹿之野。蚩尤作战时能兴大雾，后黄帝借助军师风伯设计的指南车走出大雾，最终蚩尤兵败被杀。"尤"字，容易误读成阴平。

鸱鸮(chīxiāo)

鸟类一科，眼睛大而圆，昼伏夜出，吃鼠、兔、昆虫等小动物，对农作物有益。"鸱"，即鸱鹰；"鸮"，指猫头鹰。《诗经·豳风·鸱鸮》中有"鸱鸮鸱鸮，既取我子，无毁我室"句。文中假托鸟的口气，诉说其处境的困难，应有寄托。"鸱鸮"在古代书面语中也比喻奸邪之人。汉语词另有"鸱尾"和"鸱吻"，指古建筑屋脊两端的装饰物，其初外形略像鸱尾，后来式样有所改变，折而向上似张口吞脊，因而称"鸱吻"。"鸮"在商代被视为神鸟，为人们所喜爱，其形象作为一定权力和地位的象征，故在商代青铜器中能见到多种类型的"鸮鸟"形象。著名的有河南安阳出土的商代后期的"鸮尊"。"鸱鸮"也作"鸱枭"。颜之推《颜氏家训·勉学第八》在谈到读书与修身养性、为人处世的关系时说："夫学者所以求益耳。见人读数十卷书，便自高大，凌忽长者，轻慢同列；人疾之如仇敌，恶之如鸱枭。如此以学自损，不如无学也。"

眼眵(chī)

人的眼睑分泌出的黄色液体,北方话里叫"眼屎"或"眵目糊"。

鞭笞(chī)

"笞"字,音 chī,从《广韵》丑之切,中古平声字。原指用鞭、杖或竹板子打人。《说文解字·竹部》的解释是"击也"。如《墨子·鲁问》载:"譬有人于此,其子强梁不材,故其父笞之。""笞刑",即用竹板或荆条拷打犯人的脊背或臀腿,隋代定为五刑之一。"笞"字,容易误读成 tái。

嗤之以鼻(chī)

"嗤"字,极易误读成去声。从鼻子里发出冷笑的声音,表示讥笑、嘲笑或蔑视。"嗤"的字义有别于"斥"。"嗤"是因轻蔑、鄙视而冷笑,是从鼻孔里发出的;"斥"则是斥责、呵斥,是从嘴里说出来的语言。

痴子(chī)

北方方言称傻子或疯子。相关汉语词还有"痴呆""痴话""痴梦""痴迷""痴说""痴情""白痴""发痴""痴狂""痴想""痴笑""痴心""痴长""痴醉""书痴""痴心妄想""痴人说梦""痴男怨女"等。"痴"字,1985年普通话异读词审音时确定为"统读"阴平音 chī。容易误读成阳平。

魑魅魍魉(chīmèiwǎngliǎng)

"魑魅"指传说中躲在深山密林中害人的精怪。"魍魉"指传说中的水鬼。今"魑魅魍魉"连用为成语,专门指危害人类的各种各样的坏人。

羹匙(gēngchí)

舀汤用的小勺子,又叫"调羹"或"汤匙"。

丹墀(chí)

"墀"字,古代指大殿前面的台阶或阶面。"丹墀",即以红漆涂饰的台阶。张衡《西京赋》中有"青琐丹墀"句。

踟蹰(chíchú)

心里犹豫、徘徊不进的样子。也作"踟躇"。《诗经·邶风·静女》中有"静女其姝,俟我于城隅。爱而不见,搔首踟蹰"句。汉乐府诗《陌上桑》中有"使君从南来,五马立踟躇。使君遣吏往,问是谁家姝"句。现代有成语"踟蹰不前"。"踟躇",容易误读成 zhīzhù。

侈谈(chǐ)

"侈"字,1985年普通话异读词审音时审为"统读"chǐ。指夸大、过分而又不切实际的言论,形容不着边际地夸夸其谈。

豆豉(chǐ)

又称"盐豉",指将泡透、煮熟的大豆或黑豆发酵后制成的食品。有咸淡两种,均可放入菜中调味。有的也可单独食用,淡豆豉还可入药。1957年普通话异读词第一次审音时审"豆豉"为 dòuchǐ,1985年普通话异读词审音时审"豉"字为"统读"chǐ。

褫夺(chǐ)

指剥夺。原指剥去衣服,引申为革除、剥夺。"褫革",即开除、撤职。"褫夺公权"是旧时的一种惩罚,指剥夺犯罪人的政治权利。现行刑法已改称"剥夺政治权利"。"褫"字,1985年普通话异读词审音时审为"统读"上声 chǐ。

彳亍(chìchù)

徘徊或时走时停的样子。柳宗元《答周君巢书》有"彳亍而无所趋,拳拘(局促不得伸展)而不能肆"句。

叱咤(chìzhà)

发怒吆喝。如《韩非子·外储说右下》有"使王良操左革而叱咤之"句。《史记·淮阴侯列传》载,韩信评价项羽其人:"项王暗噁(音 wū,'恶'的繁体字,)叱咤,千人皆废。然不能任属贤将,此特匹夫之勇耳。"后以"叱咤风云"形容声势威力巨大。相关汉语词还有"叱呵"

"叱喝""叱令""叱骂""叱问""叱责""叱怒"等。"叱咤",极易误读成 chìchà。

整饬(chì)

整顿、整治,使有条理。旧时公文中上级对下级的训示叫"饬令",这里的"饬"字通"敕",是命令、告诫的意思。如"饬其遵办""饬令查办"等。

炽热(chì)

原指燃烧,后比喻为情绪或态度的旺盛热烈。相关汉语词还有"炽烈""炽情""炽盛""火炽""白炽灯"等。"炽"字,1985年普通话异读词审音时审为"统读"chì。极易误读成 zhì。

敕封(chì)

指朝廷以饬令封赏各类大小官员(多指称号和爵位)。历史上凡是与皇帝有关的,都冠以"敕"字,如"敕令""敕命""敕书""宣敕""敕使""奉敕""敕撰"等。

何啻(chì)

意为仅、止。"何啻"即用反问的语气表"何止"义;"不啻",为不仅仅、不止、不但。如颜之推《颜氏家训·止足第十三》载:"天地鬼神之道,皆恶满盈;谦虚冲损,可以免害。……常以二十口家,奴婢盛多,不可出二十人,良田十顷,堂室才蔽风雨,车马仅代杖策,蓄财数万,以拟吉凶急速,不啻此者,以义散之;不至此者,勿非道求之。"

忧心忡忡(chōngchōng)

忧愁、忧虑不安的样子。《楚辞·九歌·云中君》中有"思夫君兮太息,极劳心兮忡忡"句。极易误读成"重重"(chóngchóng)。"重重"指的是一层一层的意思。

舂米(chōng)

将谷类的东西放入石臼里用杵捣去皮壳或捣碎。西汉《乐府诗集·淮南王歌》云:"一尺布,尚可缝;一斗粟,尚可舂;兄弟二人不相容。"古代女犯人所服的刑役中有一种就是舂刑（以舂米服刑）。一般是在施以黥、劓等肉刑后押送官府或边境军营，服晒谷、舂米之劳役。"舂"字，1985年普通话异读词审音时审为"统读"chōng。

憧憧（chōngchōng）

指往来不定或摇曳不定。如"人影憧憧""灯影憧憧"。

艨艟（méngchōng）

古代指战船。也作"艨冲"或"艟艨"。《释名·释船》曰："外狭而长曰艨冲，以冲突敌船也。"自西汉以后，战船有了进一步发展，其功能的划分也更加具体。例如，"先登"用于冲锋，"艨艟"用于快速攻击，"斗舰"用于近战格斗，"斥候"用于侦察，"赤马"用于机动灵活作战等。如朱熹阐述自己读书心得的《泛舟》诗云："昨夜江边春水生，艨艟巨舰一毛轻。向来枉费推移力，此日中流自在行。"

种（Chóng/Zhǒng）

"种"字作姓氏用字时，有两种读音：读chóng音的"种"字，《集韵》作傅容切，中古平声字，《百家姓》收。一说源自战国时齐国大臣田种之后，另一说是东汉时种羌的后人。东汉有司徒种暠，北宋有终南山隐士种放、抗击金兵将领种师中等。读zhǒng音的"种"字，与"種"异字。传说周代仲山甫之后，因避仇而改"仲"作"種"。

宠幸（chǒng）

"宠"字，极易误读成阳平。专指帝王对后妃、臣下的宠爱。《史记·袁盎晁错列传》："景帝即位，以错为内史。错常数请间言事，辄听，宠幸倾九卿，法令多所更定。""宠"，旧时亦作"妾"的代称，如"纳宠"。白居易《长恨歌》中写唐明皇对杨贵妃的宠爱有加："后宫佳丽三千人，三千宠爱在一身。"相关汉语词还有"宠爱""宠妾""宠信""宠物""宠儿""宠用""失宠""得宠""受宠""受宠若惊""宠辱不惊"等。

冲床(chòng)

指冲压使金属板成型或在金属板上钻孔的机器,一般压力较小、冲程较短,主要用于板料的冲压。汽车外壳等就是用冲床加工制成的。也叫"冲压机"或"压力机"。相关汉语词还有"冲压""冲床""冲模""冲子"等。"冲"字,1962年普通话异读词第三次审音和1985年的《普通话异读词审音表》都审为去声。

另外"冲"字读去声的,还有其他几种情况:(1)形容劲头充足、猛烈。如"说话太冲""干活儿挺冲"等。(2)作介词,表示凭借、根据,如"我就是冲着你来的"。(3)表示朝着、对着,如"大门冲南""冲他一笑"。(4)指气味儿浓烈刺鼻,如"这种酒味儿太冲"。

读阴平chōng的"冲"字,是主要读音。从《广韵》尺容切,中古平声字。表示"大路""交叉路口""冲击""碰撞"等义。相关汉语词有"冲击""冲锋""冲洗""要冲""脉冲""冲犯""冲撞""冲刺""俯冲""缓冲""冲决""冲茶""冲喜""冲毁""冲服""冲泡""冲突"等。另外在某些地方的词语里,还指三面环山的狭长平地,如毛泽东的故乡韶山冲。

铳子(chòng)

旧时指枪一类的、装上火药或铁砂弹丸等发射的管形火器,有"火铳""鸟铳"等。如戚继光《纪效新书·原授器》载:"一手托铳,一手点火。"后指用金属做成的一种打眼儿的工具,也可写作"冲子"。

紬绎(chōuyì)

原指抽引、理出丝缕的头绪,也作"抽绎"。后引申为寻找出事情的端绪,寻究事物的原因。

俦类(chóu)

同类、同辈,也作"畴类"。如《晋书·吕光载记》所载苻坚太尉吕光少时事情:"[光]年十岁,与诸童儿游戏邑里。为战阵之法,俦类咸推为主。"相关汉语词还有"良俦"、"俦伴"、

"俦列"、"比俦"和"俦侣"(指朋辈、伴侣)等词。

惆怅(chóuchàng)

指因失意或失望而伤感。《楚辞·九辩》中有"羁旅而无友生,惆怅兮而私自怜"句。又如陆游《观长安城图》诗:"三秦父老应惆怅,不见王师出散关。"

绸缪(chóumóu)

古代一指缠绕。卢谌《赠刘琨》诗曰:"绸缪之旨,有同骨肉。"成语"未雨绸缪"意为趁着天还没下雨,先修好门窗,做好准备。这里的"绸缪"意思是用绳索紧紧地缠捆,引申为修补,使其牢固。语出《诗经·豳风·鸱鸮》:"迨(音 dài,趁着)天之未阴雨,彻彼桑土,绸缪牖户(牖,音 yǒu,指窗户)。"二指情意缠绵。如胡寅在谈及词风时说:"词曲至东坡,一洗绮罗香泽之态,摆脱绸缪宛转之度,使人登高望远,举首高歌,逸怀浩气超乎尘垢之外,于是《花间》为皂隶,而耆卿为舆台矣。"

畴昔(chóu)

书面语中指从前、往昔。如欧阳修《祭石曼卿文》:"感念畴昔,悲凉棲怆,不觉临风而陨(音 yǔn,落)涕者,有魄('愧'的异体字,读 kuì)乎太上之忘情。"

踌躇(chóuchú)

(1)指犹豫不决、拿不定主意或徘徊不前。曹丕《出妇赋》有"马踌躇而回顾,野鸟翩而高飞"句。元代张养浩的《山坡羊·潼关怀古》充满了对历史的反思:"峰峦如聚,波涛如怒,山河表里潼关路。望西都,意踌躇。伤心秦汉经行处,宫阙万间都做了土。兴,百姓苦。亡,百姓苦。"现代汉语词有"踌躇不前""踌躇不决""颇费踌躇"等词。(2)从容自得的样子。如庄子《内篇·养生主》中描述庖丁解牛的场景,"视为止,行为迟,动刀甚微,謋(音 huò,牛体解开的声音)然已解,如土委地。提刀而立,为之四顾,为之踌躇满志,善刀而藏之。""踌躇满志"指对自己的现状或取得的成就非常得意。由于"踌躇满志"中的"满"字是上声,按上声的变读规则即便它前面的字是上声也要变读成近似阳平,所以这个现今不常单用的"踌"字极易被误解为是由上声变读而来的,被误读成 chóuchǔ。

樗蒲(chūpú)

亦作"摴蒲"。古代的一种博戏,类似后来的掷色子。古代博具有子、马、五木等。人执六马,用五木掷采;采有十种,以卢、雉、犊、白为贵采,余为杂采。此种博戏盛行于汉魏。后则专以五木为戏,并作为赌博的通称。《世说新语·方正·五十九》:"王子敬数岁时,尝看诸门生摴蒲。见有胜负,因曰:'南风不竞。'门生辈轻其小儿,乃曰'此郎亦管中窥豹,时见一斑。'"

刍议(chúyì)

谦辞,指自己粗浅、鄙陋的建议或议论。如张说的《谏避暑三阳宫疏》:"臣自度刍议,十不一从。"古代的"刍"字指喂牲口的草料,常作谦辞用。如"刍言""刍见"和"刍荛"(在向别人提供意见时将自己比作草野鄙陋之人,荛,音 ráo)等。"反刍"指的是偶蹄类的某些动物把粗粗咀嚼后咽下的食物再返回到嘴里细细地咀嚼,然后再咽下去,也称"倒嚼"(dǎojiào)。"刍"字,极易误读成 zōu。

处理(chǔ)

相关汉语词还有"处置""处于""处女""处罚""相处""处方""处分""处境""共处""论处""相处""调处""处决""处世""处死""处子""处女地""处理品""处心积虑""设身处地""处之泰然""处变不惊"等。

处暑(chǔ)

中国农历的二十四节气之一,时间大致在公历 8 月 23 日左右,立秋之后,白露之前。每年的这个时间,太阳到达黄经150度。《月令七十二候集解》的解释是:"七月中,处,止也,暑气至此而止矣。"此后我国大部分地区气温逐渐下降，雨量减少，标志着炎热的暑天即将结束。

杵臼(chǔjiù)

"杵"，指捣米、捶衣、筑土用的一头粗一头细的圆棒槌。有"木杵""铁杵""砧杵"等。"杵臼之交"指的是交友不嫌贫贱。《后汉书·吴佑传》载："时公沙穆来游太学，无资粮，乃变服客佣，为佑赁舂。佑与语大惊，遂共定交于杵臼之间。"在台湾高山族有一种民间歌舞形式叫"杵乐"或"杵舞"，每当夜晚，三五成群的妇女环立于石臼周围，每人手执一人多高的长杵，一边捣臼，一边歌唱。佤族群众亦有此习俗。

楮墨(chǔ)

指纸和墨，借指书画或诗文。"楮"，是楮树。楮树皮是制造桑皮纸和宣纸的原料，因以为纸的代称。

褚(chǔ)

姓氏读音 chǔ，从《广韵》丑吕切，中古上声字。单姓，《百家姓》收。"褚"姓，原姓姬，一说春秋宋公子段为褚师官，后人以官为氏；另一说是周代有褚地，居者以地为姓。西汉时有增补《史记》的史学家褚少孙，唐初有四大书法家之一、碑刻《圣教序》的作者褚遂良，清代有天文历算学家褚寅亮等。

相形见绌(chù)

"绌"字，音 chù，《广韵》从竹律切，中古入声字。1985 年普通话异读词审音时规定"统读"为 chù。原指绛红色、深红色，后又派生出"不足""短缺"等义。现代成语"相形见绌"是指同类事物相比之下其中的一方显露出不足或欠缺。"左支右绌"形容应付了这方，那方又出了问题，顾此失彼。"绌"的含义是"不足"，并非是指"拙劣"或"笨拙"。有人读"绌"为 zhuō，是将"绌"字与"拙"字混为一谈了。

俶尔(chù)

倏尔、忽然的意思。柳宗元《至小丘西小石潭记》中有"日光下澈,影布石上,佁(音yǐ)然不动,俶尔远逝,往来翕忽,似与游者相乐"句。

保俶塔(chù)

"俶"字,音 chù,从《广韵》昌六切,中古入声字。塔名。在今杭州西湖北岸宝石山上,五代时吴越王钱俶的宰相吴延爽所建,共九级。相传,钱俶降宋入朝,恐被宋所拘,因命建塔祈神保佑,故名"保俶塔"。但该塔不久倒塌。宋咸平年间,僧人永保又募捐重修,减为七级。现存之塔为 1933 年新建,高 45.3 米。

畜肥(chù)

用作肥料的牲畜粪尿。相关汉语词还有"畜力""畜类""畜疫""畜生""子畜""公畜""幼畜""母畜""家畜""肉畜""役畜""六畜""种畜""牲畜""耕畜""林畜间作"等。"畜"字读 xù 音的汉语词仅有"畜牧""畜产"和"畜养"三个。

抽搐(chù)

肌肉不由自主地收缩。"搐"字,1985 年普通话异读词审音时规定"统读"为 chù。另有"搐动""搐缩"等词。

憷头(chù)

同"怵头",遇事胆怯畏缩,不敢出头。另有"憷场"(同"怵场")、"发憷"等词。

罢黜(chù)

贬斥、废除。西汉时思想家董仲舒创立"三纲五常"体系,提出"罢黜百家,独尊儒术"的思想,为汉武帝采纳,开此后二千余年统治阶级以儒学为正统之局面。"黜"字,1985 年普通话异读词审音时审为"统读"chù。相关汉语词还有"贬黜""黜免""黜退""废黜"等。

欻拉(chuā)

象声词。形容摩擦或凉物接触热体时发出的声音。如

"只见他欻拉一声抽出佩剑""欻拉一声把菜倒进热油锅里"。"欻"字,作为象声词也常单用或叠用,如形容仪仗队的脚步声等。

搋子(chuāi)

一般家庭用的、用长柄和胶皮碗作为吸盘制成的疏通下水道的工具。"搋",也指用手使劲儿地压揉,如"搋面""搋衣服"等。

揣测(chuǎi)

推测、猜测。读上声 chuǎi 的"揣"字,本义是估计、忖度。相关汉语词还有"揣摩""揣度""揣想"等。另外"揣"字还读阴平的 chuāi,如"揣手""怀揣""把钱揣在兜里""老母猪又揣上崽儿了"。在"挣揣"(音 zhèngchuài)一词里读去声 chuài,指尽力挣扎或摆脱。

囊揣(nāngchuài)

虚弱、懦弱无能。多见于早期白话文或近代小说、戏曲。如马致远《黄粱梦》第二折所写:"俺如今鬓发苍白,身体囊揣,则恁(nèn)的东倒西歪。""囊揣"音义皆同"囊膪"。"囊膪"指猪胸腰部的肥而松软的肉。

遄往(chuán)

迅速地往返。"遄"字,迅速貌。如《诗经·鄘风·相鼠》诗云:"相鼠有体,人而无礼。人而无礼,胡不遄死?"汉语词"遄飞",指疾速飞扬。王勃《滕王阁序》:"遥吟俯畅,逸兴遄飞。爽籁发而清风生,纤歌凝而白云遏。"

椽子(chuán)

屋顶结构中放在檩子上承托屋面板和瓦片的木条,横断面有圆的,有方的。如杜牧在《阿房宫赋》中写道:"使负栋之柱,多于南亩之农夫;架梁之椽,多于机上之工女。""椽笔",有典。据《晋书·王珣传》载:"珣梦人以大笔如椽与之,既觉,语(音 yù,动词,告诉)人曰:'此当有大手笔事。'俄而帝崩,哀册谥议,皆珣所草。"事本无稽,后用以称颂他人的文章或写作才能,犹言大笔。如"如椽大笔"。

舛误(chuǎn)

差错、谬误、错乱。如《宋史·张举传》有载:"闭户读书四十年,手校数万卷,无一字舛。"相关汉语词还有"乖舛""舛谬""舛讹""舛错"等。另外"舛"字也指相悖逆,引申为不幸或不顺遂。如王勃在《滕王阁序》中的慨叹:"嗟乎! 时运不齐,命途多舛! 冯唐易老,李广难封。""舛"字极易误读成"桀(jié)"。

玉钏(chuàn)

指腕环,俗称镯子。《正字通·金部》的解释是:"古男女同用,今为惟女饰有之。"所谓"玉钏"就是用玉石或珠子串制的手镯。

创伤(chuāng)

"创"字,从《广韵》初良切,中古平声字。指身体所受的外伤(伴有体表组织破裂的损伤),多为名词,分刀伤、枪伤、割伤、刺伤等。常比喻物质或精神遭受的破坏或损伤,如战争创伤、精神创伤。相关汉语词还有"创面""创痕""创口""创痛""刀创""创痍""金疮药""创可贴""创巨痛深"等。在"重创"一词里作动词,也读阴平 chuāng。

读去声 chuàng 的"创"字,多为动词。指开始或初次做某件事情。如"创业""创始""开创""创举""创意""创作""首创""创建""创立""创新"等。

幢幢(chuángchuáng)

"幢"字的本义是指旧时仪仗用的一种旗帜或刻着佛号、经咒的石柱。如"经幢""石幢"等(见 1985 年《普通话异读词审音表》)。"幢幢"指影子晃动、摇动。如"人影幢幢""灯影幢幢"(见《现代汉语词典》)。

读 zhuàng 音的"幢"字,作量词,多形容高大的建筑,一座楼也叫一幢楼。

闯荡(chuǎng)

"闯"字在中古时只有 chèn 音一读,表示马出门的样子或出头貌,音义今已转失。其后发展为 chuǎng、chuàng 两支。1962 年普通话异读词第三次审音时将"闯荡"审为 chuàngdàng。但考虑到字音从俗的因素,1985 年普通话异读词审音将"闯"字确定为"统读"上声 chuǎng。

怆然(chuàng)

悲伤的样子。如陈子昂在《登幽州台歌》中写到:"前不见古人,后不见来者。念天地之悠悠,独怆然而涕下。"相关汉语词还有"凄怆""悲怆""怆痛"等。

椎心泣血(chuí)

"椎"字,义同"捶",意思是捶打自己的胸膛,哭泣得眼中出血,形容极度悲痛的样子。李商隐《祭裴氏姨文》中有"椎心泣血,孰知所诉"句。

棒槌(chui)

洗衣时捶打衣物用的木棒。戏曲界也指外行为棒槌。承德有棒槌峰山。

淳于(chúnyú)

(1)古国、古邑、古县名。一说指春秋时的淳于国,周武王封淳于公,其后因以为姓。另一说是杞国的都城淳于邑。汉曾置淳于县,北齐废。故址在今山东安丘东北,一名杞城,居者以地名为姓。(2)复姓。战国时有齐国大臣淳于髡,曾用隐语讽齐威王亲理政事,又与邹忌论政,支持其法制改革。

鹑衣(chún)

因鹌鹑尾秃,羽毛又短又花,像古时敝衣短结,故用以形容破烂不堪、打着许多补丁的旧衣服。汉语有"鹑衣百结"词。如杜甫的绝笔之作《风疾舟中伏枕书怀》中有"乌几重重缚,鹑衣寸寸针"句,表现作者晚年生活的艰辛困厄。

踔厉(chuō)

腾跃的样子,书面语中形容人精神焕发、议论纵横、见识高远。韩愈在《柳子厚墓志铭》一文中评价柳宗元时说:"俊杰廉悍,议论证据今古,出入经史百子,踔厉风发,率常屈其座人,名声大振,一时皆慕与之交。"

啜泣(chuò)

"啜",在古代指食或饮。如"啜茗"(喝茶)等。"啜泣"是指饮泣、抽噎。《诗经·王风·中谷有蓷(音 tuī,药草名,即益母草)》中有"有女仳(音 pǐ)离(夫妻离散),啜其泣矣"句。

风姿绰约(chuò)

形容女子体态轻盈、柔美的样子。据《史记·司马相如列传》载,司马相如《子虚赋》中有"若夫青琴宓(mì)妃之徒,绝殊离俗,娇冶娴都,靓庄刻饬,便嬛绰约"句。

刺啦(cīlā)

象声词。形容撕裂声、迅速划动声。汉语里另有"刺棱""刺溜"等词。

挨呲儿(cīr)

遭到申斥、斥责。"呲"字在"挨呲儿"一词里一般要儿化。

吹毛求疵(cī)

"疵"字,极易误读成 pī 或 pì。把皮上的毛吹开寻找疵点,指刻意挑剔别人的毛病和差错。《韩非子·大体》中有"不吹毛而求小疵"句,意思是不吹开毛来挑人家的小毛病。古代汉语里省略作"吹毛"。

鸬鹚(lúcí)

一种水鸟,俗称"鱼鹰"。羽毛全黑,能游泳,善捕鱼,飞行时直线前进,用树叶、海藻等筑巢,喉下的皮肤扩大成囊状,捕得鱼就放入囊中。我国南方多饲养此鸟用以帮助捕鱼。

糍粑(cíbā)

用糯米(江米)蒸熟捣碎后做成的饼状食品。另有"糍团"一词。

刺挠(cì·nao)

北方口语里指身体某部分皮肤发痒。

枞树(cōng)

即冷杉树。一种树皮呈灰色、茎干高大的常绿乔木。果实呈椭圆形,暗紫色。木材可制器具。广东、湖南一带的方言将"松"读如"枞",故有一种说法"枞树"就是"松树"。1957年普通话异读词第一次审音时审"枞树"中的"枞"字为 cōng,1985年普通话异读词审音又重新加以确认。

青骢马(cōng)

"骢"字,极易误读成 zōng。青骢马即毛色青白相间的马,借指骏马。如晏几道写闺思的《生查子》词的上阕:"金鞍美少年,去跃青骢马。牵系玉楼人,绣被春寒夜。""马鬃"指长在马颈上的长毛,与马匹全身的毛色并无关系。

从容(cóng)

意为不慌不忙、沉着镇静。1985年之前,"从容"一词中的"从"字读作阴平 cōng。考虑到"从"字的这种阴平读法在实际语言的运用中使用频率太低,所以 1985 年的《普通话异读词审音表》取消了这个阴平读音,规定"从"字"统读"为阳平 cóng。与之相关的词还有"从容不迫""从容就义""举止从容"等。

淙淙(cóngcóng)

"淙"字,音 cóng,从《广韵》藏宗切,中古平声字。象声词。形容水流的声音。如"流水淙淙""淙淙的小溪"等。《说文解字》曰:"淙,水声也。"高适《赋得还山吟送沈四山人》:"石泉淙淙若风雨,桂花松子常满地。"现代汉语里只有两个"淙"字连用的情况。极易误读成 zōng。

辐辏(còu)

车轮的辐集中到毂(音gǔ)上。引申为人或物聚集一处,如"辏集"。陆机《辨亡论》中有"异人辐辏,猛士如林"句。《五代史补》中写五代时南方各地商业的繁荣,如钱塘:"时潮水初满,舟楫辐辏,望之不见首尾。"

腠理(còu)

中医指皮肤纹理和皮下肌肉之间的空隙。据《史记·扁鹊仓公列传》载,扁鹊过齐,在朝见齐桓公时说:"君有疾在腠理,不治将恐深。"桓公不听。后来齐桓公又多次拒绝扁鹊的忠告和医治,结果不久病死。

殂谢(cú)

指死亡。如诸葛亮《出师表》开篇句:"先帝创业未半而中道崩殂,今天下三分,益州疲敝,此诚危急存亡之秋也。"陈亮《中兴论》有"又况南渡已久,中原父老日以殂谢"句。汉语里另有"殂逝""崩殂""殂亡"等词。

猝死(cù)

突然死亡、急死。表象健康的人,因体内潜在的进行性疾病,可在某些外因(如激动、疲劳等)的作用下或没有外因,突然发生的非暴力性死亡。最常发生猝死的原因是心血管系统疾病。相关汉语词还有"猝尔""猝发""匆猝""仓猝""猝然""猝不及防"等。

蚕蔟(cù)

指用稻秆、麦秸等扎成的供蚕吐丝作茧的设备,有圆锥形、蛛网形等式样。"上蔟",指的是蚕发育到一定时期,就停止吃东西,爬到蔟上去吐丝作茧。

蹙眉(cù)

"蹙"字,紧迫、紧缩。"蹙眉"指皱起眉头,一副愁苦的样子,与"蹙额"义近。元代白朴《墙头马上》写尚书之子裴少俊与总管之女李千金一见钟情,夤(音yín,深)夜私奔,终成眷属。其第一折《那吒令》中,写情窦初开的少女李千金:"本待要、送春向池塘草甏,我且来、散心到荼蘼架底。我待教、寄身在蓬莱洞里,蹙金莲,红绣鞋;荡湘裙,鸣环珮,转过那曲槛之西。"

一蹴而就(cù)

"蹴"字,踩、踏义。成语"一蹴而就"指只要踏一步就可以成功,形容办事情轻而易举,一下子就能成功。"蹴"字,容易误读成 jiù。

汆汤(cuān)

烹调方法的一种,即把食物放在沸水中稍煮一下,捞出待用。又如"汆丸子""汆肉片儿"等。

撺掇(cuān·duo)

指从旁鼓动、怂恿或劝诱别人去做某件事情。义与"撺弄"相近。

攒聚(cuán)

聚拢、拼凑的意思。如"他用零件攒了一辆自行车""攒了一台电脑"。"攒聚",意为紧紧地聚集在一起。汉语词另有"攒集""攒射""攒三聚五""人头攒动""万箭攒心"等。

"攒钱"有两读:(1)读 cuánqián,指将分散、零散的钱款拼凑、聚拢到一起来,用于同一个目的。(2)读 zǎnqián,即积蓄、储蓄。如"攒钱买房子"。另外"攒"字还可以组合成"积攒""攒邮票""攒打火机""攒点儿劲儿"等词。

分爨(cuàn)

"爨"字,旧时指锅灶,也指烧火煮饭。《世说新语·德行·二十六》载:"祖光禄少孤贫,性至孝,常自为母炊爨作食。""分爨"旧时指兄弟分家、另起炉灶过日子。

璀璨(cuǐ)

"璀"字,极易误读成阴平。形容珠宝、玉石等光彩明艳。

淬火(cuì)

金属或玻璃的一种热处理工艺。把合金制品的工件加热到一定温度后,浸入冷却水、油或空气中,急速冷却,以增加其硬度和强度。古代在铸造刀剑时,将烧红的刀剑浸入水和其他液体中急速冷却,使之坚硬。汉语词"淬砺"指刻苦进修磨砺以期提高。

毳毛(cuì)

原指鸟兽的细毛。当代医学上指除了头发、腋毛、阴毛以外的其他部位表面所生的细毛或绒毛为"毳毛",也可以理解为"寒毛"。

皴裂(cūn)

皮肤因受冻或受风吹而裂开。如"天冷了,手都皴了"。杜甫在《乾员中寓居同谷县作歌七首》中写因受安史之乱,携家逃难、流离他乡的窘况时道:"中原无书归不得,手脚冻皴皮肉死。"北方方言里也指皮肤上积存的泥垢和脱落的表皮,如"瞧他那脏样儿,一脖子皴"。

思忖(cǔn)

细想、思量、揣度的意思。相关汉语词还有"自忖""忖量""忖摸""忖度"等。长沙岳麓书院楹联有"学有因革,通变为雄,试忖度朱张意气,毛蔡风神"的名句。

蹉跎(cuōtuó)

古时一指失足、颠蹶。如《楚辞·九怀·株昭》中有"骥垂两耳兮,中坂蹉跎"句。亦比喻为失意,经历坎坷。又如白居易《答故人》诗云:"见我昔荣遇,念我今蹉跎。"二指失时、光阴虚度。晋人周处年少时作恶乡里,后知自己已为人情所患,有意改之,又担心自己"年已蹉跎,恐将无及"。朋友对他说:"古人贵朝闻夕死,君前途尚可,且患志之不立,何忧名之不彰!"(见《晋书·周处传》)现有"岁月蹉跎""人生蹉跎"等词。

嵯峨(cuó'é)

指山势高峻,而且呈有棱有角像锯齿的形状。《后汉书·冯衍传》有"瞰太行之嵯峨兮,观壶口之峥嵘"句。容易误读成 cuō'é 或 chā'é。

矬子(cuó)

方言中指个子矮小的人，如"矬子里拔将军"。

痤疮(cuóchuāng)

通称"粉刺"。一种多生于年轻人面部的常见皮肤病，重的可累及胸及肩背部，通常是圆锥形的黑头儿小红疙瘩，多由皮脂腺分泌过多、消化不良、便秘等引起。"痤疮"，容易误读成 zuòchuāng。

安厝(cuò)

"厝"字，安置、放置的意思。"安厝"指停放灵柩或暂时浅埋以等待正式安葬。《列子·愚公移山》写天帝被北山愚公率领子孙挖山不止的精神感动，"命夸娥氏二子负二山（太行、王屋山），一厝朔东，一厝雍南。自此，冀之南，汉之阴，无陇断焉。"

厝火积薪(cuò)

"厝"字，放置的意思。"积薪"指柴堆。把火放在柴堆下面，比喻潜伏着极大的危机。《汉书·贾谊传》载：汉初，匈奴侵边，天下初定，制度疏阔。贾谊多次上疏文帝，陈述政事。曰："进言者皆曰天下已安已治矣，臣独以为未也。曰安且治者，非愚则谀，皆非事实知治乱之体者也。夫抱火厝之积薪之下而寝其上，火未及燃，因谓之安，方今之事，何以异此！"

挫折(cuò)

指办事情失利或失败。相关汉语词还有"挫伤""受挫"等。"挫"字，极易误读成阴平。

D

耷拉(dā·la)

下垂义。多用于人或动物。如耷拉着脑袋、耳朵、脸、头、尾巴等。

褡裢(dā·lian)

一种中间开口,两头各成一个袋子,装东西(钱物)用的长口袋。大的可以搭在肩上,小的可以缠在腰间。古人多用。如《红楼梦》第一回写甄士隐为疯跛足道人解注《好了歌》后,"便说一声'走罢!'将道人肩上褡裢抢了过来背着,竟不回家,同了疯道人飘飘而去。"今也指摔跤运动员穿在外面由多层布制成的背心式的特制比赛服。自清代开始,摔跤者穿着这种短上衣,系腰带,穿长裤,抓衣带角逐。

妲己(dájǐ)

商纣王的宠妃。姓己,名妲,有苏氏之女。《国语·晋语一》载:"殷辛(商纣王,字辛)伐有苏(己姓之国),有苏氏以妲己女(音 nù,动词,嫁也)焉。妲己有宠,于是乎与胶鬲(gé)比而亡殷。"据史书载,商纣王自有了妲己后,言听计从,更加荒淫无度。妲己曾怂恿纣王用炮烙等手段残害宗室大臣和百姓,起了"助纣为虐"的作用。牧野溃败后,纣王奔鹿台自焚,妲己亦自缢而死。文艺作品里多以她为妖媚惑主、祸国殃民的坏女人的典型。

鞑靼(Dádá)

古民族名,始见于唐代记载。先为突厥统治下的一个部落,突厥衰亡后,渐次发展成为强大独立的部落,即"靺鞨"族的别称。宋、辽、金时,除了鞑靼本部外,又把漠北的蒙古部称为黑鞑靼,漠南的称为白鞑靼。蒙古兴起后,鞑靼部为蒙古所灭,但西方通常仍将蒙古泛称为鞑靼。元亡后,明代又将东部蒙古成吉思汗走漠北的后裔各部称为鞑靼。此外,在广义上,鞑靼是古时汉族对北方各游牧民族的统称。今俄罗斯有"鞑靼"人,主要聚居在鞑靼自治共和国境内。今独联体萨哈林岛(库页岛)与俄大陆之间的海峡叫"鞑靼海峡"。

打扮(dǎ·ban)

《现代汉语词典》《新华字典》《辞海》等工具书均有"打"

字上声的标注。"打"字读阳平dá时,只做量词,是英语dozen音译的缩写,十二个为一打。另有"纯碱"的英译词"苏打"(soda)中的"打"字也读dá。如"小苏打""大苏打"。见1985年《普通话异读词审音表》。

大夫(dài·fu)

通称医院里给病人看病的医务人员,"大夫"在古代有两种读音。读音dà·fu。(1)古官职名。古代统治阶级在国君之下一般都设有卿、大夫、士三个等级。(2)爵位名称。"大夫"读作dài·fu,是宋代开始实行的医官们的别设官阶。有大夫、医效、祗候等。沿袭今日即为医生。

大黄(dà)

大黄又称"四川大黄""川军",一种多年生草本植物,叶大花黄,根茎入药。性寒,味苦,可攻积导滞、泻火解毒、行瘀通经,并能消炎健胃,外敷可治烫伤。炮制后称"熟大黄"或"将军"。多分布在湖北、云南、陕西、四川等省。"大黄"里的"大"字,旧读dài,1959年和1985年普通话异读词审音时将其审为dài。但《现代汉语词典》第5—7版和《现代汉语规范词典》均标注为dà音。应以此为准。

呆板(dāi)

音指言谈举止、表情、为人处世的刻板、不活泛、不自如。1985年以前,"呆板"的正确读音是áibǎn。1985年普通话异读词审音时审定为dāibǎn。随着近三十年普通话正音工作的开展和深入,"áibǎn"的读法已近消失。

大城(dài)

"大城",地名,西汉置县,五代改为今名。在河北中部京津走廊,廊坊所辖,距天津70公里。"大城",1957年普通话异读词第一次审音时审为dàichéng,1985年又重新加以确认。

山大王(dài)

我国近代戏曲或小说中对山寨强盗首领、妖魔鬼怪的称呼。如《水浒传》第五回,写鲁智深离了五台山,取道投奔东京,夜宿桃花村时,刘太公对鲁智深说:"近来山上有两个大王,扎了寨栅,聚集者五七百人,打家劫舍。此间青州官军捕盗,禁他不得。"

"山大王"中的"大"字,1957年普通话异读词第一次审音时审定为dài,"王"字要轻读为wang;1985年普通话异读词审音再次加以确认。另外,"大王"也读dàwáng。(1)是春秋战国时对国王或诸侯王的尊称。(2)现代汉语中指垄断某种事业或长于某种事情的人,如"钢铁大王""石油大王""爆破大王""蔬菜大王"等。

骀荡(dài)

(1)使人舒畅(多形容春天的景物)。如"春风骀荡"。(2)放荡。

玳瑁(dàimào)

生活在我国黄海、东海、南海或热带、亚热带沿海中的一种形似龟的动物,体长约1.6米左右,甲壳光滑,有褐色与淡黄色相间的花纹。其卵可食,甲壳可做装饰品,亦可入药,有清肺解毒、定惊等作用。

殆尽(dài)

古"殆"字发展至今,有两个义项:(1)表示危险、不安。如"知己知彼,百战不殆"(见《孙子·谋攻》)。《论语·为政》:"学而不思则罔,思而不学则殆。"(2)表示几乎、差不多。如"伤亡殆尽""消耗殆尽"等。

怠惰(dàiduò)

意为懒惰、懈怠。《荀子·礼论》中说:"苟怠惰偷懦之为安,若者必危。"在工作时间内有意识地不积极做事,消极地降低生产效率,叫"怠工"。

逮捕(dàibǔ)

指司法机关依法对犯罪嫌

疑人、被告人在一定的时间内剥夺其人身自由,并予以羁押的刑事强制措施。汉语口语里单用"逮"字时,读上声的 dǎi,如"逮老鼠""狗逮耗子"。"逮捕"容易误读成 dǎibǔ、dēibǔ 或 dǐbǔ。

耽搁(dān·ge)

停留或拖延的意思。

老聃(dān)

"聃"字,本指耳朵大又长者。老子以为字。一说,老子姓李,名耳,"聃"是谥号。老子,春秋末思想家、哲学家,道教创始人。老子通晓上下古今之变,晚年隐居,躬耕授徒,讲经论道,孔子曾问礼于他。著有《道德经》,即今本《老子》。1973年长沙马王堆三号汉墓出土的帛书《老子》应是当时的传抄本。老子学说对中国哲学的发展有极大影响。

殚精竭虑(dān)

"殚"字,容易误读成去声。指用尽了精力,费尽了心思。

"殚"字,是用尽、竭尽的意思。

箪食壶浆(dānshí)

"箪"字,指盛饭的容器,多用竹子制成。"食"字,《现代汉语词典》第5版标音"sì",第6、7版标音"shí",加注旧读"sì",名词用如动词,当盛(chéng)讲。《孟子·告子上》载,孟子对诸子曰:"一箪食,一豆羹,得之则生,弗得则死。嘑尔而与之,行道之人弗受;蹴尔而与之,乞人不屑也。"成语"箪食壶浆"指的是用箪盛饭,用壶盛汤,多为劳军之辞。《三国志·诸葛亮传》载,刘备三顾茅庐,诸葛亮与之纵论天下大势,向刘备力荐荆州和益州:"若跨有荆、益,保其岩阻,西和诸戎,南抚夷越,外结好孙权,内修政理;天下有变,则命一上将将荆州之军以向宛、洛,将军身率益州之众出于秦川,百姓孰敢不箪食壶浆以迎将军者乎?诚如是,则霸业可成,汉室可兴矣。"

儋州(dān)

旧名儋县,海南省县级市,

位于海南岛西北部、北门江流域,是历史文化名城。汉武帝时(公元前 110 年)置县,古称儋耳。唐高祖时改郡为州。民国元年(1912 年)改称儋县。苏东坡曾谪居儋州三年,讲学明道,教化日兴,以至于后来"书声琅琅,弦歌四起",儋州从此有了"诗乡歌海"之称。今有"东坡书院"等遗址。"儋"字,1957 年普通话异读词第一次审音审定为 dān 音。

黄疸(dǎn)

某些肝病病人体内由于血液中胆红素超过正常值所引起的皮肤、黏膜和眼球巩膜或其他组织发黄的一种症状,也称"黄病"。

掸子(dǎn)

家庭中拂除床、家具、墙壁上灰尘的用鸡毛或布条等绑扎起来的用具,也可掸衣服上的尘土或落雪等。有"鸡毛掸子"一词。

啖饭(dàn)

"啖"字,意为吃或给别人吃。《史记·项羽本纪》里写樊哙为救沛公刘邦怒闯鸿门宴后,项羽先赐之酒喝,然后又赐一块猪腿,樊哙"覆其盾于地,加彘(音 zhì,猪)肩上,拔剑切而啖之。"苏东坡《惠州一绝》诗有"日啖荔枝三百颗,不辞长作岭南人"的名句。

肆无忌惮(dàn)

"惮"字,义为怕、畏惧。"肆无忌惮"比喻任意放肆妄为,无所顾忌和畏惧。朱熹《四书集注·中庸》中有"则肆欲妄行,而无所忌惮矣"句。

当时(dāngshí/dàngshí)

两读两义。(1)读 dāngshí。指过去发生某件事情的时候,"当其时"也,回忆语态。如"当时大厦还没盖好,大家就在几排平房里办公。"(2)读 dàngshí。指的是"即时""立马""即刻""当下"的意思,进行语态。如"一听这话,他当时就抓起电话催办"。

正当(zhèngdāng/zhèngdàng)

两读两义。(1)读 zhèng dāng。指正处于某个阶段或时刻。如"正当施工紧张的时候,老王却病倒了"。(2)读 zhèng dàng。指合法、合理的举止言行。如"正当理由""正当防卫""正当权益"等。

当年(dāngnián/dàngnián)

两读两义。(1)读 dāng nián。指过去的某一时间,即"往年""昔年",过去语态。如"好汉不提当年勇""想当年"等。也指身强体健之时,即壮年时期。如"他现在正当年,不知啥叫累"。(2)读 dàngnián,特指本年、同一年,正在进行时。如"新引进的项目当年施工,当年投产,当年见效"。

当地(dāng)

"当"字,指人物所在的地方或事情发生的地方。如"我是当地人""与当地的干部群众亲切交谈"等。这个词里的"当"字,不取去声的 dàng。

谠论(dǎng)

正直、公正的言论或话语。

当天(dàng)

指"本天""同一天",没有过去语态。与此相类似的汉语词还有"当月""当日""当晚"三个,一律应将"当"字读成去声。在新闻稿件中经常有"当天早上"等词语,容易误读为阴平。

适当(dàng)

"合适""妥当"的意思。如"适当的人选""适当的时候""适当的机会"等。

凼肥(dàng)

粤方言里指南方田地里沤肥的小水坑。将垃圾、杂草、树叶、粪尿等放进坑里沤制成的肥料叫"凼肥"。汉语里另有"粪凼""水凼"等词。"凼仔岛"读 dàngzǎidǎo,在澳门。

砀山(dàng)

(1)县名。安徽最北端宿州市所辖县,与山东、江苏、河南邻接。秦置县,隋改置砀山。《史记·高祖本纪》载,当年项羽和刘邦联手抗秦,与秦将章邯对峙:"吕臣军彭城东,项羽军彭城西,沛公军砀。"1955年"砀山"由江苏划归安徽。特产有"砀山梨"。(2)山名。在河南永城县境内,其北八里为芒山,即今"芒砀山"。《汉书·高祖纪》载:刘邦起兵前曾"隐于芒、砀山泽间"。"砀山",1957年普通话异读词第一次审音审定为 dàngshān。

跌宕(dàng)

指文章情节的设计发展或曲调节奏的抑扬顿挫、起伏有致。一般与"起伏"连用。

档次(dàng)

按照一定标准分成的不同等级和次序。"档"字,1985年普通话异读词审音时审为"统读"dàng。北京人多读成上声。与此类似词的还有"档案""高档""低档""中档""归档""入档""存档""分档""调档"等,其中的"档"字也应读成 dàng。

叨唠(dāo·lao)

话多、话密,为了一点小事就不厌其烦地翻来覆去地将相似的话说个没完没了。相关汉语词还有"叨叨"(轻读)、"念叨"(轻读)、"唠叨"(轻读)、"絮叨"(轻读)、"数叨"(轻读)、"磨(音 mò)叨"(轻读)和"叨念"等。

叨咕(dáo·gu)

小声地絮叨、说私话。东北、河北、山东一带的方言。1959年普通话异读词第二次审音时审"叨咕"为 dáogu。

捯饬(dáo·chi)

北京话里指修饰、打扮。如"他这么一捯饬还挺受看的"。

倒腾(dǎo·teng)

"倒"字,极易误读成阳平。(1)指翻腾、挪动。(2)指调换、调配。(3)指买进卖出。

倒嚼(dǎojiào)

反刍的通称。1962年普通话异读词第三次审音时审"倒嚼"为dǎojiào。

祷告(dǎo)

宗教徒向神祈求保佑的一种形式，一般是两眼闭合，双手合十或右手在胸前画十字。另有"祈祷""祷祝""默祷"等汉语词。

蹈袭(dǎoxí)

沿袭、因袭，走别人已走过的老路。《宋史·米芾传》评价米芾曰："芾为文奇险，不蹈袭前人轨辙。"

悼词(dào)

对死者表示哀悼的话或文章。汉语里另有"追悼会""哀悼""悼念""悼亡"等词。"悼"字，1985年普通话异读词审音规定"统读"为去声dào。极易误读成上声。

得劲儿(déjìnr)

舒服、合适，称心合意。如"这把椅子坐着真得劲儿""浑身不得劲儿""这把钳子使着得劲儿"等。北京人习惯读作děijìnr。汉语里另有"得空儿""得手""得当""得力""得用"等词。

得亏(děi)

北京话中表示"幸亏""多亏"的意思。

非得(děi)

"得"字，音děi。必须的意思。相关汉语词还有"总得""必得"。

黄澄澄(dēngdēng)

"澄"字，极易误读成chéng。金黄鲜明的样子。

氐族(dī)

又称西戎，殷周至南北朝时分布于陕西、甘肃、四川等地，从事畜牧和农业。魏晋时大量接受汉族的文化和技术，说汉话,穿汉服,习农耕,从汉姓。两晋年间,前秦、后凉等皆为氐人所建政权。1962年普通话异读词第三次审音审"氐"字为dī,1985年普通话异读词审音又加以确认。

羝羊(dī)

"羝羊"指公羊,即牡羊也。1962年普通话异读词第三次审音审"羝羊"为dīyáng,1985年普通话异读词审音时再次确认"羝"字"统读"阴平dī。《汉书·苏武传》记载,汉武帝天汉元年(公元前100年),中将郎苏武受汉帝之遣出使匈奴。单于曾屡次派人劝其归降,苏武皆不屈其名节。于是单于"乃徙武北海上无人处,使牧羝,羝乳乃得归"。苏武于北海"杖汉节牧羊",凡十九年。归汉时须发皆白矣。汉语里还有"羝羊触藩"的成语,意思是公羊的角钩缠在篱笆上,伸不进也抽不出,比喻进退两难。

提防(dī)

小心防备。1959年普通话异读词第二次审音时审为dīfang,1985年普通话异读词审音再次确认。极易误读成tífang。

提溜(dī)

北方方言中指垂手拿着或悬着。如"老刘手里提溜着两瓶酒"。1959年普通话异读词第二次审音审为dīliu。极易误读成tíliu。

金日磾(mìdī)

西汉大臣。匈奴休屠王的太子。武帝时从昆邪王归汉,司职马监,年仅十四。昭帝时与霍光、桑弘羊等同受遗昭辅政,为五位顾命大臣之一。

的卢(dílú)

也写作"的颅"。"的"为白色,"卢"通"颅",古时指额部有白色斑点的马。"的卢马",虽是骏马,也常因乘者而不吉。伯乐《相马经》中曰:"马白额入口至齿者,名曰输雁,一名的卢。奴乘客死,主乘弃市,凶马也。"《世说新语·三十一》载："庾公(亮)乘马有的卢，或语(音 yù，动词，告诉)令卖去。庾云：'卖之必有买者，即当害其主。宁可不安已而移于他人哉？'"后人也将的卢马比喻为名马或快马。如辛弃疾《破阵子》词的下阕："马作的卢飞快，弓如霹雳弦惊。"此句易误读成"马作的(de)卢飞快"。"的"字读阳平 dí 的汉语词还有"的确""的当""的确良（dacron 的译音）"等，表"确实""实在"义。

觌面(dí)

相见、探访。《荀子·大略》载："聘，问也。享，献也。私觌，私见也。"现代汉语只有"觌面"一词，不常用。

嘀咕(dí·gu)

"嘀"字，容易误读成阴平的 dī。(1)小声说，私下里说。(2)心里犯猜疑或犹豫。

墨翟(dí)

墨子的名字。墨子，春秋战国之际思想家、政治家，墨家学派创始人。相传原为宋国人，后长期居住鲁国，曾学习儒术，因不满其繁琐之"礼"，而另立新说，聚徒讲学，成为儒家学派的主要反对学派。墨子学说对当时思想界影响很大，与儒家并称"显学"。现存《墨子》五十三篇，是研究墨子和墨家学说的基本材料。"翟"字，从《广韵》徒历切，中古入声字，仅在这个词里读 dí。作单姓用时多读 zhái。

锋镝(dí)

指箭头或箭。如《史记·秦楚之际月表》中载："秦既称帝，患兵革不休，以有诸侯也，于是无尺土之封，堕坏名城，销锋镝，鉏(音 chú，'锄'的异体字)豪杰，维万世之安。"又如毛泽东《满江红·和郭沫若同志》词上阕结尾句："蚂蚁缘槐夸大国，蚍蜉撼树谈何易。正西风落叶下长安，飞鸣镝(一种带声音的响箭)。"

骶骨(dǐ)

人腰部与尾骨之间的骨

头,上部连着第五腰椎,下部与尾骨相接。

标的(dì)

指在经济活动中,双方合同当事人的权利和义务共同指向的对象,如货物、劳务、工程项目等。"标的额",指的是招投标时标书中所预定的招标工程的价目,也叫"标底"。

"的",本指箭靶的中心。《玉篇·白部》:"的,射质也。"《诗经·小雅·宾之初筵》写周王朝贵族们饮酒射箭取乐时的场景,有"发彼有的,以祈尔爵"句。后引申为目的或标准。现代词有"目的""鹄的""有的放矢""无的放矢""众矢之的""一语中的"等。

娣姒(dìsì)

(1)古代妾与妾之间的互称,年长者为姒,年幼者为娣。(2)指妯娌,兄妻为姒,弟妻为娣。《颜氏家训·兄弟》:"娣姒之比兄弟,则疏薄矣;今使疏薄之人,而节量亲厚之恩,犹方底而圆盖,必不合矣。……娣姒者,多争之地也,使骨肉居之,亦不若各归四海,感霜露而相思,伫日月之相望也。"《镜花缘》四十回中有"姒娣和睦,妯娌同心"句。

谛听(dì)

"谛"字,1985年普通话异读词审音时审为"统读"dì。注意地、仔细地倾听。相关汉语词还有"谛视""谛观"等。另外,在佛教中"谛"字指真实无谬的道理,"四谛"是佛教的基本教义之一。佛教有四种真理:苦谛、集谛、灭谛和道谛,这是圣者所见的神圣真理,所以也叫"四圣谛"。汉语里有"真谛""妙谛"等词。"谛"字,容易误读成 tì。

睇眄(dìmiǎn)

斜着眼睛看,也指泛看或流盼、环视。王勃《滕王阁序》有"穷睇眄于中天,极娱游于暇日"句。汉语词还有"凝睇""含睇"等词。

棠棣(dì)

又称"唐棣"或"棣棠"。(1)指古书中的一种植物。(2)指"山樱桃"。一种黄花,黑果,叶子略成椭圆状卵形、边缘有重锯齿的观赏性蔷薇科落叶灌木。我国和日本等地均有栽植。棠棣花可入药。郭沫若有戏剧作品《棠棣之花》。

发嗲(diǎ)

吴方言里指撒娇的声音或举止态度。如"嗲声嗲气"。"嗲"字,容易误读成 diē。

掂掇(diān·duo)

原指用手称量物品的轻重,现指斟酌、估量。如"这事儿你掂掇着办吧!"1962年普通话异读词第三次审音审"掂掇"为 diānduo,容易误读成 diānzhuì。

滇池(diān)

即昆明湖、昆明池。在昆明西南,面积约 340 平方千米,为地壳断层陷落所成。"滇"是云南的简称,因省境东北部在战国至汉武帝以前为滇国地而得名。相关汉语词还有"滇剧"、"滇南"(云南省别称,因在国土之南得名)、"滇军"(旧时云南境内的子弟兵)、"滇红"(云南红茶)、"滇西山地"、"滇桂军阀"、"滇缅公路"、"滇藏公路"、"川滇公路"等。

碘酊(diǎndīng)

俗称"碘酒",是碘和碘化钾的稀酒精溶液,能渗入人的皮肤杀灭细菌和真菌,主要用于皮肤消毒。

踮脚(diǎn)

指将脚跟提起,用脚尖着地。如"他踮起脚来才能看见"。方言里"垫脚儿"指的是一只脚有毛病(跛足),走路时用脚尖点地。"踮"字,极易误读成阴平。

佃户(diàn)

也叫"佃农",旧时指自己不占有土地,以租种地为生的农民。今另有"佃农""佃租"等词。

玷污(diànwū)

"玷"字,意为白玉上的斑点或污点,比喻人的缺点或过失。"玷污",指沾辱、污损,使之有污点,多指声誉、名节受损。相关汉语词还有"玷辱""白圭之玷"等。"玷污"极易误读为 zhānwū。

靛蓝(diàn)

"靛"字,容易误读成 dìng。又叫"靛青",一种深蓝色的有机染料,用蓼蓝的叶子发酵制成或人工合成,用来染布。

蚁垤(dié)

"垤"字,指小土堆。"蚁垤",是指蚂蚁做窝时堆在穴口的小土堆。又叫"蚁冢"或"丘垤"。"垤"字,容易误读成 zhì。

日昳(dié)

太阳偏西,即日落的意思。

堞墙(dié)

城墙上呈齿状的矮墙,又叫"女墙",泛指城墙。《墨子·备梯》中说:"行城之法,高城二十尺,上加堞,广十尺。"汉语里还有"城堞""雉堞"等词。

喋血(diéxuè)

"喋",通"蹀",指踏、顿。"喋血",即踏血而行。段玉裁《说文解字注》曰:"流血满地污足下也"。形容激战时杀伤很多,血流遍地。

史牒(dié)

古代指前世传下来的文书或书籍、簿册一类的东西。另有"通牒""名牒"等词。

蹀躞(diéxiè)

指小步走路。如《古乐府·白头吟》诗一:"蹀躞御沟上,沟水东西流。"

疔毒(dīng)

又称"疔疮",毒疮的一种。中医指病理变化迅速并伴有全身症状的小疮,面部和手足最常见,坚硬而根深,其状如钉,故名。

靪前掌(dīng)

"靪"字,原指鞋袜衣服上的补缀处,以状如钉头而名。"靪前掌",即补鞋底。"靪"字,不读去声。

订正(dìng)

"订"字,音 dìng,从《广韵》丁定切,中古去声字。改正、核定文字材料中的错误,使之正确,即勘误。相关汉语词还有"修订""校订""审订""考订""装订""增订""订书机"等。从古至今,"订"字就没有阴平音。1985年普通话异读词审音时将其审为"统读"去声。在"装订"和"订书机"里,极易误读为阴平。

钉扣子(dìng)

"钉"字,动词,指用针线将扣子缝合在衣服上。也指将钉子、楔子等尖细的物件借助于外力打进另一物体中,或用钉子把东西固定、组合起来。如"钉钉子""钉合叶""板上钉钉""将镜框钉在墙上"等。"钉"字容易误读成阴平。

侗族(dòng)

我国少数民族之一,分布在我国贵州、湖南、广西等省区交界地区,有本民族语言。建有黔东南侗族自治州等各级自治政府。与之相关的汉语词还有"侗乡""侗语""侗戏""侗笛"等。

胴体(dòng)

"胴"字,极易误读为tóng。又称"屠体",原指家畜屠宰后的躯干部分,商业上猪的屠体指除去猪毛、内脏、血、头、尾及四肢后的整个躯干。后也泛指人的躯体。在美术界,胴体指人的裸体。

句读(dòu)

也叫"句逗"。其中"读"字从《集韵》大透切,中古去声字。"句读",指诵读文章时句中短暂的停顿,今以逗号标记。古代诵读文章时,文辞语句已绝处为句,因语意完整,停顿可稍长;文辞语句未尽处为读(音dòu),停顿极短。书面上用圈(句号)和点(读号)标记。一句一停,叫"一句一读"。韩愈《师说》中有"句读之不知,惑之不解,或师焉,或不焉"句。现代所用的逗号和句号就是承袭了古句读的用法,但分别句号和逗号的标准有所改变。

买椟还珠(dú)

"椟"字,指柜子、木匣子。《韩非子·外储说左上》载:有个楚国人,把珍珠放在装潢华丽的木匣子里,到郑国去卖。郑国人买下了匣子,却退还了珍珠。比喻不识货,没有眼光,取舍失当或舍本逐末。

文牍(dú)

"牍"字,古代指写字用的狭长小竹木片儿,有误则可刮去重写。后来称公文为文牍,放在案子的公文叫案牍;称书信为尺牍。其后,一切公文书信皆被统称为文牍。颜之推《颜氏家训·杂艺第十九》中有"真草书迹,微须留意。江南谚云:'尺牍书疏,千里面目也'"句。汉语里另有"连篇累牍"等词。

黩武(dú)

"黩"字,指轻率,滥用武力、好战。《三国志·蜀书·张翼传》载,诸葛亮死后,姜维统兵。后主刘禅延熙十八年(公元257年),广汉太守张翼与卫将军姜维兵还成都,准备再次兴讨魏将、雍州刺史王经把守的狄道城:"(姜)维议复出军,唯翼廷廷争,以为国小民劳,不宜黩武。维不听,将翼等行,进翼位镇南大将军。"汉语另有"穷兵黩武"一词。

爆肚儿(dǔ)

"爆",是爆炒的意思;"肚儿",指可供人食用的某些动物的胃。有"猪肚儿""牛肚儿""羊肚儿""肚丝儿"等。以上词里的"肚"字均读作上声的dǔ,并应加上儿尾。

肚子(dù·zi/dǔ·zi)

两读两义。(1)读 dùzi。"肚"字,从《广韵》徒古切,中古上声字。是人或动物腹部的通称,如"大肚子""小肚子""拉肚子""肚皮""肚量""肚脐""鱼肚白""牵肠挂肚""小肚鸡肠"等。也指物体圆得像凸起的肚子的部分,如"腿肚子""手指肚儿"等。(2)读音 dǔzi,从《广韵》当古切。指供人食用的动物的胃脏,《广雅·释亲》的解释是"胃谓之肚"。

笃志(dǔ)

"笃"字,忠实、诚笃,专心一意,立志不变。如《荀子·修身》里曰:"好法而行,士也;笃志而体,君子也;齐明而不竭,圣人也。人无法,则伥伥然;有法而无志其义,则渠渠也;依乎法,而又深其类,然后温温然。"汉语里另有"笃信""笃学""笃实""笃好""情深意笃"等词。

蠹虫(dù)

原指专门噬咬木器、书籍或衣物的蛀虫。汉语另有"木蠹""书蠹""鱼蠹""流水不腐,户枢不蠹"等词。后比喻危害公益的坏人。

碓房(duì)

"碓"字,指舂米的设备,是在杵臼的基础上用木或石做成的。一般是掘地安放石臼,上架木杠,杠端装杵或缚石,用两脚踏动木杠,利用杠杆原理使杵或石起落,脱去谷粒的皮或舂成粉,既节省了人力又提高了效率。东汉时经多年战乱之后,农业得到了恢复和发展,在水利设施及工具的运用上也发明了水排、翻车、水碓、霹雳车等,显示了生产技术的重大进步。其中"水碓"是利用水力舂米的农具,动力机械为立式水轮,流水冲击水轮使之转动,轴上的拨板就拨动碓杆的梢,使碓头一起一落进行舂米。设置两个碓以上的还有"连机碓",是晋代杜预发明的。

敦聘(dūn)

诚恳地、诚心诚意地聘请。另有"敦厚""敦请""敦促""敦睦"等汉语词。

趸批(dǔn)

"趸"字,指整数。整批,多指货物买卖。另有"趸售""趸货""趸买趸卖""趸进趸出""现趸现卖"等词。"拥趸"指演员、运动员或运动队等的支持者。如"足球拥趸"等。"趸船"指的是匣形平底的无动力装置的非自航船,最常见的是固定在码头边上的"浮码头",用以供船舶停靠,上下旅客,装卸货物。一船约三百趸,每趸约一千六百公斤,故名"趸船"。另有汉语词"油趸"。

混沌(hùndùn)

同音两义。(1)古代传说中天地未开时模糊一团的状态。《白虎通·天地》中载:"混沌相连,视之不见,听之不闻。"(2)指糊里糊涂、无知少识的样子。

咄咄怪事(duōduō)

"咄咄",1962年普通话异读词第三次审音时审为 duō,1985年普通话异读词审音审"咄"字"统读"为 duō。《广韵》作当没切,中古入声字。古"咄"字,一作叹词,表"惊讶""诧异"义。段玉裁《说文解字注》释为:"谓欲相语而先惊之之词"。成语"咄咄怪事"即表惊诧。晋时,"殷中军(浩)被废在信安,终日桓书空作字。扬州吏民寻义逐之,窃视,唯作'咄咄怪事'四字而已"。(事见《世说新语·黜免》)

咄咄逼人(duōduō)

"咄咄",使人惊惧、惊叹的声音,象声词。晋时,"咄咄逼人"乃文人们的口头常用语。《法书要录·卷十》载,王右军与司空郗公书曰:"献之,字子敬,少有清誉,善隶书,咄咄逼人。"今成语"咄咄逼人"指势头迅猛,给人以压力。其中的"咄咄",极易误读成阳平。

掇拾(duō)

拾取、采取、搜集。如"掇拾旧闻"。

揣度(chuǎiduó)

推测、估计、谋虑的意思。古汉语以单字"度"用。汉语词还有"测度""猜度""忖度""审度""自度""裁度""臆度""揆度""以己度人""审时度势""度德量力""以小人之心,度君子之腹"等。"度"字,从《广韵》徒落切,中古入声字。1985年普通话异读词审音时审为duó。极易误读成dù。

踱步(duó)

"踱"字,从《广韵》徒落切,1962年普通话异读词第三次审音时审为duó,1985年普通话异读词审音重新确定为"统读"。极易误读成dù。"踱步"原指赤足踏地,后转指慢步行走。如《水浒》第四回写鲁智深"离了僧房,信步踱出山门外立地,看着五台山,喝采一回"。相关汉语词还有"踱来踱去""踱着四方步"等。

驮子(duò)

指牲口负载着的成捆的货物,名词。"驮"字当动词用时读tuó。

E

阿附(ē)

曲从、逢迎、附和、偏袒的意思。相关汉语词还有"阿谀""阿私""阿党""刚直不阿""阿谀逢迎"等。"阿附""阿谀"中的"阿"字,读音均为ē(见1985年《普通话异读词审音表》)。容易误读成ā。

阿胶(ē)

"阿"字,音ē,从《广韵》乌何切。1985年普通话异读词审音时审"阿胶"中的"阿"字为ē。极易误读成ā。阿胶也叫驴皮胶,是用驴皮熬制的胶块。与人参、鹿茸并称中药三宝,有滋补功用,可强身治病。产自黄河南岸支流狼溪河畔山东平阴县的东阿镇(古名阿城镇),因而叫"阿胶"。

阿弥陀佛(ē)

"阿"字,音ē,1985年普通话异读词审音有此审定。容易

误读成 ā。梵语音译词，即无量寿佛或无量光佛，是大乘佛教信奉的西方极乐世界的教主。信佛的人将此用作口头诵念的佛号，表示祈祷或感谢神灵。现被借用为生活的口头禅，有多种含义，随具体语境而定。

阿房宫(ēpáng)

秦始皇于公元前212年（始皇三十五年）所建的举世闻名的宫殿名。故址位于西安西郊的赵家堡、大古村之间。全部工程至秦亡时犹未完成，故未及正式命名。时人因其前殿所在地名为阿房，即称之为"阿房宫"。该宫规模极为宏大，绵延300余里。项羽灭秦主力后，拥四十万大军入咸阳，将其焚毁，大火三月不灭。

"阿"字，音ē，从《广韵》乌何切；"房"字，旧读páng，从《广韵》步光切。因"古无轻唇音"（汉语音韵学学者钱大昕观点），现代声母f是中古以后才从唇音b、p、m中分化、渐变而成的，所以，凡以声母f开头的字，在上古时一部分要读作p。由于"阿房宫"已成为历史陈迹，因此在阅读古文时应该将"阿房宫"读作ēpánggōng。晚唐诗人杜牧有著名的《阿房宫赋》。

婀娜(ēnuó)

又可写作"阿那"。形容姿态轻盈、柔媚的样子。古乐府《孔雀东南飞》中有"四角龙子幡，婀娜随风转"句。汉语词有"婀娜多姿""体态婀娜"等。"婀娜"，1959年普通话异读词第二次审音审为ēnuó，1985年普通话异读词审音时又重新加以确定。极易误读成ānà。

讹传(é)

错误的传说或谣言。相关汉语词还有"讹误""错讹""讹夺""讹舛""讹谬""讹人""讹诈""讹钱""以讹传讹"等。"讹"字容易误读成去声。

峨冠博带(é)

"峨"字，高也。"峨冠博带"意为高高的帽子和宽大的衣带，形容古代士大夫或儒生的服饰。后比喻穿着礼服。《三国演义》三十七回载：刘备正安排礼物，欲往隆中拜谒诸葛亮，"忽人报，'门外有一先生，峨冠博带，道貌非常，特来相探。'"刘备遂整衣出迎，原来却是隐居贤士司马徽。司马徽向刘备详荐诸葛孔明之雄才大略，飘然而去。后引出刘、关、张寻访孔明，三顾茅庐之事。

呃逆(ènì)

通称"打嗝儿"。是由人的膈肌不自主地间歇性或痉挛性收缩引起的动作。当空气突然进入呼吸道后，通过关闭的声门裂产生急促的声音。吃饱撑得可以打嗝儿，气逆上冲也会打嗝儿。

摁扣儿(èn)

用手按压的意思。"摁扣儿"指子母扣儿。另有"摁门铃儿""摁手印儿""摁钉儿""摁快门儿""将他摁在地上"等词。

迩来(ěr)

意为"近"。"迩尔"即"近来"。如《论语·阳货》中记载孔子在向弟子们传授"诗教"时曰："小子何莫学夫诗？诗可以兴，可以观，可以群，可以怨。迩之事父，远之事君，多识于鸟兽草木之名。"汉语里另有"闻名遐迩"一词。

F

法子(fǎ)

"法"字，古今只有一读，《广韵》作方乏切，中古入声字，今读上声 fǎ。1957 年普通话异读词第一次审音将"法子""法儿"中的"法"审为 fǎ。与此相关的词还有"好法子""变着法儿""戏法儿""没法儿""没法儿子"等。北京话里读"法子"为 fázi，属于方音现象。"想办法"在口语里常被省略为"想法"，如"想法解决了""想法处理掉""想法弄到"等，不能读成 xiǎngfá 或 xiǎngfā。为了与重轻格式的"想法"（思索后得到的结果或意见）相区别，还必须按"中重"格式称读。

令人发指(fà)

古文中作"髪",指头发。"发指",意谓因愤怒而使头发都直竖了起来,形容愤怒到了极点。《史记·项羽本纪》中写刘邦参乘樊哙带剑闯入鸿门宴,卫兵挡其不许入,樊哙怒将卫兵撞倒在地,"哙遂入,披帷西向立,瞋目视项王,头发上指,目眦(zì)尽裂。"

"发",中古入声字,中古音均为方伐切(见《广韵》),但却有"發""髪"两字之别,词义也不相同。古"發"字,演变至今读阴平,如"发射""发达""发奋""出发""发生""发展""发布""发放"等。古"髪"字,演变至今读去声,指与人的头发及与之相关的某些事物,同时也做长度单位。贾谊《新书·六术》中说:"十毫为发,十发为厘。"现代汉语有"毛发""理发""结发""发乳""长发""剪发""染发""白发""华发""脱发""烫发""发廊""发卡""怒发冲冠""鹤发童颜""间不容发""一发千钧""不差毫发""擢发难数"等。

珐琅(fàláng)

读音fàláng,1959年普通话异读词第二次审音时审定。珐琅是覆盖在金属制品表面不透明的玻璃质材料,具有防锈和装饰的作用。涂在铜质或银质器物上,经过烧制能形成不同颜色的釉质表面,可制造搪瓷、景泰蓝、证章纪念章等。

藩篱(fān)

(1)指用竹木编成的篱笆或围栅,作为房舍的围墙。如杜甫《四松》诗:"所插小藩篱,本亦有堤防。"(2)比喻为国家的门户或屏障。如《史记·陈涉世家》载:"(秦始皇)乃使蒙恬北筑长城而守藩篱,却匈奴七百余里,胡人不敢南下而牧马,士亦不敢贯弓而抱怨。"(3)代表封建王朝所封的诸侯国。有"藩国""藩镇""削藩""藩属""藩镇割据"等词。"藩"字,1985年普通话异读词审音时审为"统读"fān。极易误读成阳平。

樊笼(fán)

意为关鸟兽的笼子。比喻受拘束或处于不自由的境地。如陶渊明《归园田居》诗:"久在樊笼里,复得返自然。""樊"字不读阴平。

樊篱(fán)

指篱笆,比喻对事物的限制。如"思想的樊篱""世俗的樊篱"等。"樊"字不读阴平。

梵文(fàn)

古印度的语言文字。另有"梵语""梵书"等词。梵文,原是古印度的书面语,故在中国古代以"梵"表示与古印度有关的一切事物,以示与中华相区别。如沈约《均圣论》曰:"虽叶书横字,华梵不同。"另外与佛教有关的事物也称"梵",如"梵宫""梵天""梵宇""梵刹""梵钟""梵音""梵行""梵学""梵家""梵声""梵呗"和"梵净山"(贵州境内第一高峰,佛教圣地之一)等。译音词里的"梵"字,也应读去声。如"梵蒂冈"(天主教的世界中心,意大利首都罗马城西北角的罗马教廷所在地,是政教合一的国中之国)、"梵亚铃"(小提琴)等。

"梵"字,从《广韵》扶泛切,中古去声字。1985年普通话异读词审音时审为"统读"去声fàn。极易误读成阳平。

不妨(fáng)

可以如此、没有什么妨碍的意思。1985年之前将"不妨"中的"妨"字读成阴平音,是根据1957年普通话异读词第一次审音的规定。根据人们的使用习惯,1985年普通话异读词审音将阴平fāng并入阳平fáng。这样两音合一音、化繁为简的"统读",符合语言发展规律。

游舫(fǎng)

指游船,一般由两只船或多只船相并而成,也泛指船。由于这种合并起来的舫船宽度是原来船体的一倍以上,稳定性好,载重量大,战国和秦汉时常被用作运送军队和粮食等物资。也因其驾驶和操作不便,晋以后逐渐被弃用。如《战国策·楚策一》载,张仪为了秦国破从(音 zòng,通"纵")而游说楚怀王连横。极力吹嘘秦军可"舫船载卒,一舫载五十人,与三月之粮,下水而浮,一日行三百余里。里数虽多,不费马汗之劳。"相关汉语词还有"画舫""石舫""舫船""舫屋"等。北京颐和园内有著名的石舫,为世界建筑艺术的精品。

绯闻(fēi)

指有关男女关系方面的新闻,即桃色新闻。"绯",指大红色。汉语里另有"绯红"一词。"绯"字,极易误读成上声。

蜚声(fēi)

"蜚"字,容易误读成上声。指扬名,有声誉。汉语里还有"蜚声海外"等词。另外,读阴平"蜚"字,通"飞","流言蜚语"通"流言飞语","蜚短流长"通"飞短流长"。汉语里只有"蜚蠊"中的"蜚"字读上声 fěi。"蜚蠊",即蟑螂一类的昆虫。

腓骨(féi)

"腓"字,容易误读成阴平。人和脊椎动物(四腿)的小腿两骨头之一,在小腿外侧,比胫骨稍微细小。人的腓骨上端仅与胫骨相连,不参与膝关节的组成,下端形成的突起为外踝,参与踝关节的组成。

获益匪浅(fěi)

"匪"字,副词,意通"非""不"。"获益匪浅"指从中获得不少好处或益处。《诗经·卫风·木瓜》:"投我以木瓜,报之以琼琚。匪报也,永以为好也。"《诗经·卫风·氓》的开句即为:"氓之蚩蚩,抱布贸丝。匪来贸丝,来即我谋。"成语"夙夜匪懈",指从早到晚一点儿也不懈怠。"匪夷所思",指言行怪诞,不是一般人依据常情常理所能想象到的。

菲薄(fěibó)

(1)指微薄、量小质差的。汉语里还有"菲礼""菲材"等,多作谦辞。(2)小看、轻视。诸葛亮在《出师表》中告劝后主刘禅:"不宜妄自菲薄,引喻失义,以塞忠谏之路也。"指不要毫无根据地自轻自贱、自暴自弃。"菲"字,在这个词里从《广韵》敷尾切,中古上声字。极易误读成阴平。"菲"字,读阴平音fēi时,除了指花草美艳、香味浓烈或碳氢化合物外,还常作译音字,如"菲律宾""菲力普""菲亚特""卡扎菲""菲尔丁"等。

悱恻(fěi)

想说而又说不出来。《论语·述而》有载:"子曰:不愤不启,不悱不发,举一隅不以三隅反,则不复也。"朱熹《论语集注·述而》曰:"悱者,口欲言而未能之貌。""悱恻",形容内心悲苦、凄切。汉语词还有"情词悱恻""缠绵悱恻"等。

斐然(fěi)

"斐"字,极易误读成阴平。很有文采的样子。如《史记·孔子世家》载,孔子在陈国推荐自己的弟子厓(音yá,通"崖")求去鲁国做官,厓求即将赴行之际,孔子夸奖道:"鲁人召求,非小用之,将大用之也。……归乎归乎,吾党之小子狂简,斐然成章,吾不知所以裁之。"现也指做事情效果显著,有"成绩斐然"等词。南太平洋有"斐济群岛",由840多个小岛组成。"斐济共和国"原为英国殖民地,1970年独立,现为英联邦成员国。由于地处国际日期变更线附近,一般认为是世界上最早见到阳光的国家。

香榧(fěi)

"榧"字,容易误读成阴平。即榧子树,因有香气,故称。常绿乔木,灰绿色树皮,叶子呈针形,种子叫榧子,硬壳,仁可吃,可榨油,可入药。木质坚硬、耐潮,可做造船、建筑材料。

氛围(fēn)

"氛"字,容易误读成去声。"氛围"指笼罩在某种场合周围的特殊气氛和情调。至于"气氛"一词,在政治性很强的文体里,如新闻联播节目,一般是要读为qìfēn的。但在口语里可以将"氛"字读作轻声。

汾河(fén)

"汾"字,音 fén,《广韵》作符分切,中古平声字。1985 年普通话异读词审音时审为"统读"为阳平。极易误读成阴平。汾河是黄河的第二大支流,源于管涔山,经太原南流到新绛,西折后在河津西汇入黄河。相关汉语词还有"汾水""汾州""汾阳""汾酒""临汾""临汾旅""汾河湾""汾河谷地"等。

忿詈(fènlì)

意思是因愤怒而责骂。另有"詈辞"一词。《战国策·秦策二》载,张仪归秦后,齐秦暗中交好。张仪至楚,楚怀王不满张仪称病不朝,于是"乃使勇士往詈齐王"。

偾事(fèn)

败事,败坏。《礼记·大学》中说:"一家仁,一国兴仁;一家让,一国兴让;一人贪戾,一国作乱,其机如此。此谓一言偾事,一人定国。"

趺坐(fū)

佛教徒盘腿打坐,即双足交叠而坐。分单盘和双盘两种。据佛经说,这样的坐法可以减少妄想,集中精力。王维《登辨觉寺》诗云:"软草承趺坐,长松响梵声。"

跗骨(fū)

指构成足的后半部(脚跟和脚面)的七块软骨,介于跖(音 zhí)骨和胫骨之间,相当于手的腕骨。

敷衍(fū)

表示做事不认真或待人不诚恳,只做表面上的应付。"敷"字,1985 年普通话异读词审音审为"统读"为阴平 fū。极易误读成阳平。另外,"敷"还表示(1)"涂上""搽上",有"热敷""冷敷""外敷"等词;(2)"铺设",如"敷设"。

逝者如斯夫(fú)

语出《论语·子罕》:"子在川上,曰:'逝者如斯夫! 不舍昼夜。'"意思是孔子在河边感叹说：已逝去的时光就像这河水一样啊，日夜不停地流去！

"夫"字中古时即有两音，在《广韵》里一作甫无切，合今音 fū；二作防无切，合今音 fú。读阳平音 fú 的"夫"字，古汉语里有三种指代：一作指示代词，指"彼（那）""此（这）"。二犹言"凡"。三作语助词。置于句首时，表示发表议论。如《左传·庄公十年》"夫战，勇气也。"置于句中时，没有什么实际意义。如《论语·阳货》孔子曰："食夫稻，衣夫锦，于女安乎？"置于句尾时，常表感叹或疑问。如"人定胜天，信夫？"

凫水(fú)

"凫"字，原指野鸭子，由于凫善游水，故称游泳为凫水。义与"浮水""泅水"同。如宋徽宗赵佶的中国画——《芙蓉锦鸡图》上的题诗："秋劲拒霜盛，峨冠锦羽鸡，已知全五德，安逸胜凫鹥（音 yì，同鹥，古书上指的一种水鸟）"。

芙蕖(fúqú)

书面语中指荷花，也叫"芙蓉"。郑玄笺注：荷花"未开曰菡萏（音 hàndàn），已开曰芙蕖"。

米芾(fú)

"芾"字，同"黻"字，音 fú，从《广韵》分物切，中古入声字。北宋时著名书画家，行草得王献之笔意，与蔡襄、苏轼、黄庭坚并称"宋四家"。其山水人物画自成一家，史称"米派"。又喜蓄金石古玩，世有"元章拜石"之誉。

芣苢(fúyǐ)

古书上指车前草。一种多年生草本植物，叶和种子可入药，古人认为它的子实可治疗妇女不孕。《诗经·周南·芣苢》篇，写三三五五的田家妇女采集芣苢、群歌互答的情景，与后世的山歌相似。如："采采芣苢，薄言采之。采采芣苢，薄言有之。"

佛戾(fúlì)

指悖逆、违反。读 fú 的"佛"字,通"拂"。如东方朔《非有先生论》有"夫谈者有悖于目而拂于耳"句。

仿佛(fú)

"佛"字,极易误读成 fó。似乎、好像、类似的意思。"佛"字只有在表示与"佛"或"佛教""佛事"有关的事物时才读作 fó。

拂晓(fú)

接近天明天亮的时候。王安石《春寒》诗曰:"春风满地月如霜,拂晓钟声到景阳。"汉语词另有"拂面""吹拂""轻拂""拂拭""拂尘""拂煦""飘拂""微拂""拂煦"等。"拂"字,从《广韵》敷勿切,中古入声字,1985 年普通话异读词审音时审定"统读"为 fú。容易误读成 fó。

祓除(fú)

(1)古代习俗,为除灾求福而举行的祭祀仪式。各地祓除的时间、地点和方式有所不同,通常于岁首在宗庙、社坛中举行。民间也有于阴历三月上巳日在水边进行的。还有的举火、熏香沐浴、用牲血涂身等。《史记·封禅书》曾载:"天子祓,然后入。"(2)指扫除、清除,目的是使之纯洁。"祓"字,容易误读成 bá。

涪陵(fú)

重庆区名。长江及其支流乌江在其境内会合。秦置县,隋始称涪陵,元入涪州,1913 年复改涪陵县。盛产榨菜,并产广柑和红橘。相关汉语词还有"涪州""涪江""涪县"等。"涪陵"中的"涪"字,1957 年普通话异读词第一次审音时审为 fú,容易误读成 péi。

幞头(fú)

又名"软裹"和"折上巾",古人用的一种头巾,贵贱通服,男子多用,宫中女官及女乐亦用之。"幞头",始于北周。宋代涂漆于表皮,成为帽子,并定为官服。

田父(fǔ)

古代指在田里耕作的男性年长者。如《尹文子》寓言"田父得玉"中有"魏田父有耕于野者,得宝玉径尺"的记述。另有"渔父"一词。

"父"字,音 fǔ,从《广韵》方矩切,中古上声字,不取去声。在古代,"父"的本义不是父亲,而是父系氏族社会中司火的长者,后常用来指代男子的美称,泛称"老者""野老"。另外某些帝王对德高望重的大臣也称为"父",如西周的吕尚(姜子牙),春秋时齐相管仲,战国时的范雎、吕不韦,楚汉相争时的范增等,都被尊称为"尚父""仲父""亚父"。

皇甫(fǔ)

复姓。一说源自西周太师皇甫的后代;一说源自周宋戴公子允石(字皇父)后人,取父字为姓,秦时改作"皇甫"(见《姓考》)。"皇甫",极易误读成 huángpǔ。

开张甫及(fǔ)

刚刚开张。"甫"字,是"刚刚""始""才"的意思。有"皇甫"(复姓)、"台甫"(尊称人的表字)、"神甫"(又叫"神父",职位在主教之下、在天主或东正教堂里管理主持宗教活动的人)、"喘息甫定"、"行装甫卸"等汉语词。另外"甫"字还是分布较广的姓氏,据说出自炎帝裔孙伯夷,封其后为甫侯,子孙以国为氏。

"甫"字,1985 年普通话异读词审音表规定"统读"为上声 fǔ,容易误读成 pǔ,如小说《红岩》中的叛徒甫志高,经常有人误读为 pǔzhìgāo。

拊膺(fǔyīng)

指拍着胸脯,以示悲痛。"拊"字,也作"抚",指拍、击;"膺",指胸脯。汉语有"拊膺长叹""拊膺顿足""拊掌""拊髀"等词。如诸葛亮《后出师表》的结尾:"夫难平者,事也。昔先帝败军于楚,当此时,曹操拊手,谓天下已定。"

果脯(fǔ)

指肉干、熟肉或干燥脱水的(用蜜渍成的)干果。《礼记·内则》中有"牛修、鹿脯"句。今有"桃脯""杏脯""枣脯""梨脯"等词。

"脯"字,音 fǔ,从《广韵》方矩切,中古上声字。北京人习惯读成上声的 pǔ。"脯"字在"胸脯""鸡脯""鸭脯"等词里读阳平的 pú,从《广韵》蒲胡切,中古平声字。

讣告(fù)

指报丧的书面通知,又称"讣闻"或"讣文"。

复杂(fù)

北京人习惯读成上声。指事物的种类或头绪多而杂。

洑水(fú)

"洑"字,容易误读成阳平。指在水里游。

G

旮旯儿(gālár)

北京话里指角落或偏僻的地方。如"犄角旮旯儿""墙旮旯儿""山旮旯儿"等。"旯"字,容易误读成上声的 lǎr。

胳肢窝(gā·zhiwō)

指人腋下呈窝状的地方,即"腋窝",也作"夹肢窝"。"胳"字,读阴平音 gā,见 1962 年普通话异读词第三次审音的规定。容易误读成阳平。

伽马射线(gā)

指丙种射线。是镭和其他一些放射性元素的原子放出的射线,是波长极短的电磁波,其穿透力比爱克斯射线更强,能穿透几十厘米厚的钢板。工业上用来探矿,医学上常用来放疗。

咖喱(gālí)

英语译音词。咖喱是用胡椒、姜黄、番椒、陈皮、茴香等的粉末儿合成的调味品,色黄味辣而香。如"咖喱鸡"等。"咖"字在这个词里不读 kā(在"咖啡"里读 kā),更不读 jiā。见1962 年普通话异读词第三次审音的规定。

轧朋友(gá)

"轧"字,不读 yà,也不读 zhá。吴语里是"结交"的意思。

嘎调(gá)

在京剧唱腔里,用特别拔高的一个音唱某一个字。如现代京剧《沙家浜》里郭建光的唱腔"此一去呀,捣敌巢"中的"呀"字。

噶伦(gálún)

藏语中又叫"噶布伦",原西藏地方政府的主要官员,依清官制为三品,多由大贵族充任,职权甚重。

噶厦(gáxià)

在藏语中意为"发布命令的机关",旧译"噶厦公所",指的是旧时的西藏政府。除了译音字外,与西藏有关的汉语词还有"噶乌""噶尔县""噶尔雅沙""噶尔河""噶尔丹""噶尔穆""噶当派""噶举派"等。1985 年普通话异读词审音时审"噶"字为"统读"阳平 gá。包括"准噶尔盆地"中的"噶"字也应读 gá。

嘎古(gǎ·gu)

"嘎"通"玍"。方言里指性情古怪、调皮。如"这个人挺嘎古"。有的地方称小男孩儿叫"嘎子"。如电影《小兵张嘎》。

垓下(gāi)

古地名,在今安徽灵璧县东南、沱河北岸。公元前 202 年,汉、楚两军在此进行最后决战,刘邦与韩信、彭越等合兵,将项羽围困于此。项羽粮尽援绝,又听见四面楚歌,因突围南走,至安徽和县东北的乌江,自刎身亡,汉王刘邦一统天下。《垓下歌》是古歌名。西楚霸王项羽在垓下被汉军围困,兵少粮尽,夜饮帐中。自知败局已定,因慷慨悲歌:"力拔山兮气盖世,时不利兮骓(音 zhuī,项羽所骑骏马名)不逝,骓不逝兮可奈何,虞(项羽的美姬)兮虞兮奈若何?"

赅博(gāibó)

书面语中也作"该博",指博学多闻。"赅"是兼备、完具的意思。另有成语"言简意赅",意谓语言简练,意思却相当完备。

盖(gài/gě)

单姓。《百家姓》收。古"盖"字,在历史上有两种读音:读 gài 音的"盖",从《广韵》古太切,中古去声字;读 gě 音的"盖",从《广韵》古盍切,中古入声字。盖姓,传说周齐大夫食采于盖地(今山东沂水),祖孙以邑为姓(可见邓名世《古今姓氏书辨证》)。又传历史上由代北地区的"盖楼氏"而来(可见《魏书·官氏志》)。

关于"盖"姓的读音,可稽考的各种工具书甚至一些专门的姓氏辞著均莫衷一是。某某人姓"盖",可能读 gài,也可能读 gě。原则上还是名从主人,悉听人便。

干系(gānxì)

也叫"干连",指牵涉到责任或能引起纠纷的关系。如"干系重大""难脱干系"等。"干"字,从《广韵》古寒切,中古平声字,繁体字写作"乾"。"干"字在三音节以上的词里(表人名、地名、国家名称时)的读法,现代词典鲜有标识,只能按习惯读音。如"乌干(gān)达""塔什干(gān)""长干(gān)行""松赞干(gān)布""巴尔干(gàn)半岛""塔克拉玛干(gān)"。

射干(shègān)

"射"字的古音读 yè。多年生草本植物,中医以根茎入药。功能泻火散结,清热解毒。《本草纲目》十七有"射干"条目。

干将(gānjiāng/gànjiàng)

(1)读音 gānjiāng。古代

人名,转指宝剑名,常跟"莫邪"并称。一说相传春秋时吴人干将与其妻莫邪皆善铸剑,铸成雌雄两剑,一曰干将,一曰莫邪,献给吴王阖闾,阖闾得而宝之(事见《吴越春秋·阖闾内传》、《吴地记》等)。后人以干将泛指宝剑。一说干将和莫邪为夫妇。楚王命干将铸造宝剑,三年成雌雄两剑,雄名干将,雌名莫邪。干将自知楚王必将怒其造剑迟缓而被杀,故藏其雌剑不献,留给其子,希望父仇子报。后其子终于为父报仇(事见《搜神记》或《列异传》)。(2)读音 gànjiàng。指能干的、敢干的将才。读去声的"干"字,从《广韵》古案切,中古去声字,繁体字写作"幹"。

坩埚(gānguō)

用来熔化金属或其他物质的器皿,多用黏土、石墨等耐火材料制成,能耐高热。

糖苷(gān)

又名"甙"(音 dài)。一种有机化合物,由糖通过它的还原性基团与某些有机化合物缩合而成,多为白色晶体,广泛存于植物中。

矸石(gān)

指在采矿过程中从井下或露天矿采出混杂在煤里的不易燃烧的黑灰色岩石块,又叫"煤矸石"。堆起来像座小山,俗称"矸石山",目前我国有1500多座,累计堆存30多亿吨。"矸石"容易误读成 qiānshí。

泔水(gān)

淘米、洗菜、刷锅碗等用过的水叫"泔水"。泛指用作饲料的带汤儿的剩饭菜。

尴尬(gāngà)

指处境困难或事情棘手,不好处理。也指表情、态度不自然。《红楼梦》第九十一回写金桂过继兄弟夏三到大观园探视姐姐,前来给薛姨妈请安,"薛姨妈看那人不尴尬,于是略坐坐儿,便起身道:'舅爷坐着罢。'回头向金桂道:'舅爷头上末下的来,留在咱们这里吃了饭再去罢。'金桂答应着,薛姨妈自去了。"今有"处境尴尬""表情尴尬""令人尴尬"等词。

杆菌(gǎnjūn)

读音 gǎnjūn。见 1957 年普通话异读词第一次审音的规定。在显微镜下的杆状或近似杆状一类细菌的通称。呈革兰氏阳性或革兰氏阴性。大多单独存在,少数连合成双杆菌或链杆菌。广泛分布于自然界,腐生或寄生,可引起白喉、麻风、破伤风等疾病。如"大肠杆菌""布氏杆菌""痢疾杆菌""枯草杆菌""幽门螺杆菌"等。

杆秤(gǎnchèng)

秤杆是用木头制成并带有秤星的一种秤。称东西时,移动秤锤,秤杆平衡后可从秤星的位置得知物体的重量。与台秤相比,杆秤的精确性较差,已逐渐被淘汰。

擀毡(gǎnzhān)

(1)指用羊毛或驼毛等擀制(用木棍形的工具来回碾压)成的毡子。(2)指本来蓬松的毛发黏结在一起,成为片状。如"头发都擀毡了,快洗洗吧。"

宵衣旰食(gàn)

"旰"字,指日落或晚上。成语"宵衣旰食"意思是天不亮就穿衣起床,忙碌到天黑了才吃饭。旧时多形容帝王勤于政务。《新唐书·郭子仪传》载:郭子仪平叛"安史之乱"的首领史思明,出兵不利,"故帝召子仪还,更以赵王为天下兵马元帅,李光弼副之,代子仪领朔方兵。……思明再陷河、洛,西戎逼扰京辅,天子旰食。"

绀青(gàn)

深青带红的颜色。《论语·乡党》有"君子不以绀緅(音zōu)饰,红紫不以为亵服(亵服,指日常家居穿的衣服,与'朝服'相对。'亵',音 xiè)"句。

力能扛鼎(gāng)

古代指用两手将重物举起来,也称"举鼎"。汉代盛行于民间。据《史记·项羽本纪》

载,当初,"秦始皇帝游会稽,渡浙江,梁(项梁,项羽叔父)与籍(项羽)俱观。籍曰:'彼可取而代也。'梁掩其口,曰:'毋妄言,族矣!'梁以此奇籍。籍长八尺余,力能扛鼎,才气过人,虽吴中子弟皆已惮籍矣"。后用以形容孔武有力之人。在此"扛"字不读 káng。

天罡(gāng)

星官名。古人指北斗星,也指北斗七星的柄。《抱朴子·杂应》曰:"又思作七星北斗,以魁覆其头,以罡指前。"

罡风(gāng)

罡风也作"刚风",道家语。指高空强劲的风。龚自珍在《己亥杂诗》中写道:"罡风力大簸春魂,虎豹沈沈卧九阍(音 hūn)。"

岗尖儿(gàng)

北京话里指"极满"或"极好"。如"大娘端来一碗岗尖儿的米饭""这批货的质量是岗尖儿的"。

钢刀(gàng/gāng)

两读两义。(1)"钢"字读去声 gàng,指把刀放在布、皮或石头上磨,使之锋利。也指在刀口上加点儿钢,重新打造。(2)"钢"字读阴平 gāng,指用钢板打制成的刀具。

睾丸(gāo)

"睾"字,容易误读成上声。睾丸又叫"外肾",男人或某些雄性哺乳动物的生殖腺。在阴囊内,卵圆形,是产生精子和分泌雄性激素的器官。

杲杲(gǎogǎo)

形容太阳的明亮、光泽。如表现女子思怀远方丈夫的《诗经·卫风·伯兮》,其中就有"其雨其雨,杲杲出日。愿言思伯,甘心首疾"两句,用盼望下雨来刻画对丈夫的相思。

缟素(gǎo)

白衣服,指丧服。吴梅村在《圆圆曲》中有"恸哭六军皆缟素,冲冠一怒为红颜"句。

枯槁(gǎo)

原指草木失去水分或生机,引申为干枯、枯竭、瘦瘠、贫困或憔悴。《楚辞·渔父》:"屈原既放,游于江潭,行吟泽畔,颜色憔悴,形容枯槁。渔父见而问之曰:'子非三闾大夫欤?何故至于斯?'屈原曰:'举世皆浊我独清,众人皆醉我独醒,是以见放。'"

诰命(gào)

皇帝赐官或封爵或贬谪的诏书。在古代,上告下曰"诰",下告上曰"告"。明清制度规定,一品至五品官的封任以"诰命"形式授予。五品以上的叫"诰封"。又指代文体名称,是训诫或封赠的文告,如《尚书》里就有《康诰》《酒诰》。《三字经》中载:"有典谟,有训诰。有誓命,书之奥。"同时也指受过皇帝封号的贵妇。《红楼梦》第十三回中写道:秦可卿死,各方前来上祭。贾珍心满意足,但里面尤氏又犯了旧疾,不能料理事务,"惟恐各诰命来往,亏了礼数,怕人笑话,因此心中不自在。"

膏油(gào)

动词。指在轴承或机器等经常转动、发生摩擦的部位加注润滑油。成语"膏车秣马"就是指把车轴润滑好,把马喂好,准备起程上路。毛笔蘸上墨后,在砚台边上捺匀,以便写字作画,叫"膏笔"。

仡佬族(gēlǎo)

中国少数民族之一。散居在贵州的黔西、遵义、仁怀和广西、云南等地。语言属于汉藏语系。

疙疤(gē·ba)

方言里指"痂",即疮疤愈合后留在皮肤上的由脓、细菌、血、上皮细胞和灰尘等结合而成的皮物。

疙瘩(gē·da)

(1)指皮肤上突起的颗粒或肌肉上结成的小硬块儿,如"鸡皮疙瘩""他起了一脸疙瘩";(2)球形或块状的东西,如"面疙瘩""线疙瘩""土疙瘩""疙瘩汤""疙瘩菜""疙瘩话"等;(3)指郁结在心里的苦闷或想不通的问题,如"心里的疙瘩终于解开了"。

袼褙(gē·bei)

用碎布或旧布加衬纸一层一层地粘在一起裱糊成的厚片,多用来制作布鞋、纸盒、书套等物。如"打袼褙""纸袼褙"。

胳肢(gé·zhi)

动词。北方方言里指用手在别人身上抓挠,使其发痒。

瓜葛(gé)

瓜和葛原本指缠绕或攀附在别的物体上的蔓生植物。比喻为两个人或两件事有着相互辗转牵连的亲戚关系或社会关系。如蔡邕《独断》:"四姓小侯,诸侯家妇,凡与先帝先后有瓜葛者……皆会。"1985年普通话异读词审音时规定,在"瓜葛""纠葛""葛藤""葛布""葛根"等词里读阳平的gé。

搁不住(gé)

"搁"字,禁受、承受的意思。"搁不住"即禁受不住,读"中轻重"格式。类似汉语词还有"搁得住"。除此之外,在其他词里,"搁"字都要读阴平音的gē,如"搁下""搁浅""搁置""搁笔""汤里搁点味精"等。

蛤蜊(gé·lí)

"文蛤"的通称,是一种生活在浅海泥沙中长约3厘米的有壳软体动物。贝壳呈卵圆形、三角形或长椭圆形。我国沿海约产6种,为常见的经济海产之一。"蜊"字,一般轻读,间或重读。

蛤蚧(géjiè)

比壁虎大的一种蜥蜴类爬行动物,身长可达34厘米,头大,背部灰色有红点儿,尾部有七条环节状的斑纹,吃小鸟、蚊、蝇等小虫。分布在我国南方及印度、东南亚等地。可入药,中医做强壮剂。

自个儿(zìgěr)

自己。"个"字只在此词中独用为上声,其余一律读去声。

诸葛(zhūgě)

复姓。《百家姓》收。其来源,一说是诸葛氏的先祖本姓"葛",夏商诸侯葛伯氏后人,早居琅琊郡诸县(在今山东诸城西南),后迁至阳都(山东沂南),因其当地原有葛姓,时人谓后迁来的为诸葛氏(见《世说新语》)。一说秦朝末年农民起义时,葛婴为陈涉的大将,屡建战功,后无罪被杀。西汉初年封其孙为诸县侯,遂以诸葛为姓。历史上有三国时蜀相诸葛亮、诸葛瑾(诸葛亮兄)、诸葛瞻(诸葛亮子)、诸葛巾(诸葛亮戴过的头巾,又叫"纶巾")、诸葛庐(河南南阳卧龙岗武侯祠内)等。赵树理《小二黑结婚》里有著名人物"二诸葛"。这些词里的"葛"字都不读阳平。

虼蚤(gè·zao)

口语里指跳蚤。元杂剧《盆儿鬼》第三折有台词:"这羊皮袄上不知是虱子还是虼蚤。"

硌硬(gè·ying)

北方方言里指讨厌、恶心。如"一见毛毛虫,心里就硌硬得慌。"

硌牙(gè)

"硌"字,指碰到突起的硬东西后,感到不舒服或受到损伤。如"饭里有沙子,把牙硌了一下""椅子太硬,硌屁股"。

逗哏(gén)

滑稽、有趣的意思,有时在后面加上"儿尾",读gér。天津话里指一个人很滑稽,叫"很哏儿"。一般认为相声是清同治年间由民间笑话演变而来的。对口相声又分"捧哏"和"逗哏"两种。以"逗哏"者为主说,"捧哏"者为附应。

发艮(gěn)

北方官话。(1)指瓜果萝卜等坚韧而不松脆。(2)形容人的性子执拗。(3)生硬、不自然。如"小刘的口音有点发艮""萝卜艮了不好吃"。

亘古(gèn)

"亘"字,1985年普通话异读词审音为"统读"去声 gèn。"亘古",指整个古代、终古或自古以来、从古到今。如"亘古未有""亘古奇闻""亘古至今"等。"亘"字是"延续""连绵""横贯"的意思。如"横亘""绵亘""盘亘"等。

年庚(gēng)

"庚",古代指年龄。"同龄"又叫"同庚"。"贵庚"是委婉地询问人年纪的敬辞。"庚甲"指的是"年岁"。古人订婚时男女双方互换的帖子,叫"庚帖",上面写有姓名、生辰八字、籍贯等。

绠短汲深(gěngjí)

"绠"字,指汲水器上的绳子;"汲"字,指深水井。成语"绠短汲深"意谓井绳短,不可以打深井之泉。语出《荀子·荣辱》:"短绠不可以汲深井之泉。"比喻能力薄弱而任务艰巨,不能胜任。

脖颈子(gěng)

也作"脖颈儿"或"脖梗儿"。指脖子的后面部位。"脖颈子",应读"中重轻"格式,见1985年《普通话异读词审音表》。

如鲠在喉(gěng)

"鲠"字,指鱼骨、鱼刺。"如鲠在喉"是指鱼骨或鱼刺卡在喉咙里。如"如鲠在喉,不吐不快"。

女红(gōng)

"红"字,通"工",音gōng,从《集韵》沽红切。旧时指女子纺织、缝纫、刺绣一类的活计,从事这些活计的妇女叫"红女"或"工女"。如《淮南子·齐俗训》中说:"而欲民之去末反本,由是发其原而壅其流也。夫雕琢刻镂,伤农事者也;锦绣纂组,害女工者也。农事废,女工伤,则饥之本而寒之原也。夫饥寒并至,能不犯法干诛者,古今未闻也。"《红楼梦》第六十四回薛宝钗曰:"自古道'女子无才便是德',总以贞静为主,女工还是第二种。"除此之外,"红"字一律读作 hóng。

供应(gōngyìng)

指供给或提供。相关汉语词还有"提供""供稿""供养""仅供参考""供销""供销社""供不应求""供需""供求""供血不足""供水""供电""供暖""保障供给""供给制""供给舰"等。北京人将上述词里的"供"字一律读成去声,与普通话审音的规定和汉语工具书上的标定不符。

"供"字读去声 gòng,往往与祭祀和审判活动相关。汉语里有"上供""供品""供奉""供具""供桌""供事""供职""口供""供认""供词""供状""逼供""诱供""招供""翻供""串供""笔供"等。

肱骨(gōng)

"肱"字,指胳膊由肘到肩的部分,也泛指人的手臂。"肱骨"指人和脊椎动物的上臂骨。

股肱(gǔgōng)

指大腿和胳膊的上部。古时比喻为辅佐帝王的得力之臣,如"股肱之臣"。《史记·孝文本纪》载,汉孝文帝刘恒在反省自己的政绩时曰:"天下治乱,在朕一人,唯二三执政犹吾股肱也,朕下不能理育群生,上以累三光之明,其不德大矣。"

觥筹交错(gōngchóu)

"觥"字,古代盛酒或饮酒的器具,即酒杯。一般由青铜制成,腹呈椭圆形或方形,圆足或四足,盖子做成带角的兽头形或长鼻的象头形。主要盛行于商代或西周前期。陕西扶风曾出土西周早期的酒器"折觥"。"筹"字,指喝酒时行酒令用的筹子,用以计算饮酒的数量。成语"觥筹交错"是说觥筹错杂相交,形容许多人相聚宴饮的热闹场面。欧阳修《醉翁亭记》写太守引众宾朋于醉翁亭下溪水边饮宴作乐的场景:"宴酣之乐,非丝非竹,射者中,弈者胜,觥筹交错,起坐而喧哗者,众宾欢也。苍然白发,颓乎其间者,太守醉也。"

拱手(gǒng)

"拱"字,容易误读成阴平。两手相合于胸前,以示敬意或无所事事的样子;也表示不费力气,很轻易地就得到了想要的东西。《礼记·曲礼上》在述及如何对待先生的态度时写道:"从于先生,不越路而与人言。遭先生于道,趋而进,正立拱手。先生与之言则对,不与之言则趋而退。"今有"拱手相让"一词。

勾践(gōu)

"勾"字的本字为"句",很多古籍上也都写作"句"。勾字,音 gōu,从《广韵》古侯切,中古平声字。(1)指弯曲。(2)姓氏用字,《百家姓》收。其源:一说有困民之国,句姓,为此姓之始(见《山海经》);一说是古代传说中主木官句芒(少暭氏之子重)的后代,以官为姓;一说南宋时为避宋高宗赵构名讳,改"勾"为"句"。"勾践",有的史书上也写作"句践",春秋末期越国国君,公元前497—公元前465年在位。曾在夫椒一战中被吴王夫差大败,他卧薪尝胆,自励图强,任用范蠡、文种等人,整顿国政,终于灭掉吴国。继而在徐州(今山东滕县南)大会诸侯,建都琅琊(今山东琅琊山西北),成为一代霸主。

高句丽(gāogōulí)

"句"字,音 gōu,从《广韵》故侯切,中古平声字;"丽"字,音 lí,从《广韵》吕支切,中古平声字。容易误读成 gāojùlì。

古国名。《汉书》作"高句骊"或省作"句骊"。(1)约公元1世纪中原割据混乱时,朱蒙在浑江一带建立的封建王朝,活动区域在今辽宁新宾县东、吉林长白山、浑江中下游一带,今吉林集安即汉魏高句丽故都。集安成为高句丽政治、经济、文化中心,长达425年。唐时为卫氏朝鲜所灭。集安的洞沟古墓群,存有上万座高句丽古墓。高句丽使用汉字,盛传佛道,提倡儒学,普遍接受了中原文化。高句丽人以能歌善舞著称,中原乐器很早就传入高句丽,逐渐发展为有自己民族特色的高句丽乐。2004年,我国向联合国教科文组织申报3项世界文化遗产项目,其主项目就是吉林高句丽王城、王陵和贵族墓葬。(2)公元1世纪后,朝鲜半岛形成高句丽、百济、新罗三个古国。公元7世纪中叶,新罗在朝鲜半岛占据统治地位。公元10世纪初,高丽取代新罗。14世纪末,李氏王朝取代高丽,定国号为朝鲜。"句骊",又称"句丽",此称始见于公元6世纪初,此后我国史书多用之,如《后汉书·东夷列传》中即有"高句骊"一章。朝鲜史书则仍通用为"高句丽"。

佝偻(gōulóu)

指脊背向前弯曲的人。三岁以下的婴幼儿因缺乏维生素D多患佝偻病,也叫"软骨病",是一种钙、磷代谢障碍病。病状为头大、腹大、鸡胸、下肢弯曲畸形、发育迟缓等。1985年普通话异读词审音时审"佝"字为"统读"gōu音。

枸橘(gōujú)

一种茎上有刺的芸香科落叶灌木或小乔木,又叫"枳"(音zhǐ)。浆果球形,黄绿色,味酸苦。常栽作绿篱。果实可入药,未成熟的叫"枳实",已成熟的叫"枳壳"。北自山东,南至广东均有分布。"枸橘"容易误读成 gǒujú。

篝火(gōu)

"篝"字,音 gōu,从《广韵》古侯切,中古平声字。原指用笼子罩着的火。《史记·陈涉世家》中写陈胜、吴广揭竿起义时,陈胜"又间令吴广之次所旁丛祠中,夜篝火,狐鸣呼曰'大楚兴,陈胜王'。"后世以"篝火狐鸣"形容密谋策划起事。中古以后也泛指在空旷地区或野外架起由木柴、树枝燃烧的火堆。如"篝火晚会""熊熊篝火"等。

苟安(gǒu)

指处世态度马虎随便,不严肃认真。"苟安"指得过且过,只顾眼前,暂且偷安。相关汉语词还有"苟且""苟同""苟合""苟全""苟活"等。另外,"苟"字还有"随便""假如""假使"的意思。如"一丝不苟""不苟言笑""苟富贵,毋相忘"等。据说商朝的开国君主商汤在洗澡时,外洗身,内洗心,并在其澡盆上刻有"苟日新,日日新,又日新"九个字,意思是,如果能每天更新,就天天更新,每天不间断地更新,用以激励人弃旧图新。

勾当(gòu·dàng/gòu·dang)

原指一般的事情。现专指坏事情或秘密的事情。1957年普通话异读词第一次审音时即审为 gòudang(轻读),1985年《普通话异读词审音表》又重新加以确认。容易误读成 gōudang。"当"字,一般轻读,间或重读。

诟骂(gòu)

辱骂、指责。鲁迅先生曾评价章太炎先生:"考其生平,以大勋章作扇坠,临总统府之门,大诟袁世凯的包藏祸心者,并世无第二人;七被追捕,三入牢狱,而革命之志,终不屈不挠者,并世亦无第二人:这才是先哲的精神,后生的楷模。"(《关于太炎先生二三事》)

彀中(gòu)

原指箭射出去所能达到的有效范围。后用以比喻掌握之中或圈套。另有"入彀"一词。科举制度是中国古代知识分子晋身的最高期望,统治者对科举选拔人才极为重视。据五代王定保的《唐摭(音 zhí,拾取)言·述进士》载,唐太宗李世民曾私自在宫门(端门)口看见新科进士缀行而出时,高兴地说:"天下英雄,入吾彀中矣。"

媾和(gòu)

指交战国之间为结束战争状态、寻求和平而进行的如达成协议、缔结和约等一系列活动,即讲和、谋和。《史记·平原君虞卿列传》载,战国时秦国与赵国战于长平,赵败。赵王召来将军楼昌和说客虞卿,商议对策。楼昌曰:"不如发重使为媾。"虞卿曰:"昌言媾者,以为不媾军必破也。而制媾者在秦。"虞卿劝赵王送重宝给楚、魏两国,以笼络之,让秦国怀疑恐惧天下合纵对秦,"如此,则媾乃可为也。"但赵王不听虞卿的建议,发平阳君赵豹为媾,秦果纳之。结果,秦昭襄王知若攻赵天下皆不救赵也,始终不与赵国媾和。另外,"媾"也指结亲或交配,如"婚媾""交媾"等。

呱呱坠地(gūgū)

古"呱"字,《广韵》作古胡切,中古平声字,象声词。指婴儿的哭泣声。如《诗经·大雅·生民》写周始祖后稷出生后被弃不死的神异:其母姜嫄将其"诞寘(音 zhì,'置'的异体字)之隘巷,牛羊腓字之。诞寘之平林,会伐平林。诞寘之寒冰,鸟覆翼之。鸟乃去矣,后稷呱矣"。现有成语"呱呱而泣"。另外,"呱"字在现代汉语里还读 guā 和 guǎ。在"呱唧""呱嗒""叽里呱啦""呱呱叫"等词里读阴平 guā。在"拉呱儿"里读上声 guǎ。

曹大家(gū)

名班昭,东汉博学高才的女史学家、文学家。史学家班彪之女,班固之妹。班固死时所撰《汉书》的八表及《天文志》遗稿散零,并未完成。她奉昭帝命与马续共同续撰之。《汉书》初问世时,读者多未能通,她又亲授同郡马融等诵读。和帝时任皇后和妃嫔的教师。因以其夫曹世叔之故,被世人称之为"曹大姑"。年七十余卒。今存《东征赋》《女诫》等书。

"家"字,从《集韵》古胡切,义与"姑"同。"大家(音 gū)"者,古时人们对有成就的妇女的敬称。如同近代以来,学术界亦尊称有学问、有地位、有影响的女性为"先生"一样。

轱辘(gū·lu)
　　北方官话叫车轮子。"轱"字,极易误读成阳平。

骨朵(gū·duo)
　　尚未开放的花苞或花蕾。读阴平的"骨"字组成的汉语词还有"骨碌"。1985年普通话异读词审音时将"骨朵儿""骨碌"里的"骨"字审为阴平音。

汨没(gǔmò)
　　"汨",本表水流声、急流貌。如"水流汨汨"。"汨没"指沉沦、埋没、淹没。苏辙《上枢密韩太尉书》中有"恐遂汨没,故决然舍去,求天下奇闻壮观,以知天地之广大"句。注意:"汨没"的"汨"字与"汨罗江"的"汨"字在写法上的区别。

训诂(xùngǔ)
　　解释古书中词语文义的意思。古代有专门的训诂学,研读古籍应通音韵学、文字学和训诂学。《汉书·扬雄传上》写扬雄:"少而好学,不为章句,训诂通而已,博览无所不见。为人简易佚荡,口吃不能剧谈,默而好深湛之思,清静亡(音 wú,通'无')为,少耆(音 shì,通'嗜')欲,不汲汲于富贵,不戚戚于贫贱,不修廉隅以徼(音 jiǎo,求)名当世。"

骨头(gǔ·tou)
　　1985年普通话异读词审音规定:除了"骨朵儿""骨碌"里的"骨"外,其余的"骨"字一律读上声 gǔ。

牯牛(gǔ)
　　古代指母牛或被阉割过的公牛。今转指公牛。

商贾(gǔ)
　　《说文解字》的解释是"贾,市也,一曰坐卖售也。"古时"贾"字的第一义项即读为 gǔ,从《广韵》公户切。在古代文献中,"商"与"贾"同义,泛指商人。郑玄认为,古文中的"商"指的是行商,"贾"指的是坐商,即行为商,处为贾。《周礼·天官·太宰》云:"以九职任万民,……六曰商贾,阜通货贿。""贾"即"卖""出售"的意思。今有成语"商贾云集"。

羖羊(gǔ)

指黑色的公羊。《说文解字·羊部》曰:"夏羊牡曰羖。"《史记·秦本纪》载,战国时,晋献公用白璧和良马事先贿赂虞国国君,从而一举灭之,掳虞君及其大夫百里奚。后将百里奚作为秦穆公夫人的陪嫁奴仆送到秦国。百里奚从秦国逃至宛城,被楚国抓住。秦穆公听说百里奚的才干后,欲将其赎回,又怕楚国不肯,便心生一计,派人对楚人说:"吾媵(音yìng,陪嫁的仆人)臣百里奚在焉,请以五羖羊皮赎之。"于是楚人便将其交还秦国。时百里奚年逾七十,秦穆公与之相谈三天三夜,把国家政事托付于他,封其为"五羖大夫"。

鹄的(gǔdì)

箭靶子的中心,射箭的目标。《礼记·射义》在解释古代诸侯举行射礼仪式时曰:"故射者各射己之鹄。故天子之大射,谓之射侯,射侯者,射为诸侯也。射中则得为诸侯,射不中则不得为诸侯。"孙希旦集解:"鹄者,侯之中,射之的也。"后也喻指目的、目标。

车毂(gǔ)

车轮的中心圆木,外沿与车辐相接,中有插轴的圆孔。后引申为车轮或车的代称。《老子·十一章》有"三十辐共一毂,当其无,有车之用"的记载。

瞽言(gǔ)

"瞽"字,原指瞎眼睛、瞎子。《庄子·逍遥游》中载:"瞽者无以与乎文章之观,聋者无以与乎钟鼓之声。岂唯形骸有聋盲哉?夫知亦有之!是其言也犹时女(音rǔ,通'汝')也。"后引申指无见识的话或不合事理的言论,多用作谦辞。相关汉语词还有"瞽议""瞽说"等。

估衣(gù)

"估"字,音gù,见1985年

《普通话异读词审音表》。旧时称出售的旧衣服或廉价的衣服。贩卖旧衣的行业叫"估衣业"。老北京话"估衣"里的"衣"字要轻读。汉语另有"估铺"一词。

桎梏(zhìgù)

"桎"指古代木制的手铐,"梏"指束缚犯人双脚的刑具。"桎梏"泛指脚镣和手铐,比喻束缚人或事物的枷锁。容易误读成 zhìkù。

呱唧(guā·ji)

象声词。多用来形容鼓掌的声音。为群众口头语言。

拉呱儿(lāguǎr)

北方官话指闲谈、闲聊。"拉"字,极易误读为阳平。

剐刑(guǎ)

又叫"凌迟"。中国古代的一种极端残忍的酷刑。将人的皮肉一块块割下来,要割一千刀。一般是先分割肢体,最后割断喉管,使人致死。据载,明末抗清将领、民族英雄袁崇焕即被明朝廷施以剐刑。关汉卿《窦娥冤》第四折写,窦娥的父亲窦天章对窦娥婆婆蔡婆婆下断:"张驴儿毒杀亲爷,奸占寡妇。合拟凌迟,押赴市曹中,钉上木驴,剐一百二十刀处死"。今有"千刀万剐"一词。"剐"字,指用尖锐的东西割破,如"一不小心,衣服剐了个口子"。

老鸹(guā)

北方方言口语里指乌鸦。

诖误(guà)

也称"罣误"。指被别人牵连而遭受处罚或损害。《史记·孝文本纪》载:西汉文帝二年,济北王刘兴居闻知文帝欲亲往代地攻击匈奴,乘机反叛。文帝率十万大军前去平叛,下诏书给有关大臣曰:"济北王背德反上,诖误吏民,为大逆。济北吏民兵未至先自定,及以军地邑降者,皆赦之,复官爵。与王兴居去来,亦赦之。"一月后,文帝破叛军,虏济北王。后也引申为被撤职、去官。

纶巾(guān)

指古代配有青丝带的一种头巾,多为儒将的装束。《晋书·谢万传》中写东晋简文帝闻弱冠之年的谢万之大名,"召为抚军从事中郎,万著(通'着',音 zhuó)白纶巾,鹤氅裘,履版而前。既见,与帝共谈移日。"三国时蜀相诸葛亮平素好戴纶巾,身穿八卦衣,手摇羽扇,指挥作战。苏轼在《念奴娇·赤壁怀古》中的描写周瑜:"羽扇纶巾,谈笑间,樯橹灰飞烟灭。""纶"字容易误读成 lún。

桂冠(guān)

指用桂树叶编成的帽子。古希腊人把它授予杰出的诗人或竞技优胜者。后来欧洲以至全世界通常以桂冠为光荣称号。

从字义上分析,"冠"字大致有五个义项:(1)帽子的总称。如"桂冠""免冠""皇冠""衣冠冢""衣冠楚楚""怒发冲冠""冠冕堂皇""弹冠相庆""冠盖如云""冠盖相望"等。杜甫在《梦李白》诗里有"冠盖满京华,斯人独憔悴"句。骆宾王的《易水送别》诗云:"此地别燕丹,壮士发冲冠。昔时人已没,今日水犹寒。"(2)形状如帽子的东西。如"花冠""鸡冠花""冠子""树冠""冠状动脉硬化""冠周炎""冠心病""冠状病毒"等。(3)把帽子加在头上,戴帽子。中国古代男子年满二十结发加冠,以示成人。在施行冠礼时,由赞礼者主持仪式,冠者在筵席前接受长者所加给他的冠,首先是缁布冠,然后加皮冠,最后加爵冠。如"冠礼""加冠""弱冠""沐猴而冠"等。(4)超出众人,位居第一。如"冠军""夺冠""勇冠三军"等。(5)在人或名物上加上某种名号,如"冠名权""冠以称号"和山东曲阜孔庙的门坊"道冠古今"等。综观以上五个义项,第(1)(2)项中的"冠"字都是名词,表名物义,应读为阴平的 guān,从《广韵》古丸切,中古平声字。第(3)(4)(5)项中的"冠"字均为动词,表动作义,应读为去声的 guàn，从《广韵》古玩切，中古去声字。1985年的《普通话异读词审音表》对此有专门的规定。在"冠心病""皇冠""免冠"三个词里最容易将"冠"字误读成去声。

冠县(guān)

地名。在今山东西部，邻接河北。春秋时为冠氏邑，汉时为馆陶县地，隋置冠氏县，元代升为冠州，明又改为冠县。"冠"字在"冠县"里应从《广韵》古丸切，今读阴平的 guān。1957年普通话异读词第一次审音时审"冠县"为 guānxiàn。

鳏夫(guān)

指无妻或丧妻的男子。《孟子·梁惠王下》载，齐宣王向孟子请教王政。孟子以当初周文王治理岐周对田赋、对官员俸禄、湖泽捕渔、犯人刑罚等的一系列仁政予以告劝，曰："老而无妻曰鳏，老而无夫曰寡，老而无子曰独，幼而无父曰孤。此四者，天下之穷民而无告者。文王发政施仁，必先斯四者。"今有"鳏寡孤独"一词，泛指社会上没有劳动能力又无人供养的人。

东莞(guǎn)

"莞"字，音 guǎn，从《广韵》古凡切，中古平声字。1957年普通话异读词第一次审音审"东莞"中的"莞"字为 guǎn。不取 wǎn 音。地名。中国历史上曾有两个东莞县。其一，山东境内的东莞县西汉置县，隋初改名东安，今已改为沂水县。其二，广东珠江三角洲东部、东江下游的东莞市。唐始命名为东莞。东莞境内的虎门为珠江口要塞。鸦片战争时期，林则徐在此销烟。

毌丘俭(guàn)

"毌丘"，复姓。"毌"字，音 guàn，从《广韵》古玩切，中古去声字。毌丘俭，三国时魏国将领，魏明帝时为幽州刺史。正始年中，出兵讨平高句丽侵叛有功，迁左将军，转镇南将军，都督扬州。正元二年，因不满司马氏专朝，发兵讨伐司马师,兵败被杀。后来"毌丘"才分化为"毌"和"丘"两个单姓。"毌丘"作为地名,为春秋时卫邑,在今山东曹县南,居者以地名为氏。

道观(guàn)

"观"字,音 guàn,从《广韵》古玩切,中古去声字。(1)指古代宫外高楼上的望楼,即"阙"也。(2)指高大的建筑物,如"京观""楼观"。(3)特指道教庙宇。现代汉语读去声的"观"字,仅指道教供仙之所。有"道观"、"观主"、"寺观"、"白云观"(在北京西便门外,是供奉老子之所,为道教全真派的著名道观之一,也是道教全真道龙门派创始人邱处机道长仙逝之处,现为中国道教协会会址)、"回龙观"、"合龙观"和"玉台观"(在四川阆州,唐高祖子滕王李元婴造)等。中国古代的观、寺、庙、庵,既相近又有区别。观,指的是道教的供仙之所;寺,指的是佛寺;庙,指的是神庙;庵,指的是尼姑居所。

盥洗(guàn)

洗手的意思,在古代专指洗手。段玉裁《说文解字注》曰:"《礼记·内则》云:'请沃盥。'沃者,自上浇之;盥者,手受之而下流于盘盘。"陶渊明《庚戌岁九月中于西田获早稻》诗云:"四体诚乃疲,庶无异患干。盥濯息檐下,斗酒散襟颜。"后来才扩而大之,指洗手、洗脸、洗涤等。今宾馆洗手间或卫生间一般都称作"盥洗间"。

白鹳(guàn)

"鹳"字,不取 huān 音。形状像鹤或鹭的一种鹳科鸟类,头、颈、背部皆为白色,嘴长直,翼大尾圆短,飞翔轻快,常活动在溪流近水,夜宿高树,食鱼、虾、蛙、蛇等。在我国北方地区繁殖,至长江流域及以南地区越冬。

鹳雀楼(guàn)

又名鹳鹊楼,位于山西西南角的永济市蒲州古城西面的黄河东岸,与武昌黄鹤楼、洞庭湖畔岳阳楼、南昌滕王阁齐名，被誉为我国古代四大名楼。该楼始建于北周（公元557—580年），废毁于元初。由于楼体壮观，结构奇巧，风景秀丽，唐宋之际文人学士登楼赏景留下许多不朽诗篇，其中王之涣《登鹳雀楼》诗："白日依山尽，黄河入海流。欲穷千里目，更上一层楼"堪称千古绝唱，流传于海内。

粗犷(guǎng)

1962年普通话异读词第三次审音审为cūguǎng，1985年普通话异读词审音时又确定"犷"字"统读"为guǎng。古"犷"字，应从《广韵》居住切，中古上声字。本指兽类的猛而不驯，引申为凶悍蛮横。如《汉书·叙传下》班固叙第五十八篇有："犷犷亡秦，灭我圣文，汉存其业，六学析分。是综是理，是纲是纪，师徒弥散，著其终始，述《儒林传》第五十八"句。现代汉语的"粗犷"，（1）指粗野；（2）指粗豪、强悍、豪放。另有"犷悍""犷俗"等词。"犷"字虽与"矿""旷"等字同以"广"为声符，却不读kuàng。

桄子(guàng)

一种用竹木制成的绕线工具。如"把线绕在桄子上"。"桄"有时也作量词用，如"买了一桄毛线"。

皈依(guīyī)

也作"归依"。原指佛教的入教仪式，因对佛、法、僧三宝表示归顺依附，故也称"三皈依"。后来泛指虔诚地信奉佛教或参加其他宗教组织。

瑰丽(guī)

"瑰"字，音guī，从《广韵》公回切，中古平声字。指极其华丽、美丽、美好。相关汉语词还有"瑰宝""瑰奇""瑰玮""瑰异"等。以上词里的"瑰"字容易误读成去声。"瑰"字自古就没有去声。

玫瑰(gui)

蔷薇科落叶灌木，可栽植，

供观赏。茎干直,刺密,有香气,夏季开紫红或白色花,花瓣可熏茶,做香料等。"玫瑰"中的"瑰"字为轻读,不取阴平音,也不读去声。

奸宄(guǐ)

原指窃宝者。《晋语六》曰:"乱在内为宄,在外为奸。"《三国志·吴书·孙权传》载,汉建安五年,孙策死。长史张昭对孙权说:"孝廉,此宁哭时邪?且周公立法而伯禽不师,非违父,时不得行也。……况今奸宄竞逐,豺狼满道,乃欲哀亲戚、顾礼制,是犹开门而揖盗,未可以为仁也。"

庋藏(guǐ)

"庋"字,1985年普通话异读词审音时审为"统读"上声。放置、保存、收藏的意思。

日晷(guǐ)

一指太阳的影子,引申为时光。二指利用日影以测定时间的仪器。一般是在有刻度的盘中央装一根与盘垂直的金属棍儿,也叫"日规"。中国古代的"晷漏",为历法测算的内容。

刽子手(guì)

也称"刽子",古代指在刑场上执行斩刑的人。如司马光《涑水记闻》卷十一有"因召刽子,令每日执剑待命于庭下"句。后比喻镇压、屠杀革命者或人民群众的凶手。"刽"字,1985年普通话异读词审音时审定为"统读"guì。极易误读成kuài。

桧柏(guì)

树名,也叫"刺柏",一种常绿乔木。高可达20米,幼树的叶子像针,大树的叶子像鳞片,雌雄异株,雄花鲜黄色,果实球形。我国栽植以黄河流域和长江流域为中心,对土质要求不严,树龄可长达几百年。木材供建筑、家具、绘图板等使用。

衮服(gǔn)

又叫"衮衣",常与"绣服"连用。古代帝王或公侯、高官们上朝等正式场合穿的绣着龙的礼服。《诗经·豳（音 bīn）风·九罭（音 yù）》中有"九罭之鱼，鳟鲂。我觏（音 gòu，看见、遇到）之子，衮衣绣裳"句。"衮衮"，形容连绵不断或众多的样子。如指有权位而又无所作为的官僚们叫"衮衮诸公"。

聒噪(guō)

声音嘈杂、吵闹，使人烦躁的意思。元代白朴《梧桐雨》第四折描写雨滴梧桐的声音："一会儿价紧呵，似玉盘中万颗珍珠落；一会价响呵，似玳筵前几簇笙歌闹；一会价清呵，似翠岩头一派寒泉瀑；一会价猛呵，似绣旗下数面征鼙操。兀的不恼杀人也幺哥，兀的不恼杀人也幺哥！则被他诸般儿雨声相聒噪。"1985年普通话异读词审音时审定"聒"字"统读"guō。

虢国(guó)

"虢"字，音 guó，从《广韵》古伯切，中古入声字。周朝的分封诸侯国名。源自周成王的叔父虢叔受封于西虢，虢仲受封于东虢，子孙皆以国为姓。虢国在春秋时有东、西、北虢之分。《吕氏春秋·权勋》载：晋献公使荀息假道于虞以伐虢，虞大夫宫之奇向国君力陈唇亡齿寒之利害，遂有"唇亡齿寒"的典故。这里的"虢国"指的是北虢国，故址在今山西平陆县东南，假道于晋的虞国后终被晋所灭。另有一说是"虢"与"郭"同源。虢仲、虢叔之后改作"郭"姓。但现代的"虢"与"郭"不同音。

馃子(guǒ)

北方群众做早点吃的一种油炸面食。有些地方称"油条"为"馃子"。

棺椁(guǒ)

棺材和外棺。古代"棺"指内棺；"椁"指外棺，即套在棺材外面起保护作用的部分。有的时候是有棺无椁，有时是棺椁齐备。也有的奴隶主死后在其椁上画上黑白相间的斧形图案，即《礼记·檀弓上》所载的"加斧于椁上"。

H

哈喇(hā·la)

　　指食油或含油的食物日久变坏出现了异味儿。

哈喇子(hālá·zi)

　　方言里指流出的口水。有时是馋得流哈喇子,有时是因为口腔机能失控所致。

蛤蟆(há·ma)

　　青蛙和蟾蜍的统称。也写作"虾蟆"。白居易《琵琶行》中,琵琶女在弹奏完琵琶曲后,叙说自己的身世:"自言本是京城女,家在虾蟆陵下住。十三学得琵琶成,名属教坊第一部。"相关汉语词还有"癞蛤蟆""蛤蟆夯""蛤蟆镜"等。1962年普通话异读词第三次审音时审"蛤蟆"的读音为 há ma(轻读),1985年普通话异读词审音又重新加以确认。"蛤蟆"里的"虾"字不读 xiā。

哈达(hǎ)

　　藏语译音。藏族和部分蒙古族人在迎送、馈赠、敬神及日常交往中用来表示敬意或祝贺所使用的一种长条丝巾或纱巾,多为白色,长短不一。1957年普通话异读词第一次审音时审"哈达"为 hǎdá,1985年普通话异读词审音又重新加以确认。这个词里的"哈"字极易误读成阴平。

哈巴狗(hǎ·bagǒu)

　　也叫"狮子狗"或"叭儿狗"。体小腿短毛长,供玩赏。比喻为专讨主人喜欢的驯服奴才。鲁迅在《谈所谓"大内档案"》文中说:"广州的一种期刊上说我只打叭儿狗,不骂军阀。殊不知我正因为骂了叭儿狗,这才有逃出北京的命运。泛骂军阀,谁来管呢? 军阀是不看杂志的,就靠叭儿狗嗅,候补叭儿狗吠。阿,说下去又不好了,赶快带住。"1985年普通话异读词审音时审"哈巴狗"中的"哈"字读上声 hǎ。极易误读成阴平或去声。"哈巴狗"要读成"中轻重"格式。

哈巴(hà)

"哈"字,读去声 hà,从《广韵》五合切。北京话里指站立或走路时两膝盖向外弯曲。

哈什蚂(hà·shimǎ)

满语的音译词。又称"中国林蛙",也写作"哈什玛"或"哈士蟆",多产于东北各省,是我国特产之一。"哈什蚂"是蛤蟆的一种,雌性的腹内有保护卵子的胶质块,叫"哈什蚂油",中医上用为养阴补药,性平,味甘腥,主治虚劳咳嗽等症。1962年普通话异读词第三次审音时审定"哈什蚂"为 hàshimǎ,应读"中轻重"格式。这里的"哈"字,容易误读成阴平。

注意:"哈"字作为译音字,一般要读阴平 hā。如"美国哈佛大学""古巴首都哈瓦那""哈雷彗星""哈里·波特""艾哈迈德""哈巴涅拉舞曲""印度尼西亚首都雅加达的苏加诺—哈达国际机场"等。

骸骨(hái)

指完整的或比较完整的尸骨。据《史记·项羽本纪》载:项羽和范增引兵急围荥阳,汉王刘邦用陈平的离间计,"项王乃疑范增与汉有私,稍夺之权。范增大怒,曰:'天下事大定矣,君王自为之。愿赐骸骨归卒伍。'项王许之。行未至彭城,疽发背而死。"今有汉语词"病骸""尸骸""遗骸""残骸""放浪形骸"等。现代的"残骸"不仅仅指人的尸体,也扩展为毁坏以后所剩的残缺的物体,如"飞机残骸""汽车残骸"等。

骇然(hài)

"骇"字,原义指马受惊。《汉书·枚乘传》载:吴王刘濞欲反汉,希望自己的郎中枚乘与之谋。枚乘奏书谏曰:"夫以一缕之任系千钧之重,上县(音 xuán,通'悬')无极之高,下垂不测之渊,虽甚愚之人犹知哀其将绝也。马方骇鼓而惊之,系方绝又重镇之;系绝于天不可复结,对(通'坠',音 zhuì)入深渊难以复出。"后引申为使人诧异、令人害怕、吃惊的样子。相关汉语词有"骇怕""骇异""骇愕""骇然失色""骇人听闻""惊世骇俗""惊涛骇浪"等。

蚶子(hān)

一种软体动物，产于浅海泥沙或岩礁缝隙中，肉味鲜美可食，有两扇厚介壳，上有瓦楞状物突起，可供药用。我国沿海约有十种，广东、福建、浙江、山东等地均有养殖，其中泥蚶、毛蚶最为普遍，是著名的食用贝类。沿海地区养殖蚶子的水域叫"蚶田"。"蚶菜"，即海菜，赤贝的一种。

酣战(hān)

"酣"字，本指饮酒尽量。"酣战"指紧张、激烈的战斗。《史记·廉颇蔺相如列传》载，蔺相如陪同赵王赴渑池与秦王相会。"秦王饮酒酣，曰：'寡人窃闻赵王好音，请奏瑟。'赵王鼓瑟。秦御史前书曰：'某年月日，秦王与赵王会饮，令赵王鼓瑟。'"后泛指尽兴、畅快、痛快。如"酣饮""酣睡""酣快""酣畅""酣歌""酒酣耳热"等。

憨直(hān)

原指愚笨或痴呆。如"憨子""憨吃""憨笑""憨气十足""憨头憨脑"等。"憨直"指朴实直爽。汉语里还有"憨厚""憨实""憨态可掬"等词。

打鼾(hān)

指熟睡时粗重的鼻息声，即"打呼噜"。汉语里还有"鼾声如雷""鼾睡"等词。

邗江(hán)

江苏扬州的古称。在江苏中部、长江下游北岸、江淮平原南端，境内大运河斜贯。"邗"为春秋古国名，也称"干"。公元前486年为吴国所灭，吴筑邗城，人工开邗沟，连通长江、淮河两大水系。后越灭吴，地属越；楚灭越，地归楚。公元前319年楚在邗城旧址上建广陵城。秦统一后，置广陵县。北周时改广陵为吴州，隋文帝改为扬州。历唐宋元明清繁盛至极。扬州高邮人秦观描写其家乡秋色的组诗《秋日三首》曰："霜落邗沟积水清,寒星无数傍船明。菰蒲深处疑无地,忽有人家笑语声。"现扬州市仍有邗江区。1982年被国务院首批公布为我国24座历史文化名城之一。1957年普通话异读词第一次审音时审"邗"字为阳平的hán音。

罕见(hǎn)

稀有,少见。相关汉语词还有"奇罕""罕有""纳罕""罕闻""举世罕匹""人迹罕至"等。"罕"字,容易误读成阴平的hān。

扞格不入(hàn)

"扞格",指相互抵触,格格不入。《礼记·学记》在阐述君子教育失败的缘由时说:"发然后禁,则扞格而不胜;时过然后学,则勤苦而难成;杂施而不孙,则坏乱而不修;独学而无友,则孤陋而寡闻;燕朋逆其师;燕辟废其学。此六者,教之所由废也。"

菡萏(hàndàn)

荷花的另一种称呼。《尔雅·释草》解释为:"荷,芙蕖。其茎茄,其叶蕸,其本蔤,其华(音huā,通'花')菡萏,其实莲,其根藕。"如《诗经·陈风·泽陂》的结尾句:"彼泽之陂,有蒲菡萏。有美一人,硕大且俨。寤寐无为,辗转伏枕。"

颔首(hàn)

"颔"字,指下巴颏。白居易《东南行》有"相逢应不识,满颔白髭(音zī,指胡子)须"句。"颔首"是点头的意思。古代格律诗的第二联又叫"颔联",即第三、四两句,一般要求相互对仗。如毛泽东《七律·长征》诗的颔联是"五岭逶迤腾细浪,乌蒙磅礴走泥丸。"

夯实(hāng)

指众人齐举齐放以砸实地基的工具。也指用夯将地基砸结实。如"打夯""木夯""石夯""铁夯""夯歌""夯地""夯土"等。北京话里"打了他一拳"叫"夯了他一拳"。

巷道(hàng)

为勘探、采矿、运输、通风、排水、人员通行或战备等需要,在地下开凿的通道,横断面多呈梯形或拱形。巷道的轴线近于水平的叫"水平巷道",同水平面斜交的叫"倾斜巷道"。"巷道",1957年普通话异读词第一次审音时审为 hàngdào,1985年普通话异读词审音又重新加以确认。极易误读成 xiàngdào。

蒿子(hāo)

草名,指某些开小花、叶子作羽状分裂、茎叶有某种特殊气味的草本植物。有"青蒿""白蒿""艾蒿"等多种。《诗经·小雅·鹿鸣》中有"呦呦鹿鸣,食野之蒿。我有嘉宾,德音孔昭"句。

茼蒿(tónghāo)

菊科,一年或两年生的草本植物。性喜冷凉,春秋皆可栽培,开白花或黄花,色淡绿,茎叶嫩时有香气,可食。凉拌或热炒均可。

薅草(hāo)

指用手除去田中农作物周围的杂草。也泛指"拔去""揪"。如"薅了一根头发"。

嚆矢(hāoshǐ)

指带有响声的箭,发射时声先于箭而到。因以比喻事物的开端、先声或先行者。《庄子·在宥(音 yòu)》中有"焉知曾、史之不为桀、跖嚆矢也"句。1919年5月4日北京爆发学生爱国运动,6月3日上海、唐山等地工人相继罢工,声援学生运动。6月12日的《北京晨报》这样写道:"工界罢工实为我国破天荒之事件,又为工人参与政治问题之嚆矢,足见我国工界业已觉醒,且有相当团结力,此诚最近所可注意最可特笔之事实也。政界当局对此潮流若不因势利导,则不足与言今后之政治也。"

号丧(háo sāng)

指发丧时悲痛得大声哭叫。读阳平音的"号"字,从《广韵》胡刀切,中古平声字。指拖长或放大声音地叫唤或哭叫（动物、风、人皆可）。《说文解字·号部》曰："号，痛声也。"古籍中也写作"嚎"。《论衡·本性》曰："一岁婴儿，无推让之心，见食，号欲食之，睹好，啼欲玩。"范仲淹《岳阳楼记》曰："若夫淫雨霏霏，连月不开，阴风怒号，浊浪排空，日星隐曜，山岳潜形，商旅不行，樯倾楫摧，薄暮冥冥，虎啸猿啼。登斯楼也，则有去国怀乡，忧谗畏讥，满目萧然，感极而悲者矣。"相关汉语词还有"哭号""哀号""号叫""号啕""狂号""长号""寒号虫""北风怒号"等。"号丧"，在方言里可读为 háosang，指哭。

蚝油(háo)

"蚝"字，容易误读成 máo。用软体动物牡蛎的肉煮成汁后浓缩制成的一种调味品，含有牡蛎肌肉浸出物中的各种呈味成分，具有浓郁的鲜味儿，是我国广东等地的特产。另有广东海味"蚝豉"，是牡蛎的干制品，经煮熟后晒干或烘干而成。

貉子(háo)

"貉"，也叫"狸"。一种栖息在山林中昼伏夜出的小型哺乳动物，吃鱼虾和鼠兔等更小的动物。是一种重要的毛皮兽，貉皮可制成"貉皮大衣"。1985 年普通话异读词审音时审"貉子"中的"貉"字读阳平 háo。

貉绒(háo)

指拔去硬毛的貉子皮，质地轻软。1985 年普通话异读词审音时审"貉绒"中的"貉"字读阳平 háo。

同好(hào)

指有共同爱好的人。"好"字，指爱好。"同好"，容易误读成 tónghǎo。"同好"不是指好朋友，主要是指具有同一喜好和志向的人。

镐京(hào)

"镐"字，音 hào，从《广韵》胡老切，中古上声字。西周初年国都，周武王灭商后所建。

周初,文王作丰,武王作镐,丰镐两京相传在沣水两岸。灭商之后,周曾屡次迁都,最后定都于此,历史文献又称"镐"或"西都"。故址在今西安市西南沣水东岸,史称"丰镐遗址",今出土有西周遗址和墓葬。历史上另有"镐池",在今西安市西沣镐村西北洼地。相传汉武帝在池南曾凿昆明池。唐贞观时,以镐池并入昆明池,唐以后湮灭。"镐京",容易误读成 gǎojīng。

诃子(hē)

"诃"字,音 hē,《广韵》作古何切,中古平声字。容易误读成 kē。俗称"藏青果"。一种常绿乔木,叶子呈卵形或椭圆形,果实似橄榄,可以入药,有止泻、镇咳的作用。产于我国的云南、广东一带以及印度、缅甸、马来西亚等地。古汉语里的"诃"字是"呵"的异体字,表示大声呵斥,"诃护"义与"呵护"同。另外,"诃"字也常作音译用字,如 19 世纪末俄国伟大作家契诃夫、西班牙作家塞万提斯的名著《堂吉诃德》等。

回纥(hé)

古代游牧少数民族。北魏时,东部铁勒的袁纥部落游牧于鄂尔浑河和色楞格河流域,隋称韦纥。隋末因反抗突厥压迫,与其他几个部落成立联盟,总称"回纥"。唐天宝三年破东突厥,曾建立政权(汗国)于鄂尔浑河流域,辖境东起兴安岭,西至阿尔泰山。与唐保持友好和从属关系,曾助大唐平定过"安史之乱"。唐开成五年,大部西迁至今新疆地区,与附近各族相融共处,发展成为后来的维吾尔族。古代有词牌名"纥那曲",单调二十字,平韵。因唐代刘禹锡五言绝句《纥那曲》"同郎一回顾,听唱纥那声"得名。另外,"纥"字也作人名用字。如孔子的父亲叫"叔梁纥",字叔梁,名纥。

弹劾(hé)

古代负责监察的官员检举官吏的罪状或现今某些国家的议会抨击政府机构的工作人

员,揭发其罪状、追究其责任的行为叫"弹劾"或"参劾"。中国自秦汉后,设御史或监察御史等官职,专司弹劾之职,如有官吏失职,需向皇帝提出检举,请求惩办。国民政府曾设立过监察院。现代西方国家的弹劾程序一般是由下议院提出,上议院受理。"劾"字,容易误读成 hái。

隔阂(hé)

阻隔、隔断的意思。《后汉书·西域传》在描述西域大秦国的情况时写道:"[大秦国]以金银为钱,银钱十当金钱一。……其人质直,市无二价。谷食常贱,国用富饶。……其王常欲通使于汉,而安息欲以汉缯(音 zēng,丝织品的总称)彩与之交市,故遮阂不得自达。"后世引申为彼此的情意不通,相互有意见。

涸辙之鲋(héfù)

"涸"字,指水干、枯竭;"鲋"字,指鲫鱼。成语"涸辙之鲋",简称"涸鲋",语出自《庄子·外物》:庄子向监河侯贷借米粮,受到轻侮后忿然作色曰:"周昨来,有中道而呼者,周顾视车辙中,有鲋鱼焉。"指被困在已经干涸的车沟里的小鲫鱼,急谋升斗之水。后比喻处在困境中亟待救援的人。也有的史书作"涸辙之鱼"。"涸"字,容易误读成 gù。

上颌(hé)

指构成上口腔的骨头或肌肉组织。也叫"上颚",有上唇、上齿、上牙床、硬腭、软腭、小舌等部位。

一丘之貉(hé)

指一个山丘上的貉,比喻为一路货色的坏人。"貉"原指一种狐狸样的哺乳动物,栖息在山林中昼伏夜出,吃鱼虾和鼠兔等小动物,皮毛为珍贵裘皮。《诗经·七月》中有"一日之于貉,取彼狐狸,为公子裘"句。1957 年普通话异读词第一次审音时将"一丘之貉"审定为 yīqiūzhīhé,1985 年普通话异读词审音又重新加以确定。

"貉"字,从《广韵》下个切,中古入声字。极易误读成去声。

阖家(hé)

"阖"字,通"合"字,是"全""总共"的意思。《汉书·武帝纪》载,汉武帝元朔元年下诏书曰:"夫十室之邑,必有忠信;三人并行,厥有我师。……今诏书昭先帝圣绪,令二千石举孝廉,所以化元元,移风易俗也。不举孝,不奉诏,当以不敬论。不察廉,不胜任也,当免。"古有"阖府""阖第""阖城""阖村"等汉语词。今有"阖家欢乐""阖家幸福"等词。

恫吓(dònghè)

"吓"字,今有 xià、hè 两读。读 hè 的"吓"字,《广韵》作呼格切,中古入声字;读 xià 的"吓"字,《广韵》作呼讶切,中古去声字。两者都作动词或动词词素,词义也基本相同,都指吓唬。区别在于习惯用法的不同。单用或作复合词的词头时,读 xià,如"吓唬""吓人""吓着了""吓了一跳""杀鸡吓猴"等。作为复合词的词尾,书面语中多读 hè,有"恫吓""恐吓""威吓"等。"惊吓"一词例外地读作 jīngxià。

负荷(hè)

"荷"字,今有两读。(1)读阳平 hé,从《广韵》胡歌切,中古平声字。一般作名词,主要是指植物"莲",也作"芙蕖"。相关汉语词还有"荷花""荷叶""荷塘""荷包""荷包蛋""绣荷包"等。译音词里的"荷"也读阳平 hé,如"荷兰""荷马史诗""荷尔蒙""荷兰盾"等。(2)读去声 hè。一般用作动词或动词词素,从《广韵》胡可切,表"担""抗""负担""承受"等义。如"负荷""荷锄""电荷""是荷""感荷""为荷""重荷""荷枪实弹"等。

喝问(hè)

读去声 hè 的"喝"字,《广韵》作许葛切,中古入声字。表"大声呵呼""吓唬""威胁""赞喝"等义。相关汉语词有"吆喝""喝问""喝道""喝止""断喝""喝彩""喝令""当头棒喝""吆五喝六""大喝一声"等。不能将此类读去声的"喝"字一概读成阴平。读阴平的"喝"字表示吸食液体饮料、流质食物或气体。如"喝水""喝汽水""喝汤""喝酒""喝中药""喝西北风""能吃能喝"等。

横祸(hèng)

"横"字,音 hèng,从《广韵》户孟切。(1)指放纵、暴戾、肆意妄为。相关汉语词有"横行""蛮横""横暴""专横""挡横""骄横""强横"等。(2)指不吉利的、意外的祸患。《淮南子·诠言》中有"内修极而横祸至者,皆天也,非人也。故中心常恬漠,累积其德,狗吠而不惊,自信其情。故知道者不惑,知命者不忧"句。汉语词另有"横祸""横财""横死""横生""横事"等。

读阳平的"横"字,多表与地面平行、与"竖"直相对的一些事物,中性词,如"横竿""横眉""横竖""纵横""横扫""横向""横陈""横亘""横跨"

"横断面""横空出世""横刀立马"等。而读去声的"横"则多表示贬义。

"横"在表示纵横杂乱时,如"老泪横流""物欲横流""血肉横飞"等词里,一般要读作 héng。在某些成语或文言词中的"横"虽然也表示放纵、暴戾、肆意妄为,仍读阳平 héng,如"横加干涉""横行霸道""横征暴敛""一脸横肉"等。

"横生"一词,如果读 héng shēng,一指植物纵横杂乱地生长,如"枝蔓横生";二指洋溢而出,充分地表现出来,如"异趣横生"。如果读 hèngshēng,指意外地发生,如"横生枝节""一时间是非横生"等。

哄抢(hōng)

表示许多人拥上去抢购或抢夺。读阴平音的"哄"字,形容许多人大声喧哗或多人同时发出声音。另有"哄传""哄然""哄动""哄闻""乱哄哄""一哄而起""哄抬物价""哄堂大笑"等汉语词。在"哄抢""一哄而起""哄抬物价"等词里的"哄"

字极易误读成去声。

阿訇(hōng)

波斯文的译音，原意是"教师"，在通用波斯语的穆斯林中，是对伊斯兰教教师的尊称。我国伊斯兰教称主持清真寺教务和讲授经典的人为"阿訇"。1985年普通话异读词审音时审"訇"字"统读"为hōng。

薨逝(hōng)

古代诸侯去世曰薨。《礼记·曲礼下》载："(周朝)，天子死曰崩，诸侯曰薨。"唐代称二品以上官员死曰薨。《新唐书·百官志一》中说："凡丧，二品以上称薨，五品以上称卒，自六品达于庶人称死。"

闳中肆外(hóng)

形容文章内容宏富广博，文笔豪放尽致。语出韩愈《进学解》："先生之于文，可谓闳其中而肆其外矣。""闳"字，指高、大。汉语词还有"闳大广博""闳言崇议"等。

雪里蕻(hóng)

俗称"雪里红"，蔬菜名。一年或两年生草本植物，是叶用芥菜类中的一个变种，耐寒力强，在南方冬季也能露地越冬。一般行育苗移栽，适于腌制咸菜。

黉门(hóng)

古代称学校的门，借指学校。《后汉书·仇览传》有"农事既毕，乃令子弟群居，还就黉学"句。另有汉语词"黉宫""黉学""黉宇""黉门学子""黉门秀才"等。

哄骗(hǒng)

用假话或手段欺骗人。"哄"字，指说假话、耍花招欺骗别人，或用言语动作引逗小孩儿。相关汉语词还有"哄逗""诓哄""蒙哄""欺哄""哄人""哄小孩儿""哄孩子玩儿"等。

内讧(hòng)

内部发生争吵或冲突，造成分裂或相互残杀和溃败。如

《新唐书·郭子仪传赞》有"赞曰：天宝末，盗发幽陵，外阻内讧。子仪自朔方提孤军，转战逐北，谊不还顾"句。"内讧"，也写作"内哄"。"讧"，《广韵》作户分切，中古平声字。1985年普通话异读词审音时审"讧"字为"统读"hòng。容易误读成 gàng。

哄闹(hòng)

故意或别有用心地闹事。"哄"字，指故意捣乱或开玩笑。如"起哄""一哄而散"等。

齁咸(hōu)

"齁"字，北京话里的副词，是"非常""太""过分"的意思，表示食物因太甜或太咸入口后引起喉咙的不舒服。又如"齁甜""齁酸""齁苦""让咸菜齁着了"等。"齁声"指打呼噜的声音。如元代王实甫的套曲《集贤宾·退隐》的[尾声]："醉时节盘陀石上眠，饱时节婆娑松下走，困时节布衲里睡齁齁。偶乘闲细将玄奥剖，把至理一星星参透，却原来括乾坤物我总浮沤。"

闽侯(hòu)

地名。在福州正西30公里。福州在新石器时代为闽族聚居地，战国时为闽越诸侯国封地，秦为闽中郡，西汉时始置冶县，东汉改为东侯官县，晋为侯官县，隋改原丰县，旋为闽县，唐又析置侯官县，1913年并闽县和侯官县为闽侯县。1957年普通话异读词第一次审音时将作为地名的"闽侯"审为 mǐnhòu，这也是"侯"字读去声的唯一用例。

滹沱河(hū)

水名。在河北西部，牙子河北源。源出五台山东北的泰戏山，穿割太行山东流入河北平原，在献县与滏阳河会合为牙子河，会北运河入海。全长540千米。上游流经黄土高原，夹杂大量泥沙，下游淤浅，常溃决成灾。新中国成立后加固了河堤，并在上游修建水库以拦蓄洪水，减免了内涝灾害。金代有文学家王若虚所撰《滹南诗话》和《滹南遗老集》。

囫囵吞枣(húlún)

指不加咀嚼、不吐枣核儿,将枣儿整个儿吞下去。比喻读书等不加分析辨别、不经消化理解地一股脑儿地接受。汉语里另有"囫囵觉""囫囵个儿"等词。"囫囵",1957年普通话异读词第一次审音时,审为húlún,1985年普通话异读词审音又分别审定"统读"为 hú 和 lún。

鹄立(hú)

"鹄"字,天鹅的别称。"鹄立",指像天鹅似的延颈而立,形容盼望。《后汉书·袁绍传》载,东汉末,袁绍病死后,刘表以书谏袁绍长子、荆州刺史袁谭曰:"今整勒士马,瞻望鹄立。"另有"鹄望""鹄候"等词。

觳觫(húsù)

原指牛等恐惧发抖状。《孟子·梁惠王上》载,齐宣王曾"坐于堂上,有牵牛而过堂下者,王见之,曰:'牛何之?'对曰:'将以衅钟(杀牲祭祀)。'王曰:'舍之!吾不忍其觳觫,若无罪而就死地。'对曰:'然则废衅钟与?'曰:'何可废也?以羊易之。'"后引申指老牛。

浒湾(hǔwān/xǔwān)

地名。两个地名,两种读音。河南信阳地区的浒湾,读作 hǔwān。江西盱江东岸的浒湾,读作 xǔwān。1962年普通话异读词第三次审音时有此规定。"浒"字从《广韵》呼古切,今读 hǔ,意为"水边"。据说《水浒传》书名乃罗贯中所起,指"湖边""泊边"。《诗经·王风·葛藟(音 lěi)》诗有"绵绵葛藟,在河之浒"一句。"浒湾"同样指水边。在不同地域有不同读法,多半由于历史上方音影响所致。

虎不拉(hǔ·bulǎ)

虎不拉即"伯劳鸟"。额部及头部两旁呈黑色,颈部蓝灰色,背部棕红色,有黑色波状横纹。上嘴弯曲,嘴巴长。吃昆虫和小鸟。"虎不拉"属于河北、北京一带的方言词。《现代汉语词典》第 5 版标音 hǔbulǎ,"中轻重"格式。第 6 版将其删除,"虎"就剩一个读音 hǔ。

怙恶不悛(hù,quān)

也作"长恶不悛",指坚持作恶,不肯悔改。"怙"字,意为倚靠、仗势;"悛"字,意为悔改。《宋史·王化基传》中有"若授以远方牧民之官,其或怙恶不悛,恃远肆毒,小民罹殃,卒莫不诉"句。

戽斗(hù)

一种汲水灌溉的农具。形状略像斗,两边有绳,由两人同时牵绳提斗,用晃荡起来的惯性先从低处舀水,再一同用力往高处戽水。陆游《喜雨》诗有"水车罢踏戽斗藏,家家买酒歌时康"句。

竹笏(hù)

古代大臣朝见皇帝时手里拿的狭长的竹板子,又叫"手板",还有用玉或象牙制成的,上面可以记事,至清代始废。

瓠瓜(hù)

又叫"瓠子",是一年生攀缘草本植物,葫芦的变种。茎蔓生,花白色,果实呈圆桶形,嫩果可做蔬菜。原产于非洲及印度,我国有普遍栽培。"瓠果",指的是浆果中属于瓜类的果实,由子房和花托一起发育而成,如西瓜、南瓜、黄瓜等。

扈从(hù)

旧时指帝王或达官贵人外出所带的随从、侍从。《史记·司马相如列传》载,司马相如为天子作赋曰:"于是乎背秋涉冬,天子校猎。乘镂象,六玉虬,……孙叔奉辔,卫公骖乘,扈从横行,出乎四校之中。""扈",是"跟随""跟在后面"的意思。1959 年普通话异读词第二次审音时审"扈从"为 hù cóng。

糊弄(hù)

指欺骗、蒙骗,敷衍、塞责或将就、凑合。如"糊弄群众""衣服不合身,你就糊弄着穿吧"。

华不注(huāfūzhù)

古山名,又名"华山",在山东省济南市历城区的东北方。孤山特拔,下有华泉。今济南市趵突泉公园内"泺源堂"大门两侧仍挂有赵孟頫在济南任职期间所写"云雾润蒸华不注,波涛声震大明湖"的楹联。据伏琛《齐地记》载:"不",音 fū,通"跗",指花萼的最底部,意同《诗经·小雅·常棣》中"常棣之华,鄂不韡韡(音 wéi)"中的"不"字。"鄂不"即"萼跗",指的就是"花蒂"或"花托"。"不"在甲骨文中是花蒂的象形。"华"通"花",《诗经·周南·桃夭》有"桃之夭夭,灼灼其华"句。"华不注"意谓此山孤秀如花跗之于水中也。由此可以断论,"华不注"的古音读法是 huāfūzhù。

划拳(huá)

"划"字,容易误读成去声。又叫"猜拳"或"拇战"。饮酒时助兴取乐的一种方式,两人同时伸出手指并各说一个数,谁说的数目与双方所伸手指的总说相符,谁就算赢,输的人喝酒。

华山(huà)

中国五岳之一,世称西岳。位于陕西华阴市南,北临渭河平原,属秦岭东段,为花岗岩断块山。海拔1997米。五座高峰间由万丈深渊的一线险径或长空栈道相通,故而华山自古以其壁立千仞之奇险著称于世,有"自古华山一条道"之说。相关汉语词还有"华县""华阳""华阴"等。"华"作为姓氏读音,也读去声。如"华佗"、"华歆"(汉献帝的尚书令、魏文帝司徒)、关云长温酒斩华雄(见《三国演义》第五回)、著名数学家华罗庚等。

白桦(huà)

"桦",落叶乔木或灌木,树皮白、灰、黄、黑,光滑,多呈薄片状剥落,耐寒、耐干旱、耐瘠薄。木材致密,可做建筑、家具、胶合板等用材。多产于北半球寒冷地区,我国多生长在东北地区,有白桦、黑桦、红桦等。"桦"字,1985年普通话异读词审音时审为"统读"去声huà。极易误读成阳平。

徘徊(páihuái)

指在一个地方来回慢步走而不前进,比喻犹豫不决。也比喻事物在某个范围内来回浮动。如《荀子·礼论》中曰:"过故乡,则必徘徊焉,鸣号焉,踯躅焉,踟蹰焉,然后能去之也。"《孔雀东南飞》的开句即为:"孔雀东南飞,五里一徘徊。"晏殊有著名的《浣溪沙》词:"一曲新词酒一杯,去年天气旧亭台,夕阳西下几时回?无可奈何花落去,似曾相识燕归来,小园香径独徘徊。""徊"字,1985年普通话异读词审音时审为"统读"huái。容易误读成huí。

踝骨(huái)

人或动物的小腿与足交接的部分。分为内踝和外踝。内有胫骨、腓骨与跗骨连接而成的踝关节,外有两个突出的骨头,可作屈伸运动。也泛指"脚跟"。1985年普通话异读词审音时审定"踝"字"统读"为huái。

狗獾(huān)

哺乳动物,体长50厘米左右,灰毛,头部有三条白色纵纹,善掘土,穴居于土丘或大树下,昼伏夜出。我国各地均有分布。毛皮可做皮衣、褥垫,毛可做刷子或画笔。

乍暖还寒(huán)

"还"字,在现代汉语里有hái和huán两种读音。读hái音的"还"字,作副词。如"还好""还是""还去"等。读huán音的"还"字,作动词,如"送还""返还""奉还""讨还""归还""偿还""交还""生还""退还""还价""还口""还手""还击""还礼""还清""还俗""还席""还原""还债""还嘴""讨价还价""还本付息""一报还一报""以其人之道,还治其人之身"等。

在读huán音的义项里,第一个义项就是返回原来的地方或恢复原来的状态,即离开原点,进入新点,又返回原点。如

"返老还童""衣锦还乡""借尸还魂"等。那么在"乍暖还寒""乍晴还雨""欲说还休""欲行还止""欲喜还惊""热泪欲零还往"和"人生如梦,一尊还酹江月"(苏轼《念奴娇·赤壁怀古》)这一类书面语色彩较浓的词语里,"还"字也是返回到原来的状态,所以也是要读 huán 的。这个"还(huán)"音在古代是主要读音,从《广韵》户关切。大意为"返""归""退""复"等。

盘桓(pánhuán)

指徘徊、逗留或回环旋绕。如"在欧洲多盘桓了几日""飞机在天空盘桓了几圈后向西飞去"。"桓"字容易误读成 yuán。《诗经·周颂》中有篇名《桓》,春秋时有"五霸"之一有齐桓公,东晋时有大将军桓温,辽宁本溪市有桓仁县,山东淄博市有桓台县,中国人民解放军有开国元帅罗荣桓。

朱鹮(huán)

生活在水边或沼泽地区珍贵鸟类的一科,全身白羽,额部和眼睛周围朱红色,黑长嘴略弯,腿和爪子亦红色,是我国国家级重点保护动物。

云鬟(huán)

旧时妇女所梳的环形发髻。杜甫《月夜》诗云:"今夜鄜州月,闺中只独看。遥怜小儿女,未解忆长安。香雾云鬟湿,清辉玉臂寒。何时倚虚幌,双照泪痕干?""鬟"字,在"云鬟"里读 huán,在"丫鬟"里轻读。

浣衣(huàn)

洗衣。"浣",洗涤衣物也。《诗经·周南·葛覃》有"薄污我私,薄浣我衣"句。唐代吏制规定,官员每十日休息沐浴一次,每月三次,分为上浣、中浣、下浣,后因称为每月的上、中、下旬。"浣"字,1985 年普通话异读词审音时审为"统读"huàn。

浣溪沙(huàn)

原为唐教坊曲名,后用作词牌名。分平韵和仄韵两体,平韵见唐人词,仄韵始于南唐李煜,均双调四十二字。宋代词人晏殊有著名的《浣溪沙》词。毛泽东1950年10月写有《浣溪沙·和柳亚子先生》词。"浣"字,1985年普通话异读词审音时审为"统读"huàn。容易误读成wǎn。

豢养(huàn)

喂养、饲养(牲口)。早在《礼记·乐记》中就有"豢豕为酒"的记述。后比喻收买并培植、利用奴才、走狗。

病入膏肓(huāng)

指病到了极其严重难以医治的地步,比喻事情严重到了不可挽救的程度。在我国古代医学上把心尖儿脂肪叫"膏",心脏和隔膜之间叫"肓",并认为膏肓之间是药力所达不到的地方。《世说新语·俭啬》注引王隐《晋书》曰:"[王]戎性至俭,不能自奉养,财不外出,天下人谓为膏肓之疾。""肓"字,注意与"盲"字在写法上的区别。

遑论(huáng)

指不必谈及,谈不上。鄙语。"遑遑",表惊恐不安或匆忙的样子。

修篁(huáng)

长竹子。"修"是"修长"的意思。唐代诗人王维的《竹里馆》诗有"独坐幽篁里,弹琴复长啸。深林人不知,明月来相照"句。

惝怳(chǎnghuǎng/tǎnghuǎng)

怅惘、失意的样子。也指迷迷糊糊;不清楚。《楚辞·远游》中有"步徙倚而遥思兮,怊(音chāo,悲愤的样子)惝怳乖怀"句。

一晃儿(huǎng/huàng)

"晃"字有huǎng、huàng两读。读上声的"晃"字,一指(光芒)闪耀,如"晃眼""前面的车灯晃得慌";二指很快地闪过,如"有个人影儿一晃儿就不见了""虚晃一枪"等。读去声的"晃"字指"摇动"或"摆动",

如"晃动""摇晃""晃悠""晃荡""摇头晃脑"等。显然,"一晃儿"中的"晃"字,两读两义。

麾下(huī)

意思是将帅的大旗之下或部下。《史记·魏其武安侯列传》载,灌夫为了免于随父丧、报父仇,"独二人及从奴十数骑,驰入吴军,至吴将麾下,所杀伤数十人。"辛弃疾《破阵子·为陈同甫赋壮词以寄之》词的上阕为:"醉里挑灯看剑,梦回吹角连营。八百里分麾下炙,五十弦翻塞外声,沙场秋点兵。"

一会儿(huì)

表示很短的时间。"会",1985年普通话异读词审音时有读去声 huì 的规定,并且还须在其后面加儿化。《现代汉语词典》第5版注音为 yīhuìr,"第6版括注口语读音为 yīhuìr(口语中也读 yīhuìr)"。相关汉语词还有"多会儿""待会儿""等会儿""这会儿""那会儿""一小会儿"等。其中的"会"字,都要读去声音。

名讳(huì)

按旧时礼节,长辈或所尊敬的人的名字,晚辈不能直接称呼,需要避讳,故曰"名讳"。在中国封建社会,凡帝王、尊长的名字,都不准直接称呼和书写,必须设法避讳。如秦始皇名嬴政,讳"正"字,所以老百姓遇"正"字时就得改成"端"字。君主或尊长死后,其名也避讳。相关汉语词还有"忌讳""讳言""隐讳""避讳""史讳""讳疾忌医""讳莫如深"等。

教诲(huì)

教训;教导。《论语·述而》中有"学而不厌,诲人不倦"的名句。另外"诲"字也有教唆、引诱的意思,如诲淫诲盗。"诲"字,音 huì,1985年普通话异读词审音审为"统读"去声。不读上声。

恚恨(huì)

"恚"字,指愤恨、怨恨。

《后汉书·光武帝纪》载,"军中分财物不均,众恚恨,欲反攻诸刘。"

晦涩(huì)

文辞等隐晦艰涩,不流畅、不易懂。"晦"字本来就是指日暮、夜晚、不明亮、昏暗、掩蔽等义。相关汉语词还有"晦气""隐晦""晦朔""韬晦""韬光养晦""风雨如晦"等。

不容置喙(huì)

不许别人插嘴。"喙"字,指鸟兽的嘴。《战国策·燕策二》载,赵国欲伐燕国,苏代替燕王说赵惠王曰:"今者臣来,过易水,蚌方出曝,而鹬(音 yù)啄其肉,蚌合而拑其喙。鹬曰:'今日不雨(音 yù,动词,下雨),明日不雨,即有死蚌。'蚌亦谓鹬曰:'今日不出,明日不出,即有死鹬。'两者不肯舍,渔者得而并擒之。"后终说惠王罢兵休战。"喙"也借指人的嘴。相关汉语词还有"百喙莫辩"等。

珲春(hún)

地名。延边朝鲜族自治州所辖县级市。位于延边朝鲜族自治州最东部、珲春河东岸,图们江下游,与俄罗斯、朝鲜接壤。距市区75公里的防川,是中朝俄三国交界的鼎足地带,自古就有"鸡鸣闻三国,犬吠惊三疆"之称。金为乌库哩部,明为珲春卫,清初为南荒围场,宣统年间设珲春厅,1914年改为珲春县,今升为珲春市。1962年普通话异读词第三次审音时审"珲春"为 húnchūn。

诨号(hùn)

即诨名、外号。"诨"字的本义是诙谐逗趣的话语,如"插科打诨"等。《水浒传》第二十九回写蒋门神:"那厮姓蒋名忠,有九尺来长身材,因此江湖上起他一个诨名,叫蒋门神。""诨"字,容易误读成阳平。

混合(hùn)

两种或两种以上物质混杂在一起而不发生化学反应,汉语里另有"混乱""混纺""混杂"

"混战""混浊""混沌""混淆""混凝土""混为一谈"等词。

"混"读阳平音时，通"浑"字，只在"混蛋(浑蛋)""混球儿(浑球儿)""混水摸鱼(浑水摸鱼)"等有限的几个词语里用。"混"字极易误读成 hǔn。其实，"混"字自古就没有上声音。

温和(hé/huo)

"温和"一词中的"和"字有两种读法。其一，读 hé，指气候温润适中或性情、态度、言语不严厉、不粗暴，使人感到亲切。如"这里气候温和、四季如春""这老头儿慈眉善目、语气温和"。其二，读轻声 huo，指一种东西还带有温度，不冷不热。如："锅里的饭还温和着呢！"

暖和(huo)

气候或温度不冷不热，使人感到舒服。"和"字，轻读。"和"字处于双音节合成词的末尾时，一般都要轻读，这一类的词还有"软和""掺和""搅和""拌和""热和""匀和"等。

现代汉语的"和"字有六种读音，其他的五种读音是：(1)读 hé。多为连词、介词、形容词。如"和平""和缓""和谐""和睦""和气""讲和""和顺""平和""谦和"等。(2)读 huó。动词。指在粉状物中加液体搅拌或揉弄，使有黏性。如"和面""和泥"等。(3)读 huò。粉状或粒状物掺和在一起，或加水搅拌使成较稀的东西。也作量词，用于洗东西或一剂药煎的次数。如"和稀泥""和药""面里和点儿糖""衣服洗了三和""二和药"等。(4)读 hè。作动词。表示和谐地以声音相应、附和，或依别人的题材和体裁作词。如"和诗""答和""应和""酬和""奉和""附和""一唱一和""曲高和寡""随声附和""和着节拍"等。(5)读 hú。打麻将或斗纸牌时某一家符合规定要求赢牌取胜，叫"和牌"。如"听和""开和""不开和""撤和""报和""抢和""诈和"等。

尺蠖(huò)

尺蠖蛾的幼虫，行动时身

体向上弯成弧状,像用大拇指和中指量距离一样。危害果树、桑树、棉花等。《易经·系辞下》中有"尺蠖之屈,以求信(伸)也"句。《尔雅义疏·释虫》的解释是:"其行先屈后伸,如人布手知尺之状,故名尺蠖。""蠖"字,1985年普通话异读词审音时审为 huò。

J

茶几(jī)

　　摆在桌子或沙发前面、放茶具用的、比桌子略小的一种矮家具。"几",指小桌子,名词。古人也用以在上休息。如《孟子·公孙丑下》中就有"孟子去齐,宿于昼……隐几而卧"的记载。汉语里读阴平的还有"条几""方几""窗明几净""倚几而寐"和"几案"(古代泛指桌子,也指官员办公之物,借指公务)等词。另外,作副词的"几",指非常接近和差不多的意思,有"几乎""几近消失"等词,其中的"几"字也读阴平。"几率"(表概率)中的"几"也读阴平。1985年普通话异读词审音时有"茶几""条几"中的"几"字读 jī 的规定。极易误读成上声。读上声的"几"字多作询问数目词或代词,不作名词。

茋芨草(jījīcǎo)

　　一种多年生的草本植物,生长在碱性土壤的草滩上,茎叶可造纤维,也作饲料或编织用。1985年普通话异读词审音将"芨"字审为"统读"阴平 jī。

奇数(jīshù)

　　数学名词。指单个的、不成对(常与"偶"字相对应)的、不能被2整除的有理数。汉语里有"奇数""奇零""奇偶"等词。"奇数",在1957年普通话异读词第一次审音时即被审定为 jīshù。1985年又重新得以确认。"奇"字,从《广韵》居宜切,中古平声字。

及笄(jī)

　　指古代男女盘束头发或男

子别帽子用的簪子。《礼记·内则》曰："十有五年而笄,二十而嫁。""笄年"指的是初加笄之年。

木屐(jī)

原指一种有齿或无齿的木底鞋,后来泛指鞋。如"草屐""屐履"等。《南史·谢灵运传》载:"常著木屐,上山则去其前齿,下山则去其后齿。"李白的《梦游天姥吟留别》诗有"脚著谢公屐,身登青云梯。半壁见海日,空中闻天鸡"句。

期年(jī)

周年也。古代凡一个轮回或一个完整的(年或月)时限均可称"期",除了"期年"外,还有"期月""期朝"等。颜之推《颜氏家训·风操第六》中写新儿出生后大人们"试儿"的风俗曰:"江南风俗,儿生一期,为制新衣,盥浴装饰,男则用弓矢纸笔,女则刀尺针缕,并加饮食之物及珍宝服玩,置之儿前,观其发意所取,以验贪廉愚智,名之为试儿。"

赍恨(jī)

怀恨。"赍"字,指"怀着""抱着"。汉语还有"赍志而殁"一词,意思是志未酬而身先死。

犄角(jī·jiao/jījiǎo)

两读两义:(1)读音 jī·jiao(轻读)。口语中指兽类的角,如"牛犄角""羊犄角""鹿犄角"等。(2)加儿化,读音 jījiǎor。指物体边沿相接的地方或角落。如"屋犄角""墙犄角""桌子犄角""犄角旮旯"等。

缉私(jī)

检查走私行为,缉捕走私罪犯。"缉"字,是搜捕、捉拿的意思。汉语词还有"缉毒""通缉""侦缉""缉拿""缉查""缉捕""通缉令""通缉犯"等。极易误读成阳平。

畸形(jī)

"畸"字,《广韵》作居宜切,中古平声字,读音 jī。原指不方正、欠规则的残田,后又指不正常、无规则的形状或形体。

多指生物体(身体)发育得不正常或事物发展得不正常、不均衡,如"畸形儿""畸变""畸胎""畸形发展""畸形繁荣"等。"畸"字在古代也表余数,如《论语·学而》集解有载:"然则千乘之赋,其地千成,居地方三百一十六里有畸,唯公侯之封乃能容之,虽大国之赋,亦不是过焉。""畸人"指的是不合时俗的人或奇异的人。"畸"字,极易误读成 qí。

畸轻畸重(jī)

"畸"字,义为偏。偏轻偏重。形容事物发展不平衡或对人对事的态度有所偏倚。

跻身(jī)

"跻"字,音 jī,《广韵》作祖稽切,中古平声字。原本指登、升或参与。《诗经·豳风·七月》中有"跻彼公堂,称(举也)彼兕(音 sì,古书上指雌犀牛)觥(音 gōng,兕觥,形状像犀牛的饮酒器),万寿无疆"句。

后世引申为使地位或声誉上升到某一个程度或位置。

"跻"字,易误读成上声,也容易误解为"挤"。其实,"跻身"的意思不是平着挤进去,而是升上去或登上去。这是因对词义的误解而发生读音错易的一种典例。

箕踞(jī jù)

古人一种不拘礼节、傲慢不敬的坐姿。按古代礼节,在席地而坐时,臀部应紧挨脚后跟。如果两腿向前随意伸开,像个簸箕,就叫箕踞。"箕",指簸箕;"踞",指蹲着或坐着。如《战国策·燕策三》所载:"轲自知事不就,倚柱而笑,箕踞以骂曰:'事所以不成者,乃欲以生劫之,必得约契以报太子也。'左右既前斩荆轲,秦王目眩良久。"

钩稽(jī)

"稽"字,容易误读成去声。又作"勾稽",指查考或核算。一般是指对古代文献的整理和解释。《通典·职官六》中有"汉有御史主簿……大唐置一员,掌府事,勾稽省署"的记载。

汉语里还有"稽查""稽考""稽留""有案可稽""无稽之谈"等词。

齑粉(jī)

细粉、碎屑。喻指粉身碎骨。"齑"字,指切成细末、腌制酱菜或调味用的葱姜蒜等。韩愈在《送穷文》中有"大学四年,朝齑(咸菜)暮盐,惟我保汝,人皆汝嫌"句。

京畿(jī)

中国古代称王都管辖的地区即京城及附近地区为"京畿",也有更具体的说法是古代王都周围千里以内的地区。另有"畿辅""畿封""畿田""畿辇""近畿"等汉语词。《诗经·商颂·玄鸟》中有"邦畿千里,维民而止(居住)"句。

"畿"字,不读上声。"畿"字的写法也与"几"的繁体字"幾"有所区别。

羁留(jī)

古代指扣留、拘押或在外乡停留。《上高宗封事》中有"然后,羁留房使,责以无礼,徐兴问罪之师"句。

"羁"字,1985年普通话异读词审音审为"统读"jī。汉语词还有"羁押"(拘留、拘押)、"羁旅"(长期寄居他乡)、"羁滞"(在外乡滞留)、"羁客"(做客外乡的人)和"羁绊""羁泊""羁愁""羁栖"等。

孔伋(jí)

孔子的孙子,孔鲤之子,字子思。战国初期的思想家。相传其受业于曾参,困而作《中庸》。晚年宣扬儒学,受鲁缪公礼敬。孔伋系统地承继并发展了孔子"中庸"思想,奠定了儒学正统的始基。到再传弟子孟轲时,形成了"思孟学派"。《汉书·艺文志》著录《子思》二十三篇已早佚。现存《中庸》《表记》《坊记》等篇,收在《礼记》中。

汲取(jí)

吸取。可以汲取教训,汲取营养,也可以汲取智慧和力量。"汲"字,原本是指从下往上打水。汉语里另有"汲水""汲引""汲绠"等词。"汲"字，1985年普通话异读词审音时审定"统读"为 jí。

即兴(jíxìng)

意思是对眼前的景物有所感悟，临时发生兴致而创作。如"即兴演讲""即兴赋诗""即兴发挥""即兴表达"等。"兴"，名词，指兴致、兴趣。"即"字只有阳平一读，极易误读去声。

相关汉语词还有"即日""即便""即将""即使""当即""立即""在即""即刻""即令""即席""即位""即景""即食面""若即若离""成功在即""一触即发""招之即来""可望而不可即"等。

佶屈聱牙(jíqū-áoyá)

形容语言艰涩生硬，文句拗口。韩愈在《进学解》中评价历代文献时说："周《诰》殷《盘》，佶屈聱牙；《春秋》谨严，《左氏》浮夸；《易》奇而法，《诗》正而葩；下逮《庄》《骚》，太史所录，子云相如，同工异曲。"

负笈(jí)

"笈"字，指背在背上的书籍或竹制书箱。如"武功秘笈"，指的就是记载某一武术套路的秘本。《晋书·王裒(póu)传》中有"北海邴春少立志操，寒苦自居，负笈游学"句。

疾病(jí)

病苦的总称。"疾"字，在1957年普通话异读词第一次审音时被审为阴平音 jī，1962年普通话异读词第三次审音时又被改为阳平音 jí，1985年的审音最终被确定为"统读"阳平 jí。"疾"字，极易误读成阴平。

汉语里还有"疾病""疾患""疾苦""残疾""痼疾""疟疾""痢疾""隐疾""暗疾""宿疾""癣疥之疾""讳疾忌医""积劳成疾"等一些与之相关的词。另外表"急速""猛烈"意思的汉语词还有"迅疾""疾驰""疾走""疾步""疾驶""疾风""大声疾呼""奋笔疾书""手疾眼快""疾言厉色""疾风知劲草"等。南宋著名豪放派词人辛弃疾的"疾"也读阳平。

棘手(jíshǒu)

形容事情难办,像荆棘一样地刺手。龚自珍在《在礼曹日与堂上官论事书》中写到:"署中因循,惮于举事,若再积数年,难保案牍无遗失者,他日必致棘手。"

1957年普通话异读词第一次审音时审"棘手"为 jíshǒu,1985年普通话异读词审音时又确定"棘"字"统读"为阳平。容易误读成 jìshǒu。

披荆斩棘(jí)

比喻在前进道路上清除障碍,克服重重困难。"棘"字,《广韵》作纪力切,中古入声字。原指丛生的酸枣树,后泛指山野间带刺的小灌木。《方言》中说:"凡草木刺人,……自关而西谓之刺,江、湘之间谓之棘。"

"棘"字,1985年普通话异读词审音规定"统读"为 jí,容易误读成去声。相关汉语词还有"荆棘""棘刺""棘轮""棘爪"和"棘皮动物(海参、海星、海胆)"等。

蒺藜(jílí)

"藜"字,一般轻读,间或重读。一年生草本植物,茎横生铺于地面,开小黄花。其果实也叫"蒺藜",果皮有尖刺,可入药,有滋补作用。《乐府诗集·相和歌辞·孤儿行》写一孤儿在父母去世后生活的艰辛,"兄嫂使我朝行汲,暮得水来归。手为错,足下无菲。怆怆履霜,中多蒺藜。拔断蒺藜,肠肉中怆欲悲。泪下渫渫,清涕累累。冬无复襦,夏无单衣。居生不乐,不如早去,下从地下黄泉。"在古代也指打仗时铺在路上类似蒺藜形状的铁制障碍物,以阻止敌人进攻,如"铁蒺藜"。王维《老将行》诗有"汉兵奋迅如霹雳,虏骑崩腾畏蒺藜"的描写。

舟楫(zhōují)

"舟"指船,"楫"指桨,两字合用泛指船只。《周易·系辞下》中有"刳木为舟,剡木为楫,舟楫之利,以济不通,致远以利天下"句。《荀子·劝学》曰:"假舆马者,非利足也,而致千里；假舟楫者，非能水也，而绝江河。君子生非异也，善假于物也。"

嫉妒(jí)

对比自己强的人心怀不满或因此而产生憎恨，有时也单指憎恨。相关汉语词还有"嫉贤妒能""嫉恨""愤世嫉俗"等。

1959年普通话异读词第二次审音时审"嫉妒"为jídù。1985年普通话异读词审音又审"嫉"字"统读"为jí。

在普通话语言的实际运用中，经常有人将"嫉"误读成去声。其实，"嫉妒"与"忌妒"的意思完全相同，只是音调不同，"嫉"字读阳平jí，"忌"字读去声jì。

瘠薄(jí)

"瘠"字，义与"肥"相对，本指人或动物的瘦弱，后指土地贫瘠、不肥沃。《荀子·非相》评价楚国贵族沈诸梁（叶公子高）曰："叶公子高，微小短瘠，行若将不胜其衣然。白公之乱也，令尹子西，司马子期，皆死焉，叶公子高入据楚，诛白公，定楚国，如反手尔，仁义功名善于后世。"相关汉语词还有"瘠土""瘠田""贫瘠""瘦瘠"等。

"瘠"字，容易误读成上声或阴平。

狼藉(jí)

又作"狼籍"。"藉"是践踏、侮辱的意思。形容乱七八糟、杂乱不堪，如"杯盘狼藉"。颜之推《颜氏家训·治家第五》谈到对待借书的态度时说："借人典籍，皆须爱护，先有缺坏，就为补治，此亦士大夫百行之一也……或有狼籍几案，分散部帙，多为童幼婢妾之所点污，风雨虫鼠之所毁伤，实为累德。""狼藉"，也形容某人行为名声卑污破败得一塌糊涂、不可收拾，如"声名狼藉"。欧阳修的《采桑子》词有"群芳过后西湖好，狼藉残红，飞絮蒙蒙，垂柳栏杆尽日风"句。

"狼藉"，1957年普通话异读词第一次审音和1985年的普通话异读词审音都有读láng jí的规定。"藉"字，容易误读成去声。

纪晓岚(jǐ)

清朝大臣,乾隆年间进士,著名文学家。名昀,字晓岚。以满腹学识深为乾隆帝赏识。曾受命任《四库全书》总纂官,主持编撰《四库全书总目提要》,能诗并骈文,多宣扬封建伦理观念或歌功颂德。后官至兵部尚书、礼部尚书、协办大学士。著有《纪文达公遗集》《阅微草堂笔记》等书。现今有电视连续剧《铁嘴铜牙纪晓岚》。

"纪"字的读音,中古即有上声 jǐ 和去声 jì 两读,《广韵》作居理切。1962 年普通话异读词第三次审音审为在作为姓氏用字时读上声 jǐ,1985 年普通话异读词审音又重新加以确认。"纪"是单姓,一说源于西周的古纪国,相传是炎帝后代的封国,姜姓,故址在今山东寿光东南纪台村。据《左传》载:鲁隐公元年八月,"纪人伐夷",三十二年后,"纪季以酅(音 xī)入于齐",归于齐地,其后纪君子孙以国为姓。另一说源自春秋时周纪侯之后。另有古代传说中的善射者纪昌、元杂剧《赵氏孤儿》的作者纪君祥等。

例外的情况有二:(1)文学家的笔名中的第一个字是"纪"的,可以按其本人的意愿和习惯称读,没必要非按上声读不可。如《风流歌》的作者纪宇,本名苏积玉,其笔名中的"纪"字按去声念会更好一些,因为"纪"是时间上的概念,"宇"是空间概念,意取"时""空"兼备。(2)音译外国人名,仍按去声读 jì。如黎巴嫩诗人、小说家纪伯伦,法国作家纪德等。

虮子(jǐ)

虱子的卵。曹操的《蒿里行》诗有"淮南弟称号,刻玺于北方。铠甲生虮虱,万姓以死亡。白骨露于野,千里无鸡鸣。生民百遗一,念之断人肠"句。古汉语词"虮肝"形容极其细微之物。"虮虱相吊"指自怜即将灭亡。

济南(jǐ)

市名。山东省省会。位于

黄河下游南岸,津浦、胶济铁路交汇处。战国时为齐国历下邑,晋时为济南郡治,宋及明清为济南府治。济南,因古济水而得名。古济水发源于河南省济源县西的王屋山,古代与长江、黄河、淮河并称为"四渎"(《三字经》:"曰江河,曰淮济。此四渎,水之纪。"),为天下大川,包括黄河北、南两大支流。我国最早的地理专著《尚书·禹贡》载:"导沇水,东流为济,入于河,溢为荥。"下文又云:"东出于陶丘北,又东至于菏,又东北,会于汶,又北,东入于海。"指的就是黄河以南水段,黄河以南部分本系从黄河分出的一条支流,古人因为此乃济水之下游,也称"大清河",其故道在河南巩县与黄河相交,本过黄河南去再东流至山东境,与黄河并行入海。济南,就在古济水之南。除此之外,山东的济宁市、济阳县、河南的济源县也因此得名。这些词里的"济"字均应读作上声的 jǐ(可见1985年《普通话异读词审音表》)。从《广韵》子礼切,中古上声字。

人才济济(jǐjǐ)

形容有才能的人很多或阵容强大。"济济",极易误成去声。"济济一堂"形容的是许多有才能的人聚集在一起。

另外,"同济大学"、"同舟共济"、"扶危济困"、"和衷共济"、"同济堂"和"济州岛"(韩国第一大岛)、甘肃的"济远县"、蒙古的"济尔玛台河"等词中的"济"字与"古济水"和"济济"无任何关联,因此应该读作去声的 jì。

给付(jǐ)

付给(gěi)(应付的款项等)。"给"字在这个合成词里作为词素,应遵循合成词的一般规则,读如 jǐ。如"保险公司给付保险金"。

"给"字,在古代只有一读,《广韵》作居立切,中古入声字。今天除了读 jǐ 外,又增读了 gěi 音。"给"字的两读,词性和词义基本相似,区别就在于习惯用法的不同。在现代口语中一般只说gěi,单独使用的几率较大;而在书面语中,作为多音词的词素出现时,一律读jǐ。读jǐ音的合成词还有"供给""给水""给养""补给""自给""给予""配给""给水团""给水设备""家给人足""自给自足""日不暇给""目不暇给"等。

"给以"与"给予"两词,词义相近,读音不同。"给以"本是古语词,分别由单音"给"和"以"构成。"给"是动词;"以"是介词。尽管它们常常结合使用,但其内部的密结性不强,仍可拆开,并可在两者中间添加其他词。如"对成绩较差的同学给以帮助",也可换句话说"给成绩较差的同学以帮助"。所以"给以"在今天看来虽为双音节词,但"给"仍旧保留着作为单音词使用时的读音,读作gěi。"给予"则是现代词,是"给"和"予"两个同义词构成的典型的并列式双音节复合动词,因而,这里的"给"字只能读jǐ音,应该是jǐyǔ。"给予"极易误读成 gěiyǔ、gěiyú 或 gěiyù。

脊梁(jǐ)

指脊柱。"脊"字,1985年普通话异读词审音审为"统读"上声。(1)指人或动物背部中间的骨头。相关的现代汉语词还有"脊背""脊柱""脊椎""脊髓""脊梁骨""脊神经""脊椎动物""脊索动物""脊髓灰质炎"等。(2)表示物体上的形状像脊的部分,如"山脊""屋脊""书脊""脊檩""世界屋脊"等。(3)比喻起主导作用的要素。如"中华民族的脊梁""小提琴是交响乐队的脊梁"等。"脊"字,极易误读成阳平。"梁"字,一般轻读,间或重读。

兵戟(jǐ)

古代兵器的一种,是矛和戈的合体,在长柄头上装有金属的枪尖,旁边附有月牙形锋刀,兼备直刺、旁击、横钩等作用。《诗经·秦风·无衣》有"岂曰无衣?与子同泽。王于兴师,修我矛戟。与子偕作"句。

麂皮(jǐ)

一种哺乳动物,属小型鹿

类,雄性有长牙和短角,黄黑毛,善跳跃。也称"麂子"。"麂皮"是用麂子皮制成的革,有麂皮大衣、麂皮靴子等。

解铃系铃(jì)

"解铃系铃"一词中的"系"字,读 jì,因为在古代文献里用的是"繋"字,并非是"捆""绑"的意思,而是指"打结儿"。"解铃系铃",本乃佛教禅宗语。《红楼梦》第九十回写黛玉心病沉重后,作者叹道:"心病终须心药治,解铃还是系铃人。"

"系"字,两读。一读 xì,二读 jì。在古汉语中,"系"字分属三个汉字,今简化汉字仅用一个"系"代而表之,其余两个则作为"系"的异体字对待。

(1)在表"系统""学系"义时用"系"字,《广韵》作胡计切,中古去声字,今读 xì。如"关系""嫡系""体系""系列""派系""语系""太阳系""中文系""系统工程"等。

(2)表"拴、绑""牵挂""联结""委实"等义,古时用"係"字,《广韵》作古诣切,中古去声字。今读 xì。如"维系""联系""系念""子系中山狼,得志便猖狂"等。在"情系百姓""名誉所系""观瞻所系""感慨系之""魂系大海""邮传万里,国脉所系"等类词里,"系"表示抽象事物的联结和联系,必须读 xì,而不是将某个东西系(jì)在什么地方。

(3)指打结、扣时,古时用"繋"字,《广韵》作胡计切,旧读 xì,今已演变为 jì 音。如"系紧鞋带""系红领巾""系上围裙""系个活扣儿""系安全带"等。

事迹(jì)

"迹"字,在 1985 年之前,各种工具书上的标音一律是按 1963 年 2 月国家普通话审音委员会编辑出版的《普通话异读词三次审音总表初稿》的规定进行的,是读作阴平音 jī 的。除此之外,还有"陈迹""古迹""史迹""绝迹""字迹""墨迹""血迹""笔迹""手迹""迹象""形迹""足迹""踪迹""敛迹""形迹""痕迹""真迹""浪迹江湖""劣迹斑斑""销声匿迹""杳无人迹""蛛丝马迹"等一系列汉语词。

1985年普通话异读词审音将"迹"审为"统读"去声 jì，尊重了社会上多数群众的口语习惯。

觊觎(jìyú)

作为动词,指希望得到(不该得到的东西)。《三国志·魏书·武帝纪》载,汉献帝下诏书给曹操曰:"朕以不德,少遭愍凶,越在西土,迁于唐、卫。当此之时,若缀旒然,宗庙乏祀,社稷无位;群凶觊觎,分裂诸夏,率土之民,朕无获焉,即我高祖之命将坠于地。"

悸动(jì)

指因害怕或恐惧而心跳得厉害,也指因病而使心脏发生不正常地跳动。汉语词另有"惊悸""心悸""心有余悸"等。"悸动"与"激动"在词义上略有区别,"激动"指的是人的感情受到刺激而显得冲动,不能很好地像平常一样得到控制,并没有害怕或恐惧的意思。

成绩(jì)

"绩"字的读音与"事迹"中的"迹"字相似,1985年以前,标准音读阴平 jī;1985年《普通话异读词审音表》规定"绩"字"统读"为去声 jì。相关汉语词还有"政绩""败绩""功绩""考绩""伟绩""战绩""业绩"等。

社稷(jì)

"稷"字原指一种粮食作物,一说为黍一类的作物,一说为粟(谷子),如"黍稷""菽稷"等。在中国古代以"稷"为百谷之长,因此,帝王奉"稷"为谷神,于是就有了"社稷"一词,指土神与谷神。北京的中山公园,早先为明清时期的社稷坛。

"社稷"也泛指国家。《史记·吕太后本纪》载陈平、周勃之语:"于今面折廷争,臣不如君;夫全社稷,定刘氏之后,君亦不如臣。"

鲫鱼(jì)

生活在淡水中的一种常见的并广泛养殖的食用鱼,形似鲤鱼,肉可食但多小刺,用清水煮汤,乳白色汤汁可催奶。汉语词"过江之鲫",形容人多得就像过江的鲫鱼一样,又稠又密。"鲫"字,读去声 jì,极易误读成上声。

发髻(jì)

古人在头顶或脑后盘成的各种形状的发结。如"高髻""椎髻""蝴蝶髻"等。《后汉书·梁鸿传》有"鸿妻孟光,椎髻,着布衣"句。

夹杂(jiā)

指掺杂在一起。"夹"字,1959 年普通话异读词第二次审音和 1985 年普通话异读词审音都审为 jiā。读阴平"夹"的相关汉语词还有"夹生""夹板""夹层""夹带""夹击""夹道""夹克""夹馅儿""夹心儿"等。"夹"字,容易误读成阳平。

伽倻琴(jiāyē)

朝鲜和中国朝鲜族的拨弦乐器。相传公元 6 世纪时流传于朝鲜新罗南方的伽倻国。有些类似我国的古筝。原有雅乐用者和俗乐用者两种。其现代形制为:长约 152 厘米,阔约 17—21 厘米,12 根弦。常用于独奏和伴奏歌唱。

读 jiā 的"伽"字,还有意大利物理学家、天文学家伽利略,新疆伽师县等。

雪茄(jiā)

由多种烟草分作烟芯、内外两层包皮卷制,形状比一般的卷烟粗而长的烟卷。世界上古巴产的雪茄品质最佳,国产的雪茄烟多用四川什邡、浙江桐乡、广东鹤山等地的烟草卷制。

"茄"字,1985 年普通话异读词审音时审为 jiā,由英语的"cigar"译音而来。不读 qié 音。

汗流浃背(jiā)

流的汗水多,沾湿、湿透了脊背上的衣服。有时也形容惶恐和惭愧。《后汉书·献帝伏皇后纪》载,汉献帝对曹操不满,"操失色,俯仰求出。旧仪,三公领兵朝见,令虎贲执刃挟之。操出,顾左右,汗流浃背,自后不敢复朝请。"

"浹"字,1959年普通话异读词第二次审音审为jiā,1985年普通话异读词审音又确定为统读jiā。极易误读成阳平。

胡笳(jiā)

胡笳,汉代流行于塞北和西域一带、类似于笛子的北方民族的管乐器。汉魏鼓吹乐中常用之。清代形制有三孔,木制,两端弯曲。李陵的《答苏武书》中有"胡笳互动,牧马悲鸣"句。历史上有著名乐府琴曲歌辞《胡笳十八拍》,相传为东汉才女蔡文姬所作,共分十八章,一章为一拍,故名。乐谱初见于《神奇密谱》,分《小胡笳》(六段)、《大胡笳》(十八段)二曲,无词,题解为后唐董庭兰所作。其后流传最广的《胡笳十八拍》传谱,始见于清徐常遇的《澄鉴堂琴谱》(1686年)。

夹袄(jiá)

指双层的袄。"夹"字,容易误读成阴平。汉语里另有"夹被"一词。

恝然(jiá)

书面语中指冷漠、不在意、不经心,无动于衷的样子。如《孟子·万章上》中孟子对万章曰:"夫公明高以孝子之心,为不若是恝,我竭力耕田,共为子职而已矣,父母之不我爱,于我何哉?"汉语里还有"恝然置去""恝然而去""恝置不顾"等词。"恝置"指的是淡然置之,不予理会。

戛然而止(jiá)

原指鸟、雀高飞鸣叫的声音,象声词;后形容声音的突然而止。章学诚《文史通义·古文十弊》中有"夫文章变化侔于鬼神,斗然而来,戛然而止"句。秦牧在《长街灯语·读长篇历史小说〈李自成〉》中写道:"小说中叙述一事之后,戛然中止,转述他事,造成读者悬念。"

"戛"字,《广韵》作吉黠切,中古入声字,极易误读成gā或gá。"嘎"字虽然也是象声词,意表短促而响亮的声音,但却不与"然"字组词。

岬角(jiǎ)

古代多指两座山之间。《水经注·江水上》引《淮南子》有"彷徨于山岬之旁"句。后也指突入海中的尖形山崖,常见于半岛的前端,多用于地名。如中国胶东半岛的成山头(又叫成山岬)、非洲的好望角等。

肩胛骨(jiǎ)

指人体与两臂之间的部分。肩胛的上部外侧扁平三角形的骨头,叫肩胛骨,左右各一。肩胛骨和肱骨、锁骨构成肩关节,也叫"胛骨"或"琵琶骨"。

稼穑(jiàsè)

指种植和收割,泛指农活儿、农业、农事等。有时也指种植技术或庄稼。《尚书·无逸》载,"周公曰:'呜呼!君子所,其无逸。先知稼穑之艰难,乃逸,则知小人之依。相小人,厥父母勤劳稼穑,厥子乃不知稼穑之艰难,乃逸乃谚。'"

间架(jiān)

指房屋的结构形式。也借指汉字的笔画结构或文章的布局。相关汉语词还有"间量"等。

间奏曲(jiān)

过去指戏剧(主要是歌剧)中在两幕或两场之间演奏的小型器乐曲,即过场音乐、幕间曲。也指一种单独形式的小型器乐曲,篇幅短小,形式较为自由。1832年德国作曲家舒曼首先称其钢琴曲作品第四号为"间奏曲"。后来也有称交响乐或室内乐等套曲中较短小的中间乐章为"间奏曲"的,如舒曼的《a小调钢琴协奏曲》中的间奏曲。

现在广播电台的播音节目在两段内容之间所垫加的小段乐曲也称间奏曲,简称"间奏",一般是间隔内容、调节气氛的。"间"字,在这里应读阴平jiān。

间不容发(jiān)

"间"字,名词,表中间、空间义。1959年普通话异读词第二次审音和1985年普通话异读词审音都有这个规定。

"间不容发"的意思是：中间容不下一根头发，指事物之间距离极小；比喻与灾祸相距极近，情势极其危急。枚乘《上书谏吴王》中曰："系绝天下，不可复结，坠入深渊，难以复出，其出不出，间不容发。"

草菅人命(jiān)

意为把人命看得和野草一样，指任意残害人民。"菅"字，指多年生的草本植物，一般认为是茅草。《诗经·陈风·东门之池》有"东门之池，可以沤菅"句。"菅"字容易误写成"管"，也容易误读成 guǎn。

便笺(jiān)

"笺"字，极易误读成 qiān。指篇幅较小、较精美的纸片，也可以理解为便条，一般用来书写题词或写信（留言）。相关汉语词还有"信笺""花笺""锦笺""手笺""笺札"等。另外，"笺"在古代也可以指对古书注解的一种形式或公文中的一种体裁。

渐染(jiān)

浸染、习染。指因接触久了而渐渐受到影响，逐渐改变其本性。如《论衡·率性》中就有"夫人之性犹蓬纱也，在所渐染而善恶变矣"句。《楚辞·七谏·沈江》有句："日渐染而不自知兮，秋毫微哉而变容。"

"渐"字，从《广韵》的子廉切，中古平声字。在"渐染"里容易误读成去声。

西学东渐(jiān)

指西方的理论、思潮、影响渐渐流入、传入东方。又书名，清末容闳著。原名是《我在中国和美国的生活》。该书写于20世纪初，时作者因维新变法运动失败而逃亡美国。自述作者1828年至1901年历经太平天国革命、洋务运动、变法维新运动等中国重大历史事件和平生从事教育、政治、经济等方面的活动。1915年商务印书馆出版时被译为中文版，改名为《西学东渐记》。"渐"字，在古代还指"流入"，有"东渐于海"句（见《尚书·禹贡》）。

犍牛(jiān)

阉割过的公牛,比较驯顺,容易驾驭且易于育肥。"犍"字,也指阉割其他牲畜。《齐民要术·养猪》中说:"其子三日便掐尾,六十日后犍。"

湔雪(jiān)

洗雪、洗刷耻辱和冤屈。《后汉书·段颎(jiǒng)传》有"湔雪百年之逋负,以慰忠将之亡魂"句。《金史·循吏传·张特立》中有"近降赦恩,谋反大逆,皆蒙湔雪"句。

缄默(jiān)

闭上口沉默不说话。《宋史·郑侠传》有"御史缄默不言,而君上书不已"句。

"缄"字,原指封闭,常用在写完信后将信封好,然后在信封的寄信人后面写上"某某缄"的字样。汉语词另有"缄口"一词。

缣帛(jiān)

古代一种质地细薄的丝织品。在纸发明以前,古人常在缣帛上书写文字。有一种说法指双丝的细绢。如《释名·释采帛》中说:"缣,兼也,其丝细致,数兼于绢,染兼五色,细致不漏水也。"《淮南子·齐俗训》中说:"缣之性黄,染之以丹则赤。"缣帛,又叫"缣素",指供书画用的白色细绢。

鹣鲽(jiāndié)

"鹣",为古代传说中的比翼鸟;"鲽",为比目鱼。《尔雅·释地》说:"东方有比目鱼焉,不比不行,其名谓之鲽;南方有比翼鸟焉,不比不飞,其名谓之鹣鹣。"旧时也多用"鹣鲽"来比喻感情很好的恩爱夫妻,举案齐眉,比翼双飞。

鞯鞯(jiān)

"鞯"字,1985年普通话异读词审音时规定"统读"为jiān。指马鞍子或衬托马鞍子的垫子。如《木兰诗》写花木兰替父从军前的准备:"东市买骏马,西市买鞍鞯。南市买辔头,北市买长鞭。"

老茧(jiǎn)

同"老趼",指手或脚上因长期劳动、走路等磨成的硬皮。"茧"与"趼"字均读作 jiǎn。

趼子(jiǎn)

"趼"字,1985 年普通话异读词审音时审为"统读"jiǎn。足久行生硬皮曰趼。过去一般指脚掌上生的硬皮,现通指手脚上生出的硬皮。又作"茧子"。

眼睑(jiǎn)

眼球外圈起保护作用的能够开合的皮,边缘长着睫毛。通称"眼皮"。

杀手锏(jiǎn)

是古代的一种兵器,金属制成,长条形的,像鞭子,有四棱,无刃,上端略小,下端有柄。"杀手锏"又作"撒手锏",旧小说中指的是交战双方厮杀时一方出其不意地用锏投掷敌手的招数。比喻在最为关键的时候使出来了最拿手的本领。"杀手锏",容易误读成 shāshǒujiàn。

谫陋(jiǎn)

浅陋。如"学识谫陋"。《史记·李斯列传》载胡亥之语:"废兄而立弟,是不义也;不奉父诏而畏死,是不孝也;能薄而材谫,强因人之功,是不能也。"

戬灭(jiǎn)

剪除;消灭。"戬"字,也指福。

乖蹇(guāijiǎn)

指时运不好,不顺利。汉语词另有"蹇涩""蹇钝""时乖命蹇""命运多蹇"等。元代严济忠的小令《天净沙》写道:"宁可少活十年,休得一日无权。大丈夫时乖命蹇。有朝一日天随愿,赛田文养客三千。""蹇"字的本义是指跛脚,行动不便。据《史记·晋世家》载,晋景公"八年,使郤克於齐。齐顷公母从楼上观而笑之。所以然者,郤克偻,而鲁使蹇,卫使眇,故齐亦令人如之以导客。"

间隙(jiàn)

表空隙、隔阂、隔开、拔除等义。汉语词有"间谍""间断""间隔""间伐""间接""间或""间作""间苗""间隙""间歇""间杂""间作""反间计""挑拨离间""动静相间""红白相间""晴间多云""亲密无间"等，多为动词或动词词素。

饯行(jiàn)

设酒食送行。《诗经·大雅·韩奕》中有"显父饯之，清酒百壶"句。汉语词还有"饯别"等词。另外"饯"字也指以蜜、浓糖浆等浸渍果品。后也用以指代这类果品，如"蜜饯"。

监利(jiàn)

地名。在湖北南部，长江北岸，邻接湖南。汉时为华容县地，三国吴置监利县。现为荆州市所辖。

1962年普通话异读词第三次审音时审"监利"为jiànlì。容易误读成jiānlì。

监生(jiàn)

"监"字，容易误读为阴平。明清时代在中央最高学府国子监里肄业的，统称为"监生"。有举监、贡监、恩监、生监等名目。后则仅存虚名，不被重视。清乾隆以后一般的监生都可以以捐纳而取得。比如有欲应乡试，而又未入府、州、县学的，或没有取得科名欲入仕的，都要先捐监生，作为出身或名义，并不一定在监读书。相关汉语词还有"监本(国子监刻印的书)""钦天监(古代掌管观察天象、推算历法的官署名)"等。

国子监(guózǐjiàn)

我国封建时代最高的教育管理机关，有的朝代兼为最高学府。宋代以后朝廷设立的掌管国学政令的机关。明清时代皆有。宋朝的国子学学生须七品以上官员之子弟。明朝国子学学生取消了品级待遇，并且用钱可以捐国子监生的资格和身份。清代更宽，封建地主阶级的子弟均可贡监入学。清朝时的国子监，是顺治元年修葺明朝北监建成的,又称"太学"。在北京安定门内成贤街孔庙西侧,是元明清三代的最高学府。在国子监入学的有各省荐举的"贡生"、输银捐纳的"监生"即八旗的官学生。国子监生所习科目有"五经""四书"、性理、习字等。在祭孔典礼上,主要由国子监官员任各执事官,皇帝"临雍视学",由国子监祭酒讲经,皇帝作"御论"。其"御论"由国子监刊刻后颁发在京各衙门官学及各省儒学学习。雍正后设特简大臣总理监事。1905年裁撤,并入学部。现今已辟为首都图书馆。"监"字,音jiàn。极易误读为阴平。

进谏(jiàn)

指用言语规劝(君王、尊长或朋友)改正其失误,一般用于下对上。直言规劝叫"谏诤"。臣子对皇帝的奏章叫"谏书"。如秦朝李斯给秦始皇的《谏逐客书》、齐人邹忌讽齐威王纳谏、唐魏征的《谏太宗十思疏》等。汉代设有谏议大夫。隋唐以后,朝廷曾设有"谏院",谏院设知谏官,对朝政得失、大臣以至百官的过错都可以提出谏言,称"进谏";朝廷接受意见称"纳谏"。这些对朝廷和官员都有很大的监督作用。

槛车(jiàn)

古代押送囚犯的木车。也指关禽兽的"兽槛"。在古代,"槛"字还多指栏杆。如王勃《滕王阁序》的结尾:"滕王高阁临江渚,佩玉鸣鸾罢歌舞。画栋朝飞南浦云,珠帘暮卷西山雨。闲云潭影日悠悠,物换星移几度秋。阁中帝子今何在?槛外长江空自流。"

"槛"字也通读 kǎn,用在"门槛"一词里。

僭越(jiàn)

指超越自己的身份,冒用在上者的名义、职权、礼仪、器物等。如"僭号(冒用帝王的尊号)""僭妄(超越本分,大胆妄为)""僭差(超越等级)"等。

将养(jiāng)

原指奉养和抚育。后多指

休息和调养。如《墨子·非命上》有"外无以应待诸侯之宾客,内无以食饥衣寒,将养老弱"句。

豇豆(jiāng)

一年生草本植物,嫩荚是常见蔬菜。亦指这种植物的荚果或种子。

浆洗(jiāng)

洗涤后用米汤或粉浆等浸揉,使其干后发硬发挺。如"浆床单""浆衣裳""浆衣领"等。"浆"字,不读去声。读阴平音"浆"的汉语词还有指比较浓的液体义,如"浆液""粉浆""泥浆""纸浆""豆浆""血浆""灌浆""脑浆""琼浆""翻浆""灰浆"等。

耩子(jiǎng)

方言词,指耧。用耧播种,叫"耩地",也叫"耧播"。

降解(jiàng)

有机化合物中的碳原子数目减少,分子量降低。特指高分子化合物的大分子分解成较小的分子。

犟嘴(jiàng)

顶嘴、强辩。也称强(音jiàng)嘴。"犟"字,义为固执、执拗,不服劝导。有"倔犟""犟脾气""犟种""死犟"等词。

教学(jiāo/jiào)

两读两义。"教"字,既读阴平的 jiāo(《广韵》作古肴切,中古平声字),也读去声的 jiào(《广韵》作古孝切,中古去声字)。

读阴平 jiāo 音的"教学",是教学生学习功课,其中的"教"字具有动词的性质,指将知识、技能等传授给他人。如"王老师一直在一中教学"。由阴平音"教"字组成的汉语词还有"教给""教课""教唱""教书""教书匠""不会教""教得不好""教语文的""教书育人""把孩子教坏了""教了一辈子书"等。

读去声 jiào 音的"教学",是"教导""教育"的意思,《现代汉语词典》的解释是："教师把知识、技能传授给学生的过程"。其中的"教"是与"学"平等并列的名词词素。如"教学计划""教学方法""教学手段""教学能手""教学方案"、"教学经验""汉语教学""军事教学""组织教学"等。

读阴平的"教"都是动词或动宾结构的，这一类词尽管为数不多，但误读率却不低。《礼记·学记》里"教学相长"的"教"字，应该按阴平的 jiāo 音读。因为这里的"教"和"学"在古代都是单独使用的单音词（不像现代的"教学"已由两个动词词素联合成了一个新词了），它表示的是一般学习过程中"师"与"生"的两个方面相互影响、相互促进和提高。

"教授""教会"中的"教"字也都可以两读，读音不同，词性和词义也完全迥异。"教授"作名词时，"教"读去声 jiào，指高等学府里职别最高的一类教师；作动词时，"教"字读阴平 jiāo，指将知识、学问、技能等传授给学生，这里的"教"和"授"是同义联合式复合词根，以其相同的职能构成"教授"这个双音节词。

"教会"用作名词时，"教"读去声 jiào，指的是宗教信徒们的组织；作动词时，读阴平 jiāo，"教"和"会"是动补式复合词的两个词根，"会"具有补语性质，意思是：教给你，使你学会。如"我有信心把你教会"。

矫情(jiáo·qing/jiǎoqíng)

两读两义。"矫情"读 jiáoqing（轻读）的，作形容词，指强词夺理或无理取闹，如"这个人真矫情"。"矫情"读 jiǎoqíng 的，在书面语中表故意违反常情，以示与众不同。如"矫情自饰"。

佼佼(jiǎojiǎo)

"佼"字，表示体态美好的样子。"佼佼"，指超出一般水平的、出类拔萃的。往往与"者"合用为"佼佼者"。由于三个字都是上声字，所以按照上声音变规律，前两个字，即"佼佼"要变为近似于阳平音。"佼佼",极易误读成阴平。

铰接(jiǎo)

用铰链连接。"铰链"是连接机器、车辆、门窗、器物的两个部分的装置或零件,所连接的两个部分或其中的一部分能绕着铰链的轴转动。

矫正(jiǎo)

"矫"字,从《广韵》的居夭切,中古上声字,今读上声的jiǎo。现代汉语里表达四个常用的意思:(1)动词,指将弯曲的弄直,将错误的改正过来。这一类的词有"矫正""矫治""矫枉过正""矫形手术"等。(2)动词,指假托。如"矫命""矫饰""矫托"等。(3)形容词,表强壮勇武。如"矫捷""矫健""矫若游龙"等。(4)故意做作,以图掩饰。如"矫饰""矫情(jiǎoqíng)"等。

"矫健"一词,容易误读成jiāojiàn,多半是由于将"矫健"中的"矫"字,在理解上与"骄傲"中的"骄"字相混淆了。

矫揉造作(jiǎo)

指过分地做作,极不自然。"矫"表示正曲使直,"揉"表示使直变曲。

"矫"字,容易误读成阴平。

皎洁(jiǎo)

洁白而又明亮,常用来形容月光。《诗经·陈风·月出》中有"月出皎兮。佼人僚兮。舒窈纠兮。劳心悄兮"句。

"皎"字,容易误读成阴平。

缴纳(jiǎo)

交纳。其他词语如"上缴""收缴""缴费""缴枪""缴械""缴租金""缴公粮""缴学费"等。

"交"的用法较广泛,所有"交付"的意思都可以用"交";而"缴"则只用于履行义务或被迫的场合。如"提前交货"和"请你把这包东西交给他"中的"交"字就不能用"缴"字。

校对(jiàoduì)

按原稿核对、校样,检查并改正错误。也指做校对工作的人。相关汉语词还有"校本""校正""校补""校次""校点""校改""校记""校勘""校释""校雠""校订""校样""校阅""校注""校核""校稿""三校""参校""校勘"等。

"校"字在以上词里容易误读成 xiào。

校场(jiào)

指旧时操演或比武的场地。又作较场。相关汉语词还有"校阅(指检阅)"等。

发酵(jiào)

酿酒、制酱、发面时利用酵母引起的化学变化叫"发酵"。另有"酵母""酵子""酵母菌"等词。"酵"字不读去声的 xiào。

噍类(jiào)

指能吃东西的动物,特指活人。《论衡·辨祟》中说:"高祖始起,丰、沛俱复,其民未必皆慎时日也。项羽攻襄安,襄安无噍类,未必不祷赛也。赵军为秦所坑於长平之下,四十万众同时俱死,其出家时,未必不择时也。"

节骨眼儿(jiē·guyǎnr)

北方官话里比喻能起决定性作用的时机、环节或紧要关头。另外,木材上的疤痕,叫"节子",其中"节"字的读音也是 jiē。

开花结果(jiē)

指植物开了花,结了果实。植物生长出了果实称"结",读阴平的 jiē。如"这根蔓儿上结了不少瓜""今年是小年儿,树上结的果子不多"等。相关汉语词还有"棉花结铃""结蕾率""结果率"等。读阴平的"结"字还用在"结巴"(轻读)、"结实"(轻读)两个词里。

当然,"结果"的"结"也读阳平音 jié,(1)表示事物发展所达到的最后状态;(2)用在下半句,表示某种条件或情况下产生某种结局。

秸秆(jiē)

农作物脱粒后所剩的茎秆。如"麦秸""麻秸""秋秸"

"豆秸""玉米秸""秸秆儿还田"等。"秸"字,容易误读成阳平。

嗟叹(jiē)

书面语中的文言词,叹息或有感而叹的意思。《毛诗序》中说:"情动于中而形于言,言之不足故嗟叹之,嗟叹之不足故咏歌之,咏歌之不足,故手之舞之,足之蹈之也。"

1985年以前,"嗟"字有两读,既读jiē,又读juē。1985年普通话异读词审音时将其"统读"为jiē。"嗟乎""嗟悔""长嗟""怨嗟""嗟来之食"等词语,一律要将"嗟"字读为jiē。

嗟来之食(jiē)

"嗟来之食"是悯人穷饿,呼之使来食的意思。据《礼记·檀弓下》载:春秋时齐国大馑,黔敖在路边向人施舍食物。对一个饥民高喊"嗟!来食!"那个饥民对他说:"我正是因为不吃别人施舍的食物(嗟来之食)才饿成现在这个样子。"尽管黔敖向他道了歉,他也始终不吃,最后终于饿死了。后世用"嗟来之食"表示带有侮辱性的或不怀好意的施舍。

楷木(jiē)

"楷"字,从《广韵》古谐切,中古平声字。"楷木",又名"黄连木",相传其木种的枝干疏而不屈,后亦形容为人刚直。三国时魏人刘劭《人物志·体别》中说:"强楷坚劲,用在桢干,失在专固。"曲阜孔林中即植有楷木,今孔府家珍仍有用楷木雕刻成的器物"楷木雕"。

读jiē音的"楷"字只此一用,其余场合均读kǎi。

孑遗(jié)

意为遗留、余剩。也指遭受兵灾等大变故多数人死亡后遗留下的少数人。"孑遗生物",通称"活化石",指某些在地址年代中曾繁盛一时,广泛分布,而现在只限于局部地区,数量不多,有可能灭绝的生物。如仅产于我国的大熊猫、银杏、水杉和仅产于美国的红杉等。另有"孑然"一词,形容孤独、孤单,如"孑然一身"。

孑孓(jiéjué)

指蚊子的幼虫,俗称"跟头虫"。是蚊子的卵在水中孵化出来的,体细长,游水时身体一屈一伸。

攻讦(jié)

指揭发、斥责、攻击别人的阴私、过失或短处。多指因个人或派系厉害矛盾。《论语·阳货》载:子贡曰:"君子亦有恶(音 wù,憎恶)乎?"子曰:"有恶:恶称人之恶者,恶居下流而讪上者,恶勇而无礼者,恶果敢而窒者……恶徼以为知者,恶不孙以为勇者,恶讦以为直者。"

"讦"字,容易误读成 gàn。

诘难(jié)

责难。"诘"字,指盘问、质问。《史记·司马相如列传》中载:"相如欲谏,业已建之,不敢,乃著书,籍以蜀父老为辞,而己诘难之,以风天子,且因宣其使指,令百姓知天子之意。"

相关汉语词还有"诘责""诘问""反诘""盘诘""诘诛"等。

结婚(jié)

在汉语大多数双音节词里,"结"字都读阳平。如"结合""结构""缔结""结发""团结""结论""结案""结伴""结仇""结拜""了结""死结""结晶""结果""结交""结局""结盟""结亲""结识""结束""结算""结缘""结账""结扎""结业""结石""板结""勾结"等。

受方音的影响,北京人往往将"结婚""结合""结案""结伴""结仇""结晶""结交""结局""结亲""结识""结算""结缘""结账""结扎""结业"等词里的"结"字读成阴平音。属于典型的普通话异读现象。

桔梗(jiégěng)

"桔"字,从《广韵》的古屑切,中古入声字。多年生草本植物。根茎可入药,性平和,味苦辛,有止咳祛痰的作用。《战国策·齐策》中有"今求柴胡、桔梗于沮泽,则累世不得一焉"句。《草木经》中曰:"桔梗,味辛,微湿,主胸胁痛如刀刺……生山谷。"

"桔梗"是朝鲜族人民喜爱吃的一种野菜。朝鲜族民歌中有一首著名的《道拉基》,汉语的意思是"采桔梗"或"桔梗谣"。这首民歌共有七个乐句,生动地塑造了朝鲜族姑娘勤劳活泼的形象。

"桔"字在"桔梗"里不读 jú。

桀纣(Jié-Zhòu)

指我国夏朝最后一个君主"桀"和商朝最后一个君主"纣"。之所以将二者并称,是因为此二者是中国奴隶制社会有名的暴君。《荀子·天论》里有"天行有常,不为尧存,不为桀亡"句。《史记·殷本纪》有"帝乙崩,子辛立,是为帝辛,天下谓之纣"的记载。

仓颉(jié)

传说中黄帝的史官,汉字的发明者。其名字至战国时始见于《荀子》《韩非子》《吕氏春秋》等著作,说他"好书""作书"。《荀子·解蔽》中说:"好书者众矣,而仓颉独传者一也。"后世推度,汉文字的创造者可能不止一人,但可以肯定的是仓颉不啻为整理古代文字较有贡献者或代表人物。

碑碣(jié)

石碑。班固《封燕然山铭》有"封神丘兮建隆碣"的吟咏。"碣石",山名。在今河北昌黎县北。《尚书·禹贡》有"导岍(音 qiān,山名,在陕西)及歧……太行、恒山,至于碣石,入于海"的记载。汉建安十二年,曹操征讨乌桓族凯旋后路过碣石山,写下《观沧海》一诗,抒发自己的政治抱负,其诗有:"东临碣石,以观沧海"句。

羯羊(jié)

指被阉割过的公羊。蔡文姬《胡笳十八拍》中有"羯膻(音 shān,同'膻')为味兮,枉遏我情"句。

羯族(jié)

我国古代北方少数民族,

是匈奴族一个别支,居住在今山西省东南部。东晋时曾在黄河流域建立过赵国(公元311—334年)。《晋书·石勒载记上》有"石勒,上党武乡羯人也"的记载。"羯鼓"就是来源于羯族的一种鼓,两面蒙皮,腰部细。

解甲归田(jiě)

"解"字,音 jiě,从《广韵》佳买切,中古上声字。多作动词或动词词素。"解甲归田"里的"解"是脱下的意思,"解甲"者,犹言脱去战袍或战衣。《吴子·料敌》中说:"倦而未食,解甲而息。"古汉语词还有"解甲投戈""解装""解巾""解褐"等。这里的"解"字容易误读成 xiè。

解差(jiè)

"解"字,音 jiè,从《广韵》古隘切,中古去声字。一般作动词。唐宋时举进士者由地方推荐发送入京称"解"。后泛指押送财物或犯人为"解"。"解差"即朝廷或衙门里执行遣送或押送任务的差役。如《宋史·举志》有载:"天下之士屏处山林,令监司守臣解送。"明代将押送钱粮的解差叫"解户",称押送犯人的叫"解子"或"解头"。

汉语里另有"押解""解送""解款""发解""起解"等词。

解元(jiè)

中国古代称科举时代乡试的第一名叫"解元"或"解首"。据唐制,地方上在推举进士后,都要由地方主持考试的衙门派人发送入试,叫"解"。所以科举时代,把考取乡试称为"发解",乡试也称"解试"。宋元以后,"解元"又作为读书应举者的通称。《西厢记·诸宫调》的作者叫董解元。

女起解(jiè)

京剧《玉堂春》里的一折戏,又叫"苏三起解"。《玉堂春》讲的是妓女苏三落难逢夫的故事。"女起解"中的"解"字,是"押解""解送"的意思,自然也就应读作 jiè。"女起解"应读作 nǚqǐjiè。有人由于不知"起解"的意思,所以将"女起解"误读成 nǚqǐjiě。在"女起解"这个三音节词里,由于牵涉到上声音节变调的问题,所以读 nǔqíjiè 和 nǔqíjiě 在听感上是绝对大不一样的。

裤子(jiè)

方言。指尿布。

慰藉(jiè)

安慰。"藉"字,音 jiè,《广韵》作慈夜切,中古去声字。"藉"字,义与"借"同。也指垫在下面的东西,垫;衬。汉语还有"蕴藉"一词,表含蓄、蓄积义。"慰藉"和"蕴藉"极易误读成 wèijí 和 yùnjí。

骄矜(jīn)

骄傲自大;傲慢。《论衡·书虚》里有"葵丘之会,桓公骄矜,当时诸侯畔者九国"句。相关汉语词还有"矜持""矜重""矜夸""矜怜"等。

禁不住(jīn)

"禁"字,两读两义。(1)读去声 jìn,《广韵》作居荫切,中古去声字。指禁止、监禁、法令或习俗所不容的事项,同时也指古代帝王居住的地方。如"禁止""禁闭""禁令""禁地""禁区""严禁""查禁""禁苑""禁军""禁兵""紫禁城"等。

(2)读阴平的 jīn,《广韵》作居吟切,中古平声字。指禁受、忍耐、忍住义,如"禁受""禁不住""禁得住""禁不起""弱不禁风""情不自禁""禁穿""禁用""忍俊不禁"等。在以上这些词里,"禁"字极易误读成去声。

尽量(jǐn/jìn)

"尽"字,两读。(1)从《广韵》慈忍切的,今读去声 jìn;(2)从《广韵》即忍切的,今读上声 jǐn。

"尽"字,多用作副词。在现代汉语里,两读的主要区别在于:读去声的"尽",表示已经达到的极限或已经全部用完。如"尽头""尽情""尽力""尽然"

"尽数""尽心""尽兴""尽责""尽忠""尽心竭力""山穷水尽""尽善尽美""尽人皆知""倾尽全力""人尽其才,物尽其用"等。读上声的"尽",(1)指力求达到最大限度,如"尽早""尽可能""尽快""尽先"等;(2)可作方位词,如"尽上头""尽里边儿"等;(3)作介词,如"尽着新衣服穿""要什么东西尽你挑"。

副词和连词"尽管"中的"尽"字,都读上声,表示不必考虑别的,放心去做事。如"有话尽管讲"(副词)、"尽管我没参加会,但内容还是略知一二"(连词)。容易误读成去声。

"尽量"中的"尽"字,既可读上声,也可读去声。"尽量(jǐn)"表示力求在一定范围内达到最大限度,如"尽量争取群众的理解和支持"。"尽量(jìn)",一般多用在饮食、饮酒方面尽力而为,如"一会儿你还要赶路,尽量多吃点"。

妗子(jìn)

口语里称舅母,指妻兄、妻弟的妻子。

浸染(jìn)

逐渐沾染或感染;液体渗入而使染上颜色或被污染。如"鲜血浸染了衣裤""浸染上了坏习惯"。相关汉语词还有"沉浸""浸泡""浸渍""浸没""浸种""浸润""浸透"等。"浸"字,容易误读成 qīn。

缙绅(jìnshēn)

古代称有官职的或做过官的人。也作搢绅。《史记·封禅书》中就有如下记载:"汉元年,汉兴已六十馀岁矣,天下艾安,搢绅之属皆望天子封禅改正度也,而上乡儒术,招贤良,赵绾、王臧等以文学为公卿,欲议古立明堂城南,以朝诸侯。"

朝觐(jìn)

中国古代诸侯秋天朝见天子或帝王叫"朝觐",也叫"觐见"。朝觐和狩猎是夏代政治生活中的大事。前者是四方各部族首领入朝拜君,后者是帝王出巡四方,会见地方首领,两者都是加强中央与地方联系的办法。《孟子·万章上》有如下记载:"舜相尧二十有八载,非人之所能为也,天也。尧崩,三年之丧毕,舜避尧之子于南河之南,天下诸侯朝觐者,不之尧之子而之舜;讼狱者,不之尧之子而之舜;讴歌者,不讴歌尧之子而讴歌舜,故曰,天也。"

"朝觐"也是伊斯兰教于公元628年规定的五项基本功课之一,为穆斯林教徒所必遵。凡身体健康有经济能力的穆斯林在道路安全的情况下,一生应到麦加朝觐一次。

根茎(jīng)

茎,植物体的一部分,由胚芽发展而成,一般都生有叶、花和果实。茎能输送水、无机盐和养料到植物体的各部分去,并有贮存养料和支持枝、叶、花、果实等生长的作用。如"根茎""块茎""茎叶""地上茎"等。"茎"字,容易误读成去声。

泾渭分明(jīngwèi)

"泾"字,指泾河,源于宁夏,经甘肃陕西流入渭河;"渭"字,指渭河,发源于甘肃,东流经陕西入黄河,为黄河最大支流。

泾河水清,渭河水浊,泾河水流入渭河时,清浊不混。

泾渭分明比喻界限清楚,是非分明。另有"泾渭不分"一词,比喻忠奸不辨,是非不明。

菁华(jīng)

同"精华",表示(事物)最重要最精粹的部分。"菁"字,原指韭菜的花,后泛指花。"菁菁",指草木茂盛,如"菁菁校园"。"菁"字,容易误读成qīng。

旌旗(jīng)

古代旗杆上用彩色羽毛做装饰的一种旗子。"旌旗"指各种各样的旗子。如"旌旗招展""旌旗猎猎"。

腈纶(jīng)

一种含烃基和氰基的有机化合物,为无色液体或固体。"腈纶",是我国聚丙烯纤维的商品名称,性能与用途和羊毛相似,故又称"合成羊毛",被广泛用来仿制毛线、制造人造毛皮或窗帘、帐篷布等。"腈纶"容易误读成 qīnglún 或 qínglún。

粳米(jīng)

粳稻碾出的米。粳稻是我国南方栽培晚稻的一个亚种，矮秆，米粒短而粗，米质不粘，胀性小，耐寒不耐光。元代农学家王祯的《农书》卷二载："南方水稻，其名不一，大概为类有三，早熟而紧细者曰籼，晚熟而香润者曰粳。"

"粳"字，《广韵》作古行切，中古平声字。1957 年普通话异读词第一次审音时审定为 jīng。容易误读成 gěngmǐ。

自刭(jǐng)

自己用刀割自己的脖子。《史记·淮南衡山列传》载："辟阳侯出见之，即自袖铁椎椎辟阳侯，令从者魏敬刭之。"

瓶颈(jǐng)

指瓶子的上部较细的部分。比喻事情进行中容易发生阻碍的关键环节。"颈"，《广韵》作居郢切，中古上声字。原指颈项，即脖子。按古代习惯，前为"颈"，后为"项"。又指物体上的形状像颈或部位相当于颈的部分，如"瓶颈"。古代五言或七言诗的第五句和第六句称为"颈联"，与第三四句相应。相关汉语词还有"颈椎""颈项""颈动脉""长颈鹿"等。

"颈"字，在上述词里既不读 jīng，也不读 jìng，而是读上声的 jǐng。

刎颈之交(wěnjǐng)

又作刎颈交，指同生死、共患难的朋友，即生死之交。《史记·廉颇蔺相如列传》载：蔺相如因完璧归赵有功，被拜为上卿，位列廉颇之右。廉颇不服，屡次羞辱蔺相如。蔺相如从赵国之大计虑，屡次让于廉颇。后廉颇深感蔺相如之大义，肉袒负荆，至蔺相如门谢罪说："鄙贱之人，不知将军宽之至此也。卒相与驩，为刎颈之交。"从此两人互相理解尊重，结成生死之交。秦国在其后的十年内，未敢发兵攻打赵国。

"刎颈"，读作 wěnjǐng，

"刿"与"颈"字组词时,"刿"字要变读为近似阳平。

儆戒(jǐng)

同警戒。告诫人注意改正错误。"儆"字,让自己觉悟而不犯过错。汉语另有"杀一儆百""以儆效尤"等词。容易误读成去声。

刚劲(jìng)

(姿态、风格等)挺拔有力。"劲"字,作形容词或形容词词素,表示坚强有力等义。《墨子·节葬》中有"耳目不聪明,手足不劲强,不可用也"句。《战国策·韩策》中说:"天下之强弓劲弩,皆自韩出。"古有"劲节""劲直""劲士""劲秋""劲酒""劲勇"等词,今有"强劲""劲松""劲升""刚劲""雄劲""劲敌""劲草""苍劲""遒劲""劲旅""劲舞""疾风知劲草,烈火见真金"等。如郑板桥《竹石》诗句:"咬定青山不放松,立根原在破岩中。千磨万击还坚劲,任尔东西南北风。""劲"字在此不取 jìn 音。

"劲"字,另有读前鼻音的 jìn 音。在现代汉语里已成为主要读音,多为名词,指力气、精神、情绪等。如"干劲""有劲""劲头""使劲""带劲""没劲""吃劲""差劲""用劲""松劲""鼓劲""泄劲""闯劲""牛劲""冲劲""费劲""对劲""起劲""巧劲""拙劲"等。

经纱(jìng)

织布时将纺好的纱或线密密地绷起来,来回梳整后,准备作为纵向织布的纱或线,与"纬纱"相对。

"经"字,只在"经纱"一词里作动词,读 jìng。其余皆作名词,读阴平。

胫骨(jìng)

小腿内侧的长骨,上端和下端膨大,中部的横断面为三角形。也泛指小腿。《庄子·骈拇》载:"是故凫胫虽短,续之则忧;鹤胫虽长,断之则悲。故性长非所断,性短非所续,无所去忧也。""不胫而走"指没有腿却能跑,形容传播之迅速。

痉挛(jìng)

　　肌肉因受刺激而紧张,不由自主地收缩,引起疼痛。多由中枢神经受刺激引起,俗称"抽筋儿"。"痉"字,去声,容易误读成阴平。

靓妆(jìng)

　　指美丽的妆饰。"靓"字,也读 liàng,在粤语里指漂亮、好看。如"靓女""靓妹""这姑娘很靓"等。

绥靖(suíjìng)

　　安抚,使保持地方平静。相关汉语词还有"平靖""靖边""靖乱""靖难""安靖""宁靖"等。

迥异(jiǒng)

　　相差很远;迥别。"迥"字,指远或差得远。如"风格迥异""性格迥异"等。汉语词另有"迥然""迥别"。

斑鸠(jiū)

　　一种鸟名,鸟纲,鸠鸽科。形体像鸽,灰褐色,颈部有白色或黄褐色斑点,脚呈淡红色,喜吃谷粒和果实,对农作物有害。分布于我国较广地区,有"棕背斑鸠""珠颈斑鸠"等类种。

抓阄儿(jiūr)

　　用一些小纸片或纸团事先做上记号或写上字,搅乱后由有关的人各自抓取一个,来决定谁该得什么东西或谁该做什么事。也说拈阄儿。

针灸(jiǔ)

　　"灸"字,音 jiǔ,从《广韵》举有切,中古上声字。《说文解字》解为:"灸,灼也,从火,久声。""灸",是中医疗法之一,用燃烧的艾绒等熏烤一定的穴位或患部。《史记·扁鹊仓公列传》载:"齐中大夫病龋齿,臣意灸其左大阳明脉,即为苦参汤,日嗽三升,出入五六日,病已。得之风,及卧开口,食而不嗽。"古有"灸师""灸刺""灸眉""灸草"等词。

　　"针灸",极易误读成 zhēn jiū。

臼齿(jiù)

指槽牙,即口腔后面两侧的牙齿,形状像石臼,用于磨碎食物。人的臼齿上下颌各六个。"臼",原指用石头、木头或陶土制成的中间凹下可以用杵捣米的器具,多为"石臼"。现今家庭用的将大蒜捣成蒜泥的有石头做的"蒜臼子"。骨骼与骨骼之间的连接脱落叫"脱臼"。

"臼"字,去声,容易误读成阴平。

归咎(jiù)

归罪,委过于人的意思。《左传·桓公十八年》载,"鲁人告于齐曰:'寡君畏君之威,不敢宁居,来修旧好,礼成而不反,无所归咎,恶于诸侯。请以彭生除之。'齐人杀彭生。"咎由自取指遭受责备、惩处或祸害是自己造成的。"咎"字,指灾祸、罪过(过失)、责备等义。汉语里另有"引咎自责""引咎辞职""既往不咎"等词。

"咎"字,极易误读成阴平。

歉疚(jiù)

由于自己的过失或错误而感到内心惭愧或痛苦不安。汉语里另有"内疚""负疚""愧疚"等。"疚"字,去声,极易误读成阴平 jiū。

灵柩(jiù)

指装着尸体的棺材。《左传·僖公三十二年》载:"冬,晋文公卒。庚辰,将殡于曲沃,出绛,柩有声如牛。"

马厩(jiù)

指马棚,泛指牲口圈(棚)。《诗经·小雅·鸳鸯》有"乘马在厩,摧之秣之"句。《淮南子·说林训》中说:"饥马在厩,寂然无声,投刍其旁,争心乃生。"家畜的粪尿和垫圈的干土、杂草等混在一起沤成的肥料叫厩肥,可以用来肥田。

"厩"字,容易误读成阴平的 jiū。

雕鹫(jiù)

鹰科的鸟名,属大型猛禽,

嘴呈钩状,视力强,腿部有羽毛。如"秃鹫""兀鹫""海鹫"等。旧时也将"雕"称作"鹫",或"雕鹫"合称。韩愈有《南山》诗云:"或宛若藏龙,或翼若搏鹫。"

范且(jū)

也作范雎。战国时的秦国大臣。长于辩口,曾游说昭襄王,网罗党羽,跋扈专制。后被拜为秦相。在任期间,对山东六国远交近攻,各个击破。长平大战后,因冤杀名将白起,被秦王处死。

"且"字,在这个词里读 jū。不读 qiě。

苴麻(jū)

又叫"种麻"。是大麻的雌株,所生的花都是雌花,开花后结实。

狙击(jū)

"狙"字,音 jū,从《广韵》七余切,中古平声字。原指猿猴之类的兽。《说文解字》曰:"狙,猕猴也。"《庄子·齐物论》载:"狙公赋芧,曰:'朝三而暮四。'众狙皆怒;曰:'然则朝四而暮三。'众狙皆悦。"后又生出窥伺等义。

汉语里的"狙击"一词,源自《史记·留侯世家》:"秦皇帝东游,良与客狙,击秦皇帝博浪沙中,误中副车。秦皇帝大怒,大索天下,求贼甚急,为张良故也。良乃更名姓,亡匿下邳。""狙击",意为事先埋伏在隐蔽地点,伺机袭击敌人。现代汉语还有"狙击手"一词。"狙"字,容易误读成 zǔ。

炭疽(jū)

由炭疽杆菌引起的一种人畜共患的急性传染病,有人类炭疽病、家畜炭疽病和植物炭疽病三种。炭疽病以皮肤炭疽最为常见。病畜的症状是发高烧、痉挛、口和肛门出血,胸部、颈部或腹部肿胀。人感染后,发生脓疱、水肿或痈,也能侵入肺或胃肠。

拮据(jū)

现代汉语的"据"字除了主要读音 jù 外,还保留了一个中古平声字,即"拮据"里的这个读阴平音的"据",而且只出现在"拮据"一词里。"拮据"的原意是鸟之筑巢,口足劳苦。《诗经·豳风·鸱鸮》中有"予手拮据,予所捋荼"句。后泛指劳作辛苦或艰难困顿、景况窘迫。现代汉语里有"生活拮据""手头拮据""家境拮据"等词。"据"字,极易误读成 jù。

焗油(jú)

在头发上抹上染发剂或护发膏等,用特制机具放出蒸汽加温,使油质渗入头发。在粤语里,"焗"还指将食物放在密闭的容器中用蒸汽蒸熟。如"全焗鸡"。"焗"字,阳平,极易误读成阴平。

柑橘(jú)

果树的一类,指柑、橘、柚、橙等。"橘"字,俗作"桔"。橘子树,常绿乔木。夏初开花,扁圆形果实,果皮呈红黄色,味酸甜,果皮、种子、叶子均可入药。汉语里还有"橘红""橘黄""橘子"等词。

柜柳(jǔ)

一种胡桃科落叶乔木,因果实像元宝所以也叫"元宝枫"。分布于我国南北各地,常生溪边或河谷低地。耐寒,耐碱,可固沙,可制家具,树皮可编筐,种子可榨油。

"柜"字在"柜柳"里专用为 jǔ,不读 guì。

咀嚼(jǔjué)

用牙齿磨碎食物;比喻对事物反复体会,如"耐人咀嚼"等。韩愈《进学解》有"沈浸醲郁,含英咀华,作为文章,其书满家"句。

沮丧(jǔ)

灰心失望;使灰心失望。《宋书·颜延之传》中有"岂识向之夸慢,只足以成今之沮丧邪"句。

枸橼(jǔyuán)

常绿乔木,又名"拐枣""香橼"或"金钩子"。叶长圆形,边缘有短锯齿,一年多次开花,果实卵形,有芳香,味酸苦。果实、种子、叶和根都可入药。在"枸橼"一词里,"枸"字不读gōu或gǒu。

矩形(jǔ)

"矩"字,音jǔ,从《广韵》俱雨切,中古入声字。《荀子·不苟》中的"五寸之矩,尽天下之方也"所表达的当是"矩"字的原意,即画直角或方形用的曲尺。其后人们才引申为方形体、法度、规则等。"矩形",对边相等(通常邻边不相等),四个角都是直角的四边形。也叫长方形。《论语·为政》篇里有"吾十有五而志于学,三十而立,四十而不惑,五十而知天命,六十而耳顺,七十而从心所欲,不踰矩"的名句。另外还有"规矩"(轻读)、"中规中矩"等词语。

"矩"字,从古至今只有上声jǔ音一读,根本不存在其他读音,大凡工具书和普通话异读词1957年、1985年审音都有读jǔ的定论。极易误读为去声jù。

循规蹈矩(xúnguī-dǎojǔ)

指的是遵守、遵循一定的规矩或行为准则,因为"规"和"矩"都是定方圆的工具。现多指拘泥于旧的准则,不敢稍作变通。由于上声字"蹈"处于上声"矩"的前面,应按规则变读为近似阳平音(调值24)。从听感上分辨,将"矩"字分别读成上声和去声,差别还是不小的,因为后者的"蹈"字无需变调。

龃龉(jǔyǔ)

上下牙齿不相对应,比喻意见不合,相抵触。《楚辞·九辩》中有"圆凿而方枘兮,吾固知其龃龉而难入"句。"龃龉",容易误读成jǔyú。

踽踽独行(jǔjǔ)

孤零零地独自走着。形容非常孤独。《诗经·唐风·杕(音dì)杜》中有"独行踽踽,岂无他人,不如我同父"句。

句容(jùróng)

在江苏省西南部,镇江市所辖县级市。汉始置县,因县近"句曲山"(言山形如"句"字之曲)得名。句容市东南26公里处有著名的风景名胜区茅山,为道教清派发源地,有"第八洞天,第一福地"的美誉。

"句"字,从《广韵》九遇切,中古去声字。按古音,"句"应读 gōu,但1957年普通话异读词第一次审音时将此词审为 jù róng。正确读音应以后者为准。

沮洳(jùrù)

指由腐烂植物埋在地下而形成的泥沼。如陈亮《戊申再上孝宗皇帝书》中有"其地南有浙江,西有崇山峻岭,东北则有重湖沮洳,而淞江震泽横亘其前"句。

倨傲(jù)

骄傲;傲慢。《三国志·魏书·陈群》载:"鲁国孔融高才倨傲,年在纪(群父)、群之间,先与纪友,后与群交,更为纪拜,由是显名。"

汉语里还有"倨慢""倨倨"等词。"前倨后恭"形容对人态度前后截然不同。

惶遽(jù)

恐惧、慌张、匆迫的样子,多表神色和动作。相关汉语词还有"急遽""匆遽""遽然"等。

镌刻(juān)

雕刻。《后汉书·蔡邕传》有载:"灵帝许之,邕乃自书丹于碑,使工镌刻,立于太学门外。"

"镌"字,容易误读成去声。

隽永(juàn)

(言语、诗文)意味深长。"隽"字,《集韵》作徂兖切,中古上声字,也写作"儁",原指鸟肉肥美,味道好。后又比作肥肉。"永"字,长也。再后来以"隽永"赞美某一事物富含意味且引人入胜。宋赵蕃有《次韵斯远三十日见寄》诗云:"窗明内晴景,书味真隽永。"

圈养(juàn)

是指将猪牛马羊等牲畜围在一个和棚和栏的建筑里喂养。汉语词还有"圈肥""猪圈"等。

现在我国沿海地区的渔业经营战略已由近海捕捞为主转向近海养殖和远洋捕捞并举。其中近海养殖的方法就是将一大片海域人工围起来,放上鱼虾苗和饵料,经过几年时间的养育使其生长起来,渔民管这种养殖方法叫"围海圈养"。"圈"字在这里就不应读 juàn,而应读 quān。因为它与猪圈、牛圈、羊圈没有直接的联系,而是将海"圈"(quān)起来养殖。

角色(jué)

"角"字,《广韵》作古岳切,中古入声字。古时只有 jué 音一读。"jiǎo"音为"角"字的现代读音。现今凡表"角色""行当""竞争"等义的"角"字仍旧读作 jué。如"角色""主角""配角""名角""丑角""旦角""生角""红角""坤角""捧角""角斗""角力""角逐"等。

传统戏曲中根据剧中人物不同的性别、性格、年龄、身份等划分出的生、旦、净、末、丑等人物类型(行当)叫"角色",又叫"脚色",二者通用。

口角(kǒujiǎo/kǒujué)

两音两义。(1)在"口角流涎""口角轻圆""口角春风""口角生风""口角歪斜"等词里,"口角"指的是嘴的一侧或两侧,即"嘴角"或"嘴边",应读"kǒujiǎo"。(2)表示"因意见不合或利害冲突而相互争吵"时,"口角"就要读作"kǒujué"。

駃騠(juétí)

公马和母驴交配所生的杂种,身体较马骡小,耳朵较大,尾部毛较少,也叫驴骡。后在书面语中也指良马或骏马。

倔强(juéjiàng)

指(性情)刚强不屈。如"性情倔强""性格倔强"等。"倔"字在单用表性子直,态度生硬时,读去声 juè。如"这个老头儿很倔""倔脾气"等。在"倔头倔脑"一词里也读去声。

觖望(jué)

因不满而产生怨恨。"觖"字,不满足、不满意。《史记·韩信卢绾列传》写刘邦与卢绾的私交时有载,汉高祖刘邦与同乡同里、一同打天下的卢绾从小交好莫逆:"高祖已定天下,诸侯非刘氏而王者七人。欲王卢绾,为群臣觖望。"

诡谲(jué)

奇异多变;奇异古怪;诡作。另有"波诡云谲"一词,形容房屋建筑形式就像云彩和波浪那样千姿百态。后多用来形容事态或文笔变幻莫测。另外,"诡"和"谲"分别使用时,还都主要表示"诡诈""欺诈"义。如《三国志·魏书·武帝纪》注引《魏书》,曹操当年与吕布战于山东巨野、定陶:"兵[曹兵]皆出取麦,在者不能千人,屯营不固。太祖乃令妇人守陴,悉兵拒之。屯西有大堤,其南树木幽深。布疑有伏,乃相谓曰:

'曹操多谲,勿入伏中。'引军屯南十馀里。"

可发一噱(jué)

指大笑。据《汉书·叙传上》载:"自大将军[王凤]薨后,富平、定陵侯张放、淳于长等始爱幸,出为微行,行则同舆执辔;入侍禁中,设宴饮之会,及赵、李诸侍中皆引满举白,谈笑大噱。"

矍铄(juéshuò)

形容老年人很有精神的样子。《后汉书·马援传》载,西汉时功勋卓著的老将军马援六十高龄仍请缨出征,引得皇上嘉许:"援据鞍顾眄,以示可用。帝笑曰:'矍铄哉是翁也!'"。

龟裂(jūn)

"龟"字,《集韵》作俱伦切,通"皲"字,"龟裂"又作"皲裂"。指皮肤因寒冷干燥而开裂。范成大有诗云:"手龟笔退不可捉。"古代汉语又有"不龟手"一词,语出《庄子·逍遥游》:"越有难,吴王使之将,冬与越人水战,大败越人,裂地而封之。能不龟手一也。""龟坼"(音 chè),指天旱地土裂开。

"龟"字,古今均有三读:在指与"乌龟"相关事物时读 guī,音从《广韵》的居追切。在指汉代的"龟兹"国里读 qiū,音从《广韵》的祛尤切。

K

卡尺(kǎ)

量具的一种,卡在工件的内缘或外缘测量长度的工具。

一般来说,外来译音词作名词时,按习惯多读作 kǎ。如"大卡""达卡""卡车""卡钳""卡宾枪""卡片""绿卡""信用卡""磁卡""读卡""卡通""卡介苗""卡拉扬""卡其布""波尔卡""卡门""卡路里""卡拉奇""安卡拉""布勃卡""卡特""卡那霉素""卡尔·马克思""卡斯特罗""卡拉 OK""卡式录音机"等。

咯血(kǎ)

喉部及喉以下呼吸道出血经口腔排出。咯出的血液呈鲜红色,常带有泡沫。见于肺结核、肺炎、支气管扩张、肺癌等病或胸部外伤。也说咳血。"咯",指把东西从咽头或气管里用力咳出来。另有"咯痰"一词。

"咯"字,1962 年普通话异读词第三次审音时被审为 kǎ 音。极易误读成 kè。

揩油(kāi)

比喻占公家或别人的便宜。在吴语里也指对异性挑逗、调戏。"揩"字,1957 年普通话异读词第一次审音审为 kāi,1985 年普通话异读词审音又重新加以确认。"揩",原指擦、抹。如"揩汗""揩拭""揩干净""揩一揩"。

同仇敌忾(kài)

全体一致地仇恨敌人。"忾"字,指愤恨。

看押(kānyā)

临时拘押。容易误读成 kànyā。

古"看"字,有苦旰切的 kàn 音和苦寒切的 kān 音两读。读阴平音的"看"字,还指守护、照料。相关汉语词有"看护""看守""看家""看管""看门""看青""看孩子""看车人"等。

佛龛(kān)

指供奉神佛像的小阁子。汉语里另有"石龛""神龛""壁龛"等。杜甫《石龛》诗有"驱车石龛下,仲冬见虹霓"句。

戡乱(kān)

平定叛乱。"戡"字,用武力平定(叛乱)。《尚书·西伯戡黎》的开句即为:"西伯既戡黎,祖伊恐,奔告于王。"

俯瞰(kàn)

(1)表眺望、远望的意思。《后汉书·冯衍传》有"瞰太行之嵯峨兮,观壶口之峥嵘"句。(2)指从高处往下看,俯视。汉语里有"俯瞰""鸟瞰"等词。如曾巩《繁昌县兴造记》云:"即门之东北,构亭瞰江,以纳四方之宾客。"(3)指探视。《孟子·滕文公下》有载:"阳货瞰孔子之亡也,而馈孔子蒸豚;孔子亦瞰其亡也,而往拜之。"

高亢(kàng)

形容(声音)高而洪亮。"亢"字,中古去声字,从《广韵》苦浪切。今读 kàng。本指"高",后来也表"极度""过度"。现代汉语词"亢奋"指极度兴奋;"不卑不亢"指既不高傲也不卑下,态度言语有分寸;"亢进"指生理机能超出了正常情况,如甲状腺功能亢进、胃肠蠕动亢进等。

"亢"字没有 áng 音。"亢奋"和"昂奋"音义皆不同。不能将"亢奋"读成 ángfèn。

犒赏(kào)

指用酒食或财物慰劳、赏赐。《左传·僖公二十六年》载:"夏,齐孝公伐我北鄙。卫人伐齐,洮之盟故也。公使展喜犒师,使受命于展禽。"汉语另有"犒劳""犒师"等词。

坷垃(kē·la)

1962年普通话异读词第三次审音审为kēla。"垃"字，一般轻读，间或重读。山东、河南一带的方言词，指的是一些农田里的土块。在农田里干活，也称"与土坷垃打交道"。"坷垃"，也可写作"坷拉"。

孟轲(kē)

孟子，名轲，字子舆，我国战国时期著名思想家。受业于子思门人，在孔子以后的儒学分化中，被称为思孟学派，代表孔门嫡系正传。后世与孔子并称为"孔孟之道"。孟子发挥孔子的"仁学"，提出"仁政"主张，描绘了一幅以"井田"为模式的理想蓝图。反对战争和兼并，主张"民为贵、君为轻""保民而王"。《汉书·艺文志》著录有《孟子》十一篇，今存七篇。"轲"字，在古代指具有两木相接的车轴的车。

砢碜(kēchen)

方言里指"寒碜"，丑陋，难看；丢脸，不体面。有时也指讥笑，揭人短处，使失去脸面。如"这人长相挺砢碜的""你就别砢碜我了"。

沉疴(kē)

"疴"字，1985年普通话异读词审音审为"统读"kē，指病。"沉疴"即长久而严重的病。唐代韦应物《闲居赠友》诗有"闲居养疴瘵(音zhài)，守素甘葵藿"句。汉语里还有"微疴""染疴""养疴"等词。

下巴颏儿(kē)

"颏"字，两读。其一，读kē。是人脸的最下部分，在嘴的下面，也称"下巴"。其二，读ké，专指一种像麻雀的鸟。如"蓝点颏"又叫"蓝靛颏"，雄性的喉部羽毛呈天蓝色；"红点颏"又叫"红靛颏"，雄性的喉部羽毛呈红色。

窠臼(kējiù)

现成格式；老套子(多指文章或其他艺术品)。如"作品摆脱前人窠臼，独创一格""不落窠臼"等。朱熹《答许顺之书》

曰："此正是顺之从来一个窠臼,何故至今出脱不得？""窠"字,原指鸟窝,后泛指鸟兽昆虫栖息居住的巢穴,汉语有"蜂窠""鸟窠""狗窠"等词；"臼"字,指旧时舂米用的器具。

注意在写法上"窠"与"巢"的区别。极易误读成 cháojiù。

磕打 (kē·da)

指把盛东西的器物等往地上或较硬的东西上碰撞,使附着物掉下来。如"磕打磕打烟袋锅子""鞋里有沙子,得磕打磕打了"。

磕巴 (kē·ba)

口语里指口吃或结巴。

壳郎猪 (ké·langzhū)

方言里指"架子猪",即已经长大但还没有养肥的猪。

坎坷 (kǎnkě)

原指道路不平、坑坑洼洼。后世比喻不得志。杜甫《醉时歌》曰："德尊一代常坎坷,名垂万古知何用？"现代汉语词还有"生活坎坷""经历坎坷""人生坎坷"等。

"坎"和"坷"都是上声字,连读时,"坎"需变读为近似阳平,"坷"字仍保持原来的上声。正确读音是 kǎnkě,而不是 kǎnkē 或者 kǎnkè。

"坷"字也有阴平音,但只在方言里出现,一般指"土块"为"坷垃"或"土坷垃"。

可汗 (kèhán)

严格地讲,"可汗"并不是姓氏,而是古代一种王位的称谓。为古代鲜卑、回纥、蒙古等族最高统治者的称号。北朝民歌《木兰辞》中有"昨夜见军帖,可汗大点兵,军书十二卷,卷卷有爷名"句。

"可汗"中的"可"从《字汇补》苦格切,中古去声字；"汗",从《广韵》胡安切,中古平声字。1962 年普通话异读词第三次审音时将"可汗"审为 kèhán,1985 年普通话异读词审音时又重新加以确认。

恪守(kè)

严格遵守。"恪"字，1957年普通话异读词第一次审音时审为 kè 音，1985 年普通话异读词审音又重新规定"统读"为 kè。"恪"，原指恭敬、谨慎的样子。《国语·晋语五》中曰："夫敬，德之恪也。恪于德以临事，其何不济！"相关现代汉语词有"恪守诺言""恪守不渝""恪守中立""恪尽职守"等。

"恪"字容易误读成 gè。

騍马(kè)

騍，雌性的（騍、马）。《尔雅·释畜》曰："牡曰骘，牝曰騍"郝懿行义疏："今东齐人以牡为儿马，牝为騍马。""騍"字，不读 guǒ。

缂丝(kè)

中国特有的一种丝织手工艺。始于宋代，明代称"缂绣"。此种织造方法极富立体感，当空照视，犹如镂刻一般。

"缂"字，不读 gé。

溘然(kè)

忽然、突然。《楚辞·九章·惜往日》的结尾句是："宁溘死而流亡兮，恐祸殃之有再。不毕辞而赴渊兮，惜壅君之不识！"汉语另有"溘谢""溘逝""溘然长逝"等词。

"溘"字，容易误读成 hé。

剋(kēi)

北京话里指打架。也指责骂或申斥。如"他不好好学习，又让老师剋了一顿"。

"剋"字，容易误读成 kè。

铿锵(kēngqiāng)

形容有节奏而响亮的声音。如《史记·乐书》载：魏文侯问乐于子夏，子夏曰："君子之听音，非听其铿枪而已也，彼亦有所合之也（以声合己志）。"后多形容朗读诗文的音调抑扬顿挫、响亮和谐。现泛指声音或语言的动听、响亮有节奏。汉语词有"铿锵悦耳""铿锵有力""铿锵玫瑰"等。

"铿锵"，容易误读成 jiān jiāng。

倥偬(kǒngzǒng)

指事情繁多且急迫、匆忙。如形容军务繁忙,可称"戎马倥偬";形容办事奔波匆忙,可称"行色倥偬"。《三国演义》第三十七回写徐庶向刘备推荐诸葛亮后:"玄德大喜,请入后堂高坐,拜问曰:'备自别仙颜,因军务倥偬,有失拜访。今得光降,大慰仰慕之私。'"

空城计(kōng)

京剧演员谭鑫培加工整理的京剧剧目,《三国演义》。说的是蜀将马谡刚愎自用,痛失街亭,致使司马懿拥师进逼西城。蜀相诸葛亮在暂无兵将可遣的情势下,反常态,开城门,于城楼抚琴,以惑敌军;司马懿却疑蜀军有诈,反而退兵,继而诸葛军师挥泪斩马谡以正军纪。后来用"空城计"泛指掩饰力量空虚,骗过对方的策略。

"空"字,古今均有两读,既读阴平音 kōng,又读去声 kòng。1985 年普通话异读词审音时,审"空城计"为 kōngchéngjì。

抠搜(kōu·sou)

意思有很多种:表示用手指或细小的东西从里面往外挖;吝啬;磨蹭。

眍䁖(kōu·lou)

眼珠深陷进眼眶里边。"眍䁖",1959 年普通话异读词第二次审音时审为 kōulou(轻读)。1985 年审音时将"眍"字确定为统读 kōu。

矻矻(kūkū)

1962 年普通话异读词第三次审音审为 kūkū。1985 年的审音又重新确定"矻"字"统读"为 kū。"矻矻",指勤奋、劳苦,努力不懈的样子。《汉书·王褒传》中有"故工人之用钝器也,劳筋苦骨,终日矻矻"句。今词又有"孜孜矻矻""矻矻终日"等。

刳木为舟(kū)

"刳"字,从中间剖开后挖空的意思。"刳木为舟"是说将一棵大树一劈为二,然后中间挖空了,作船用。语出自《周易·系辞》:"刳木为舟,剡木为楫,舟楫之利,以济不通,致远以利天下,盖取诸《涣》。"

纨绔(wánkù)

细绢做成的裤子。"纨"指很细的丝织品或细绢;"绔",同"裤"。"纨绔",泛指富家子弟穿的华美衣着,也借指富家子弟。汉语里有"纨绔子弟"一词,意谓那些富家阔少们整天穿着豪华,一味地游手好闲、吃喝玩乐。

侉子(kuǎ)

侉,语音不正,特指口音与本地语音不同。"侉"字,还指举止、打扮粗笨、土气。如"整个儿一个侉老婆子""这件衣服穿起来显得太侉了"。

挎痒痒(kuǎi)

北方官话,指以指甲轻轻地抓挠皮肤上的痒痒处,即"瘙痒"。另外在方言里也指"舀","舀水"又叫"挎水"。

市侩(kuài)

旧时原指在为人说合买卖、商议价格时从中牟利的中间人,相当于今天的"经纪人"。后指奸商或唯利是图的人。如"市侩习气"。

狡狯(kuài)

狡诈。《宋史·侯陟传》载:"陟有吏干,性狡狯好进,善事权贵,巧中伤人。"

脍炙人口(kuàizhì)

"脍"字,指把鱼或肉切成薄片;"炙"字,指将肉放在火上烤。如《论语·乡党》中有"食不厌精,脍不厌细"的名句。

脍炙人口是指美味人人都爱吃,比喻好的诗文或事物,人们都称赞。

匡算(kuāng)

大致、粗略计算。"匡"字,容易误读成去声。"匡"还有"纠正""挽救"等义。相关汉语词有"匡谬""匡时""匡正""匡救""匡扶""匡助"等。江西境内的庐山又称"匡庐"。白居易《草堂记》有"匡庐奇秀,甲天下山"句。

诓骗(kuāng)

用谎话进行欺骗,如"诓人"。"诓"字,指哄骗、欺骗。

诳语(kuáng)

指骗人的话,谎言。也说诳话。"诳"字,容易误读成阴平。

圹埌(kuànglàng)

形容原野空阔、一望无际。《庄子·应帝王》有"游无何有之乡,以处圹埌之野"句。

框框(kuàng·kuang)

表示(事物)固有的格式、传统做法或事先划定的范围。也指周围的圈。1985年之前,这个词里的"框"字是要读阴平的,在"门框""眼眶""木框"等词里读去声。1985年的《普通话异读词审音表》规定:"框"字"统读"为去声 kuàng。

钟馗(kuí)

传说中的恶鬼,后民间供为门神,用以逐鬼驱邪,即能打鬼的神。据载:唐明皇在病中梦见一个大鬼,将一小鬼捉来吃掉,自称是终南进士,叫钟馗,曾经应武举未中,触石阶而死。唐明皇醒后病愈,诏画师画出梦见的钟馗形象,贴在宫门上,广赐大臣,以后又传布民间。旧时的端午节,民间多悬挂钟馗像,以趋鬼除邪。现多指那些勇于与邪恶势力斗争的人士。

揆度(kuíduó)

揣度、猜测、估量。《汉书·东方朔传》载"枉而直之,使自得之;优而柔之,使自求之;揆而度之,使自索之。盖圣人教化如此,欲自得之;自得之,则敏且广矣。"

暌别(kuí)

分别、离别。相关汉语词还有"暌违""暌阔""暌离""暌隔"等。

夔州(kuí)

"夔"字,古代传说中的一种像龙的独脚怪兽。"夔州"作为州、路、府的名称,始于唐代。府治在今重庆奉节。相关汉语词还有"夔门"(长江三峡的瞿塘峡,因地当川东门户故名)、"姜夔"(南宋文学家)、"夔牛"(一种传说的怪兽)等。

跬步(kuǐ)

"跬"字,古代称半步,一只脚迈出去的距离,相当于今天的一步。《大戴礼记·劝学》中有"不积跬步,无以至千里"的名句。"跬"字,极易误读成阴平音。

喟叹(kuì)

因感慨而叹气。《礼记·礼运》载:"昔者仲尼与于蜡宾,事毕,出游于观之上,喟然而叹。仲尼之叹,盖叹鲁也。"汉语里另有"喟然""感喟"等词。"喟"字,《广韵》作丘愧切,中古去声字,容易误读成wèi。

愦乱(kuì)

心智昏乱糊涂。《汉书·食货志下》载:"百姓愦乱,其货不行。民私以五铢钱市买。"

廓清(kuò)

"廓"字,指澄清、肃清。如"廓清事实""廓清真相"等。《宋书·王僧达传》有"幸属圣武,尅('克'的异体字)复大业,宇宙廓清,四表靖安"句。"廓"字,容易误读成guō。

L

哈喇子(hālázi)

北方方言里指流出的口水。现代汉语中的"喇"字,除了读这个阳平音外,还有阴平读法,在"呼喇"里用,实际上已经多写作"呼啦"了。在"喇叭""喇嘛"里,"喇"字读上声lǎ。

邋遢(lā·ta)

"遢"字,一般轻读,间或重读。形容一个人穿着不整齐、不整洁,办事不利索、没条理。

还有"邋邋遢遢""邋里邋遢"等词。在后面这两个四字词里,"遢"字要读阴平音。

疤瘌(la)

指伤口或疮口平复后留下的痕迹。也引申为器物上像疤一样的痕迹。如"此君一脸疤瘌""桌面上有个疤瘌"。

"瘌"字,轻读。

半拉(lǎ)

数量词。半个。如"苹果啃了半拉就让他扔了""剩下半拉窝头"。

拉拉蛄(lālàgǔ)

蝼蛄的通称,也叫"蜊蜊蛄"。昆虫的一类,背部茶褐色,前足发达,似铲状,适于掘土,穴居土中,昼伏夜出,吃农作物嫩茎。

刺戾(làlì)

指一个人的性情、言语、行为的别扭、悖逆或不合情理。《盐铁论·刺复》中写道:"当世之工匠,不能调其凿枘,则改规矩;不能协声音,则变旧律。是以凿枘刺戾而不合,声音泛越而不合。"

丢三落四(là)

形容马虎或记忆力不好而好忘事。"落"字,义为"遗忘""遗漏""丢下""掉在后面"等,常单独出现在口语里。如"这部电视剧我一集没落,全看完了""再检查一下,别落下东西""一不小心就落在别人后头了"。"落"极易误读成 luò。

瘌痢(là·lì)

"痢"字,一般轻读,间或重读。俗称"秃疮"或"瘌痢头",黄癣。指长黄癣的脑袋或指头上长黄癣的人。

辣手(là)

本指做事手段厉害又毒辣或事情难办。如《京本通俗小说·错斩崔宁》中有"怎么便下得这等狠心辣手"句。再如"辣手催花"。现今作为口语词,义与"棘手"相似,也指办事的艰难,如"辣手的案子""辣手的官司"等,但不如"棘手"用得普遍。

招徕(lái)

"徕"字,通"来",用声音、动作或色彩等特色来招引、招揽人,即招之使来、设法使来的意思。陆游《老学庵笔记》卷一有"绍兴初,招徕直谏,无所忌讳"句。现有"招徕顾客"一词。"徕"字,容易误读成去声。

青睐(lài)

"睐"字,旁视、顾盼的意思。曹植《洛神赋》有"明眸善睐,靥辅承权"句。"青睐",也称"青眼",与"白眼"相对。相传晋阮籍能为青白眼,常以青眼对所器重的人。所以后世书面语中的"青睐"指对人的垂青、喜爱或重视。"睐"字,容易误读成阳平。

赏赉(lài)

指赏赐、赐予。《后汉书·朱佑传》载:"佑初学长安,帝(光武帝)往候之,佑不时相劳苦,而先升讲舍。后车驾幸其第,帝因笑曰:'主人得无舍我讲乎?'以有旧恩,数蒙赏赉。二十四年,卒。"

山岚(lán)

"岚"字,指云中的雾气。"山岚"指漂浮在山间的云雾。王维《送方尊师归嵩山》诗有"瀑布杉松常带雨,夕阳彩翠忽成岚"句。汉语词另有"岚翠"(山间青绿色的雾气)、"岚气"(山林间的雾气)、"岚岫"(雾气笼罩的山峰)、"岚烟"(山间雾气)等。

褴褛(lánlǚ)

又作"蓝缕",形容衣衫破烂。《方言四》曰:"以布而无缘,敝而紩(音 zhì,缝补)之,谓之褴褛。"汉语词有"衣衫褴褛""筚路蓝缕"等。"筚路蓝缕"形容初期创业的艰辛。"筚路"指的是用荆竹编的柴车。

啷当(lāngdāng)

左右;上下(表示年龄的约数),如"他才二十啷当岁,正是年轻力壮的时候"。

郎当(lángdāng)

(1)指(衣衫)不合身,不整齐;(2)指颓唐的样子,不振作。如朱熹《答黄仁卿书》中载:"今日弄得朝廷事体郎当,自家亦立不住,毕竟何益?""吊儿郎当",读音 diàoerlángdāng,形容仪容不整、作风散漫、态度不严肃等。

琅玕(lánggān)

(1)指像珠子一般的美石或玉石。《尚书·禹贡》中曰:"厥贡惟球、琳(球、琳也指美玉)、琅玕。"(2)指珠树。《荀子·正论》中有"犀象以为树,琅玕、龙兹、华觐(音 jǐn,美玉)以为实"句。(3)指竹子。杜甫有《郑驸马宅宴洞中》诗云:"主家阴洞细烟雾,留客夏簟(音 diàn,竹席)青琅玕。"

书声琅琅(lángláng)

"琅"字,读音 láng,从《广韵》鲁当切,中古平声字。1985年《普通话异读词审音表》规定"琅"统读为阳平。

"琅琅",象声词,形容清朗响亮的金石撞击声或读书声。宋李昭玘《上眉扬先生》中有"每相过者,论先生德义,诵先生文章,堂上琅琅,终日不绝"句。

今"琅琅"多指读书的声音,如"书声琅琅"等。"琅琅"不取上声。

锒铛(lángdāng)

古代刑具的一种,锁囚犯人的铁索链。今有"锒铛入狱"词,凡重要的刑犯进了监狱,都是要戴手铐和脚镣的,所以可以称犯人入狱叫"锒铛入狱"。

稂莠(lángyǒu)

古书上指的"狼尾草"。"稂"和"莠"都是形状像禾苗却又妨害禾苗生长的杂草。《诗经·大雅·大田》中有"既方既皁,既坚既好,不稂不莠"句。稂莠,后来比喻不成材或没有出息,也比喻坏人。白居易有《读汉书》诗云:"禾黍与稂莠,鱼来同日滋。"

屎壳郎(shǐkelàng)

蜣螂的俗称。一种纯黑色的昆虫,背有坚甲,胸部和脚上有黑褐色长毛,会飞,吃动物的尸体或粪便,常将粪便推滚成丸状。《现代汉语词典》第5版注音为"shǐ·keláng(口语里多读 shǐ·kelàng)","中轻重"格式。

阆中(làng)

地名,在四川东北部,嘉陵江中游。战国时曾为巴子国国都,后秦惠王灭巴国,始置阆中县,至今已有2300多年的建城史。阆中素有"阆苑仙境""巴蜀要冲"之誉,被誉为四川最大的"风水古城",有历史名胜200多处,保存着唐宋元明清历代的古街院民宅格局。

阆苑(làngyuàn)

传说中神仙居住的地方,古代诗文里常用来指宫苑。另外也专指唐代苑名,故址在今四川阆中县西。唐初鲁王灵夔、滕王元婴拟宫苑的形式、规模所建,始称隆苑,后避明皇讳,改为阆苑。

"阆苑",容易误读成 lángyuán。

唠叨(láo·dao)

一句话或一件事情翻来覆去地说起来没完没了,又叫"絮叨"。容易误读成 lāodao。"唠"字,在"唠扯""唠嗑"等词里读去声 lào。

醪糟(láozāo)

江米酒。如"醪糟蛋""醪糟汤圆"等。

落枕(lào)

睡觉时脖子受寒,或因枕枕头的姿势不合适,而引起脖子疼痛,转动不便。"落"字,在这里读 lào。容易误读成 luò。

读 lào 音的"落"字,义同读 luò 音的动词"落",只是读音不同而已。读 lào 音的"落"字还在下面一些词里出现,如"落埋怨"、"落不是"(指被认为有过失而受责难)、"落包涵"(指受埋怨或受指责)、"不落忍"(指心里过意不去)、"落汗"

（指汗水消下去了）、"落价"（减价，降价）、"落架"（房屋的木梁倒塌，比喻家业败落）、"落炕"（病得起不了床了）、"落色"（"色"音shǎi，指衣服、布料等掉颜色）、"没着没落"、"从小落下（指遗留下的）的毛病"等。

莲花落(lào)

也叫"莲花乐"或"落子"。流行于河北一带的一种曲艺形式。因其唱词常以"莲花落，落莲花"做衬腔或尾声，故名。据说源出于唐、五代时期的"散花落"。最早为僧侣募化时所唱的警世歌曲。宋代开始流行于民间，多为乞丐在行乞时所唱。元明以来，渐有写景叙事之作。清乾隆后莲花落达于最兴盛时期，出现了以演唱莲花落为生的艺人，内容多取材于民间传说，遂成独立的曲艺形式。

"莲花落"中的"落"字读lào。"落子"，是北方方言词，指莲花落等曲艺形式。评剧因为是在莲花落的基础上发展形成的，因此早期的评剧也有"落子"的说法，如"唐山落子"。

肋脦(lē·te/lē·de)

北方方言里指（衣服）不整洁或不利落。

伯乐(lè)

相传春秋时秦国人，善于相马，后用来比喻善于发现和选用人才的人。韩愈《杂说》曰："世有伯乐，然后有千里马。千里马常有，而伯乐不常有。"

"伯乐"中的"乐"字，今读作lè，从《广韵》卢谷切；古音读作yuè，从《广韵》五角切。另外古时也有读作lào音的，从《广韵》鲁刀切。《广韵》曾载："伯乐相马，一作博劳。"

"乐"作为姓氏用字，有yuè和lè两种读音。

不亦乐乎(lè)

成语。源自《论语·学而》："有朋自远方来，不亦乐乎？"意思是有朋友从远方来，不也是很快乐的吗？"亦"是"也"的意思。后来常用来表示程度，意为达到极点，一般用在动词和"得"后作补语。如"这几天真是忙得不亦乐乎"。

"乐"字,在此表"快乐""欢乐""高兴""愉悦"的意思。读lè,多作形容词或动词,容易误读成 yuè。"乐"字读 yuè 音的,只有表"音乐""乐器"《乐经》"的义项。表示喜悦、高兴义的其他字,还有"说"(在古代通"悦")和"悦"字,如"学而时习之,不亦说乎"(《论语·学而》)。"乐"字在古代还表示爱好,读 yào,如"知者乐水,仁者乐山"(见《论语·雍也》)。

"乐"字作为地名用字,读lè 音的很多。如广东有"乐昌县""乐东县";广西有"平乐县""乐业县";四川有"乐山市""乐至县",等等。

山东"乐陵县"、河北"乐亭县"中的"乐",旧读 lào,从《广韵》力角切,中古入声字。1957年普通话异读词第一次审音时将其中的"乐"字审定为 lè。

悬崖勒马(lè)

原义是在陡峭的山崖边上及时勒住了马的缰绳,避免了坠崖身亡。比喻临到危险的边缘及时清醒回头。"勒"字,原指带嚼子的马笼头,后又引申为控制马。如王实甫《西厢记》二本楔子云:"舍着命提刀仗剑,更怕甚勒马停骖。"

读 lēi 音的"勒"字,一表示用绳索等捆住或套住,再拉紧系紧。如"勒上几道绳子""勒紧裤腰带"等。二指卡或系得过紧,使不舒服。如"领带系得太紧了,勒脖子"等。

嫘祖(léi)

传说中黄帝的妻子,发明养蚕。《路史·后纪五》中说:"黄帝元妃西陵氏曰嫘祖,以其始蚕,故又祀先蚕。"东汉以后历代皇朝皆以先蚕为蚕神。北齐时改祀黄帝,北周时又改祀黄帝元妃西陵氏之女嫘祖。嫘祖遂成为蚕农之家的大神。

缧绁(léixiè)

书面语中指捆绑犯人的绳索,借指监狱。如"身陷缧绁"。《史记·孔子世家》载,鲁昭公二十年,时孔子三十岁。齐景公和晏婴到鲁国,问孔子:"昔秦穆公国小处辟,其霸何也?"孔子对曰:"秦国虽小,其志大;处虽辟,行中正。身举五羖,爵之大夫,起累绁之中,与语三日,授之以政。以此取之,虽王可也,其霸小矣。"

羸弱(léi)

古"羸"字进入现代汉语只有两个词,除了"羸弱"外,还有"羸顿"一词。书面语中的"羸弱"是指瘦弱,常形容身体病弱;"羸顿"指的是疲弱或疲惫困顿。"羸"字,音 léi,从《广韵》力作切,中古平声字,极易误读成 yíng。

"羸"字,与秦王嬴政的"嬴"字、"输赢"的"赢"字,字形相近,应注意区别音义。

耒耜(lěisì)

古代一种像犁的农具。《易·系辞下》载:"神农氏作,斫木为耜,揉木为耒。"据《孟子·滕文公上》载:有个神农氏学说的奉行者叫许行的人,从楚国来到滕国。"陈良之徒陈相与其弟辛,负耒耜而自宋之滕,曰:'闻君行圣人之政,是亦圣人也,愿为圣人氓。'陈相见许行而大悦,尽弃其学而学焉。"后"耒耜"也用作农具的统称。

连累(lei)

指因事牵连到他人,使他人也受到损害或伤害《现代汉语词典》第 5 版注意为 lián·lěi,"累"字一般轻读,间或重读,第 6 版直接将"累"字改为轻读。"连累"读作 lián·lei,符合大众日常口语习惯。

"累"字,在现代汉语里有三种读音,"累"读上声 lěi,《广韵》作力委切。一般在合成词里用,不能单用,是"累及""牵连"的意思,容易误读成去声 lèi。相关汉语词还有"牵累""拖累""带累""为……所累"等。"受累"一词可两读,一读 shòulěi,指受到牵连;二读 shòulèi,指经受了苦难或痛苦。读上声的"累"字还表示"积累""连续""屡次"的意思,如"累计""累积""累加""累次""累年""积累""经年累月""连篇累牍""日积月累"等。"累赘"一词,读 léizhui,指负担、麻烦、多余的东西或事物。这里的"累"字读阳平音,《集韵》作伦追切,中古即为平声字。另外"累"字还有去声读音 lèi。

"累累",普通话历次审音都未审及此字。但从多数有影响的工具书标音来看,可以两读:(1)读 léiléi,形容词,表示接连成串,如"果实累累""硕果累累",也表示憔悴颓丧的样子,如"累累如丧家之犬"等。(2)读 lěilěi,副词,指屡屡或积累得多,如"累累失误""罪行累累"。

蓓蕾(bèilěi)

《广韵》作落猥切,中古上声字。《韵会》的解释是:"始华也。"今天的解释是:含苞未放的花骨朵。"蕾"字,古今只有上声一读,别无他音。1985年普通话异读词审音时将其审为"统读"lěi。相关汉语词还有"花蕾""蕾铃""棉蕾""落蕾""芭蕾""味蕾"等。上述词里的"蕾"字极易误读成阳平。

芭蕾(lěi)

指起源于意大利,17世纪在路易十四推动下形成于法国,后又普及整个欧洲的古典舞剧,以舞蹈为主,配以音乐,用哑剧形式表演。最明显的标志之一就是女演员穿特制的舞鞋,用脚尖儿站立行走、旋转或跳跃。"芭蕾"中的"蕾"字,相当一部分人读成阳平,大概是受了"芭蕾舞"中"连上音变"规律的影响所致。

擂台(lèi)

旧时指比武用时所搭的台子。"攻擂""守擂""设擂""摆擂台""应擂""打擂台"等词里的"擂"字,应该按去声读,因为这些词里的"擂"字指的都是"擂台"。"擂"字,《古今韵会举要》作卢对切,指的是"击"和"擂台"的意思。《正字通》释为:"今俗谓击鼓为擂"。韦庄的《秦妇吟》诗有"忽看门外起红尘,已见街中擂金鼓"句。

在"擂鼓""自吹自擂""擂了他一拳"和"擂钵"(研碎物品的乳钵)等汉语词里,"擂"字都读作阳平音 léi。

丽水(lí)

地名。后汉属松阳县地，隋析置括仓县，唐大历十四年改称丽水，以境内丽阳山得名。故地在今浙江丽水县西，元移至今治。"丽"在这里读阳平音 lí，从《广韵》的吕支切，中古平声字。

另外，云南金沙江古称"丽水"，也叫"丽江"，有玉龙雪山、虎跳峡丽江壁画、丽江古城、纳西古乐等景观。广西壮族自治区的郁江南源也称"丽江"。这两处的"丽"字从《广韵》的郎计切，今读去声 lì。

高丽(lí)

即王氏高丽，公元 918 年由王建创立的朝鲜历史上的封建王朝，国号"高丽"，都开京(在今开城)。935 年并新罗，936 年灭百济，基本统一朝鲜半岛。高丽王朝后期武臣跋扈，倭寇为患，国势日衰，1392 年为李氏朝鲜取代。陆羽《茶经》中说："茶者，……亦犹人参，上者生上党，中者生百济、新罗，下者生高丽。"史有记载王氏高丽历史的《高丽史》，我国造纸术传到朝鲜后，朝鲜人利用本国原料制成的具有独特风格的书画用纸"高丽纸"以及"高丽参"等。

"丽"字，在"高丽"一词里读 lí。极易误读成去声。

狸猫(lí)

也叫山猫或豹猫，哺乳动物的一种，体形似猫，全身浅棕色，有许多褐色斑点。食鸟、小兽和果实等。广布于我国南北各地。"果子狸"又叫花面狸，也是哺乳动物，大小似猫，身体比家猫长些，四肢较短，体背灰棕色。夜间活动。生活在山林中，食谷物、果实、小鸟、昆虫等。毛皮可制衣帽。分布于长江流域及以南地区。"狸猫换太子"是民间传说：宋真宗李宸妃产子，刘妃生妒，与太监郭槐定计，以死狸猫换出皇子，诬李妃产妖，贬入冷宫。十八年后，包公断明此案，为李妃平反。

"狸"字，极易误读成上声。

骊山(lí)

位于陕西临潼东南,因古郦戎居此得名。西周末年,申侯和犬戎袭击周幽王于此山下。自周幽王在此修建骊宫起,骊山就成为秦、汉、唐等历代帝王游乐宝地。骊山东北麓有秦始皇陵墓,西北麓有华清宫故址,后毁于晚唐战乱。"骊山陵"通称秦始皇陵,是全国重点文物保护单位。"骊歌",指告别的歌,李白《灞陵行送别》诗有"正当今夕断肠处,骊歌愁绝不忍听"句。

"骊"字,本指纯黑色的马,极易误读成去声。

黄鹂(lí)

又叫鸧鹒或黄莺。一种黄色的鸟,体长约25厘米,自眼部至头后部呈黑色,嘴淡红色。鸣声动听婉转,常被作为观赏鸟。吃林中害虫,属森林益鸟,对农业有利。杜甫有"两个黄鹂鸣翠柳,一行白鹭上青天"的名句。

嫠妇(lí)

指寡妇。苏轼的《前赤壁赋》有"舞幽壑之潜蛟,泣孤舟之嫠妇"句。

罹难(lí)

指由于意外原因而遭遇灾祸(包括灾害和疾病);不幸死亡或被害。《吕氏春秋·审己》载,"越王太息曰:'余不听豫之言,以罹此难也。'"相关汉语词还有"罹祸""罹病""罹殃"等。现多用于飞机轮船遇险失事或出车祸、因公牺牲等。

"罹"字容易与"罗"字的繁写形式"羅"相混淆,误读成 luó。

黧黑(lí)

指黑里带黄的颜色,多指脸色。《韩非子·外储说左上》有"手足胼胝(音 piánzhī),面目黧黑,劳有功者也"句。

蠡测(lí)

以蠡测海的略语,指用瓢来量海水,"蠡",指用瓠瓜做的瓢，比喻以浅见揣度。"管窥蠡测"是说从管子里看天，用瓢量海，是根本不可能有效果的（事见《汉书·东方朔传》）。比喻对事物的观察了解狭窄、片面。

俚语(lǐ)

粗俗的或通行面极窄的方言词，《新五代史·王彦章传》载："彦章武人，不知书，常为俚语，谓人曰：'豹死留皮，人死留名。'"相关汉语词还有"俚俗""俚词""俚谚""俚歌""俚谣""俚曲"等。

范蠡(lǐ)

春秋末著名政治家、军事家、商业家。楚国宛（今河南南阳）人，因不满当时楚国政治黑暗而投奔越国，辅佐越王勾践，帮助勾践兴越国，灭吴国，功成名就之后急流勇退，离越适齐，治产千万，受任为齐相。后又弃官散财，在山东定陶经商致富，号"陶朱公"。在范蠡身上寄托着文人墨客、江山美人的历史恩怨和文成武就的理想。中国旧时商店门面多有"陶朱事业，端木生涯"之批，谓财富豪门之盛兴。他的商业理论和经营技巧也被后世称作"陶朱术"。《汉书·艺文志》著有《范蠡》二篇。其言论见《国语·越语下》和《史记·货殖列传》。另有河北省蠡县，汉置陆成县，明朝起称蠡县。

1985年，普通话异读词审音时审"范蠡"和"蠡县"两词中的"蠡"字读音为上声lǐ。

暴戾(lì)

粗暴乖张；残酷凶恶。如"专横暴戾""暴戾恣睢"等。"戾"字，形容乖张、凶暴。《吕氏春秋·慎大》中有"桀为无道，暴戾顽贪，天下颤恐而患之"的记载。另有汉语词"乖戾"。

郦食其(lì yì jī)

容易误读成 lì shí qí。秦汉之际策士，自幼家贫，好读书，时人谓之"狂生"。秦末农民起义时归刘邦，曾献计克陈留。前204年又说齐王田广归汉，不战而得齐地七十余城。后韩信袭齐，齐王疑他与韩信通谋，将他烹死。

另外,西汉还有吕后亲信、左丞相"审食其"。吕后死,陈平、周勃诛杀诸吕,他也被免去相位。后为淮南王刘长所杀。

瓦砾(lì)

破碎的砖头瓦片。"砾"字,指碎石、小石块。另有"沙砾"(沙和碎石块)、"砾石"(经水流冲击磨去棱角的石块)、"砾岩"(沉积岩的一种,由卵石、砾石等被水中沉淀出的物质胶结而成)等词。

牡蛎(mǔlì)

又叫海蛎子或蚝。软体动物,有两个不规则的贝壳,一个小而平,另一个大而隆起,表面凹凸不平。生食烹食均可,味道鲜美,又能提制蚝油。肉、壳、油都可入药,治疗丹毒等。"蛎黄"指的是牡蛎的肉。据《本草纲目·介部二·牡蛎》记载:"南海人以其蛎房砌墙,烧灰粉壁,食其肉,谓之蛎黄。"

妆奁(lián)

古代妇女梳妆用的镜匣。也指嫁妆。李清照《凤凰台上忆吹箫》词有"任宝奁尘满,日上窗钩"句。

裣衽(liǎnrèn)

同"敛衽"。敛衽,即敛袂。古人整衣襟、衣袖,表示恭敬、肃静的样子。如"裣衽而拜"。另外元代以后称妇女行礼,也作裣衽。

装殓(liàn)

过去指给死人穿上衣服装进棺材叫"殓"。《南史·任昉传》有"杂木为棺,浣衣以殓"句。相关汉语词有"入殓""成殓""殓葬"等。

楝树(liàn)

又称苦楝,落叶乔木,为速生用材树种。木质坚实,易加工。种子及树皮、树根均可供药用。

潋滟(liànyàn)

书面语中形容水满或满而溢出,或形容水波流动。苏东坡有著名的《饮湖上初晴后雨》诗:"水光潋滟晴方好,山色空濛雨亦奇。欲把西湖比西子,淡妆浓抹总相宜。"

跳踉(liáng)

即"跳梁",蹦蹦跳跳(多用来比喻跋扈,猖獗)。如柳宗元《三戒·黔之驴》文中载:那老虎经过几番戏弄船载以入的驴子,待探明了驴子的虚实和本事后,"虎因喜,计之曰:'技止此耳!'因跳踉大㘚,断其喉,尽其肉,乃去。"

计量(liàng)

《现代汉语词典》的解释是:把一个暂时未知的量与一个已知的量做比较,如用尺量布,用体温计量体温。又指计算。

一般来讲,口语中作为动词或动词词素时,"量"字读阳平音liáng。如"量一下它的长度"等。"量"在这里指用尺子、容器或其他标准的东西来确定事物的长短、大小、多少或其他性质。

但是,在书面语合成词里,"量"表示的是凭视觉或感觉来估量和确定,属抽象性的动词。如在"量体裁衣"和"计量"中,"量"可以理解为用心去估计。与"量体裁衣"相类似的词还有"量入为出""量才录用""量力而行""量刑"等。"计量局""计量单位""计量人员"也并非只是具体地用工具去测量,而主要是对标准度量工作进行有效的监督和管理。

踉跄(liàngqiàng)

也可写作"踉蹡"。指走路不稳。韩愈《赠张籍》诗云:"有儿虽甚怜,教示不免简。君来好呼出,踉跄越门限。"

寮房(liáo)

指寺院里僧人住的小屋,也泛指小屋子。如"茶寮""茅寮""僧寮""寮舍"等。陆游《贫居》诗有"囊空如客路,屋窄似僧寮"句。

燎泡(liáo)

指烧伤或烫伤后在皮肤或黏膜表面突起的水疱。另有"燎原"里的"燎"也读 liáo。

了然(liǎorán)

明白、清楚。有"了然于胸"一词。"了"容易误读成阳平 liáo。读 liǎo 音的相关汉语词还有"了解""了却""公了""私了""了得""了了""明了""了断""了账""了事""了结""末了""临了""终了""大不了""了不得""不得了""了不起""了如指掌""一了百了""不了了之""一目了然"等。

在朗读唱词和韵文时,作为助词的"了"字,应读作 liǎo。因为在朗读或歌唱中,"了"字要占节拍或拖腔的位置,弱化了的轻声 le 读(唱)不出来,轻声的调值又轻又短几近失落。如:现代京剧《沙家浜》中新四军指导员郭建光的唱段"穿过了,山和水,沉睡的村庄……"。同时,读"了"字为 liǎo 音也是"合韵"的需要,会增加语言的韵律和美感。歌曲《弹起我心爱的土琵琶》的唱词:"西边的太阳就要落山了,微山湖上静悄悄……"、歌曲《歌唱二小放牛郎》的唱词:"牛儿还在山坡上吃草,放牛的却不知哪里去了……"这几段唱词所押的韵脚都是"遥条辙","了"字如果读成轻声 le,其韵味肯定不会比读 liǎo 音的效果更好。

蓼蓝(liǎo)

蓼,一年生或多年生的草本植物,生于水边,常见的还有水蓼、荭草等。全草均可入药。蓼蓝含蓝汁,可做染料。柳宗元有《田家》诗云:"蓼花被堤岸,陂水寒更渌。"

火烧火燎(liǎo)

形容身上就像被火烧烤了一样的难受或疼痛。也比喻心里焦急。"燎"字,义为挨近火而烧焦(多用于毛发)。相关汉语词还有"燎头发""燎眉毛""燎胡子"和"燎荒"(烧掉干枯的荒草)、"燎蚊子"(烧火熏蚊子)等。

尥蹶子(liàojuě·zi)
　　指骡马等跳起来后腿朝后面踢,有时也比喻人使性子、发脾气。

瞭望(liào)
　　站在高处往下望或往远处望,特指从高处或远处监视对方动向,引申为观察分析。汉语里有"瞭望哨""瞭望台""极目瞭望"等。"瞭"字,容易误读成阳平 liáo。"瞭"还是"了"字的异体字,现多用"了"字。

镣铐(liàokào)
　　指脚镣和手铐。

趔趄(liè·qie)
　　指身体歪斜、脚步不稳。

仓廪(lǐn)
　　指储藏粮食(谷粟)的仓库。中国有古语说:"仓廪实而知礼节,衣食足而知荣辱。"

淋病(lìn)
　　由淋病双球菌感染所引起的一种性病,主要发生在尿道和生殖系统,通过性生活传播,其症状为尿道红肿发炎化脓,尿中带有脓血,并伴有排尿疼痛。"淋"字,还作动词,指"过滤",如"淋盐"就是将含有盐碱的土溶在水里,通过过滤器使得咸水淋下,泥土沉淀,然后再将咸水晒或熬成盐。在"淋病""淋盐"两个词里,极易误读成 lín。

令狐(líng)
　　(1)古地名。春秋时晋地,在今山西临猗(音 yī)一带。(2)复姓,《百家姓》收。汉代有令狐略、唐代有文人令狐楚等;金庸《笑傲江湖》中有令狐冲。"令"字,极易误读成去声。

囹圄(língyǔ)
　　指监狱。据《史记·汲郑列传》载:张汤欲独自更改朝廷律令,"黯(汲黯)数质责汤於上前,曰:'公为正卿,上不能褒先帝之功业,下不能抑天下之邪心,安国富民,使囹圄空虚,二者无一焉。非苦就行,放析就功,何乃取高皇帝约束纷更之为?'"

西泠(líng)

杭州西湖孤山下的桥名,为后湖与里湖之界。历史上有"西泠十子",清初杭州诗人陆圻等十人结社于西湖,时人因以名之。"西泠印社"是1904年由丁仁等在杭州孤山创办的中国研究篆刻艺术的学术团体,具有"印学圣地"的崇高地位,被誉为"天下第一名社"。"西泠印社"因地近西泠而得名,今已成为西湖著名的一大景点。"泠"字,音líng,《广韵》作郎丁切,中古平声字。原指"水清""清凉"等。

高屋建瓴(líng)

在高屋顶上用瓶子往下倒水。形容居高临下的形势。《史记·高祖本纪》记载田肯之语曰:"陛下得韩信,又治秦中。秦,形胜之国,带河山之险,县隔千里,持戟百万,秦得百二焉。地势便利,其以下兵於诸侯,譬犹居高屋之上建瓴水也。""瓴"指盛水的瓶子,极易误读成上声。"建"是倾倒的意思。

镏金(liú)

中国特有的一种镀金方法。用溶解在水银里的金子涂刷在器物表面,待晾干后再烘烤、轧光。可对器物起装饰作用。

随大溜(liù)

指说话办事自己没有主见,跟着大多数人一起行动。多含贬义。也说"随大流"。"溜"字,音liù,后可加儿尾。

镏子(liù)

方言中指"戒指"。如"金镏子"。

弄堂(lòng)

吴方言进入普通话的词汇,指胡同或小巷。另有"里弄""小弄"等少数几个词。在古汉语里,"弄"只有lòng音一读,中古去声字,《广韵》作卢贡切。现今，大部分词目中的"弄"字读 nòng 音。

娄子(lóu)

北方方言口语里指乱子、纠纷；祸事。如"闯娄子""惹娄子""捅娄子""出娄子"等。

容易与"漏子"混读。"漏子"一指漏斗，二是指破绽。

镂空(lòu)

在金属、象牙、玉石、竹木等或其他材料上雕刻出穿越物体的花纹或文字。段玉裁《说文解字注》释："镂，本钢铁之名，钢铁可受镌刻，故镌刻亦曰镂。"王安石《上人书》中有"所谓辞者，犹器之有刻镂绘画也"句。

"镂"字，《广韵》作卢候切，中古去声字，容易误读成 lóu。相关汉语词还有"镂刻""镂花""镂骨铭心""镂月裁云""锲而不舍，金石可镂"（见《荀子·劝学》）等。

油葫芦(yóuhú·lu)

昆虫，外形像蟋蟀而大，黑褐色，有油光，触角大，雄虫的翅能相互摩擦振动发声。昼伏夜出，啃食棉花、芝麻、花生、麦子、大豆等作物。容易误读成 yóuhúlu。

掳掠(lǔlüè)

抢劫人和财物。《后汉书·冯异传》载，汉光武帝刘秀当初起兵时，冯异为汉兵俘虏。乡人向刘秀推荐冯异，与刘秀见后，冯异对其友人说："今诸将皆壮士屈起，多暴横，独有刘将军所到不虏掠。观其言语举止，非庸人也，可以归身。"现代汉语词还有"烧杀掳掠""大肆掳掠""奸淫掳掠"等。

六安(lù)

地名。在皖西，安徽地级市。古代六国地，春秋时属楚。公元前 622 年为楚所灭。秦置六县。汉武帝元狩二年，取"六地平安"之意，置六安国，六安之名由此而始。宋开宝四年（971 年）改为六合县。"六"字，从《广韵》力竹切，屋韵。由于"六"字在中古时代是入声字,所以当地人读"六"为 lù。1962 年普通话异读词第三次审音审"六安"为 lù'ān。

六合(lù)

地名。在南京正北,现为南京市六合区。六合古称棠邑。东晋、南北朝时,先后置棠邑、尉氏等县、郡。隋开皇四年因境内六合山有六峰,峰峰相连,更名为六合。"六"在"六合"一词里也沿用古人声字音,读 lù。1962 年普通话异读词第三次审音审"六合"为 lùhé。

六幺(lùyāo)

唐代由歌舞大曲改编而成的琵琶曲目。白居易《琵琶行》里有"轻拢慢捻抹复挑,初为《霓裳》后《六幺》"句。据《乐世》诗序记载,唐贞元中,有乐工献给唐德宗一首乐曲,德宗令乐工选出曲中主要段落改编而成歌舞大曲,故名《录要》。由"录要"而有"录腰""六要""六幺""乐世""绿腰"等曲名。白居易《杨柳枝》词里说:"《六幺》《水调》家家唱,白雪梅花处处吹。""六幺"中的"六"也应按古音读作 lù,"六幺"读作 lùyāo。

辘轳(lù·lu)

指安装在井上绞动绳索汲水的工具。农村在没有自来水之前,是从深井里汲水食用或浇地的,一般在井口竖立一个支架,上装可以用手柄摇转的轴,轴上缠绕绳索,将绳子一圈一圈地缠在辘轳上,将深井里的水桶吊上来。这种辘轳在我国很早已经使用,是现代起重绞车的雏形。李璟《应天长》词里有"柳堤芳草径,梦断辘轳金井。昨夜更阑酒醒,春愁过却病"句。

杀戮(lù)

(1)杀。汉语词有"杀戮""屠戮""诛戮""戮尸"等。(2)指合、并。如"戮力同心"指齐心合力,团结一致。语出《墨子·尚同》:"戮力同心,以治天下。"

露天(lù)

指室外的或无遮盖的场地。如"露天演出""露天存放""露天煤矿"等。"露"字,极易误读成 lòu。在由"露"字组成的合成词里,有一个义项是表示"显现""暴露"的,在这样的合成词里,语词结构一般比较紧密,不容拆开,这样一些词里的"露"字都是要读 lù 音,如"暴露""表露""流露""裸露""揭露""披露""透露""显露""袒露""露骨""抛头露面""赤身露体""原形毕露""不露声色"等。

读 lòu 音的"露"字,仅出现在口语里,也表"显现""显露"的意思,往往是动宾结构词,中间儿可以加添若干个词。如"露丑""露富""露怯""露底儿""露脸儿""露马脚""露面儿""露苗""露头儿""露馅儿""露相儿""露一手"等。

乡闾(lǘ)

指里巷、乡里、邻里。周代编户制度二十五家为一闾,是居民的基层组织。后来称居民的区域为"闾里"(乡里)、"闾巷"(小的街道,借指民间)、"闾伍"(乡里、民间)、"闾阎"(平民居住的地区,借指民间)。"闾"字,也指里巷的门,如秦代称贫苦农民为"闾左",因为他们居住在里门的左边。汉语里有"倚闾而望"一词。《史记·陈涉世家》有载:"二世元年七月,发闾左谪戍渔阳,九百人屯大泽乡。"于是就爆发了历史上著名的秦末农民起义——陈胜吴广起义。"闾"字,极易误读成上声的 lǚ。

棕榈(zōnglǘ)

"榈"字,《广韵》作力居切,中古平声字。1985 年普通话异读词审音时有"统读"阳平 lǘ 的规定。极易误读成上声。

"棕榈",即棕树,叶大似蒲葵,干为叶鞘形成的棕衣所包,因皮中的毛榈如马鬃一般,故名。法国戛纳国际电影节最佳影片大奖叫"金棕榈奖"。美国佛罗里达州有"棕榈滩县"。

捋胡子(lǚ)

指用手指顺着抹过去,使物体顺溜或干净。如"捋胡子""捋麻绳""捋丝线"等。古乐府诗《陌上桑》中写罗敷的美貌有"行者见罗敷,下担捋髭须。少年见罗敷,脱帽著帩头"句。

膂力(lǚ)

体力;力气。如"膂力过人""惊人的膂力"等。《后汉书·董卓传》写董卓其人:"膂力过人,双带两鞬,左右驰射,为羌胡所畏。"

革履(lǚ)

"履"字,指鞋子。"草履"就是草鞋;"革履"就是皮鞋,如"西装革履"。成语"削足适履",意谓鞋小脚大,为了穿上鞋而将脚削小。比喻不合理地迁就现成条件,或不顾具体条件,生搬硬套。

氯气(lǜ)

指的是一种气体元素,符号Cl。黄绿色,有强烈的刺激性气味,有毒,易液化,有腐蚀性。可用来漂白、杀菌及制造染料、农药、塑料等。相关汉语词还有"氯仿""氯纶""氯化钾""聚氯乙烯""氯丁橡胶""氯碱工业"等。"氯"字,是现代字,容易误读成 lù。

尝鼎一脔(luán)

尝尝鼎里的一片肉,便可知整个鼎里的肉味。比喻根据部分推知全体。语出《吕氏春秋·察今》:"尝一脟(同"脔"字)肉,而知一镬之味,一鼎之调。""脔"字,指的是切成小片的肉。"鼎"在古代指的是一种三足(或四足)两耳的烹饪器,多用青铜制成。

论语(lún)

儒家经典著作,中国古代四书之一。据杨伯峻先生考证,"论语"的"论"是"论纂"的意思;"语"指语言。《汉书·艺文志》中有云:"《论语》者,孔子应答弟子、时人及弟子相与言而接闻于夫子之语也,""门人相与辑而论纂,故谓之《论语》。《论语》在古代有西汉时的《齐论》《鲁论》和古文本的《古论》三家,即齐人所学的谓之"齐论",鲁人所学的谓之"鲁论",孔子旧宅壁中所藏之书谓之"古论"。今本系东汉郑玄合三本之成,凡20篇。

"论"字,读 lún,从《广韵》力迍切,中古平声字。除此之外,在与《论语》相关的词语,如《论语正义》《论语义疏》《论孟精义》和"上论""下论""论语派"里的"论"字也读阳平音。"论"字,极易误读成去声。

抡材(lún)

原意是挑选木材。如《周礼·地官·山虞》:"凡邦工入山林而抡材,不禁。"后指按人的才分、能力挑选、选拔人才。"抡"在这里不读阴平音。

捋胳膊(luō)

把袖子往上卷,露出胳膊来。如"捋胳膊,挽袖子"。"捋"字,容易与"撸"字一起混读成 lū。

大大落落(luō luō)

形容大大方方,洒脱自然。

泺水(luò)

古水名。源出今山东济南西南,北流至泺口入古济水(此段古济水即今日黄河)。《左传·桓公十八年》所载"公会齐侯于泺"即此。"泺水"就在今济南市东北华不注山的东麓北流入大清河(黄河)。现今济南市区北部还有"泺口",已成为山东省重要的服装批发销售集散地。市中有东西交通主干道泺源大街和泺文路。大明湖公园里有"泺源堂"。

卓荦(luò)

超绝出众。班固《西都赋》有"卓荦诸夏,兼其所有"句。"荦"字,原指杂色的牛,后形容明显或杰出。

珞巴族(luò)

我国少数民族之一,分布在西藏东南部的珞瑜地区。语言属汉藏语系藏缅语族。无本民族文字，长期保留着刻木结绳记数记事的原始方法。主要从事农业与狩猎。

炮烙(páoluò)

"炮烙"是殷纣时使用的一种酷刑。如《荀子·议兵》中有"纣刳比干，囚箕子，为炮烙刑"。容易误读成 pàolào。

M

抹布(mā)

指擦器物用的布块等。"抹"字，极易误读成 má。"抹"是动词，表擦拭、用手按着并向下移动等义，如"抹桌子""抹澡""抹脸""抹一下头发""把帽檐抹下来"。

麻麻黑(mā·mahēi)

方言中指（天）快黑或刚黑。另有"麻麻亮"，指天刚有些亮。容易误读成 mámáhēi 或 mámáliàng。

阴霾(mái)

空气中因悬浮着大量的烟、尘等微粒而形成的混浊现象，能见度小于 10 千米。通称阴霾。"阴霾"，也可以解释为天气阴晦、昏暗。

颟顸(mān·hān)

形容糊涂而又马虎，不明事理。如"颟顸无能""颟顸透顶"等。

埋怨(mán)

因为事情不如意而表示不满和抱怨。"埋"字，容易误读成 mái。"埋"字只在"埋怨"一词里读 mán，在其他词语中均可读 mái。

蔓菁(mán·jing)

也称"芜菁"。一年生或二年生草本植物，块根肉质，白色或红色，扁球形或长形，叶子狭长，有大缺刻，花黄色。块根可做蔬菜。另外，也指这种植物的块根。"蔓菁"，容易误读成 mànqīng。

牪牛(māng)

北方方言里指公牛。"牪"字,容易误读成阳平。

麦芒儿(máng)

指麦穗上的芒。"芒"字,音 mángr,后加儿尾。1985 年之前的"芒"字是读成 wángr 的(见 1962 年普通话异读词第三次审音)。1985 年普通话异读词审音审为"统读"máng 音。

斑蝥(máo)

危害农作物的一种昆虫。黑体,鞘翅上有黄黑色斑纹,足关节能分泌毒液,人皮肤接触后会生水疱。可入药。

猫腰(māo)

方言中指像猫一样地弯着腰,又叫"毛腰"。《现代汉语词典》第 5 版标"猫腰",音 máoyāo。由于 māoyāo 读音更普遍,所以第 6 版将"猫"字精简规范为一个读音 mão。

蟊贼(máo)

比喻危害人民或国家的人。"蟊"字,原意为吃苗根的害虫。《诗经·小雅·大田》有"去其螟螣(音 téng),极其蟊贼"句。

卯榫(mǎosǔn)

"卯"指器物上安放榫头的孔眼,也叫"卯眼"。"榫"指制木竹等器物时为了使两块材料接合所特制的凹凸部分,凸的部分就叫"榫头"。两块材料进行接合时用榫头插入卯眼,使两个部件有机地成为一个整体。

耄耋(màodié)

指八九十岁的年纪。一般称 80 岁以上的老人为耄耋之年。《尚书·虞书·大禹谟》中载:"朕宅帝位,三十有三载,耄期倦于勤。"

广袤(mào)

古时指土地的长度和宽度。一般来讲称东西之间的距离叫"广",南北之间的距离叫"袤"。后来合称为"广袤",指土地的幅员广大辽阔。如《史记·楚世家》载:"秦齐交合,张仪乃起朝,谓楚将军曰:'子何不受地?从某至某,广袤六里。'"

奋袂(mèi)

挥动衣袖、袖子,多指人处于感情激动时奋发的样子,把袖子一甩,准备行动。"袂"字,音 mèi,《广韵》作弥弊切,中古去声字。古代统称衣袖或袖口为"袂"。现代汉语还有"分袂""联袂"等词。"联袂"指相互携手的意思,如"联袂演出""联袂而往"等。"袂"字,极易误读成 jué。

猜谜儿(mèir)

方言中指猜谜底;琢磨谜语的答案。

扪心自问(mén)

抚摸着自己的胸口,自问自己的内心叫"扪心",有自我反省的意思。"扪"字,指"按""摸"。容易误读成阴平音。

愤懑(mèn)

气愤;抑郁不平。据《后汉书·华佗传》载:"广陵太守陈登,忽患匈(胸)中烦懑,面赤不食。佗脉之,曰:'此病后三期当发,遇良医可救。'登至期疾动,时佗不在,遂死。"

愚氓(méng)

"氓"字,音 méng,从《广韵》莫耕切。"氓"在古代指流亡之民或草野之民,泛称老百姓(多指外来的)。如《诗经·卫风·氓》写的是一个劳动妇女回忆以往、诅咒现实、怨恨丈夫、感叹自己的遭遇。主人公称其丈夫为"氓"。开句即为"氓之蚩蚩,抱布贸丝。匪来贸丝,来即我谋。"

"流氓"中的"氓"máng,为今音。原指无业游民,后来成了品行不端、不务正业、为非作歹者的代名词。

牛虻(méng)

昆虫。成虫像蝇而稍大，长约1—3厘米，体形椭圆，生活在田间杂草中，雄性的吸植物的汁液或花蜜，雌性的吸人和动物的血液，幼虫生活在泥土、沼泽和稻田里，肉食性，吃昆虫、草根等。常见词有"华虻"等。

蒙学(méng)

即"蒙馆"或称为"蒙养教学"。指中国封建时代对儿童进行启蒙教育的学馆，一般由私学担任。教育内容主要是识字、习字和封建道德教育。基本教材有《百家姓》《千字文》《三字经》等。没有固定的年限。汉代开始有了义学，以后凡筹募资金或宗族公款举办，招收贫民子弟入学的都称义学。元代首创社学，性质为地方公助。明代的蒙学分三类：家塾、义学和社学。清代的蒙学也分三类：即有钱人聘请教师在家教读子弟的教馆（坐馆），教师私人在家教授生徒的私塾（家塾），地方宗族设立的义塾或义学。

古代的"蒙"字有 méng、měng 两音，今又添 mēng 音。读阳平 méng 音的"蒙"字，从《广韵》的莫红切，中古平声字。表"遮盖""承受""无知"义时，作动词或动词词素的有"蒙混""蒙蔽""蒙受""承蒙""蒙难""蒙羞""蒙冤""蒙尘""蒙汗药""蒙面人""蒙上头巾""蒙在鼓里"等；作形容词或形容词词素的有"蒙昧""启蒙""蒙眬""蒙学""蒙童""愚蒙""细雨蒙蒙"等。山东境内的"蒙山"（与"沂山"合称为沂蒙山）、"蒙阴县"、四川的"蒙山茶"等的"蒙"字都与"蒙古"无关，因此也应读作 méng。另外译音词"荷尔蒙""蒙太奇""蒙特利尔""蒙特卡罗""蒙娜丽莎"里的"蒙"也读 méng。读上声 měng 音的"蒙"字，多为与"蒙古"民族有关的事物，如"蒙古族""蒙古包""蒙古人""蒙语""内蒙古""蒙医"等。在"蒙"与"古"连用时，因"古"字是上声字的缘故，因此读"蒙"时要变调与阳平音类似，这是汉语里正常的音变现象,但不能就此认为与"蒙古"有关的"蒙"字都读 méng。"蒙"字的阴平音 mēng 是汉语字音演变得到的新音。今表"欺骗""昏迷""胡乱猜测"等义。作动词或动词词素的有"蒙骗""蒙人""瞎蒙""胡蒙""蒙对了""欺上蒙下""一蒙一蒙的"等。作形容词或形容词词素的有"天蒙蒙亮""灰蒙蒙的""蒙头蒙脑""头脑发蒙""蒙头转向""把他打蒙了"等。

雕甍(méng)
　　指栋梁、屋脊。王勃的《滕王阁序》中有"披绣闼,俯雕甍,山原旷其盈视,川泽盱其骇瞩。闾阎扑地,钟鸣鼎食之家;舸舰迷津,青雀黄龙之舳(音 zhú)"的名句。

懵懂(měng)
　　指糊涂;不明事理。如"懵懵懂懂""懵懂一时"。"懵"字,容易误读成 mēng。

眯缝(mī·feng)
　　眼皮合拢而不全闭。另外在北京话里将小睡称为"眯一小会儿"。

弥撒(mí·sɑ)
　　拉丁语译音词,指天主教的一种宗教仪式——晚餐礼。因耶稣在临难前与门徒们共进晚餐,表示以己身为众赎罪,所以后来天主教徒们用献面饼和葡萄酒的形式来象征耶稣的身体和血,以祭祀天主。如"做弥撒"。另有"弥撒曲",是为教会弥撒仪式所写的大型声乐套曲。著名的有巴赫的《b 小调弥撒曲》和贝多芬的《庄严弥撒曲》,已成为具有表演性的艺术音乐。

靡费(mí)
　　指浪费。另有"奢靡"中的"靡"也读阳平音。

麋鹿(mí)
　　一种食草类哺乳动物,又叫四不像,雄性的有角。角像鹿,尾像驴,蹄似牛,颈像骆驼,但整体上看哪一种动物都不像,故名。麋鹿的毛呈淡褐色,性温顺,食植物,是我国特有的珍稀动物。现已无野生种,多为人工繁殖和饲养。苏轼《赤壁赋》有"渔樵于江渚之上,侣鱼虾而友麋鹿"句。

弭谤(mǐbàng)

止息诽谤。"弭"指使平息;消灭的意思。《国语·周语上》载:"厉王虐,国人谤王。邵公告曰:'民不堪命矣!'王怒,得卫巫,使监谤者,以告,则杀之。国人莫敢言,道路以目。王喜,告邵公曰:'吾能弭谤矣,乃不敢言。'邵公曰:'是障之也,防民之口,甚于防川。川壅而溃,伤人必多,民亦如之。是故为川者决之使导,为民者宣之使言。'"另有汉语词"弭乱""弭兵""消弭""弭患""弭除"等。

敉平(mǐ)

平定,如"敉平叛乱"。《尚书·立政》中有"亦越武王,率惟敉功"句。

披靡(mǐ)

指(草木)随风散乱地倒下或军队溃散。古今汉语里凡表顺风倒下、美好、无义时,"靡"字均读上声。如《左传·庄公十年》中曹刿总结他的临战经验曰:"吾视其辙乱,望其旗靡,故逐之。"现代汉语里有"靡丽""靡然""华靡""颓靡""风靡""望风披靡""萎靡不振""靡日无思""所向披靡""风靡一时""靡靡之音"等词。

"靡靡之音"中的前一个"靡"字和"萎靡不振"中的"萎"字,须按"上上相连"的变调规则读成近似于阳平。"靡靡之音"并非仅外来音乐中有,中国古代早已有之。据《史记·殷记》载:"(纣)使师涓作新淫声,北里之舞,靡靡之乐。"自其后则泛指颓废淫荡之乐为"靡靡之音"。

风靡一时(mǐ)

形容一种东西(包括物质的、观念的等)在一段时间内很流行,好像风吹草低一样。"靡"字,原指顺风倒下,容易误读成 mí。

便秘(mì)

粪便干燥,大便困难而次数少。1985年普通话异读词审音时规定:除了"秘鲁"一词里的"秘"字读 bì 外,其他一律读 mì。

沔水(miǎn)

汉水上游的水名。古代有时也通称汉水为沔水。《水经注·沔水》中说:"漾水东流为沔,盖与沔合也,至汉中为汉水。"

分娩(miǎn)

生小孩或幼畜。"娩"字,容易误读成 wǎn。

渑池(miǎn)

地名,在河南西北、黄河南岸,邻接山西。故城在今河南渑池县西,战国时属郑地,后归秦。汉时置县,唐移至今治。秦昭襄王二十年,秦昭王欲夺赵国和氏璧的阴谋被蔺相如挫败以后,又邀请赵惠文王到渑池会盟,暗设伏兵欲擒赵王。蔺相如陪赵王同往。"渑池会",实际上就是战国时代的"鸿门宴",是楚汉鸿门宴之所本。"渑池"的"渑"字,从《广韵》弥兖切,中古上声字。1957年普通话异读词第一次审音审为 miǎn。

眄视(miàn)

斜着眼看,是傲慢的表示。"眄视",读音 miànshì。另有汉语词"顾眄""相眄""秋波流眄(左右看)"等。

岁杪(miǎo)

指年月或四季的末尾。汉语里有"岁杪""月杪""秋杪"等词。"岁杪"即年尾、年末。柳宗元《四门助教厅壁记》载:"其有通经力学者,必于岁之杪,升于礼部,听简试焉。"

邈远(miǎo)

久远、遥远的意思。《史记·屈原贾生列传》载,屈原被楚怀王放逐之后乃作《怀沙》之赋，其辞有"汤禹久远兮，邈不可慕也。惩违改忿兮，抑心而自强；离湣而不迁兮，原志之有象"句。隋唐之际有著《千金要方》《千金翼方》，被称为"药圣"的孙思邈，其书首列妇女、儿童疾病，并创立脏病、腑病分类系统，在中国古代医学史上有巨大贡献。"邈邈"也指遥远。

乜斜(miē·xie)

（1）古代指因醉酒、困倦而眼睛眯缝着、睁不开的样子。关汉卿《望江亭》第三折中有"着鬼祟，醉眼乜斜"句。（2）指眯缝着眼睛、斜着眼睛看人，多表示瞧不起或不满意。

乜斜，也是我国戏曲界常用的押韵工具——十三辙之一，在明清时代就已形成，与现代语言基本一致。这十三辙是：摇条辙、花发辙、人辰辙、由求辙、乜斜辙、姑苏辙、江阳辙、怀来辙、中东辙、一七辙、言前辙、灰堆辙、梭坡辙。

"乜"在姓氏上读 niè。《百家姓》收，较罕见。我国南北皆有。其来源：一是源自少数民族姓氏，二是为"也"姓所改。

席篾(miè)

用薄竹片、苇子、高粱秆等的皮劈开而成的条儿，用来编制席篾。陆羽的《茶经》在写到茶具时说："甑，或木或瓦，匪腰而泥，篮以篾之，篾以系之。"汉语词还有"篾席""篾青""篾匠""篾条""篾子"等。

旻天(mín)

指秋天或泛指天。《孟子·万章上》："万章问曰：'舜往于田，号泣于旻天，何为其号泣也？'孟子曰：'怨慕也。'"清道光皇帝的名字叫旻宁。今也多用作人名。

黾勉(mǐn)

指努力；勉力。《诗经·小雅·十月之交》中有"黾勉从事，不敢告劳"句。

泯灭(mǐn)

"泯"字，音 mǐn，《广韵》作武尽切，中古上声字。《尔雅·释古》的解释是："泯,尽也"。《说文新附》的解释是："泯,灭也"。《广韵》的解释是："泯,没也"。郭沫若《访日杂咏·宿春帆楼》有"晨辉一片殷勤意,泯却无边恩与仇"句。现代汉语的"泯"字,是消灭、丧失的意思,多指形迹、印象等较抽象的东西。如"良知泯灭""希望泯灭""相逢一笑泯恩仇"等。另有"泯没"一词,指(形迹、功绩等)消灭;消失。"泯"字,极易误读成 mín。

酩酊大醉(mǐngdǐng)

喝酒醉得很厉害,大醉的样子。韩愈《归彭城》诗有"遇酒即酩酊,君知我为谁"句。"酩"字,从《广韵》莫迥切,中古上声字;"酊"字,从《广韵》都挺切,中古上声字。极易误读成 míng dīng。

纰缪(pīmiù)

书面语中指错误。"缪"字,还有 móu、miào 两种读音。前者用在"未雨绸缪"一词里;后者是单姓。

宏谟(mó)

"谟"字,指计划、策略。"宏谟"指具有高瞻远瞩性的宏大谋略。《尚书》里有"谟",文体名,记载的是有关君臣谋议政事的内容。

模糊(mó·hu)

指不分明、不清楚等义。如"界限模糊""概念模糊""模糊不清""眼睛模糊了"等。极易误读成 mōhu 或 mǒhu。

模式(mó)

指某种事物的标准形式或使人可以照着做的标准样式。另外"模型""模压""模本"等词里的"模"字也读 mó。极易误读成 mú。

按摩(mó)

又称"推拿",在古代与针刺法结合运用疗病。《内经》中就有按摩疗法,扁鹊在临床上也运用过按摩疗法。唐代《一切经音义》言:"凡人自摩自捏,伸缩手足,除劳去烦,名为导引,若使别人握搦身体,或摩或捏,即名按摩也。"隋唐时代,设有按摩博士,唐太医署中专设按摩科。按摩疗法被应用于内外伤各科疾病,在唐代曾流传到国外。"摩"字,一些人习惯读为阴平。

没奈何(mò)

无可奈何,实在没有办法来应对某件事情。"没"字,读 mò,《广韵》作莫勃切,中古入声字。古代只有 mò 音一读,可表"入水""淹没""沦落""没收""尽""无""死亡"等义。今音除了 mò 外,又新添 méi 音,其中表"尽""无"义的词皆变读为 méi 了。但读"没"为 mò 音的现代词仍不在少数,如"没收""没落""没入""淹没""沉没""吞没""出没""神出鬼没""没齿不忘""没顶之灾""没世不忘""水深没膝""功不可没"等。极易误读成 méinàihé。

没羽箭(mò)

原指尧帝时僬侥(音 jiāo yáo)氏朝贡的箭名。汉代张清以"没羽箭"为号,言拉弓之力量强大,连箭上的羽毛也都深没(入)靶内。如果读成"没(méi)羽箭"的话,就会让人理解成"没有羽毛的箭"了。唐代诗人卢纶有《塞下曲》诗:"林暗草惊风,将军夜引弓。平明寻白羽,没在石棱中。"

没药(mò)

也称"末药",没药树的树皮渗出的树脂和油胶在空气中变成红棕色坚硬的圆块,中医入药,性平味苦,有活血、散淤、消肿、止痛的功效。"没药树"是产于东非和阿拉伯半岛的一种橄榄科的小乔木,枝上有荆刺,夏季开花,核果球形。"没"字,容易误读成 méi。

抹不开(mò)

指面子上下不来,害羞,不好意思。另外"抹墙""抹石灰""拐弯抹角"里的"抹"也读 mò。

冒顿(mòdú)

秦末汉初时的匈奴首领,即冒顿单于。秦二世元年(公元前 209 年)时杀父头曼自立。

后灭东胡,逐月氏,进占今内蒙河套一带,拥兵30余万。西汉初年,常南下侵扰,严重威胁西汉王朝安全。

含情脉脉(mòmò)

凝视,默默地用眼神或行动表达情意的样子。《古诗十九首·迢迢牵牛星》有"盈盈一水间,脉脉不得语"句。辛弃疾《摸鱼儿》词曰:"千金纵买相如赋,脉脉此情谁诉。""脉脉"容易误读成 màimài。

粮秣(mò)

牲口的饲料。秣马厉兵是指喂饱马,磨快兵器,形容战斗前的准备。

蓦然(mò)

出乎意料地;突然。辛弃疾在《青玉案·元夕》词中写道:"众里寻他千百度,蓦然回首,那人却在灯火阑珊处。"此种境界后被王国维喻为治学之道的第三种境界。"蓦"字,音 mò,《广韵》作莫白切,中古入声字。极易误读成 mù。另外,"蓦地"中的"蓦"字也读 mò。

靺鞨(Mòhé)

古代少数民族之一,居住在我国长白山、黑龙江、松花江一带,东至日本海。"靺鞨"是后来女真族的祖先。原名肃慎,北魏时称勿吉,隋唐时称靺鞨,五代时始称女真。《隋书·东夷传》载:"靺鞨在高丽之北,邑落俱有酋长,不相总一。"同时"靺鞨"也指靺鞨族居地所产的一种宝石。

民瘼(mò)

指老百姓的病痛、疾苦。《后汉书·循吏传序》载:"初,光武。……数引公卿郎将,列于禁坐。广求民瘼,观纳风谣。故能内外匪懈,百姓宽息。"

模样儿(mú)

一指人的长相或装束打扮的样子,如:"这姑娘模样儿挺好看的""一模一样"等;二则指约略的情况,如:"那人有三十岁左右的模样儿";三指形势、趋势、情况,如:"看模样儿,这事儿要黄"。"模样儿",极易误读为 móyangr。

模具(mú)

指用压制或浇灌的办法使材料成为一定形状的工具,又叫"模子"。另有"模板""铅模""字模""铜模"等。极易误读成 mó。

天姥(mǔ)

山名,在今浙江嵊县与新昌县间。李白《梦游天姥吟留别》诗的前三句是:"海客谈瀛洲,烟涛微茫信难求。越人语天姥,云霓明灭或可睹。天姥连天向天横,势拔五岳掩赤城。"

"姥"字,古音读 mǔ,从《广韵》的莫补切,中古上声字。古"姥"字的释义有二:其一,通称老妇人,与"姆"义同。如《晋书·王羲之传》中写道:"[王羲之]又尝在戢(音 jí)山见一老姥,持六角竹扇卖之。羲之书其扇,各为五字。姥初有愠色。因谓姥曰:'但言是王右军书,以求百钱邪。'姥如其言,人竞买之。他日,姥又持扇来,羲之笑而不答。其书为世所重,皆此类也。"其二,通"母",指母亲或婆婆。如《孔雀东南飞》中有"妾不堪驱使,徒留无所施。便可白公姥,及时相遣归"句。北方言里称外祖母叫"姥姥",读音 lǎolao(轻读)。另外,福建宁德市境内有太姥山,"姥"字也读 mǔ。

仫佬族(mùlǎo)

我国少数民族名,居住在广西壮族自治区北部的罗城、宜山一带,人口 20 万,有本民族语言,多通汉语文,建有罗城仫佬族自治县,隶属河池市。

牟平(mù)

地名。今为山东烟台市所辖区。汉置东牟县,隋为牟平县,明清时为宁海州,1914 年复改为牟平县。以地处牟山之阳,其地平坦,故名(见《汉书·地理志》)。"牟平"里的"牟"字读 mù。1962 年普通话异读词第三次审音时有此审定。

中牟(mù)

(1)古邑名,春秋时晋邑,故址在今河北邯郸与邢台之间。(2)县名。汉置中牟县,隋初改为圃田县,唐初复改回中牟。今中牟县在河南中部,黄河南岸,郑州与开封之间,陇海铁路横贯全境。

"牟"字作为姓氏用字,读móu。《广韵》作莫浮切,尤韵;《韵会》标"牟,迷浮切,音谋"。中古平声字。《百家姓》收。《现代汉语词典》《辞海》《汉语大字典》等工具书里都有姓氏"牟"字的móu音标注。

苜蓿(mù·xu)

北方又叫"紫花苜蓿",一年生或多年生草本植物。叶子互生,开蝶形紫花,为重要的牧草饲料和绿肥作物。据《史记·大宛列传》载,大宛:"俗嗜酒,马嗜苜蓿。汉使取其实来,於是天子始种苜蓿、蒲陶(即葡萄)肥饶地。及天马多,外国使来众,则离宫别观旁尽种蒲萄、苜蓿极望。"

N

那(nā)

单姓。《百家姓》收。"那"姓分布较广。《中国姓氏大全》曾注明了"那"姓的四个来源。学者们比较认可的是鲁庄公十八年,楚武王克权国(今湖北省当阳市东南),权国人迁于"那"(今湖北荆门),因以"那"为氏。

"那"字读音自中古衍变至今比较繁杂。《现代汉语词典》和《新华字典》上标 nā 音还是有其道理的。将"那"姓读成 nà 音,言之无据。

南无(nāmó)

梵文 namas 的音译,佛教用语。意为皈依、尊敬,即众生向佛真心皈依信顺。如"南无阿弥陀佛"。杨衒(音 xuàn,通"炫")之《洛阳伽蓝记·永宁寺》载:"(菩提达摩)口唱'南无',合掌连日。""南无",极易误读成 nánwú。

老衲(nà)

指补缀或和尚穿的衣服，常用作和尚的自称。"老衲"，老和尚自称。

按捺(nà)

原指用手重重地按。如《儒林外史》第三十九回"(恶和尚)将只手捺着左眼，飞跑出来……"。后引申为抑制、压下、忍耐。"捺"字，中古入声字，音nà，从《广韵》奴曷切。极易误读成nài。

小囡(nān)

方言，小孩儿。如小囡。也指女儿。

赧然(nǎn)

形容难为情的样子。如《孟子·滕文公下》中孟子引用子路的话："'未同而言，观其色赧赧然，非由之所知也。'由是观之，则君子之所养，可知已矣。"汉语词另有"赧颜""羞赧"等。"赧"字，上声。极易误读成阳平。

牛腩(nǎn)

指牛腹部或近肋骨处的又肥又软的肉，也可以理解为牛脯或牛肉干儿，及用这种肉做成的菜肴。《广雅·释器》的解释是："腩，脯也。"也指以调味品浸渍肉类以备炙食。《齐民要术·肝炙》中载："亦以盐、豉汁腩之。""腩"字，极易误读成阳平的nán。

蝗蝻(nǎn)

蝗虫的若虫，外形像成虫而翅膀很短，身体小，头大。也叫跳蝻。现代汉语里的"蝻"字，今统读为nǎn。

排忧解难(nàn)

"难"字的读音，在古代有"那干切"的平声字nán和"奴案切"的去声字nàn两读（见《广韵》）。去声nàn字的其中一个义项是指不幸遭遇的苦难或灾难，如"灾难""危难""患难""磨难""避难""落难""逃难""难友"等。成语"排忧解难"中的"难"指的是危难，即排除忧虑，解除危难。"忧"在古代不仅仅像今天这样仅指忧愁,而且还指困难、疾病、忧患、丧亲等,词义色彩和范围比今天重得多,完全可以与"难"字作近义词而相提并论。这里的"难"字应该读作去声 nàn。但是,由于"难"字在现代的词义逐渐变轻,有大有小,大难指危难,小难也可指困难、难处、令人为难的事情,所以有人也将"排忧解难"中的"难"字读成阳平音 nán。

"难兄难弟"一词,两读。一读"难(nán)兄难(nán)弟",原指兄弟关系非常好,今多反用,讥讽两人同样坏。二读"难(nàn)兄难(nàn)弟",指彼此曾共患难的人;彼此处于同样困难境地的人。

攮子(nǎng)

指短而尖的刀,一种旧式武器。"攮"字,还作动词,(用刀)刺,如"攮了一刀"。

齉鼻子(nàng)

指鼻子不通气,发音不清。齉鼻儿,指(语音)发齉或者说话时鼻音特别重的人。

呶呶不休(náonáo)

唠唠叨叨,说个不停。曾巩《答袁陟书》载:"古之君子,法度备于身,而有仕有不仕者是也,岂为呶呶者邪?"

铙钹(náobó)

铙,是发源于商代的一种乐器。形状像铃而较大,有中空的短柄可以安上木把儿。使用时拿着把儿,铙口朝上,用椎敲击。古代军队中也常用。钹,是我国民族乐器中的打击乐器,有两个铜制圆片,中间突起成半球形,正中有孔,可以穿绸条或布片,两片合起来拍打发声,俗称为"镲(音 chǎ)"。今天所说的"铙钹"一般是指大型的镲,即"大镲",在大型交响乐队或鼓乐队、军乐队中均有所使用。

淖尔(nào)

蒙语译音词,也译作诺尔。指湖泊。现多用于地名。如内蒙古的"巴彦淖尔盟""达里淖尔""查汗淖""额仁淖尔""达来诺尔""查干诺尔";黑龙江的"扎赉诺尔""淖尔河";青海的"库库淖尔"(即青海湖);新疆的"罗布淖尔"(即罗布泊)等。"淖"字,也指烂泥或泥坑。汉语另有"泥淖"一词。

哪吒(né·zhā)

即哪吒太子,佛教护法神的名字。传说是毗沙门天王三太子,有哪吒太子剔肉还母、拆骨还父,现身为父母说法的故事(可见佛教经籍《五灯会元》)。也指《封神榜》《西游记》里的英雄人物。哪吒,极易误读成 nuózhā 或 nàzhā。"吒"字,一般轻读,间或重读。

木讷(nè)

朴实迟钝、不善于说话。《老子·四十五章》有"大成若缺,其用不弊。大盈若冲,其用不穷。大直若屈。大巧若拙。大辩若讷。静胜躁,寒胜热。清静为天下正"句。《论语》中有"君子欲讷于言而敏于行"句,指的是说话谨慎、寡言,而行动办事却敏捷、利索。汉语里另有"口讷"一词,指不善言谈,嘴笨。"讷"字,今统读为 nè(可见 1985 年《普通话异读词审音表》)。容易误读成 nà。

气馁(něi)

失掉勇气。"馁"字,今统读为 něi(可见 1985 年《普通话异读词审音表》)。容易误读成 nuǐ。在古代,"馁"还指饥饿。如《孟子·尽心上》载:"五十非帛不暖,七十非肉不饱。不暖不饱,谓之冻馁。文王之民无冻馁之老者,此之谓也。"

比拟(nǐ)

"拟"字,上声。容易误读成去声 nì。比拟是汉语修辞格的一种,把物拟作人或把人拟作物。也指比较。另外在汉语里,"拟"字还表"起草设计""打算""模仿",如"模拟""拟古""拟人""拟物""虚拟""草拟""拟稿""拟订""拟议""拟作""拟声词"等。

亲昵(nì)

十分亲密。《左传·襄公二年》有"若背之,是弃力与言,其谁昵我"句。汉语另有"昵称""昵友"等词。"昵"字,容易误读成阳平。

拘泥(nì)

指固执、不知变通,也指拘束、不自然。"泥"字,从《广韵》奴计切。(1)指固执,另有"执泥""泥古"和"泥古不化"(指拘囿于古代的制度或说法,坚持到底,不能结合具体情况而加以变通)等词。王安石有《表》曰:"然而礼贵从宜,事难泥古。"(2)也指用土、灰等涂抹墙壁或器物。如唐代王建《田家留客》诗云:"不嫌田家破门户,蚕房新泥无风土。"今有"泥子""泥墙缝儿""泥玻璃""泥门窗""泥炉灶"等词。泥子指油漆木器或铁器时为了使表面平整而涂抹的用桐油、石膏、松香等混合制成的泥状物。"泥"字,容易误读成 ní。

拈花惹草(niān)

原意是用两三个手指头捏夹着花或草。引申为男人随意地、不严肃地去招惹女子。"拈"字,今统读为 niān(可见1985 年《普通话异读词审音表》)。容易误读成 zhān。另外,也有"拈阄儿""拈香""拈轻怕重"等词。

酝酿(niàng)

原意指造酒的发酵过程,即利用发酵作用制造。比喻做准备工作,如事先考虑商量、相互协调等。另外,也有"酿酒""酿造""佳酿""特酿""自酿""酿蜜"等词。"酿"字,1985 年普通话异读词审音时规定"统读"为 niàng。容易误读成 ràng。

拿捏(nániē)

一指把握、掌握,读音 nániē;二指不大方、扭捏,读音 nániē;三指刁难、要挟,读音 nániē。

发苶(nié)

疲乏；精神不振。颜之推《颜氏家训·勉学第八》在述及读书对于平日暴悍者的影响时道："素暴悍者，欲其观古人之小心黜己，齿弊舌存，含垢藏疾，尊贤容众，苶然沮丧，若不胜衣也。"

圭臬(niè)

古代指测量日影用的仪器，即圭表。引申为法度、标准、典范。

啮合(niè)

（鼠、兔等动物）用牙啃或咬。啮合，上下牙齿咬紧或像上下齿那样咬紧。比喻带有齿状部分的零件在传动过程中相互嵌接的情状，如"齿轮啮合""链条与链轮啮合"等。

嗫嚅(nièrú)

书面语中指想说话而又吞吞吐吐不敢说出来的样子。"嗫"字，1985年普通话异读词审音规定"统读"为niè。

拧手巾(níng)

"拧"字，音níng，中古平声字，从《广韵》泥耕切。一指两手握住物体的两端分别向相反的方向用力转动。如"大家拧成一股绳""拧湿衣服"等。二指用两三个手指扭住皮肉使劲转动，如"拧耳朵""在大腿上拧了一把"等。

"拧"字，今有三种读音，词性和词义也不相同。在"拧螺丝"、"拧开水龙头"、"拧瓶盖儿"（意思是控制住物体并向里转或向外转，动词）、"把话听拧了"（颠倒；错，形容词）、"他俩越闹越拧"（别扭、抵触）等词里，"拧"字读上声nǐng。在北方方言里，说一个人脾气很倔强、固执时，一般也说"拧"，读去声nìng，形容词。如"这丫头拧死了"。

奸佞(nìng)

指奸邪谄媚或奸邪谄媚的人。王充的《论衡》中有《答佞篇》载："或问曰：'贤者行道，得尊官厚禄矣，何必为佞，以取富贵？'曰：佞人知行道可以得富贵,必以佞取爵禄者,不能禁欲也;知力耕可以得谷,勉贸可以得货,然而必盗窃,情欲不能禁者也。"汉语里另有"佞巧""佞幸""佞史""佞臣""佞人""佞笑""佞口"等词。

泥泞(nìng)

因有烂泥而不好走;淤积的烂泥。"泞"字,去声。极易误读成 níng。

拗不过(niù)

指无法或无力改变别人的意见或看法。"拗"字,固执;随和;不驯顺。如"他太犟,我真拗不过他"。执拗,指固执任性,坚持己见。容易误读成 ào。

驽钝(núdùn)

原指马质性钝劣。"驽马十驾,功在不舍"中的"驽马"指的是跑不快的马。后以"驽钝"形容人的天生愚笨、迟钝,或才智低下、平庸。也常为自谦辞。如诸葛亮《前出师表》曰:"今南方已定,甲兵已足,当奖帅三军,北定中原,庶竭驽钝,攘除奸凶,兴复汉室,还于旧都。此臣所以报先帝而忠陛下之职分也。"

鼻衄(nù)

鼻孔出血,泛指出血。《伤寒论·辨脉法》中说:"脉浮、鼻中燥者,必衄也。"另有"齿衄""耳衄"等词。"衄"字,1985 年普通话异读词审音规定"统读"为 nù。

疟疾(nüè·ji)

急性传染病,病原体是疟虫,由蚊子传播,周期性发作。有的地方叫冷热病。此病也称为"疟(音 yào)子"。

袅娜(niǎonuó)

原指树枝条柔弱细长而又摇曳的样子。后喻女子姿态的轻盈柔美。朱自清在《荷塘月色》中描写荷花时写道:"层层的叶子中间,零星地点缀着些白花,有袅娜地开着的,有羞涩地打着朵儿的;正如一粒粒的明珠,又如碧天里的星星,又如刚出浴的美人。"

搋战(nuò)

挑战(多见于早期白话)。《三国演义》七十三回写:"云长知曹兵来,唤关平、廖化二将,受计而往。与曹兵两阵对圆,廖化出马搋战。"

O

区(Ōu)

从《广韵》乌侯切,中古平声字。单姓,较常见。相传春秋越人、铸剑名匠欧冶子之后,后转为区姓。另外,古匈奴称边境屯戍或守望之处为"区(音ōu)脱"。

瓯子(ōu)

北方官话指小盅子或小杯子。有"茶瓯""酒瓯"等。在古时一般指盆盂类的容器。也指地盘或疆域。如南北朝时的梁武帝曾说:"我国家犹若金瓯,无一伤缺"(见《南史·朱异传》)。另外"瓯"还是温州的别称,温州产的刺绣又叫"瓯绣"。

呕心沥血(ǒu)

形容费尽心思。"呕"字,今"统读"为上声ǒu(可见1985年《普通话异读词审音表》),吐。"沥"字,滴。汉语里另有"呕吐""呕血""令人作呕"等词。"呕"字极易误读成ōu。

怄蚊子(ǒu)

用烧草等来驱赶蚊蝇等。"怄"字,也指烧火时柴草等没有充分燃烧而产生大量的烟;冒烟、不起火苗地烧。

沤肥(òu)

将庄稼秆、垃圾、树叶、厩肥、人粪尿、河泥等放在坑内,加水浸泡,经分解发酵成的肥料,也指沤制的过程。有的地方叫窖肥。汉语里还有"沤麻""沤粪""沤草"等词。

怄气(òu)

指闹别扭,生闷气。

P

派司(pā·si)

译音词,英语形式是 pass。指用厚纸印成的或装订成本的出入证、通行证等。也指检查、考试、关卡、验收等准予通过。

奇葩(pā)

奇异的花朵。如"一朵奇葩"等。"葩"字,容易误读成 pá。

扒手(pá)

指以窃取财物为目的的小偷。有时也指那些投机政客(即借机窃取政治利益或权力的人)为"政治扒手"。另有"扒窃"等词。

扒肘子(pá)

一种烹调方法,是先将猪肘子水煮至半熟,然后再将其放到油锅里炸,最后用文火炖熟煨烂。另有"扒猪脸儿""扒鸡""扒鸭""扒羊肉""扒海参"等。"扒"字,容易误读成 bā。

扒拉(pá·la/bā·la)

两读两义。(1)指用筷子快速地将饭菜往嘴里拨弄,形容吃饭的急速和紧张,如"他回到家赶紧扒拉了两口饭,穿上衣裳又出门了",这里的"扒拉"读音 pála(轻读)。(2)读 bāla(轻读)音的"扒拉",意思为拨动,如"扒拉算盘";也指去掉、撤掉,如"没那么多名额,得扒拉下去两个"。

钉耙(pá)

碎土、平地用的以铁钉做齿的耙子。"耙"字,在这里读 pá。汉语里另有"耙地"一词,指用耙子将土地整平或将土块打碎,以便于播种作物。"耙地"里的"耙"字读 bà。

筢子(pá)

指搂集树叶、柴草用的一端有齿的竹制或铁丝制成的农具。《字汇·竹部》曰:"筢,五尺筢,用以取草也。"

俳优(pái)

古代指演滑稽戏(以乐舞、谐戏为业)的艺人。《荀子·王霸》中说:"乱世不然,……俳优、侏儒、妇女之请谒以悖之。"汉语里另有"俳体"(指骈体文或骈谐文)、"俳笑"(戏笑)、"俳偶"(对偶、骈俪,即古诗文中两两相对的句式)等词。俳句也叫"发句",一般由三句十七音组成,首句五字,次句七字,末句五字,故又名十七音诗。

迫击炮(pǎi)

指的是一种从炮口装弹、以曲射为主的火炮,炮身短,射程较近,轻便灵活。

排子车(pǎi)

指一种载人或运货的手挽人拉的没有车厢的双轮木板车,也叫"板儿车"或"迫(pǎi)子车"。"地排车"是北方方言里对"排子车"的另一种说法。"排"字,在"排子车""地排车"中读上声音 pǎi,1985 年《普通话异读词审音表》对此有规定。另外"排"字在北方方言里还指把物体中空部分压实,使之合于某种形状(即用楦子等将新挂中空部分填紧或撑大)时,也读 pǎi 音。如"把这双鞋排一排再穿"。

番禺(Pānyú)

在广州市南,现为番禺区,南濒珠江出海口,外出南海。因境内的番山、禺山得名。秦始皇三十三年设南海郡,番禺为其治所。《史记·货殖列传》曾称"番禺亦其一都会也",被列为全国九大都会之一。"番",地名用字,从《广韵》普官切,中古平声字。1957 年普通话异读词第一次审音时审"番禺"为 pānyú。容易误读成 fānyù。

柴爿(pán)

劈成片状的木柴(柴火)、竹子等。另有"木爿""竹爿"等词。"爿"字,1985 年普通话异读词审音时有"统读"为 pán 的规定。也作量词,多用于商店或工厂,相当于"家""座",如"一爿店铺""一爿厂房"等。

心广体胖(pán)

"胖"字,音pán,《广韵》作蒲官切,中古平声字。指安泰舒适。心广体胖,指心情舒畅,身体健壮。也说心宽体胖。如《礼记·大学》里载:"富润屋,德润身,心广体胖,故君子必诚其意。"1962年普通话异读词第三次审音和1985年的审音都对此有pán的规定。

涅槃(nièpán)

佛教用语,原指超脱生死、超脱烦恼的最高境界,现用作指佛或僧人死的代称。刘宋王朝时,于两晋盛行一时的般若空学向"有"转化,产生了以道生为代表的涅槃佛性妙有说。道生研寻《涅槃经》,在大本未传之前,孤明先发,倡佛性当有论与一阐提皆得成佛说,开了整个南朝一代涅槃佛性学之先声,被后人誉为中国涅槃学之圣。郭沫若自1919年起以"喷火的方式"写作新诗,有著名诗作《凤凰涅槃》。

蹒跚(pán)

形容腿脚不灵便,走路缓慢、摇摆的样子。如"步履蹒跚"。皮日休《太湖诗·上真观》诗云:"天钧(音乐)鸣响亮,天禄(兽名)行蹒跚。""蹒"字,音pán。1985年普通话异读词审音时有"统读"的规定。

蟠桃(pán)

桃的一种,形状扁圆,果肉味甜。另指神话中的仙桃,如"孙悟空大闹蟠桃会"。"蟠"字,极易误读成阴平。

拚弃(pàn)

抛弃、舍弃的意思。另有"拚命"一词,方言里指拼命。

泮宫(pàn)

(1)指周朝诸侯国举行射礼或宴会的地方。《说文解字·水部》载:"泮,诸侯乡射之宫,西南为水,东北为墙。"《诗经·鲁颂·泮水》有"既作泮宫,淮夷攸服"句。(2)指培养贵族子弟的学府。汉代以后称诸侯的学宫为"泮宫";明清时代,州县的学校也称"泮宫",生员入学为"入泮"。

壶鋬(pàn)

水壶上用手提的部分叫"鋬",也泛指器物上的提梁。王黼(音 fǔ)的《宣和博古图录》有载:"周凫尊,……有流有鋬,阙盖无铭。"

车襻(pàn)

拉人力车时套在肩膀上的布带子或皮带子,便于使劲和用力。"襻"字,原指衣裙的带子(用布做的扣住纽扣的套),如"纽襻儿"。

滂沱(pāng)

形容雨下得很大或哭得很厉害。如"大雨滂沱""涕泗滂沱""泪眼滂沱"等。"滂"字在1985年普通话异读词审音后,统读为阴平音 pāng。

膀肿(pāng)

指肌肉浮肿。如"眼泡膀肿""脚面膀了"等。

逄(Páng)

姓氏用字。单姓,《百家姓》收。从《广韵》薄江切,中古平声字,今音读作 páng。史有后羿的徒弟逄蒙、齐顷公车右逄丑父、与樊崇一同起兵造反的逄安。

胡嗙(pǎng)

方言中指自夸海口,吹牛、说大话。另有"胡吹乱嗙"一词。

耪地(pǎng)

用锄头除草翻地松土。"耪"字,容易误读成 bàng。

泡货(pāo)

泡货指体积大而分量小的物品或虚、松、软的东西,方言词。汉语词还有"豆腐泡儿""眼泡""泡枣"等。"泡"字,极易误读成 pào。

泡桐(pāo)

泡桐又称白桐,平原地区栽培的一种落叶或常绿乔木,材质疏松,可做乐器和模型。

"泡"字,极易误读成去声。

海兰泡(pāo)

布拉戈维申斯克,中国传统名为"海兰泡"。俄罗斯远东区南部城市。1858年,《中俄瑷珲条约》签订后被俄罗斯帝国割占,改今名。1900年7月,沙俄当局借口镇压中国境内的义和团运动,大举进兵我国东北,在此制造了大批屠杀中国民众的"海兰泡惨案"。

"泡"字,读阴平pāo,从《广韵》匹交切,中古平声字。北方方言里指小湖泊或地名,东北地区尤多。如吉林西北角有"月亮泡"和"查干泡";辽宁北部康平县西有"西泡子";黑龙江湿地有"王花泡";另外还有"莲花泡""七星泡"等。

庖厨(páo)

《说文解字》解释为:"庖,厨也。"意思是指厨房和厨师。周朝时的官衙里曾设有"庖人"一职,专管周王的膳食。颜之推《颜氏家训·归心第十六》有"儒家君子,尚离庖厨,见其生不忍其死,闻其声不食其肉。此乃仁者自然用心"句。汉语里有"越俎代庖""庖丁解牛"等词语。"庖"字,极易误读成bāo。

炮制(páo)

原指经过烘、炒、洗、泡、漂、蒸、煮等方法把中草药原料炼制成精品或除去毒性的加工过程。后来泛指编造、制订(含贬义)。如"如法炮制",指的是按现成的办法炮制药品或办事。"炮制"在宋代以前称"炮炙",早在《内经》中就有了中药炮炙的记载。"炮制"中的"炮"字无论是原义还是引申义,都不读去声,只能读páo。"炮炼"中的"炮"也读阳平,指用加热的方法把中药原料中的水分和杂质除去。

袍泽之谊(páo)

"袍泽之谊"说的是在部队

经过生死考验后士兵之间形成的友谊。语出《诗经·秦风·无衣》：“岂曰无衣？与子同袍。王于兴师，修我戈矛。与子同仇。岂曰无衣？与子同泽。王于兴师，修我矛戟。与子偕作。"其中的"袍"和"泽"分别指古代征袍和内衣，后连用为指军队中的同事。

匏瓜(páo)

一年生攀缘性草本植物，葫芦的变种，果实比葫芦大些，老熟后对半剖开也可以做水瓢。俗称"匏葫芦"或"瓢葫芦"。也指这种植物的果实。《诗经·邶风》有"匏有苦叶"诗："匏有苦叶，济有深涉。深则厉，浅则揭。"《三字经》中载："匏土革，木石金。与丝竹，乃八音。"

跑槽(páo)

指牲口跑槽根。"跑"字，指走兽用脚刨地。另外"狗跑儿"中的"跑"字也读 páo，指一种不太正规的模仿犬类在水中游泳姿势的凫水方法。

虎跑泉(páo)

泉名。在今杭州大慈山白鹤峰下慧禅院(今虎跑寺)。相传，唐元和中释性空居此，苦无水，忽一日二虎跑地，泉遂涌出，故名。苏轼曾有诗云："道人不惜阶前水，借与匏尊自在尝。""跑"字，极易误读成 pǎo。

胚胎(pēi)

指在母体内由受精卵发育而成的初期的生物体(人或动物体)，也常比喻事物的萌芽。另有"胚芽""胚珠""胚层"等词。容易误读成 pī。

辔头(pèi)

指驾驭牲口用的嚼子和缰绳。《木兰辞》写木兰替父从军出征前的准备有"东市买骏马，西市买鞍鞯，南市买辔头，北市买长鞭"句。《楚辞·离骚》中有"饮余马于咸池兮，总余辔乎扶桑"句。汉语词另有"并辔""缓辔""执策分辔"等。

甘霈(pèi)

指大雨或雨多的样子。唐代沉頊《贺雨赋》有"喜甘霈之流滋"句。

喷香(pèn)

指香气浓厚扑鼻。"喷"字,音 pèn,从《广韵》普闷切,中古入声字。刘禹锡《西山兰若试茶歌》有"悠扬喷鼻宿醒(音 chéng)散,清峭彻骨烦襟开"句。极易误读成阴平。

怦然心动(pēng)

指因受到某种感染或影响而心怦怦地跳得厉害。《楚辞·九辩》有"私自怜兮何极?心怦怦兮谅直"句。

澎湃(péng)

本指波浪相互撞击的态势,后形容心绪、心潮的极端不平静,也比喻声势浩大,气势雄伟。如"汹涌澎湃""心潮澎湃""激情澎湃"。"澎"字,也读pēng,溅。如"不小心澎了他一身水"等。

邳州(pī)

地名,在江苏北部,徐州与连云港之间。夏商为邳国,春秋时属薛地。秦置下邳县,后历代几兴几废。1912年改称邳县。今为邳州市。"邳"字,中古平声字,《广韵》作符悲切,《集韵》作贫悲切。当时即有 pī 和 péi 两读。《现代汉语词典》《新华词典》《应用汉语词典》《新华字典》《中华词典》《中华字典》等工具书均标作 pī。

坯胎(pītāi)

专指某些器物的坯。另有"土坯""砖坯""坯料""坯布""毛坯""脱坯""打坯""线坯"等词。

黄陂(pí)

地名,在武汉正北。汉时属西陵县地,北周置黄陂县。现为武汉市所辖县。1957年普通话异读词第一次审音即审"黄陂"中的"陂"字为 pí 音。

枇杷(pí·pa)

《现代汉语词典》第 5 版注音为 pí·pá，第 6 版改为 pí·pa。蔷薇科的常绿乔木，果实可食，叶子和果核均可入药。司马相如《上林赋》中有"枇杷橪柿，樗枣（音 nài）厚朴"句。历史上有"枇杷门巷"，指妓女所居之处。

毗邻(pí)

（地方）相靠近、连接、邻接，多指国土、土地。"毗"字，音 pí，从《广韵》的房脂切，中古平声字。现代汉语中还有"毗连"一词。"毗"字，极易误读成 bǐ。

蚍蜉(pífú)

指大蚂蚁。蚍蜉撼树，说的是蚂蚁们想摇动大树，比喻狂妄自大，不自量力，既可笑又可悲。唐代韩愈有《调张籍》诗云："李杜文章在，光焰万丈长。不知群儿愚，那用故谤伤。蚍蜉撼大树，可笑不自量。伊我生其后，举颈遥相望。"

脾脏(pí)

人和高等动物的内脏之一，可简称"脾"。位于胃的左侧。作用是制造或破坏新老血细胞，产生淋巴球与抗体，贮藏铁质，调节脂肪、蛋白质的新陈代谢。中医称心、肝、脾、肺、肾为五脏。"脾"字，音 pí，《广韵》作符支切。极易误读成 pǐ。汉语词另有"醒脾""虚脾""脾气""脾性""肝脾""脾胃""沁人心脾"等。

裨将(pí)

古代指副将。"裨"字，辅佐的、副的意思。《史记·项羽本纪》载："梁为会稽守，籍为裨将，徇下县。"

熊罴(pí)

熊的一种，又叫棕熊、马熊或人熊。棕褐色毛，能爬树游水。《诗经·大雅·韩奕》中有"有熊有罴，有猫有虎"句。"熊""罴"经常连用，泛指熊。

鼙鼓(pí)

古代军队中用的小鼓。《礼记·乐记》载:"君子听鼓鼙之声,则思将帅之臣。"

匹夫(pǐ)

指一个人,泛指寻常之人。早期白话文中也常指无学识、无智谋的人。如"天下兴亡,匹夫有责""匹夫之勇""匹夫之辈""三军可夺帅也,匹夫不可夺志也"等。另有"马匹"、"布匹"、"匹敌"(相当;对等)、"匹配"(婚配;配合)、"匹马单枪"(单独行动)等汉语词。"匹"字,不读阳平。

倾圮(pǐ)

毁坏;倒塌。汉语里另有"圮毁""坍圮""颓圮"等词。"圮"字,毁。容易误读成qǐ。

仳离(pǐ)

夫妻分离。特指妻子被遗弃。如《诗经·王风·中谷有蓷(音 tuī)》:"有女仳离,嘅(音 kǎi,同'慨')其叹矣。……有女仳离,条其歗(音 xiào,同'啸')矣。……有女仳离,啜其泣矣。"

否极泰来(pǐ)

"否"和"泰"都是《周易》六十四卦中的卦名。"否"字,音pǐ,从《广韵》符鄙切,中古上声字。指坏运、恶、凶的事物;"泰",指好运、吉利、顺的事物。如《孔雀东南飞》中阿兄对刘兰芝曰:"作计何不量!先嫁得府吏,后嫁得郎君。否泰如天地,足以荣汝身。"否极泰来是指,坏的到了尽头,好的就来了,说明物极必反的道理,又作"否终则泰"或"否去泰来"。白居易的《遣怀》诗云:"乐往必悲胜,泰来犹否极。"

地痞(pǐ)

"痞",音 pǐ,从《广韵》符鄙切,中古上声字。"痞"字的本义是中医所说腹腔内可以摸得到的硬块,即痞块。柳宗元在《寄许京兆孟容书》中写到:"残骸余魂,百病所集,痞结伏积,不食自饱。"后来多称恶棍、流氓为"痞",现代汉语有"痞子""地痞""文痞""兵痞""痞棍""痞气""痞里痞气"等词。"痞"字不读阳平。

劈叉(pǐ//chà)

体操、武术等的一种动作。两腿向相反的方向分开,臀部着地。

劈柴(pǐ·chái/pī·chái)

两读两义。"柴"字,一般轻读,间或重读。一读 pǐchái,指生(引)火或取暖用的小碎木条或木块。二读 pīchái,动宾结构的谓语词,指将大块的木头用斧子或刀劈成若干小木块儿,以供生火用。

癖好(pǐ)

因对某种事物或东西的特别爱好而形成的习性。如"怪癖""洁癖""酒癖""赌癖""好古成癖""收藏癖"等。李清照《金石录后序》中有"长舆、元凯之病,钱癖与传癖何殊"句。"癖"字,极易误读成去声。

睥睨(pìnì)

用眼睛斜着看人、窥伺,表示傲视或厌恶。《颜氏家训·诫兵》中说:"每见文士,颇读兵书,微有经略。若居承平之世,睥睨宫阃(音 kǔn),幸灾乐祸,首为逆乱,诖误善良;如在兵革之时,构扇反覆,纵横说诱,不识存亡,强相扶戴:此皆陷身灭族之本也。诚之哉!诚之哉!"

媲美(pì)

相比之下同样美好或美好的程度不相上下的意思,即匹敌、比得上。刘峻《广绝交论》有"比黔首以鹰鹯(音 zhān,猛禽),媲人灵于豺虎"句。"媲"字,极易误读成 bǐ。

譬如(pì)

比如、打比方。"譬"字,1985年普通话异读词审音规定为"统读"pì 音。《老子·三十二章》载:"始制有名,名亦既有,夫亦将知止,知止可以不殆。譬道之在天下,犹川谷之於江海。"

一叶扁舟(piān)

指小船、小舟。柳永《迷神引》词的上阕是:"一叶扁舟轻帆卷,暂泊楚江南岸。孤城暮角,引胡笳怨。水茫茫,平沙雁,旋惊散。烟敛寒林簇,画屏展。天际遥山小,黛眉浅。"

犏牛(piān)

指公黄牛与母牦牛杂交所生的第一代杂种牛,兼有黄牛易驯和牦牛耐劳、力气大的品质。公犏牛没有生殖能力,母犏牛可以和黄牛或牦牛交配繁殖后代。多产于西藏、青海、甘肃等地。

翩跹(piánxiān)

形容舞姿飘逸轻盈。"翩"字,另有"翩然""翩翩起舞""浮想联翩"等词。苏轼《后赤壁赋》中有"梦一道士,羽衣翩跹,过临皋之下"句。

大腹便便(piánpián)

肚子肥大、身体肥胖的样子(略含贬义)。一般指人养尊处优,吃得脑满肠肥,行动不便。《后汉书·边韶传》载:"(边韶)以文章知名,教授数百人。韶口辩,曾昼日假卧,弟子私嘲之曰:'边孝先,腹便便。懒读书,但欲眠。'韶潜闻之,应时对曰:'边为姓,孝为字。腹便便,《五经》笥(音sì,竹器)。但欲眠,思经事。寐与周公通梦,静与孔子同意。师而可嘲,出何典记?'嘲者大惭。韶之才捷皆此类也。""便便",读音piánpián,从《广韵》房连切,中古平声字。极易误读成biànbiàn。

现代汉语中读"便"字为pián音的还有"便宜"一词。《现代汉语词典》的三种注解是:(1)价格低,作形容词。如"小商品市场的东西很便宜"。(2)不应得到的利益,名词。如"千万别贪小便宜"。(3)使得到利益,动词。如"这回可不能便宜了他"。"便宜"一词也可读作biànyí,指方便合适、便利。如"便宜坊"。

骈文(pián)

"骈"字,原指两马并列驾车而行。"骈文"后专指并列的、对偶的文章或句子,渐次成为以词句骈偶和音律谐调为主要特征的一种应用文体,特别注重和追求语言的结构美和韵律美。骈文,初萌芽于先秦,形成于两汉,至魏晋六朝达于全盛。至唐代文体变革后,骈文才开始日渐式微,逐渐被散文所取代。汉语里另有"骈俪""骈体""骈句"等词。

胼胝(piánzhī)

即因劳动过多双手磨起的或脚上因走路多、鞋不跟脚而磨出的硬皮。另有"胼手胝足"一词。据《荀子·子道》载:子路问于孔子曰:"有人于此,夙兴夜寐,耕耘树艺,手足胼胝,以养其亲,然而无孝之名,何也?"孔子曰:"意者身不敬与?辞不逊与?色不顺与?古之人有言曰:'衣与!缪与!不女聊。'今夙兴夜寐,耕耘树艺,手足胼胝,以养其亲,无此三者,则何为而无孝之名也?意者所友非人邪?"

谝能(piǎn)

北方方言里指过分地显示、夸耀、吹嘘自己的本事和能耐。另有"谝富"等词。

影片(piàn)

1985年普通话异读词审音规定,在"影片""片子""唱片""画片""相片""片儿会"里读去声音piàn。在一部分口语词里读阴平piān。那么究竟哪些属于读piān的口语词?综合《现代汉语词典》、《应用汉语词典》和《新华词典》的解释,大致可以这样确认:(1)表示又平又薄的东西,如"唱片儿""相片儿""影片儿"。(2)①表示电影胶片或影片,如"这部片子是新拍的""那是三十年代的老片子了""换片子""送片子"等。②表示透视照相(X光)的底片,如"你的病需要拍个片子看看"。③留声机的唱片。

读去声音piàn的汉语词还有"片言""片刻""片面""片段""制片""片酬""胶片""片约""片场""片头""片尾""底片""镜片""卡片""拓片""名

片""图片""明信片""玉兰片""制片人""含化片儿""药片儿""分片儿""故事片""译制片""儿童片""纪录片""电视片""片甲不留""片纸只字"等。

慓悍(piāo)

指动作轻捷、勇猛,身手不凡。"慓"字,极易误读成biāo。当然,"慓悍"也作"剽悍"或"骠悍"。其中的"剽悍"与"慓悍"同音同义。"慓悍"读作 piàohàn。

剽窃(piāo)

指抄袭、窃取别人的文章、著作等精神产品,即将他人作品全部或一部原样搬来或加以改头换面后,作为自己的作品发表,是一种侵权行为。韩愈的《南阳樊绍述墓志铭》文中有"惟古于词必己出,降而不能乃剽贼"句。"剽"字,极易误读成 piáo。

饿殍(piǎo)

指饿死的人。如"饿殍遍野""饿殍载道""途有饿殍"等。《孟子·梁惠王上》中有"狗彘食人食,而不知检;涂(通'途')有饿殍而不知发"句。

漂洗(piǎo)

用水反复地冲洗,多指衣物等。"漂"字,极易误读成阴平。另有"漂白""漂白粉"里的"漂"字也读 piǎo。

骠勇(piào)

勇猛。"骠骑",汉代将军的一种名号。如霍去病曾为骠骑将军,见《史记·卫将军骠骑列传》载:"冠军侯去病既侯三岁,元狩二年春,以冠军侯去病为骠骑将军,将万骑出陇西,有功。""骠"字,极易误读成 piāo。

撇弃(piē)

抛弃、弃之不顾。另有"撇开""撇下不管"等词。极易误读成 piě。读 piě 音的"撇"字,在"撇手榴弹(表示横平着扔出去)""一撇一捺(汉字笔画)""两撇胡儿""撇嘴"等词里用。

瞥见(piē)

"瞥"字，音 piē，《广韵》作普蔑切，中古入声字。指过目，很快地看，如"瞥了一眼""瞥视""斜瞥""偷瞥"等。"一瞥"指暂现。比喻极短时间地展现，常做文章题目，比喻一眼所见到的概况，如"校园一瞥""首都一瞥"等。"瞥"字，极易误读成 piě。

苤蓝(piě·lan)

甘蓝类蔬菜的一个变种，两年生的草本植物。叶柄细长，茎膨大成球形，可供食用。俗称"球形甘蓝"。

姘头(pīn)

非夫妻关系而发生两性行为的男女，男女双方互为对方的姘头。《苍颉篇》曰："男女私合曰姘。"另有"姘居""姘夫""姘妇"等词。"姘"字，极易误读成 pìn。

妃嫔(fēipín)

指古代帝王的侍妾。"妃"是帝王的妾，非正妻也；"嫔"是宫中伺候皇帝、皇后、皇妃的女官。杜牧《阿房宫赋》有"妃嫔媵嫱，王子皇孙，辞楼下殿，辇来于秦"句。

颦蹙(píncù)

"颦"和"蹙"都是缩紧、皱着的意思，即攒(音 cuán)眉蹙额，形容愁容满面。《韩非子·内储说上》载："吾闻明主之爱，一颦一笑，颦有为颦，而笑有为笑。"汉语里还有"一颦一笑""东施效颦"等词。

牝牛(pìn)

指雌性的牛。"牝"字，与"牡"相对。另有"牝马""牝鸡司晨"等词。"牝鸡司晨"是说母鸡报晓，情况反常。封建时代也指骂女人掌权乱政。

伶俜(língpīng)

指孤单、孤独、孤零零的样子。古乐府诗《孔雀东南飞》载："新妇谓府吏：'勿复重纷纭！往昔初阳岁，谢家来贵门。奉事循公姥，进止敢自专？昼夜勤作息,伶俜萦苦辛。谓言无罪过,供养足大恩。仍更被驱遣,何言复来还?"

娉婷(pīngtíng)

形容女子姿态美好,也指美女。辛延年《羽林郎》诗有"不意金吾子,娉婷过我庐"句。

朴刀(pō)

古时兵器的一种,刀身比大刀狭长,刀柄比大刀略短,双手使用。

"朴"字在现代汉语里还有三种读音:(1)读 pǔ,有"朴素""朴实""质朴"等词;(2)读 piáo,姓氏用字;(3)读 pò,在"朴树"一词里用。

陂陀(pōtuó)

指山路不平坦,倾斜不平的样子。《汉书·司马相如下》载,司马相如还过宜春宫,奏赋以哀秦二世之行失:"登陂陀之长阪兮,坌入曾宫之嵯峨。临曲江之隑(音 gài)州兮,望南山之参差。"

血泊(xuèpō)

指大滩的、大面积的汪在地上的血。"泊"字本指湖泊或大片的水汪。如:"江河湖泊""水泊梁山""梁山泊""罗布泊"等。"血泊",极易误读成 xuěpō。"泊"字也读 bó,用在"停泊""泊位""淡泊""漂泊""泊舟""泊靠""泊岸"等词语中。

鄱阳湖(pó)

"鄱"字,极易误读成 bō 或 bó。鄱阳湖是我国面积最大的淡水湖,在江西北部。"鄱阳湖",古称"彭蠡""彭湖""彭泽",为赣江、修水、鄱江、信江的总汇。分南北两湖,湖水北经湖口注入长江。鄱阳湖是我国国家级自然保护区,是国际上的一块重要湿地,世界上约95%的白鹤在此越冬,有"白鹤王国"的美誉。另外,发源于江西境内乐安江的婺江与自安徽祈门流下来的昌江在波阳县合流后称为"鄱江",入鄱阳湖,长250 千米。

叵测(pǒ)

"叵"字,原意是"不可",作副词。不可推测或难以预测的意思。后来用于贬义,形容某人居心险恶、诡诈奸黠或怀有某种目的,难以让人估摸得清楚。

笸箩(pǒ·luo)

用柳条或篾条编织的一种圆形或长方形的比箩筐稍浅的盛东西的器物。

厚朴(pò)

"朴"字,音 pò,从《广韵》匹角切,中古入声字。木兰科落叶乔木。原指树皮,厚朴即厚树皮。花、根均可入药。功能燥湿利气,主治胸腹胀满、泄泻痢疾、痰饮咳喘等症。

琥珀(hǔpò)

指的是一种松柏树脂化石,黄至红褐色,有透明的和半透明的,质软性脆,比重较小,摩擦时生电,熔化时有松香味儿,多产于煤层之中。可制成装饰品及琥珀酸等。中药用作安神镇静剂。李白《客中行》诗有"兰陵美酒郁金香,玉碗盛来琥珀光"句。"珀"字极易误读成 bó。

糟粕(pò)

磨粮食、酿酒所剩下的渣滓叫"糟粕"。比喻事物粗劣没有价值或陈腐有害的部分,与"精华"相对。现多用为"去其糟粕,取其精华"。刘向《新序·杂事二》中载:"凶年饥岁,士糟粕不厌,而君之犬马有余谷粟。""粕"字,极易误读成 bó。

解剖(pōu)

"剖"字,破开、分开的意思。从《广韵》普后切,中古平声字,今音 pōu,可见 1985 年《普通话异读词审音表》的审定。极易误读成 pāo。刘半农《学徒苦》中曰:"夏日主人剖瓜乘凉,学徒灶下烧煮。"后来也指明辨、剖析。汉语另有"剖开""剖析""剖白""剖面""剖视""剖面图""剖视图""剖心"

"剖腹""剖肝沥胆""剖腹藏珠"等。

一抔土(póu)

双手一掬为一抔,即一捧土,言极其少也。"抔"字,音póu,从《广韵》的薄侯切,中古平声字。(1)原指以双手捧物,动词。《新唐书·袁恕己传》有"抔土以食,爪甲尽,不能绝"句。(2)作量词,相当于"握""捧"。《汉书·张释之传》有"假令愚民取长陵一抔土,陛下且何加其法乎"句。"抔"字,极易误读成 pāo。

前仆后继(pū)

前面的倒下去,后面的又跟上来。形容不怕牺牲,英勇作战。"仆"字,指向前跌倒。"前仆后继"与"前赴后继"有些区别,后者指的是前面的上去了,后面的紧跟着上去。读 pú 音的"仆"字在"仆人""公仆""仆从""仆役""男仆""女仆""一仆二主"等词里用。

扑克(pūkè)

一种国际纸牌。一副 54 张,分黑桃、红心、梅花、方块四种花色,各 13 张牌,分别为 a、K、Q、J、10、9、8、7、6、5、4、3、2,另有大王和小王。"扑克",容易误读成 púkè 或 púke。

匍匐(púfú)

爬行、伏地而行。《孟子·滕文公上》载:"孟子曰:'夫夷子信以为人之亲其兄之子为若亲其邻之赤子乎?彼有取尔也。赤子匍匐将入井,非赤子之罪也'。""匍匐",极易误读成 pǔfǔ。

菩提(pú)

(1)是梵语 bodhi 的音译。佛教用语,指明辨善恶,觉悟真理的境界或途径。修成菩提是佛教徒的至高理想。(2)指菩提树。菩提树,学名七叶树,又名梭椤,一种常绿桑科乔木。原产于印度,我国广东、云南等地有栽培。相传释迦牟尼佛曾坐树下开悟成道而成为佛陀,因而此树在古刹名寺里多有种植。"菩提",极易误读成 pǔtí。

璞玉(pú)

含玉的石头或尚未雕琢过的玉。《韩非子·和氏》首段载曰:"楚人和氏得玉璞楚山中,奉而献之厉王。厉王使玉人相之。玉人曰:'石也。'王以和为诳,而刖其左足。及厉王薨,武王即位。和又奉其璞而献之武王。""璞",后来也指淳朴、质朴。汉语里另有"返璞归真"一词。源自《战国策·齐策四》"归真反璞,则终身不辱"。"璞"字,极易误读成 pǔ。

濮阳(pú)

河南东北部地级市(1983年设)。位于黄河下游北岸。濮阳,因古濮水而得名,即位于濮水之阳。古濮水是黄河、济水支流之合流,一出河南封丘县境古济水,一出原阳县境古黄河,二水于山东境内合流后注入古巨野泽。古濮水是春秋时卫地,即所谓"桑间濮上"。"濮"字,极易误读成 pǔ。

Q

两栖(qī)

"栖"字,本指鸟停留、歇宿在树上或巢中,泛指居住或停留。《史记·伍子胥列传》载:"二年后伐越,败越于夫湫。越王勾践乃以余兵五千人栖于会稽之上,使大夫种厚币遗吴太宰嚭以请和,求委国为臣妾。"汉语词还有"栖息""栖止""栖身"等。"两栖"指的是可以在陆上和水中两种环境里生存和活动。如"两栖动物""两栖坦克"等。

休戚与共(qī)

"休戚",极易误读成 xiūqì。指一起承担幸福与祸害、欢乐与忧愁。泛指有利的和不利的境遇。其中"休"指欢乐、幸福、吉利;"戚"指忧愁、悲哀。汉语里另有"休戚相关""哀戚""悲戚""忧戚"等词。李清照《声声慢》词的开句就是:"寻寻觅觅,冷冷清清,凄凄惨惨戚戚",表现了作者晚年凄惨冷清的生活境遇和无可奈何的心态。1985年《普通话异读词审音表》规定"戚"字"统读"为 qī。

缉边儿(qī)

古义为"缝衣边儿",今指一种密针缝纫法,如"缉鞋口""缉边儿"。

蹊跷(qī·qiāo)

"跷"字,一般轻读,间或重读。指一件事情奇怪可疑,违反常理,难以让人理解和琢磨。《朱子语类·论语八》中说:"仁者之过,只是理会事错了,无甚蹊跷。""蹊"字在"蹊径"一词里读 xī。

蒲圻(púqí)

"蒲"字,从《广韵》薄胡切,"圻"字,从《广韵》渠希切,都是中古平声字。1957年普通话异读词第一次审音时审为 púqí。容易误读成 pǔyí 或 pǔqí。

"蒲圻",在今湖北省东南部,陆水下游。三国时孙权置蒲圻县,以多蒲草的蒲圻湖得名,历代相沿至今。境内"赤壁"一传为赤壁大战处,故城在今湖北嘉鱼县西南,隋时移县于鲍口,即今治。

黄芪(qí)

分两种:一作"黄耆"或"内蒙黄芪",豆科,多年生草本植物。根长,羽状奇数复叶,夏季开淡黄色小花。二指"东北黄芪",黑色短毛包着荚果。两种块根均可入药,能补气固表、利水托疮。

祈求(qí)

恳切地希望或请求。"祈"字,容易误读成 qǐ。汉语还有"祈祷"(信仰宗教的人向神行礼致敬并祷告自己的愿望以求福)、"祈望"(殷切地盼望、祝愿)、"祈使句"(要求听者做某种事情的句子,肯定和否定句式都有)等词。北京故宫有"祈年殿"(祈祷丰年的殿堂)。

神祇(qí)

指天神和地神。"神"指天神,"祇"指地神。《吕氏春秋·季冬》中有"乃毕行山川之祀,及帝之大臣、天地之神祇"句。"祇"字,容易误读成 zhǐ。

耆宿(qísù)

指在社会上有名望的老年人。"耆"指六十岁以上的老人。《礼记·曲礼上》中说:"六十曰耆"。汉语里另有"绅耆""耆老""耆年""耆硕""耆寿""耆艾""耆旧"等词。

颀长(qí)

身材修长貌。《诗经·卫风·硕人》中有"硕人其颀,衣锦褧('絅'的异体字,音 jiǒng,古时指罩在外面的单衣)衣"句。

畦子(qí)

指在田园中分成的一小块一小块的种菜小区或田界、垄埂等。"畦"字,中古平声字,从《广韵》户圭切。历史上有 xī、xí 两种读法。1959 年普通话异读词第二次审音时即审为 qí,1985 年普通话异读词审音规定"统读"为 qí。相关汉语词还有"田畦""畦灌""阳畦""菜畦""一畦菜"等。

坐骑(qí)

指座下的备有鞍辔的马。古"骑"字有两读,一读渠羁切的中古平声音 qí;二读奇寓切的中古去声音 jì。读 qí 音的"骑"字,多作动词;读 jì 音的"骑"多为名词。《战国策·赵策二》中苏秦游说赵王曰:"赵地方二千里,带甲数十万,车千乘,骑万匹。""骑"字后世也泛指骑兵或兵马,如"精骑""铁骑"等。有时还合称一马一人,如"一骑绝尘""千骑卷平冈"等。1985 年普通话异读词审音时将"骑"字审定为"统读"qí 音。但在诵读古文时应允许按 jì 音称读。

綦切(qí)

急切。"綦"字,文言副词,指"极""很"。"綦"还是较常见的单姓,我国南北方皆有。

白鳍豚(qí)

又叫白鱀豚,指的是一种鲸类的哺乳动物。有背鳍,以鱼类为食,分布于长江中下游,是国家重点保护动物。"鳍"字,指鱼类的运动器官,可分为胸鳍、背鳍、腹鳍、臀鳍、尾鳍等。"白鳍豚"读作 báiqítún；"白鱀豚"读作 báijìtún。

枸杞(gǒuqǐ)

"枸杞",极易误读成 gǒuqí。茄科,落叶灌木,结实如枣核儿,果实(即枸杞子)和根皮(地骨皮)皆可入药。"枸杞"中的"枸"字按上变规律要读成近似于阳平。在"枸杞子"里,"枸"和"杞"两字都需变读成近似阳平音。杜甫《兵车行》中有"君不见汉家山东二百州,千村万落生荆杞"的诗句。

杞人忧天(qǐ)

说的是不必要的或无根据的忧虑,也可简称为"杞忧"。语源自《列子·天瑞》："杞国有人,忧天地崩坠,身亡(通'无')所寄,废寝食者。"李白曾用这个典故在《梁甫吟》中写有"杞国无事忧天倾"的诗句。"杞"字,1985年普通话异读词审音已被审为"统读"qǐ。极易误读成 qí。

绮丽(qǐ)

原指有华丽纹彩的丝织物,后形容极端的华丽、美盛。唐人张萱以善画宫廷人物和仕女著称,其"虢国夫人游春图",被画史誉为"绮罗人物"。"绮丽"中的"绮"字,1962年普通话异读词第三次审音审为上声音 qǐ,1985年普通话异读词审音又作了"统读"为 qǐ 的规定。"绮"字,从《广韵》虚彼切,中古入声字,极易误读成 qí。另有"绮靡""绮罗""纨绮""绮思""绮语""绮札""绮年玉貌"等相关汉语词。

稽首(qǐ)

古代跪拜礼的一种,叩头到地,是下对上表示毕恭毕敬的大礼,上古时代即已流行。《周礼》疏注云："稽首,其稽,稽留之字,头至地多时,则为稽首也。"《尚书·尧典》云："稽首,首至地,臣事君之礼。"另外道士们举起一只手向人行礼,也称

"稽首"。

收讫(qì)

指收清。一般是在收到了现金等物品后在发票或其他单据上加盖现金收讫的印章。"讫"字,容易误读成 qǐ。

迄今(qì)

至今、到今的意思。如"迄今为止"。《汉书·艺文志》载曰:"汉兴,改秦之败,大收篇籍,广开献书之路。迄孝武世,书缺简脱,礼坏乐崩……于是建藏书之策,置写书之官,下及诸子传说,皆充秘府。""迄"字,极易误读成 qǐ。

妻(qì)

在书面语中名词用作动词时读去声,音 qì,从《广韵》七计切。表示"以女嫁人""娶女子为配偶"的意思。如《论语·公冶长》中第一章:"子谓公冶长,'可妻也。虽在缧绁之中,非其罪也,'以其子妻之。"《左传·僖公二十三年》有"以叔隗妻赵衰,生盾"的记述。

修葺(qì)

指用茅草盖屋或修缮、修饰房屋。"修葺"中的"葺"字,读音 qì,从《广韵》七作切,中古入声字。极易误读成 róng。"葺"和"茸"中间有一"口"之别。

小憩(qì)

暂短的、稍事休息。"憩"字,指休息。据《后汉书·张衡传》中载:[张]衡常思图身之事,以为吉凶倚伏,幽微难明,乃作《思玄赋》,以宣寄情志。其辞有"愁蔚蔚以慕远兮,越卬(音 áng)州而愉敖。跻日中于昆吾兮,憩炎天之所陶"句。今泰山上有"神憩宾馆",言山神所居之处。

袷袢(qiāpàn)

维吾尔、塔吉克等民族所穿的圆领对襟长袍。

髂骨(qià)

人的腰部下面、腹部两侧的骨头,左右各一,略呈长方形,上缘略呈弓形,下缘与耻骨和坐骨相连。《汉书·扬雄传下》有"扬子曰:'范雎、魏之亡命也,折胁拉髂,免于微索,翕肩蹈背,扶服入囊,激卬万乘之主,界泾阳抵穰侯而代之,当也"的记载。

哨卡(qiǎ)

设在交通要道或险隘处担任警戒保卫任务的岗哨或检查站。清代在东北、内蒙古、新疆等边地要隘都曾设有这种哨卡,叫"卡伦"。相关现代汉语词还有"设卡""关卡""路卡""边卡"等。现代的"卡"字也表夹东西的器具,如"发卡""塑料卡子""领带卡""皮带卡"等。还表示夹在两者中间不能活动,如"卡壳""卡喉咙""卡在缝儿里了""卡脖子路段""吃拿卡要"等。"卡"字,《字汇补》载:从纳切,读音qiǎ。在以上词里容易误读成kǎ。

阡陌(qiānmò)

指田间纵横交错的小路。《汉书·成帝纪》有"诏曰:……其令二千石勉劝农桑,出入阡陌,致劳来之"的记载。"阡"字,容易误读成xiān。

悭吝(qiānlìn)

指为人处世吝啬。《南史·王玄谟传》中有"刘秀之俭吝,常呼之老悭"句。"悭"字,容易误读成jiān。

愆期(qiān)

指延误、错过、超过了原定的期限或日期。《诗经·卫风·氓》有"匪我愆期,子无良媒。将子无怒,秋以为期"句。

荨麻(qián)

多年生草本植物。叶子对生,卵形,开穗状小花,茎叶有细毛,手触时可引起刺痛感。茎皮纤维可作纺织原料。读音qiánmá,在此不读xúnmá,可见1985年《普通话异读词审音表》。

钤印(qián)

用印、盖章的意思。"钤"字,名词,指印、图章。旧时低职官员以及地方长官委办事务人员用的长条形的图章。一般用印信,没有印信的就用"钤记"。清朝以至民国时就称钤印为"钤记"。

掮客(qián)

旧时指替人介绍买卖从中赚取佣金的人。后来比喻从中渔利的一类人,多指政治投机者。在吴语里,"掮"也指将东西扛在肩上搬运。如"掮行李"。

潜力(qián)

指隐藏在内部的、潜在的、尚未发挥出来的力量。"潜"字,1985年普通话异读词审音时审为"统读"qián。相关汉语词还有"潜入""潜亏""潜伏""潜水""潜泳""下潜""潜流""潜热""潜能""潜艇""潜心""潜在""潜行""潜质""潜逃""潜意识""潜台词""潜伏期""潜移默化"等。"潜"字,在以上词里皆极易误读成 qiǎn。只是在"潜泳""潜水""潜艇"里由于上声字的变调缘故,听觉上不明显。

黔首(qián)

古代对老百姓的称呼。秦始皇统一六国后,决心使域内百姓服从于中央的一切号令,曾规定以十月朔为岁首,衣服旗饰崇黑,纪数尚六,庶民以黑巾包头,号为"黔首"。"黔"也是贵州省的简称。

缱绻(qiǎnquǎn)

原意是牢固不分的样子,后来形容情意缠绵、难舍难分。柳永的《鹊桥仙》词写到:"佳人方恁缱绻,便忍分鸳侣。当媚景,算密意幽欢,尽成轻负。"

纤夫(qiàn)

指过去大河边上沿水路以拉船行走为营生的男子。纤夫拖船前行所走出的路叫"纤路"。"纤",还指拉船前行用的绳索,在此读 qiàn。容易误读成 qiān。《黄河大合唱》中有

"黄河纤夫曲"、现代歌曲有《纤夫的爱》。

茜草(qiàn)

一种多年生的攀缘草本植物，根可作红色染料，亦可入药。《本草纲目》七载：茜根有活血、止血、解毒之功效。"茜"字，音 qiàn，从《广韵》仓甸切，中古去声字。在此不读 xī。

呼天抢地(qiāng)

仰首叫天，低头撞地；形容极度悲痛或哭诉无门。《儒林外史》第十七回写道：匡秀才眼睁睁地看着老父不行了，"太公瞑目而逝，合家大哭起来，匡超人呼天抢地，一面安排装殓。""抢"字，在此指触、撞，读 qiāng，是一种特殊的读法。在其余场合读 qiǎng。

羌族(qiāng)

我国历史上西部少数民族名，历史上主要分布在甘肃、青海、四川一带。《后汉书·西羌传》载：汉武帝曾"征伐四夷，开地广境，北却匈奴，西逐诸羌"。东汉后期羌人发动过三次起义，前后延续了五六十年。东晋至北宋间，羌人还曾先后建立过后秦、西夏等政权，其后逐渐与西北地区的汉族及其他民族相融合。今天的羌族主要聚居在四川阿坝藏族羌族自治州的茂县、汶川、松潘、理县等地。此外，"羌"还是古代汉人对西部游牧民族的泛称，自公元前4世纪末至宋代，中国西部的甘肃、青海地区有众多的部落土著民族，历史上统称为"羌"。相关汉语词还有"羌语""羌道""羌笛""羌人"等。

戗风(qiāng)

指逆着风或迎着风。如"戗风行船""回来时是戗着风走的"。另外"戗"还引申为不顺。在形容两个人语言冲突，争执起来时，也叫"戗"，如"他们把话说戗了""两个人戗戗了一阵子"。

戕害(qiāng)

指残杀、残害。《公羊传·宣公十八年》载："戕鄫子于邻者何？残贼而杀之也。""戕"字，1985年普通话异读词审音审为"统读"qiāng。

将进酒(qiāng)

"将"字，在此读 qiāng。《集韵》作千羊切，是"愿""请求"的意思，祈使句。如《诗经·郑风》里有《将仲子》篇，开句就是："将仲子兮，无逾我里，无折我树杞。岂敢爱之，畏我父母。仲可怀也，父母之言亦可畏也。"

"将进酒"，是汉乐府《鼓吹曲辞·铙歌》的旧题。古诗内容多言宴饮赋诗之事，表达放歌情怀。李白在离开长安后，与朋友岑勋、元丹丘欢宴豪饮时所作的著名诗歌《将进酒》，借酒发泄了内心的苦闷和对人生世事的看法。其诗有"岑夫子，丹丘生，将进酒，杯莫停。与君歌一曲，请君为我倾耳听"句。其中的"将"字，容易误读成 jiāng。

镪水(qiāng)

具有强烈腐蚀性的浓硝酸、浓盐酸的俗称。如浓硝酸称为"硝镪水"，浓盐酸称为"盐镪水"。"镪"字，1985年普通话异读词审音审为 qiāng。容易误读成 qiáng。

羟基(qiǎng)

也叫氢氧基，由氢和氧两种原子组成的一价原子团（—OH）。"羟"字，容易误读成 qiāng。

强迫(qiǎng)

指施加压力，使之服从。"强"字，音 qiǎng，在此不读阳平。"强"字，现代音有 qiáng、qiǎng、jiàng 三读。在读阳平和上声的问题上，历来莫衷一是。根据1985年《普通话异读词审音表》所列词条看：读上声音的"强"字，除了在"强迫"里用外，还有"牵强""勉强""强词夺理""强颜欢笑"。而《现代汉语词典》《新华词典》《应用汉语词典》《现代汉语规范词典》的规定是：在"强辩""强笑""强逼""强求""强使""强忍""强买强卖""强人所难""牵强附会""强不知以为知"等词里的"强"

字也可以读上声。本着宽容一些的原则,似乎可以理解为:凡是在指违背主观意愿,有勉强义的词里的"强"字,均可读作上声。

戗面儿(qiàng)

指揉进了干面粉的发面。在发面时一边揉面一边加入干面粉叫"戗"。如"戗面儿馒头""戗面儿饼"等。"戗"字,在此读去声 qiàng。容易误读成阴平。

炝锅(qiàng)

烹饪方法的一种,在炒菜时等油锅热了以后,先将少量的葱、姜、蒜等倒入锅内略炒到七成熟,待有香味以后,再倒进主料翻炒。如"炝锅面""用葱花儿炝炝锅"等。"炝"字,容易误读成阴平。

雀子(qiāo·zi)

即"雀斑"。"雀"字,在"雀子"一词里容易误读成 què。

高跷(qiāo)

一种民间的、在街头或广场表演的舞蹈形式。表演者两脚踩着有踏脚装置的长木棍,一边走一边表演,又叫"踩高跷"。"跷"字,本义就是指抬起脚跟,以前脚掌着地。

跷跷板(qiāoqiāo)

一种儿童玩具。将长木板的中间装上个轴,再装在支柱上,孩子坐在两端,一上一下起伏取乐。跳跷跷板,是朝鲜族妇女所喜爱的一种运动。"跷跷板",极易误读成 qiàoqiàobǎn。

翘首(qiáo)

"翘"字,本指鸟尾巴或鸟尾的长羽毛。汉代刘向《九欢·远游》诗有"摇翘奋羽,驰风骋雨,游无穷兮"句。后指举起、抬起。《庄子·马蹄》的开句就是"马,蹄可以践霜雪,毛可以御风寒,龁(音 hé)草饮(音 yìn)水,翘足而陆,此马之真性也"。翘首,指抬起头来望,有殷切盼望、等待的意思,如"翘首以待"。相关汉语词还有:

"翘望"(抬起头来张望、盼望)、"翘企"(翘首企足,形容盼望殷切)、"翘楚"(比喻杰出的人才)、"翘棱"(木、纸等由湿变干而不平)等。

"翘"字,在以上词里均读阳平音 qiáo,中古平声字,从《广韵》渠遥切。极易误读成去声。

在"翘尾巴""翘辫子""翘舌音"等词里,"翘"字的意思是一头向上仰起,应读去声 qiào。

连翘(qiáo)

落叶灌木,叶子卵形或长椭圆形。果实可入药。1985 年普通话异读词审音规定:读音 liánqiáo。极易误读成 liánqiào。

谯楼(qiáo)

城门上的瞭望楼或鼓楼《三国志·吴书·孙权传》载:"诏诸郡县治城郭,起谯楼,穿堑发渠,以备盗贼。"

樵夫(qiáo)

在山林中砍柴的农夫。"樵"字,指柴草,也可指打柴人。《三国演义》第一回"宴桃园豪杰三结义,斩黄巾英雄首立功"开篇就是《临江仙》词:"滚滚长江东逝水,浪花淘尽英雄。是非成败转头空。青山依旧在,几度夕阳红。白发渔樵江渚上,惯看秋月春风。一壶浊酒喜相逢。古今多少事,都付笑谈中。"

悄然(qiǎo)

"悄"字,音 qiǎo,《广韵》作亲小切,中古上声字。原义指忧愁。如《诗经·陈风·月出》有"舒窈纠兮,劳心悄兮"句。后泛指寂静无声或轻声、声音很低。白居易《琵琶行》有诗句:"东船西舫悄无言,唯见江心秋月白。""悄",也引申为偷偷地、暗地里。汉语书面语中还有"悄没声儿""低声悄语""悄无一言""悄然无声""悄然落泪""悄然离去"等。"悄"字在上述词里极易误读成阴平。

当然,"悄"字也读 qiāo。义为无声无息。如"他悄悄地走了""黎明静悄悄的"。

家雀儿(qiǎo)

北方官话里指麻雀。由于麻雀比较常见,又常在屋檐下筑巢,所以冠之以"家"的概念。北京话里指夜里看不清东西叫"雀盲眼",读 qiǎomangyǎn,"中轻重"格式,因为家雀儿在天黑时也是看不见东西的。

愀然(qiǎo)

神色严肃或不愉快的样子。如"愀然改容""愀然作色"等。《三国志·蜀书·诸葛亮传》注引郭冲语:"人皆贺亮,亮颜色愀然有戚容。"苏东坡《前赤壁赋》中有"苏子愀然,正襟危坐,而问客曰'何为其然也'"句。

躯壳(qiào)

指肉体(相对于精神而言)。"壳"字,适用于书面语的合成词,意表物体坚硬的皮甲。另有"地壳""甲壳""金蝉脱壳""物质外壳"等词。在口语中,"壳"可读为阳平的 ké,并成"儿化韵"。如"脑壳儿""弹壳儿""卡壳儿""贝壳儿""空壳儿""鸡蛋壳儿"等。

讥诮(jīqiào)

指用冷言冷语讽刺、挖苦、责备。

伽蓝(qié)

梵语僧伽蓝摩的略称。后称佛寺为"伽蓝"。杨衒之的《洛阳伽蓝记》描写了战乱前洛阳寺观塔庙之盛。三国时曹魏不重商业,到晋代风气为之一变,北魏以后商业繁盛,洛阳也渐次成为一大商业都会。其《法云寺》文中有"伽蓝之内,花果蔚茂,芳草蔓合,嘉木被庭"句。"伽蓝",容易误读成 jiālán。

伽南香(qié)

又称沉香。常绿乔木,叶子卵形成披针形,花白色。生长在热带和亚热带地区。木材质地坚硬而重,黄色,有香气。可入药,有镇痛、健胃等作用。

切脉(qiè)

古"切"字,《广韵》作千结

切,中古入声字。后分化为三个音,现代音只有阴平 qiē 和去声 qiè 两读。读阴平音的"切"字,常作动词或动词词素,一般不容易读错。而读去声的"切"字,常作副词或副词词素。在"切脉""切中时弊""切肤之痛"和"反切"(我国传统的注音方法,用两个字来注另一个字的音)等词里,"切"都要读 qiè。切脉是中医在患者的一定部位触摸按压的诊断方法,即诊脉。

胆怯(qiè)

"怯"字,音 qiè,《广韵》作去劫切,中古入声字。(1)指胆小、害怕,缺乏勇气。汉语里还有"卑怯""怯场""怯上""怯懦""怯弱""怯阵""怯生生"等词。(2)指颜色的不搭配、穿着俗气,如"颜色太怯"。(3)指知识缺乏、浅薄,如"露(lòu)怯"。(4)北京人指北京以外的语言带有方言色彩叫"怯"。"怯"字,在 1985 年普通话异读词审音时被审定为"统读"qiè。极易误读成 què。

提纲挈领(qiè)

本义为提住网的总绳或衣服的领子,后比喻把问题简明扼要地提示出来。"挈"指举起、提起。可引申为带领、携带。清代李渔的《奈何天·忧嫁》中有"要晓得妇德虽多,提纲挈领,只在一个顺字"句。"挈"字,1985 年普通话异读词审音审为"统读"qiè。极易误读成 xié。

惬意(qiè)

满意;称心;舒服。《玉篇·心部》的解释就是:"惬,快也。"《论衡·艺增》中曰:"故誉人不增其美,则闻者不快其意;毁人不益其恶,则听者不惬于心。"汉语里另有"惬心""惬志"等词。"惬"字,《广韵》作苦协切,中古入声字,极易误读成 jiá。

藤箧(qiè)

用藤条编的小箱子。"箧"字,指小箱子。

衾枕(qīn)

古代指被子和枕头。"衾"字,1985年普通话异读词审音审为"统读"qīn,专指被子。古有"罗衾""生则同衾,死则同穴"词。如李煜的《浪淘沙》词:"帘外雨潺潺,春意阑珊。罗衾不耐五更寒。梦里不知身是客,一晌贪欢。独自莫凭栏,无限江山,别时容易见时难。流水落花春去也,天上人间。"

黄芩(qín)

多年生草本植物,根可入药。李时珍在《本草纲目》"黄芩"条中写道:"药中肯綮,如骨应桴,医中之妙,有如此哉。""芩"字,极易误读成 jīn。

覃(qín/tán)

罕见单姓字。古今皆有 qín 和 tán 两读。其来源:一为历史上的外族姓氏,如南梁朝有东宁州刺史覃元先(见《梁书》);来源之二为谭氏因避难而改覃。

黥首(qíng)

"黥"字,指在人体上刺上花纹、文字或图形并涂上颜料。特指古刑法之一的"墨刑",即在犯人脸上用刀刺上文字或记号并涂上墨。后来也施于士兵以防逃跑。《后汉书·蔡邕传》有"邕陈辞谢,乞黥首刖足,继成汉史"句。"黥"字,容易误读成 jīng。

苘麻(qǐng)

一年生草本植物,俗称青麻,是重要的纤维植物之一,茎皮纤维一般供制麻袋、绳索、编织渔网和造纸用,种子供药用。

顷刻(qǐng)

指少时、片刻,与"久"相对。《庄子·秋水》载:"夫不为顷久推移,不以多少进退者,此亦东海之大乐也。"现代汉语词还有"俄顷""少顷""有顷"等。其中的"顷"字皆读作上声音 qǐng,从《广韵》去颖切,极易误读成阴平。

深中肯綮(qìng)

肯綮,原指筋骨结合的地方。后以"肯綮"比喻要害、关键的地方。"深中肯綮"的意思是深刻地触及问题的关键与核心。《庄子·养生主》载:庖丁对文惠君说:"方今之时,臣以神遇而不以目视,官知止而神欲行。依乎天理,批大郤(音 xì,缝隙),导大窾(音 kuǎn,孔穴),因其固然。技经肯綮之未尝,而况大軱(音 gū,大骨)乎?"

"綮"字,在古代只有两种读音,其一,读 qǐ,《广韵》标作康礼切,通"棨"字,指细密的缯帛或用缯帛制成的缯衣。其二,《集韵》作诘定切,中古去声字,读 qìng。1959 年普通话异读词第二次审音时曾有"肯綮"读 kěnqìng 的规定。

亲家(qìng)

称儿子的丈人、丈母或女儿的公公、婆婆。也指两家儿女相婚配所形成的亲戚关系。"亲"字,在此读 qìng,1985 年普通话异读词审音有此规定。另有"亲家母""亲家公"等汉语词。

编磬(qìng)

一指古代用石头或玉制成的打击乐器。形似曲尺,悬于架上,用木椎击奏。单一的叫"特磬",成套的叫"编磬"。也指佛教的打击乐器,形状像钵。1978 年湖北随县曾侯乙大墓出土有六十四件大型编钟,三十二件大型编磬。

告罄(qìng)

指财物用完或货物售完。"罄"字,指"完""尽"。如"罄竭""罄尽""罄其所有""罄竹难书""销售已经告罄"。

邛崃(Qiónglái)

成都所辖县级市,因其西北的邛崃山得名。"邛崃",古称"临邛",有 2300 多年历史,为巴蜀四大古城之一,素有"临邛自古称繁庶"和"天府南来第一州"的美誉。国家级重点保护遗迹有"邛崃窑址"和"南宋石塔"及人类最早开发利用天然气的"火井遗址"等。

茕茕孑立(qióngqióng)

孤独、孤单,无依无靠的样子。《楚辞·九章·思美人》中有"独茕茕而南行兮,思彭咸之故也"句。现代汉语里常以"茕茕孑立,形影相吊"连用。

寒蛩(qióng)

古书上指蟋蟀。寒蛩即秋天的蟋蟀。岳飞有《小重山》词:"昨夜寒蛩不住鸣,惊回千里梦,已三更。起来独自绕阶行。人悄悄,帘外月胧明。白首为功名。旧山松竹老,阻归程。欲将心事付瑶琴。知音少,弦断有谁听?"

龟兹(Qiūcí)

"龟"字,音 qiū,从《广韵》居求切,中古平声字;"兹"字,音 cí,从《广韵》疾之切,中古平声字。颜师古曾注释曰:"龟音丘,兹音慈。"龟兹,汉时西域诸侯国之一,位于天山南麓,是汉通西域的北道交通线,隶属汉中央政权西域都督府。故城在今新疆库车一带。唐贞观二十二年置龟兹都督府,后为安西都督府辖。《汉书·西域传》载:"龟兹国,王治延城,去长安七千四百八十里。户六千九百七十,口八万一千三百一十七,胜兵二万一千七十六人。"隋炀帝钦定有"九部"乐,即清乐、西凉、龟兹、疏勒、安国、天竺、高丽乐等。"龟兹",极易误读成 guīzī。

后鞧(qiū)

指套车时拴在牲口屁股上的皮带或帆布带。"鞧"字,通"鞦"。

仇(Qiú)

姓氏用字。音 qiú,从《广韵》巨鸠切,中古平声字。《百家姓》收。其中表"仇恨""仇敌"义项的"仇"字,今已改读为 chóu。

"仇"的异体字为"雠",读作 chóu。在古代也为单姓。传说为"雠子"氏所改。"仇"和"雠"是两种出源不同的姓氏,读音也不同。

虬髯(qiú)

指拳曲的胡子,特指两腮上的。"虬"字,(1)传说里指一种有角的小龙,如"虬龙"。(2)指拳曲,汉语里还有"虬须"一词,也是指拳曲的胡须。《新五代史·皇甫遇传》的开句即为:"皇甫遇,常山真定人也。为人有勇力,虬髯善射。"

祛除(qū)

除去(疾病、疑惧、邪祟等)。汉语词另有"祛痰""祛湿""祛暑""祛疑"等。"祛"字,极易误读成 qù。

蛆虫(qū)

指苍蝇的幼虫,体柔软,色白,有环节,有长尾。生活于粪便、尸体和肮脏的地方。

黢黑(qū)

很黑;很暗。如"一张黢黑的脸""屋子里黢黑黢黑的"。"黢"字,1985 年普通话异读词审音有"统读"为 qū 的规定。

劬劳(qú)

劳累。《诗经·邶风·凯风》的起句就是"凯风自南,吹彼棘心。棘心夭夭,母氏劬劳"。相关汉语词还有"劬劬""劬录""劬力"等。

冤句(qú)

古地名。汉置县,又作"宛朐"。故址在今山东曹县西北。隋开元三年改属曹州府。金时因城被黄河冲毁,县废。唐末农民起义首领黄巢即当时的冤句人。"句"字,在此应从《广韵》的其俱切,中古平声字。《康熙字典》中说:"冤句,在曹州,句音劬(qú)。"所以对于这个今已消失了的古地名,在阅读古文时应尊重其历史上的读音,读作 qú。

通衢(qú)

指四通八达的大道。颜之推《颜氏家训·治家第五》中写到河南邺下一带的风俗时曰:"邺下风俗,专以妇持门户,争讼曲直,造请逢迎,车乘填街衢,绮罗盈府寺,代子求官,为夫诉屈。此乃恒、代之遗风乎？"相关汉语词还有"街衢""衢道""衢地""康衢""填街盈衢"等。

龋齿（qǔ）

指被蛀蚀得已成空洞的牙齿，即蛀牙。是一种腐蚀性的牙病，多由食物残渣在牙缝儿中产生酸类所致，破坏了牙齿的釉质。《正义·释名》的解释是："龋，朽也，虫啮之缺朽也。""龋齿"中的"龋"字，从《广韵》驱雨切，中古上声字。1985年普通话异读词审音时有"统读"为 qǔ 的规定。称读"龋齿"时，"龋"字要变调为近似阳平。"龋"是病，不是蛀虫，不同于"蛆"。极易误读成 qū。

阒然（qù）

形容寂静无声的样子。东汉末王粲的《登楼赋》有"原野阒其无人兮，征夫行而未息"句。

小觑（qù）

"觑"字，义为看、瞧。如《新唐书·张说传》中有"今北有胡寇觑（窥伺）边"句。现代汉语有"面面相觑""觑探""觑视""冷眼相觑"等词。"小觑"即小看，含轻视义。如"此人不可小觑"。

蜷缩（quán）

蜷曲而收缩。"蜷"字，极易误读成 juǎn。汉语里另有"蜷腿""蜷曲"和"蜷伏"（弯着身体卧着）等词。

鬈发（quán）

头发弯曲或头发美好的样子。《诗经·齐风·卢令》的第二句曰："卢重环，其人美且鬈。"李贺《龙夜吟》诗云："鬈发胡儿眼睛绿，高楼夜静吹横竹。""鬈"字，极易误读成 juǎn。

畎亩（quǎn）

田间；田地。欧阳修《丰乐亭记》有"民生不见外事，而安于畎亩衣食"句。

奖券（quàn）

"券"字，音 quàn，《广韵》作

去愿切，中古去声字。古代指买卖或债务的契据，书于简牍，常分两半，双方各执一半，以为凭证，即大致相当于今天的"合同"。后用纸帛书写。另有"债券""证券""入场券""国库券""优待券""兑换券""流通券"等。也比喻事情得以成功的保证或把握。如"可操左券""稳操胜券""胜券在握"等。"券"字，极易误写成"卷（juàn）"，这个读去声的"卷"字，没有"票证"一类的释义，即使加上"儿"尾，也仅指考试写答案用的薄本子或单页纸，如"试卷儿""开卷儿""闭卷儿""交卷儿"等，因而极易误读成 juàn。

炔烃（quētīng）

有机化合物的一类，分子中含有一个三键的不饱和烃类。这类化合物分子中的氢原子较烯更缺乏。如"乙炔"。

阙如（quē）

空缺；欠缺。"阙"字，义同"缺"。汉语里还有"阙疑"一词，指暂时将疑难问题存而不论，不作臆断。"阙"字，也读去声的 què。本指皇宫大门前两边供瞭望的楼，左右各一，中间为通道，又称"观"。后泛指帝王、天子的住所，如"宫阙""城阙""天阙"等。岳飞《满江红》词的结尾是："壮志饥餐胡虏肉，笑谈渴饮匈奴血。待从头，收拾旧山河，朝天阙！"

商榷（què）

商讨、研讨的意思，多指就学术方面的不同意见协商讨论，以求一致，含庄重义。《北史·崔孝芬传》中有"商榷古今，间以嘲谑，听者忘疲"句。

逡巡（qūnxún）

指有所顾虑，徘徊不敢前进，或犹豫徘徊、欲行又止的样子。

麇集（qún）

聚集；群集。另有"麇至"一词。

R

蚺蛇(rán)

蟒蛇。《说文解字》的解释是:"蚺,大蛇,可食。"嵇康《答难养生论》有"蚺蛇珍于越土"句。"蚺"字,容易误读成 rǎn。

髯口(rán)

戏曲演员演出时所戴的假胡子。一般用牦牛毛、头发或马尾等制成。根据不同年龄,髯口又分为黑、灰、白三种颜色;根据不同身份或性格,分为满髯、五绺、三绺,还有吊搭、二涛、颏下涛等。"髯口功",是传统戏曲老生演员们必练的一种功夫,以口中吐出的气流能将假胡子吹起来为标准。"髯"字,本指两腮的胡子,"美髯公",是三国时关羽关云长的别称。《三国演义》第二十七回写的是:"美髯公千里走单骑,汉寿侯五关斩六将。""髯"字,1985 年普通话异读词审音审为"统读"rán。容易误读成 rǎn。

攘外(rǎng)

排除外来侵扰。有"攘臂""攘除""攘弃""攘夺"等汉语词。《史记·天官书》载:"秦始皇之时,十五年彗星四见,久者八十日,长或竟天。其后秦遂以兵灭六王,并中国,外攘四夷,死人如乱麻,因以张楚并起,三十年之间兵相骀藉,不可胜数。自蚩尤以来,未尝若斯也。""攘"字,1985 年普通话异读词审音时审为"统读"rǎng。容易误读成 ráng。

饶舌(ráo)

唠叨;多嘴。如"无须饶舌""不再饶舌"等。"饶"字,容易误读成 rào。

桡骨(ráo)

前臂靠大指一侧的长骨头,与尺骨合成桡尺骨,上端与肱骨构成肘关节,下端与腕骨构成腕关节。"桡"字,1985 年普通话异读词审音时审为"统读"ráo。

扰攘(rǎorǎng)

指骚乱、纷乱。古时多指世事的烦乱。《三国志·魏书·三少帝纪》载:"六月丙子,诏曰:'昔南阳郡山贼扰攘,欲劫质故太守东里衮,功曹应余独身捍衮,遂免于难。'"

娆恼(rǎonǎo)

指烦恼。"娆"字,这里指烦扰、扰乱。在"妖娆""娇娆"等词里,"娆"字读 ráo。

围绕(rào)

1985 年普通话异读词审音审为"统读"去声 rào。容易误读成 rǎo。相关汉语词还有"缭绕""环绕""缠绕""盘绕""萦绕"等。

任丘(rén)

地名。在河北中部,白洋淀东南。北齐始置任丘县,今有任丘油田。"任"字,《广韵》作如林切,中古平声字,今音 rén。河北的"任县"、山东济宁的任城区,也读这个阳平音。

另外,姓氏"任",也读阳平。任姓是我国最早的单姓之一,《百家姓》收。春秋时有任不齐,东汉时有任尚,清代有《四库全书》纂修官任大椿。1985 年普通话异读词审音规定:"任"字,在作姓氏和地名用时都读 rén。极易误读成 rèn。

荏苒(rěnrǎn)

(时间)渐渐过去。如"时光荏苒""岁月荏苒"等。"荏"字原意是软弱,如"荏弱""色厉内荏"。

稔知(rěn)

"稔",原指庄稼成熟。东晋时,三吴一带号称"一岁或稔,则数郡忘饥"(见《宋书·孔季恭传》)。也指年、一年。后指熟悉(多指对人)。现代汉语里还有"熟稔""素稔"等词。

衽席(rèn)

睡觉时铺的席子。汉语里还有"振衽扫席""衽席之上,饮食之间"等。"衽"字,原指衣襟。"敛衽"表示整理衣襟,以示恭敬。元代以前,"敛衽"只是男子的礼节,元以后则专指女子的礼节。

仍然(réng)

表示情况持续不变或恢复原状。"仍"字,音 réng,阳平。《广韵》作如乘切,中古平声字。北京话里读阴平 rēng,属汉语异读词的不规范现象。汉语里另有"仍旧""频仍""仍须"等词。

冗长(rǒng)

指说话或写文章实质内容少而废话多。"冗"字,可表闲散的、多余的、烦琐的、繁忙的事等多义。陆机《文赋》中有"要辞达而理举,故无取乎冗长"句。相关汉语词另有"冗员""冗官""冗余""冗杂""冗赘""冗费""冗笔""冗务""拨冗相见"等词。"冗"字,极易误读成阳平。

儒家(rú)

先秦时期以孔子为代表的一个极其重要的、主要的思想流派,《汉书·艺文志》列为"九流"之一。主张礼治、仁政,重视伦理教育。战国时儒家有八派,重要的有孟子学派和荀子学派两个。自汉武帝用董仲舒"罢黜百家,独尊儒术"以后,儒家思想取得了封建统治阶级的正统思想地位。魏晋南北朝、唐宋明清历代统治者均尊倡儒学,使之成为统治中国学术思想两千多年的封建文化的主体,也为后世保存了丰富的民族文化遗产。儒学理论影响极其深远,以至于后来凡与文化、读书有关的事物皆以"儒"称。如"儒学""儒生""儒士""大儒""儒商""儒术""儒雅""儒门""儒医""儒气""儒巾""儒臣""儒将""儒童""儒教""焚书坑儒"等。"儒"字,极易误读成 rǔ。

妇孺皆知(rú)

"孺"字,指小孩子,又叫"孺子"。即表示一件事情让妇女和儿童都知道了,形容传播、传达之广布。"孺"字极易误读成 rǔ。相关汉语词还有"孺慕"

（对父母的尊敬；爱戴）、"孺子可教"。"孺子牛"是指春秋时，齐景公与儿子嬉戏，景公叼着绳子当年，让儿子牵着走（见于《左传·哀公六年》）。后来用"孺子牛"比喻甘愿为人民大众服务的人。

汝辈(rǔ)

"汝"字，文言文中的第二人称代词，指你。"汝辈"即你们。另有"汝曹"一词，指你们，多用于长辈称呼后辈。如杜甫有《渡江》诗云："戏问垂纶客，悠悠见汝曹。""汝"字，极易误读成阳平。

溽热(rù)

潮湿而闷热，另有"溽暑"一词，指夏天潮湿而闷热的气候。"溽"字，极易误读成 rú。

繁文缛节(rù)

过分烦琐而又不必要的仪式或礼节。也比喻烦琐而多余的手续。"缛"字，义为烦琐、繁重。极易误读成上声。

中阮(ruǎn)

我国古代拨弦乐器名，古琵琶的一种。木质琴身，形似月琴，柄柱长且直，用拨子或假指甲弹奏，三弦或四弦。相传为西晋阮籍之侄"竹林七贤"之一阮咸所造，故名"阮咸"或"阮"。"阮"字，容易误读成 yuán。

另外，"阮"还是单姓，也读 ruǎn，《百家姓》收。一说源自殷商时的阮国，郾姓，后为周文王所灭，子孙以国为氏；二说为东夷族首领皋陶氏之后。历史上有阮籍（三国时期魏国文学家，"竹林七贤"之一）、阮大铖（明末兵部尚书）、阮玲玉（中国早期电影女演员）、阮小二（《水浒传》中梁山好汉之一，另有阮小五、阮小七），等等。

方枘圆凿(ruì)

指方榫头和圆卯眼，两下合不起来。形容格格不入。也说圆凿方枘语出宋玉的《楚辞·九辩》："圆凿而方枘兮，吾固知其钼铻（音 jǔyǔ，同'龃龉'）而难入。""枘"字，极易误读成 nà。

偌大(ruò)

早期白话文中指"这么大""那么大"。也可以理解为"如此""这般"。如《水浒传》第二回,史进道:"胡说!偌大一个少华山,恁地广阔,不信没有个獐儿、兔儿?""偌"字,音 ruò,《集韵》作人夜切,中古去声字。容易误读成 nuò。现在常说"偌大年纪""偌大的城市"等。

S

撒呓挣(sāyì·zheng)

睡熟后在梦里说话或做动作。读音 sāyìzheng,"中重轻"格式。"呓"字,指梦话。

靸鞋(sǎ)

原指草制的拖鞋或小孩的鞋。上古三代时皆以皮为之,秦时为蒲制,从晋到唐多为草制,梁武帝曾为丝制。后指劳动者穿的一种鞋帮纳得很密、前脸较长、上缝有皮梁或三角形皮子的布鞋。"靸"字,1985年普通话异读词审音审定"统读"为 sǎ 音。

萨其马(sà)

一种满族糕点,把油炸的短面条用糖等黏合起来,切成方块儿。另有"菩萨""菩萨蛮""萨满教""萨都剌""萨克斯管""萨特""帕萨特""萨达姆""萨马兰奇""萨拉萨蒂""萨尔瓦多""萨拉热窝""萨格勒布""萨哈林岛""西萨摩亚""得克萨斯"等词。"萨"字,只有去声音 sà 一读。从《广韵》桑割切,中古入声字。极易误读成 sā。另外,西藏自治区的首府"拉萨"中的"萨"字,也应读作去声。

馓子(sǎn·zi)

油炸的面食,细条相连扭成花样。

丧钟(sāng)

西方习俗指教堂宣告教徒死亡或为死者举行宗教仪式时所敲的钟。后常比喻灭亡或死亡的信号。"丧"字,音 sāng。从《广韵》息郎切,中古平声字。作名词用,指跟死了人有关的一切事情。《庄子·渔父》中有

"处丧以哀,无问其事矣"句。相关汉语词还有"丧事""丧礼""丧服""吊丧""治丧""报丧""奔丧""出丧""发丧""国丧""服丧""哭丧""守丧""送丧""丧葬"等。这里的"丧"字容易误读成去声的 sàng。

读去声的"丧",多作动词或动词词素,如"丧失""丧命""丧偶""丧生""丧气""丧权辱国""丧魂落魄""丧家之犬""玩物丧志"等,表示丢掉、失去或情绪低落、失意。在"哭丧着脸"中,"丧"字轻读。

搡(sǎng)

"推"和"搡"都是用力推来推去的意思。如"推推搡搡"。

缫丝(sāo)

把蚕茧浸在热水里,抽出蚕丝。"缫"字,音 sāo,《广韵》作苏遭切,中古平声字。极易误读成 cháo。

本色(běnsè/běnshǎi)

两读。一读 běnsè,指本来面貌;原有的性质或品质。如"英雄本色""劳动人民的本色"等。二读 běnshǎr(本色儿),指物品原来的颜色(多指没有染过色的织物)。当"色"字读 shǎi 时,汉语词另有"上色儿""套色儿""落色儿""掉色儿""退色儿"等。

栓塞(sè)

医学上指从体外侵入血管内的物质或从血管、心脏内脱落的血栓随血液流到较小的血管后,由于不能通过而将血管堵塞。如"血管栓塞"。"塞"字,在此读 sè。中古入声字,从《广韵》苏则切。义同"塞"(sāi),用于某些合成词中。如"闭塞""阻塞""充塞""梗塞""填塞""拥塞""壅塞""淤塞""塞责""塞音""搪塞""滞塞""塞擦音""脑栓塞""一时语塞""闭目塞听""顿开茅塞"等。以上词里的"塞"字,极易误读成 sāi。

另外,读 sāi 音的"塞"字,用于"塞子""瓶塞儿""耳塞""活塞""加塞儿""塞车"等词里,指把东西放进有空隙的地方、填入,也指塞子。在"边塞""塞外""出塞"等词里,"塞"字读 sài。

稼穑(jiàsè)

种植和收割,泛指农业劳动。也指种植技术或谷物。颜之推《颜氏家训·治家第五》有:"生民之本,要当稼穑而食,桑麻以衣"句。

杉篙(shāgāo)

用杉树的树干砍去枝叶后制成的直而长的杆子,多用来搭棚子、搭脚手架或撑船。"杉树"的木材叫"杉(音 shā)木"。在"杉树""冷杉""红杉"等词里,"杉"字读 shān。

莎车(shā)

古西域国名。位于今新疆莎车县一带,是"丝绸之路"南道的要冲。汉武帝时内属,后隶属于西域都护。"莎车"也是县名。在新疆塔里木盆地西部、叶尔羌河中游。汉时为莎车地,清末设莎车直隶州,后升府。1913 年改为莎车县。为南疆小麦、玉米、稻子、棉花的主产区。现隶属于喀什地区。

歃血(shà)

古代诸侯会盟时杀牲饮血或涂血于嘴角,以示诚信。《孟子·告子下》中有"孟子曰:'五霸,桓公为盛。葵丘之会,诸侯束牲载书而不歃血'"句。汉语词另有"歃盟"一词,是"歃血为盟"的略语,指歃血结盟。"歃"字,容易误读成 shā。

煞白(shà)

由于恐惧、愤怒或某些疾病等原因,面色极白,没有血色。"煞"字,极、很,副词。汉语词另有"煞有介事""煞费苦心""凶神恶煞"等。"煞"字,容易误读成 shā。

霎时(shà)

极短时间。"霎时"与"刹那"都表示的是极其短的时间,但读音不同。"霎时"是汉语里的固有词,而"刹那"则是外来词,是梵语 ksana 的音译;"霎时"无确定的量值,而"刹那"则相当于一秒钟的七十五分之一。汉语里只有"霎时"和"刹那",而没有"霎那"一词。"刹那"读音 chànà。极易误读成 shànà。

色酒(shǎi)
用葡萄或其他水果为原料制成的酒,一般带有颜色,酒精含量较低。

色子(shǎi)
用骨头、木头等制成的小立方体式的六面刻有 1 至 6 个点的玩具或赌具。玩时按点数的大小决定先后或输赢。有的地方叫"骰子"。

芟秋(shān)
指立秋以后为农作物锄草、松土的农事活动,可以促使农作物早熟、子粒充实并防止杂草结子繁衍。也叫"删秋"。"芟"字,指割(草)或除去。《诗经·周颂·载芟》中有"载芟载柞,其耕泽泽"句。汉语里另有"芟除(删除、除去)""芟夷(除草、铲除或消灭)"等词。

潸然(shān)
流泪的样子。《说文·水部》载:"潸,涕流貌。""潸潸"形容流泪不止。今有"潸然泪下"一词。

膻气(shān)
指羊肉的气味或如同羊肉一样的气味。汉语词有"腥膻""膻味"和"如蚁附膻"(像蚂蚁附着在有膻味的东西上)等。《三字经》中有"膻焦香,及腥朽。此五臭,鼻所嗅"句。

膻中(shān)
读音 shānzhōng,古读 dànzhōng。中医学名词,指胸腹中央心包所在处。针灸时的穴位,主治哮喘、咳嗽、胸痛等。《灵枢经·经脉》中载:"入缺盆,布膻中,散落心包。"

掺手(shǎn)
拉着、握着手。《诗经·郑风·遵大路》中有"遵大路兮,掺执子之手兮"句。在古鼓曲《渔阳掺》中读 càn。李商隐《听鼓》中有"欲问渔阳掺,时无祢(音 mí)正平"句。

讪笑(shàn)

讥笑。《新唐书·韩愈传》结尾的"传赞"载:"愈独喟然引圣,争四海之惑,虽蒙讪笑,跲(音 jiá,被绊倒)而复奋,始若未之信,卒大显于时。"

苫布(shàn)

遮盖货物用的大雨布。"苫"字,表动作义,指用席、布等遮盖。如"把露天的粮食苫上""将装满垃圾的车辆用苫布苫住"等。读阴平音 shān 的"苫"字,作名词。指用草做成的盖东西或垫东西的器物。古时人们用草编成草席,居丧时睡在上面,以示哀戚,有"寝苫枕草"一词。

疝气(shàn)

《现代汉语词典》的解释是:通常指腹股沟部的疝,症状是腹股沟凸起或阴囊肿大,时有剧痛。"疝"字,容易误读成 shān。

封禅(shàn)

"禅"字,音 shàn,从《广韵》时战切,中古去声字。凡读这个去声 shàn 的"禅"字,都与帝王有关。古时帝王登泰山筑土为坛,报天之功(祭天)称"封";在山南(梁父山)辟场祭地,报地之德,称"禅"。《史记》里有专门记载此事的《封禅书》。其六开句即是:"自古受命帝王,曷尝不封禅。"古代帝王封禅一般都在泰山举行,《史记·封禅书》载:"古者封泰山禅梁父者七十二家。"秦始皇和汉武帝都曾在泰山举行过这样的大典。从舜至汉武帝时专门记载封禅制度的典籍叫"封禅书"。"禅"字,容易误读成 chán。

禅让(shàn)

帝王把帝位让给别人。如尧传舜,舜传禹等。《庄子·秋水》在论及禅让礼制与子嗣承继的利弊差异时有"帝王殊禅,三代殊继"的说法。今河南修武县北有"禅陵",为后汉献帝墓,以汉禅位得名。汉语词"受禅""禅位"等词里的"禅",都读去声的 shàn。"禅"字在这里极易被误读成 chán。读 chán 音的"禅"字,指与佛教有关的事物。

骟马(shàn)

阉割掉马的睾丸或卵巢,以促使其长膘。

嬗变(shàn)

演变。"嬗"字,极易误读成 chán。《史记·秦楚之际月表序》的开句就是:"太史公读秦楚之际,曰:初作难,发于陈涉;虐戾灭秦,自项氏;拨乱诛暴,平定海内,卒践帝祚,成于汉家。五年之间,号令三嬗(谓陈涉、项氏、汉高祖也)。自生民以来,未始有受命若斯之亟也。"

丰赡(shàn)

丰富;充足。"赡"字,极易误读成 zhān。《广韵》作时艳切,中古去声字。《墨子·节葬下》中有"亦有力不足,财不赡,智不智"句。汉语词另有"详赡""赡学渊闻""务农积谷,国用丰赡"等词句。

赡养(shàn)

即供给、奉养、养育的意思,一般是指供给生活所需,使其生活有所依靠。多指子女、晚辈对父母、长辈在物质上、生活上的照顾和帮助。《元史·世祖纪》载:"河南民王四妻靳氏一产三男,命有司量给赡养。"汉语词有"赡养费""赡养老人"等。

浩浩汤汤(shāngshāng)

浩浩,形容水势浩大,也指广大辽阔;汤汤,指水势大而汹涌。《尚书·尧典》载:"汤汤洪水方割,荡荡怀山襄陵,浩浩滔天。"范仲淹《岳阳楼记》曰"予观夫巴陵胜状,在洞庭一湖。衔远山,吞长江,浩浩荡荡,横无际涯,朝晖夕阴,气象万千。""汤"字,在此不读 tāng。

国殇(shāng)

为国牺牲的人。"殇"字,古时指未成年而死去。《仪礼·丧服传》中载:"年十九至十六为长殇,十五至十二为中殇,十一至八岁为下殇。不满八岁以下,皆为无服之殇。"

滥觞(shāng)

"滥",指浮起;"觞",指酒杯。左思《吴都赋》有"里宴巷饮,飞觞举白"句。《孔子家语·三恕》曰:"江始出于岷山,其源可以滥觞。"意谓长江初发源处,水量少得仅可以浮起酒杯。比喻事物的起源。钟嵘的《诗品》中有"昔《南风》之词,《卿云》之颂,厥义夐(音xiòng,遥远,久远)矣。夏歌曰:'陶乎予心。'谣曰:'名予曰正则。'虽诗体未全,然是五言之滥觞也"句。

绱鞋(shàng)

把鞋帮鞋底缝在一起。也作上鞋。

老少边穷(shǎo)

特指老区(革命根据地)、少数民族地区、边远地区、欠发达地区。国家对"老少边穷"地区有特殊的优惠扶持政策。"少"字在此读 shǎo,容易误读成 shào。

少不更事(shào)

指人年纪轻,经历的事不多,缺少经验。

召公(shào)

姬姓,名奭(音 shì)。周武王之臣,周成王的太保。因封地在"召"(今陕西岐山县西南),故史称"召公"或"召伯"。召公乃文、武、成、康四朝元老,曾与周公旦一起平定武庚之乱,实现了"成康之治"。其支系子孙世袭"召公"封号,并以邑为氏。"召"为罕见姓,音从《广韵》的实照切,中古去声字,今读为 shào。历史上周有召虎,汉有召平。"召"在春秋时于"邵"同源,后一分为二,各为一姓。

猞猁(shēlì)

一种头像猫、身体比猫大得多的食肉类哺乳动物。性凶猛,行动敏捷,善爬树,以捕食小动物为生。夜间活动,白天栖息于多岩石的森林中。1985年普通话异读词审音审"猞"字为"统读"shē。极易误读成shě。

折耗(shéhào)

物品或商品在制造、运输、保管等过程中造成数量上的损失。其中读 shé 音的"折"字,从《广韵》的常列切,中古入声字。汉语里另有"折本儿""折秤"等词。另外,"折(shé)"也指长条形的东西断,动词。如"椅子腿折了""棍子折了""摔折了腿"等。

在"宁折不弯"一词里,"折"字应读 shé。宁可折断也不弯曲。比喻宁可牺牲,绝不屈服。

读 zhé 音的"折"字,多为动词。如"折断""折合""折桂""折叠""折服""折扣""折磨""折射""折价""折旧""折算"等。作名词时,有"折子""奏折""存折"等词。

佘太君(shé)

《杨家将》中的人物。也称"杨令婆"。北宋名将老令公杨继业之妻,精通韬略。所生八子及一孙,先后殉国。在西夏侵扰中原时,她百岁高龄,仍披挂上阵,率领杨家十二寡妇征西,集中体现了杨家将的爱国精神。

"佘"字,单姓。一说由"余"氏转化而来;另一说"佘"姓原本姓"折",山西保德县佘窝村有"折太君墓碑"。

舍下(shè)

古时对别人称自己的家为舍下,即"舍间",谦辞。如"闲暇时请到舍下一叙"。另外,古人也对别人称自己的弟弟为"舍弟"。

拾级而上(shè)

指沿着台阶(石阶)放轻脚步向上攀登,即一级一级地轻缓地逐级登阶。《礼记·曲礼上》曾记载着当时繁琐的礼节:"凡与客人者,每门让于客。客至于寝门,则主人请入为席,然后出迎客。客固辞,主人肃客而入。主人入门而右,客入门而左。主人就东阶,客就西阶。客若降等,则就主人之阶。主人固辞,然后客复就西阶。主人与客让登,主人先登,客从之,拾级聚足,连步以上。上于东阶则先右足,上于西阶则先左足。""拾"字,极易误读成 shí。

赦免(shè)

以国家命令的方式减轻或免除对罪犯的刑罚。汉语词另有"大赦""赦书""赦罪""宽赦""特赦""十恶不赦"等。

歙县(shè)

在安徽南部,新安江上游,邻接浙江。现为黄山市所辖县。秦朝置县,隋代改为州,宋改称徽州。盛产"黄山毛峰"茶、雪梨、枇杷、竹木等。著名的"徽墨"(文房四宝之一)、"歙砚"(文房四宝之一,与甘肃的洮砚、广东的端砚齐名)驰名全国。境内西北有黄山风景区。宋代方腊农民起义就发生于此。

参商(shēn)

参和商都是二十八星宿之一,商星在东,参星在西,此出彼没,永不会同时在天空中出现。历史上殷人最为崇拜"商星",有一种说法是殷人以"商星"作为自己的族名,进而成为他们统治的朝代的名称。后世以"参商"比喻亲友不能相会,也比喻感情不和睦。另外"参"也是"人参""党参""刺参""海参""沙参"等参类的统称。

妊娠(rènshēn)

人和动物母体内有胚胎发育成长。《说文·女部》载:"娠,女妊身动也。"《汉书·高帝纪上》载:"[高祖]母媪尝息大泽之陂,梦与神遇。是时雷电晦冥,父太公往视,则见蛟龙于其上。已而有娠,遂产高祖。"1985年普通话异读词审音,审"娠"字"统读"为 shēn。从《广韵》失人切,中古平声字。极易误读为 rènchén。

轻哂(shěn)

微笑。《论语·先进》中载:

"为国以礼,其言不让,是故哂之。"汉语词有"不值一哂""聊博一哂"和"哂纳"(笑纳,客套话,用于请人收下礼物)等。

谂知(shěn)

知悉的意思。汉语词另有"敬谂""谂悉""谂熟"等。"谂"字,容易误读成 rěn。

瘆人(shèn)

可怕;使人害怕。一般指人的形象、动作、声音或地方、环境等。

数不胜数(shèng)

数也数不过来,形容很多。古"胜"字,有"识蒸切"的中古平声音和"书证切"的中古去声音两读。前者读 shēng,后者与今音 shèng 相合。

读"识蒸切"平声音的"胜",一指"禁得住""能承担承受得起"。如《史记·项羽本纪》中载,张良在鸿门宴上刘邦借故脱险后对项羽说:"沛公不胜杯杓,不能辞。"汉语里还有"力不胜任""弱不胜衣"等词。二是"尽"义。如《史记·项羽本纪》中带盾闯入鸿门宴的刘邦参乘樊哙对项羽曰:"夫秦王有虎狼之心,杀人如不能举,刑人如恐不胜,天下皆叛之。"汉语里另有"不胜感激""不胜枚举""不可胜数""不可胜言""不胜其烦"等词。1985 年普通话异读词审音时将"胜"字审为"统读"去声 shèng。

史乘(shèng)

我国古代春秋时晋国的史书叫"乘",后来通称一般的史书为"乘"。"史乘"即"史书"。另外古代还指车、兵车为"乘",包括四匹马拉的一辆兵车。在春秋时代,打仗用战车,所以国家的强弱都用战车的数目来计算衡量。"一乘"即一车四马。"百乘之家"指古代士大夫之家。"千乘之国"指拥有一千辆兵车的国家,春秋时指中等诸侯国。《论语·学而》中有载:"子曰:'道千乘之国,敬事而信,节用而爱人,使民以时。'"相关汉语词还有"乘舆"(天子、诸侯乘坐的车驾,后借指帝王)、"野乘"(野史)、"家乘"(家史)等。

炻器(shí)

介于陶器和瓷器之间的陶瓷制品,多呈棕色、黄褐色或灰蓝色,质地致密坚硬,与瓷器相似。如水缸、沙锅等。

矢口(shǐ)

一口咬定。"矢"字,音shǐ,古通"誓",动词。《诗经·卫风·考槃》中有"独寐寤言,永矢弗谖(音xuān,欺诈)"句。又如"矢口抵赖""矢口否认"和"矢志不渝"(立誓决不改变自己的志向)等。"矢"字,极易误读成 shī。

有的放矢(shǐ)

对准靶子放箭,比喻言论、行动目标明确。"矢"字,音shǐ,《广韵》作式视切,中古上声字。(1)指箭。名词。在古代以竹为箭,以木为矢。《楚辞·九歌·国殇》描写战争场面时有"旌蔽日兮敌若云,矢交坠兮士争先"句。《史记·礼书》中

说:"古者之兵,戈矛弓矢而已。"汉语词另有"流矢""飞矢""矢如雨下"和"矢石"(指箭和垒石,古代守城的一种武器)等。(2)同"屎"。如毛泽东《送瘟神》诗:"千村薜荔人遗矢,万户萧疏鬼唱歌"。"矢"字,极易误读成 shī。

侍候(shìhòu)

"候"字,一般轻读,间或重读。指服侍。相关汉语词还有"服侍""侍奉""陪侍""侍弄""侍女""侍养""侍坐""侍丁""侍立""侍从""侍卫""侍郎""侍者"等。

繁峙(Fánshì)

山西忻州市所辖县。在山西北部的恒山与五台山之间,邻接河北。县东北边境有著名的平型关,向为晋北、长城的交通要冲。1937年9月,八路军第一一五师曾在此伏击日本侵略军,歼敌千余人,被誉为"平型关大捷"。1962年普通话异读词第三次审音时将"繁峙"审为 fánshì。"峙"字,在"对峙"

"相峙""飞峙"中读 zhì。

舐犊(shì)

"舐"字,音 shì,《广韵》作神纸切。以舌舔物。"舐犊情深"形容像老牛舔小牛一样的深情,比喻长辈对子女的慈爱。

古有"舐毫"、"吮痈舐痔"(指用嘴去舔吮别人的痈或痔,比喻不择手段地谄媚巴结)、"舐糠及米"(指从里到外,比喻为逐渐蚕食)等词。

"舐"与"舔"两字义同音不同。"舐"字,极易误读成 tiǎn。"舔"要比"舐"字晚些,多见于白话文作品,而"舐"字早在先秦已有。

谥号(shì)

古代帝王、贵族、大臣或其他有地位的人死后被加封的带有褒贬意义的称号。如诸葛亮谥"忠武"、萧何谥"文忠"、岳飞谥"武穆"、范仲淹谥"文正"等。按性质分有"美谥""恶谥"等;按授者分有"王朝赐谥""私谥"等;按程序分有"遥谥""加谥""改谥""夺谥"等。在中国古代,士大夫以上的贵族阶层死后如果没有谥号,一般是被后人看不起的。司马相如《喻巴蜀檄》中有证:"身死无名,谥为至愚,耻及父母,为天下笑。""谥"字,容易误读成 yì。

嗜好(shì)

特别的爱好(多指不良的)。汉语词还有"嗜血""嗜欲""嗜酒""嗜痂之癖"等。

螫针(shì)

指蜂、毒蝎等有毒腺虫子尾部的尖端有倒钩的毒刺。"螫"字,书面语的文言文中指"蜇"。

骨殖(shi)

指尸骨。"殖"字,容易误读成 zhí。《水浒传》第二十七回写武松替兄报仇怒杀潘金莲和西门庆后:"当下县吏领了公文,抱着文卷,并何九叔的银子、骨殖、招词、刀仗,带了一干人犯,上路望东平府来。"

似的(shì)

"似"字,《广韵》作详里切,中古上声字。今分两读,一读舌尖前声母(平舌音)sì;另读舌尖后声母(翘舌音)shì。

读 shì 音的"似"字,"似的"只作助词,用在名词、代词、动词之后,表示跟某种事物、情况相似。如"白得像雪似的""瓢泼似的大雨""他仿佛睡着了似的"。

在"相似""类似""似乎""胜似""近似""好似""归心似箭""似是而非""似曾相识"等词里,"似"字应读 sì。

狩猎(shòu)

打猎,特指冬天打猎。《左传·隐公五年》载:"故春蒐(音 sōu,通'搜'字)、夏苗、秋狝(音 xiǎn,秋天打猎)、冬狩,皆于农隙以讲事也。"相关汉语词还有"狩获""春狩""秋狩""冬狩""巡狩""狩田"等。"狩"字,极易误读成 shǒu。

秫秸(shú·jie)

意为去掉穗的高粱秆。

"秫"指高粱(多指黏高粱)。黏高粱可以酿酒。"秫米"即高粱米。"秫"字,极易误读成 shū。

黍子(shǔ)

一年生的草本植物,叶子线形,子实淡黄色,去皮后叫黄米,比小米稍大,煮熟后有黏性,子实可酿酒、做糕等。《三字经》中有:"稻粱菽,麦黍稷。此六谷,人所食"句。

腧穴(shù)

人体上的穴位。有"肾腧""肺腧""胃腧"等。《灵枢经·九针十二原》载:"五脏五腧,五五二十五腧。"在中医学里指人体脏腑、经络的活动机能俱结于体表的一些特殊部位,如合谷穴、足三里穴等。医生通过对一定穴位的针、灸、按摩等,可以调整人体的机能,治疗疾病。

刷白(shuà)

方言,状态词。(颜色)白而略微发青。"刷"字,音 shuà,是近现代的一种读法。

另有"刷亮"一词,其中的"刷"字也应读去声。

吮吸(shǔn)

"吮"字,音 shǔn,《广韵》作食尹切,中古上声字。把嘴唇聚拢在乳头或其他有小口儿的物体上吸取。《韩非子·外储说左上》中有"军人有病疽者,吴起跪而自吮其脓"句。李白《蜀道难》诗有"磨牙吮血,杀人如麻"句。相关汉语词还有"吮乳""吮呷""吮笔""吮墨""吮毫舐墨""吮痈舐痔"等。"吮"字,极易误读成 yǔn,乃声旁类推之误。

说服(shuō//fú)

指讲述充分的理由使对方心服。容易误读成 shuìfú。"说"字,古今的确是有 shuì 音一读的,指劝说、说服,即用言语劝说,使其接受、听从自己的意见或建议。古代单用的机会较多。如《史记·高祖本纪》载:"汉王使郦生说豹,豹不听。汉王遣将军韩信击,大破之,虏豹。"在先秦史书《战国策》里有"苏秦以连横说秦""张仪说秦王""张仪说楚王绝齐""范雎说秦王""说秦王善楚""苏秦说秦王释帝""张仪说楚王连横""触龙说赵太后"等篇目。今读 shuì 音的汉语词只有"游说""说客"等有限的几个。

媒妁(méishuò)

指媒人。"媒",指男方的媒人;"妁",指女方的媒人。《孟子·滕文公下》中有言:"丈夫生而愿为之有室,女子生而愿为之有家;父母之心,人皆有之。不待父母之命、媒妁之言,钻穴隙相窥,逾墙相从,则父母国人皆贱之。"

数见不鲜(shuòjiàn-bùxiān)

屡见不鲜。"数"字,中古入声字。指屡次。在"数见不鲜"一词里,"数"字,极易误读成 shù。"鲜"字也极易误读成 xiǎn。可见 1985 年《普通话异读词审音表》的规定。"数脉",中医学名词。"数"也读 shuò。指脉搏急速,一呼一吸在六次左右,常见于热症,数而有力为实热，数而无力为虚热。

巳时(sì)

"巳"字，十二地支的第六位。在十二生肖中以"巳"为蛇。巳时，时辰名，在旧时的计时法中相当于上午九点钟至十一点钟的时间。

分辨"己""已""巳"三字时，有句口诀可以帮助记忆："己"字不封口，"已"字半封口，"巳"字全封口；"己"字低，"巳"字高，"已"字挂在半山腰。

螺蛳(sī)

淡水螺的通称，一般较小。有红螺、田螺、钉螺等多种。"蛳"字，虽以"师"为声旁，但却读作平舌音 sī。不读 shī。

褒姒(sì)

周幽王的宠妃。幽王为了博得她的欢心，废了申后母子，改立她为后。为了以相取乐，幽王又多次谎报敌警，举烽火征兵，由此失信于诸侯。后犬戎兵至，攻杀幽王于骊山下，褒姒也被杀。历史上有"褒姒一笑而失周天下"之说，被视为"红颜祸水"的典型，实际上只是个历史迭变的替罪羊。古代一指姐姐，二指丈夫的嫂子。另有"姒娣""姒妇"等词。

俟机(sì)

等待时机。《孟子·万章下》中有载："万章曰：'孔子，君命召，不俟驾而行；然则孔子非与？'曰：'孔子当仕有官职，而以其官召之也'。"

食(sì)

在古文中活用作动词后，不读 shí，而要读作 sì，通"饲"字。从《集韵》详力切，中古去声字。字义可理解为"拿东西给人吃"。《诗经·小雅·绵蛮》中有"饮之食之，教之诲之"句。《史记·淮阴侯列传》中韩信对说客武涉说："汉王授我上将军印，予我数万众，解衣衣我，推食食我，言听计用，故吾得以至于此。"

茅厕(máocè)

指厕所。方言中读 máosi。

汉语词另有"茅房""茅坑"等。

怂恿(sǒngyǒng)

鼓动别人去做(某事)。含贬义。王安石《和吴仲卿雪》诗有"填空忽汗漫,造物谁怂恿"句。

悚然(sǒng)

害怕的样子。相关汉语词还有"惶悚""寒悚""震悚""毛骨悚然"等。

老叟(sǒu)

指年老的男人、老头。《列子·愚公移山》里有河曲智叟。九十高龄的愚公率子孙"叩石垦壤,箕畚运于渤海之尾",欲搬走太行、王屋山。河曲智叟笑而止之。待愚公表达要子子孙孙挖山不止后,"河曲智叟亡以应"。汉语里另有"童叟无欺"一词,为经商招徕顾客用语,指不管幼童老叟,一律公平相待,绝无欺诈行径。

渊薮(yuānsǒu)

渊指深水,鱼类所聚处;薮指水旁草丛,兽类所聚处。比喻人或事物的聚集的地方。《三国志·魏书·高柔传》载,明帝即位后,高柔上疏曰:"臣以为博士者,道之渊薮,六艺所宗,宜随学行优劣,待以不次之位。敦崇道教,以劝学者,于化为弘。"

抖擞(sǒu)

指振作。如龚自珍《己亥杂诗》第125首:"我劝天公重抖擞,不拘一格降人才。"朱自清散文《春》写道:"城里乡下,家家户户,老老小小,也赶趟似的,一个个都出来了。舒活舒活筋骨,抖擞抖擞精神,各做各的一份事去。"

甘肃(sù)

地名。古雍州地。汉为凉州。唐以后屡经分并改置。元至元十八年,置行中书省,治所在甘州路(今张掖),以原甘州和肃州(酒泉)两地的首字命名,始有"甘肃"之名称。清康熙年间置甘肃省,以兰州为省会,相沿至今。"肃"字,为中古入声字,从《广韵》息逐切,今读去声音 sù。过去习惯读作阴平 sū。

嗉子(sù)

指鸟类消化器官的一部分,在食道的下部,像个袋子,可储存、润湿和软化食物。如"鸡嗉子"。方言中指装酒的锡制的或瓷的器皿,像瓶子,颈细长。

回溯(sù)

回顾;回忆。汉语词另有"追溯""溯源""上溯""追本溯源"等。"溯"字,音 sù,《集韵》作苏故切,中古去声字。本义是逆着水流的方向走。如"溯流而上"等。如《徐霞客游记·滇游日记八》中载:"路循西山南尽处,溯水而入。"《国语·吴语》中有"率师沿海溯淮以绝吴路"句。"溯"字,容易误读成 shuò。在《集韵》中的色角切、表古溯水名义的 shuò 音,今已不用。

半身不遂(suí)

身体一侧发生瘫痪,多由脑中风等导致脑组织损伤引起。也叫偏瘫。"遂"字,在此读 suí。这里的"遂"与"随"字同音同义。可见 1985 年《普通话异读词审音表》。"遂"字,除了在"半身不遂"里读 suí 外,在其他场合均读作去声 suì。

骨髓(suǐ)

"髓"字,1985 年普通话异读词审音时审为"统读"上声的 suǐ 音。指骨头空腔中柔软像胶的物质。相关汉语词还有"脑髓""精髓""脊髓""神髓""心髓""真髓""石髓""敲骨吸髓""脊髓灰质炎"等。"髓"字,极易误读成 suí。"髓"在 1985 年之前是读阳平音的,1985 年普通话异读词审音"统读"为上声后,在"骨髓""脑髓""脊髓"三个词里,"骨""脑""脊"三个字,都要由上声音变读为近似于阳平音。

作祟(suì)

迷信的人指鬼神跟人为

难,比喻坏人或坏的思想意识捣乱,妨碍事情顺利进行。"祟"字,原指鬼怪或鬼怪害人(迷信),借指不正当的行动。汉语词另有"鬼鬼祟祟"。"祟"字,容易误读成 chóng。应注意"祟"与"崇"字在字形结构上的区别。

顺遂(suì)

指事情进行顺利,合乎心意。"遂"字,在中古时代,只有"徐醉切"的去声,读 suì。在现代汉语里保留了三个义项。(1)表示顺利、如意。相关汉语词还有"遂愿""不遂""遂心""遂意""诸事顺遂""遂如人愿"等。(2)指成功。如"未遂""已遂""功成名遂"。(3)文言连词,相当于"于是""就"。如"遂行"(军事上指执行或完成)、"遂止"。以上词里的"遂"字,均容易误读成阳平。

毛遂自荐(suì)

成语。比喻自己推荐自己。毛遂是战国时赵国平原君的门客。公元前 257 年,秦军包围赵国邯郸。平原君到楚国借兵,毛遂自荐请求同往。平原君与楚王谈判半日不决;毛遂按剑而上,直说利害,晓以大义,终使楚王同意出兵救赵,并当堂歃血为盟,为解邯郸之围立下大功。于是平原君待他为上客。(见于《史记·平原君列传》)"遂"字,音 suì,见 1985 年《普通话异读词审音表》的规定。极易误读成 suí。

鹰隼(sǔn)

"隼"字,1985 年《普通话异读词审音表》规定"统读"为 sǔn。鹰和隼,都捕食小动物和其他鸟类。比喻凶猛或勇猛的人。《淮南子·说林训》中说:"赤肉县则乌鹊集,鹰隼鸷则众鸟散。物之散聚,交感以然。"

莎草(suō)

"莎"字,音 suō,可见 1985 年《普通话异读词审音表》的规定。多年生草本植物,多生在潮湿地区或河边沙地上,又叫香附子,可入药。

踏莎行(suō)

(1)词牌名。双调,五十八字,仄韵。又有《转调踏莎行》,双调六十四字或六十六字,仄韵。宋人用该词牌作词的不少,如晏殊的《踏莎行》(小径红稀)、欧阳修的《踏莎行》(候馆梅残)、秦观的《踏莎行》(雾失楼台)、贺铸的《踏莎行》(杨柳回塘)、辛弃疾的《踏莎行》(夜月楼台)等。(2)指曲牌名。南曲仙吕宫、北曲商角调均有同名曲牌。南曲较为常见,字句格律与词牌同,用作引子。北曲与词牌不同,用于套曲中。"莎"字,在此读作 suō,从《广韵》苏禾切。极易误读成 shā。

婆娑(suō)

形容盘旋、舞蹈的样子或枝叶扶疏、纷披或眼泪下滴的样子。"婆娑"最早是指跳舞。《诗经·陈风·东门之枌(音 fén,树名)》中有"东门之枌,宛丘之栩。子仲之子,婆娑其下。穀旦于差,南方之原。不绩其麻,市也婆娑"句。今有"婆娑起舞""枝叶婆娑""树影婆娑"等词。

摩挲(mósuō/māsā)

两读两义。(1)读 mósuō。指用手抚摩。(2)读 māsā。"挲"字,一般轻读,间或重读。指用手轻轻按着并一下一下地移动。

蓑笠(suōlì)

蓑衣和斗笠的合称。"蓑衣"是指用草或棕毛制成的、披在身上的雨具;"笠"指用竹或草编成的帽子,用来遮阳挡雨。如"披蓑戴笠"。柳宗元被贬作永州司马时写有《江雪》诗:"千山鸟飞绝,万径人踪灭。孤舟蓑笠翁,独钓寒江雪。"表现了作者摆脱世俗、清高孤傲、超然物外的人生情怀。

羧基(suō)

指碳酸失去氢氧原子团而成的一价基。醋酸、草酸等都属于羧基类的物质,显示酸性,属有机酸类。"羧"字,化学用字,是氧和酸组成的合体字。

T

趿拉(tā·la)

把鞋后帮踩在脚后跟下。如"趿拉着鞋"。另有"趿拉板儿"一词，指的是没有帮而只有襻儿的木底鞋。有的地方叫呱嗒板儿。

一塌糊涂(tā)

乱或糟到不可收拾。"塌"字，极易误读成 tà。"塌"字的不同读音不仅关系到本字读音正确与否，还会影响到前面"一"字的变调。yìtā 和 yítà 在听感上还是有很大区别的。

水獭(tǎ)

獭，哺乳动物的一种。包括水獭、旱獭、海獭等。水獭属鼠由科，体长约 70 厘米。头宽扁，耳小，脚短，尾长，趾间有蹼，毛短而密，背有光泽。常栖息于水边，善游泳和潜水，夜间多动，捕食鱼类或青蛙、水鸟等。皮毛可制衣领帽子等。汉语里有"獭祭"词，獭贪食，捕鱼时常将所捕之鱼陈列于水边，称为祭鱼。后用来比喻罗列堆砌典故。"獭"字，音 tǎ，《广韵》作他达切，中古入声字。容易误读成 lài。汉语里另有"山獭""獭兔"等词。

拓片(tà)

"拓"字，中古入声字。今音 tà。指把碑刻、铜器等的形状和上面的文字、图形印下来，方法是在物体上蒙一层薄纸，先拍打使其凹凸分明，然后再上墨，显出文字、图像来。"拓本"是一种纸本，有黑、红两种颜色，分别叫"墨拓本"和"朱拓本"。最初摹拓的叫"初拓本"，后分为乌金拓、蝉翼拓等。相关汉语词还有"拓写""临拓""手拓""新拓""名拓"等。"拓片"中的"拓"字，极易读成 tuò。

疲沓(ta)

也作疲塌。指松懈、拖沓。"沓"字原读去声 tà。汉语里另有"拖沓""杂沓""纷至沓来"等词。另外在"一沓儿"里读 dá，用于重叠起来的纸张或其他比较薄的东西,如"一沓信封""三沓报纸"等。

鞭挞(tà)

鞭打,比喻抨击。"挞"字,音 tà,《广韵》作他达切,中古入声字。原义就是用鞭、杖等打人。《说文解字·手部》释为:"挞,乡饮酒,罚不敬,挞其背。"另有"挞伐"(讨伐)、"挞罚"(鞭打处罚)等词。"挞"字,容易误读成 dǎ。

漯河(tà)

古水名,又作"漯水""漯川"。古漯河乃黄河下游主要支津,故道自今河南浚县西南别黄河向东北流经濮阳、聊城、临邑、滨州入海(可见《水经注·河水》)。宋代黄河决口于商胡,朝城绝流,旧迹因而湮没。这里的"漯"字,音从《广韵》他合切,中古入声字,今音读 tà。河南中部今有漯河市。古为郾城县十一个集镇之一。新石器时代就有先民生息。南北朝时北魏在此筑奇雒城,设南颍川郡。另一说是因古"漯湾"得名。清代嘉靖十九年开始在此设漯湾镇。1986 年升为省辖市。"漯河市"里的"漯"字应读 luò。

天台(tāi)

在浙江东部,灵江支流始丰溪上游,现为台州市所辖县。汉属章安县地,三国时吴置南始平县,晋改为始丰县,五代时吴越改称天台县,历代相沿至今。天台山境内是甬江、曹娥江和灵江的分水岭,隋代敕建的国清寺为中、日、韩佛教天台宗的发源地,是活佛济公的故里。李白在《梦游天姥吟留别》中有"天姥连天向天横,势拔五岳掩赤城。天台四万八千丈,对此欲倒东南倾"的诗句。"台"字,1957 年普通话异读词第一次审音时审为 tāi。"台州""台州湾"中的"台"也读阴平。

青苔(tái)

在阴湿地方生长出的绿色苔藓植物,属低等植物的一类。刘禹锡《再游玄都观》诗:"百亩庭中半是苔,桃花净尽菜花开。种桃道士归何处？前度刘郎今又来。"贺敬之《三门峡——梳妆台》诗的第二段内容是："望三门,三门开:黄河东去不回来。昆仑山高邙山矮,禹王马蹄长青苔。马去'门'开不见家,门旁空留梳妆台。"汉语里另有"苔原"(终年气候寒冷,地表只生长苔藓、地衣等低等植物的地区)、"苔藓(音 xiǎn)植物"、"绿苔"等词。"苔"字只在"舌苔"一词里读阴平。

昙花一现(tán)

意思是说夜间开放、翌晨即萎的昙花难得出现。比喻稀有的事物或显赫一时的人物出现不久就消逝了。

覃思(tán)

深思。《后汉书·郑玄传》中郑玄以书诫子,有"今我告尔以老,归尔以事,将闲居以安性,覃思以终业"句。

澹台(tán)

复姓,较为罕见,以地名为姓。《百家姓》收。春秋时鲁国有孔子的弟子澹台灭明,东汉时有澹台敬伯。"澹"字,只是在这个词里读 tán,其余的场合都读 dàn。"澹泊",音义均同"淡泊"。

忐忑(tǎntè)

心神不定的样子,即心里不安、上上下下。汉语词有"忐忑不安""忐忐忑忑"等。

袒护(tǎn)

对错误的思想行为无原则地支持或保护。"袒"字,还指脱去或敞开上衣,露出身体的一部分。如"袒露""袒胸露背"等。也常引申为无遮无盖地显露和直率自然地表露,如"秋收过后,田野袒露""袒露心声"等。

羰基(tāng)

化学名词由碳和氧两种原子组成的二价原子团。"羰"字,是氧和碳组成的合体字。

趟水(tāng)

在较浅的水里走。也作"蹚水"。另外"趟"字还指用犁锄等将土翻开以除去杂草并给苗培土。如"趟坏了庄稼""趟地""趟苗儿"等。"趟马"(tāngmǎ)指的是戏曲演员在舞台上表现骑着马走或跑的一些程式化动作。

溏心儿(táng)

蛋煮过或腌过后蛋黄没有完全凝固的状态。如"溏心儿蛋""溏心儿松花"等。

公帑(tǎng)

"帑"字,指国库的钱财。公帑即公款。古代的"帑藏"指国库。《后汉书·郑弘传》载:"[郑弘]在职二年,所息省三亿万计。时岁天下遭旱,边方有警,人食不足,而帑藏殷积。弘又奏宜省贡献,减徭费,以利饥人。帝顺其议。"

倘使(tǎng)

连词。指倘若,用于主从复句,表示假设关系。"倘"字,字,古代常单用。如马中锡《中山狼传》中狼曰:"异时倘得脱颖而出,先生之恩,生死而骨肉也。"

叨陪(tāo)

谦辞。叨光陪侍。王勃的《滕王阁序》中有"他日趋庭,叨陪鲤对(孔子的儿子孔鲤在孔子面前回答问题,并接受教诲);今晨捧袂,喜托龙门"的名句。汉语里另有"叨教""叨扰"等词。词中的"叨"字均读作阴平。

绦虫(tāo)

寄生虫的一种,身体柔软,像带子,由许多节片构成,常见的是有钩绦虫和无钩绦虫两种,都能附着和寄生在人体和动物肠道内。"绦"字的本义是指用丝线编成的圆形或扁平的带子,可用镶衣服、枕头、窗帘等的边。汉语词"丝绦""绦带""绦子"中的"绦"字也读阴平。如贺知章《咏柳》诗:"碧玉妆成一树高,万条垂下绿丝绦。不知细叶谁裁出,二月春风似剪刀。""绦"字,容易误读成阳平。

韬晦(tāohuì)

"韬光晦迹"的略语,指收敛锋芒、隐藏才能,隐蔽于暗中积蓄能量以待后发。也说"韬光养晦"。据说"春秋五霸"之一的楚庄王"三年不飞,一飞冲天;三年不鸣,一鸣惊人",继位后三年内不理朝政,先隐忍不发,静观其变,甚至以自污来掩人耳目,结果韬光养晦而终成霸业。

饕餮(tāotiè)

传说中的凶恶贪食的猛兽。比喻凶恶残暴或贪婪之人。也可比喻为贪吃的人。"饕餮纹"又叫兽面纹,是古代青铜器上常见的一种纹饰。纹样象征古代传说中的贪食的凶兽饕餮的面形,图案也有多种变化。殷商至西周时常为器物上的主题纹饰,西周后逐渐用作器耳或器足上的装饰。

号啕(háotáo)

也作"嚎啕",形容大声哭。

熏陶(táo)

指由于长期接触,使人的思想、意识、行为规范、生活习惯等逐渐地受到影响而发生改变,多指积极的、好的方面。"陶"字,极易误读成阴平。

梼杌(táowù)

一说古代传说中的恶人,为尧舜帝时的四凶之一。《左传·文公十八年》载:"颛顼氏有不才子,不可教训,不知话言,……天下之民谓之梼杌。"也有一说是古代传说中的猛兽。据旧题东方朔《神异经·西荒经》载:"西方荒中有兽焉,其状如虎而犬毛,长二尺,人面虎足,猪口牙,尾长一丈八尺,搅乱荒中,名梼杌。"古楚国的历史书名也为《梼杌》。《孟子·离娄下》有:"晋之《乘》、楚之《梼杌》、鲁之《春秋》,一也"的记载。

熥馒头(tēng)

"熥"字,把凉了的熟食蒸热或烤热。

誊录(téng)

誊写;过录。是科举时代防止作弊的一种方法。宋代先置誊录院,考生的试卷交印封官糊名封卷。后又为防止笔迹作弊,又规定考卷交誊录所用朱笔誊写,以誊本送交考官评阅。汉语里另有"誊写""誊清"等词。

体己(tī·ji)

也作"梯己"。一指家庭成员个人积蓄的财物;私房。如"体己钱""体己之物"。二指亲近的、贴心的。如"体己人""体己话"等。"体"字,在以上词里极易误读成 tǐ。

剔除(tī)

"剔"字,原指从骨头上把肉刮下来,如"剔骨肉"。后也指从缝隙里往外挑,如"剔牙"。同时也指将不合适的部分去除掉。如"剔除"。"剔"字,极易误读成 tì。

醍醐(tíhú)

指从酥酪中提制的奶油。陆羽的《茶经·一之源》中说:"茶之为用,味至寒,为饮最宜精行俭德之人,若热渴、凝闷、脑疼、目涩、四肢烦、百节不舒,聊四五啜,与醍醐、甘露抗衡也。"佛教以"醍醐"比喻为最高的佛法。"醍醐灌顶",在佛教用语里,指把纯酥油浇到头上,比喻给人以智慧,使人醒悟。又比喻清凉舒畅。顾况《行路难》诗有"岂知灌顶有醍醐,能使清凉头不热"句。

倜傥(tìtǎng)

洒脱;不拘束。《三国志·魏书·司马朗传》注引司马彪《序传》:"朗祖父俊,字元异,博学好古,倜傥有大度。"现代汉语有"风流倜傥"一词。"倜傥"容易误读成 chóudǎng。

孝悌(tì)

古代称在家尽心奉养父

母、顺从父母的意志为孝；出门敬爱兄长为悌，引申为敬爱和顺从长者。是古代的一种伦理道德。

嚏喷(tì)

即打喷嚏。由于鼻黏膜受刺激，急剧吸气，然后很快地由鼻孔喷出并发出声音的生理现象。

恬不知耻(tián)

指做了坏事满不在乎，不以为耻。"恬"字，指坦然、安适。另有"恬静""恬适""恬淡""恬然""恬安""恬泊""恬逸""文恬武嬉"等词。"恬"字，极易误读成上声。

忝列(tiǎn)

谦辞。古汉语的意思是"愧""有愧于"。表示辱没了对方或他人，自己有愧。汉语词有"忝列其中""忝列门墙""忝为人师"等。"忝"字，容易误读成阳平。

暴殄天物(tiǎn)

指残害、灭绝自然界的生物。也指不爱惜物力，任意糟蹋东西。"殄"字，原意是灭绝。

轻佻(tiāo)

（言语举动等）不庄重，不严肃。《后汉书·何进传》载："初，何皇后生皇子辩，王贵人生皇子协。群臣请立太子，帝以辩轻佻无威仪，不可为人主，然皇后有宠，且进又居重权，故久不决。"汉语词还有"佻薄""佻巧"等。"佻"字，极易误读成上声。

迢迢(tiáotiáo)

形容路途遥远。《古诗十九首·迢迢牵牛星》有"迢迢牵牛星，皎皎河汉女"句。秦观的《鹊桥仙》词上阕是："纤云弄巧，飞星传恨，银汉迢迢暗度。金风玉露一相逢，便胜却人间无数。"元代陈草庵的《山坡羊》小令是："晨鸡初叫，昏鸦争噪，那个不去红尘闹？路迢遥，水迢迢，功名尽在长安道。今日少年明日老。山，依旧好；人，憔悴了。"汉语词还有"迢递""迢遥"等。容易误读成 zhāo zhāo。

髫龄(tiáo)

古时指儿童或幼年时代。因为在古代给婴儿剃头,并不是把头发全部剃光,而是将脑门附近的头发留着,留下来的头发长长后从脑门耷拉下来,古人叫"垂髫"。陶渊明《桃花源记》中有"黄发垂髫,并怡然自乐"句。汉语词另有"髫儿""髫发"等。

挑大梁(tiǎo)

比喻承担起重要的、起支柱作用的工作。有时也说"扛大梁"。"挑"字,极易误读成阴平。

请帖(tiě)

又叫"帖子",古代指公文、官府文书一类的东西。一般作名词或名词词素。《木兰辞》有"昨夜见军帖,可汗大点兵。军书十二卷,卷卷有爷名"句。杜甫《新安吏》有"府帖昨夜下,次选中男行"句。后也指邀请客人的通知。"帖"字,极易误读成 tiē。另外,"帖子"也可指招帖或庚帖。汉语词还有"名帖""喜帖""禀帖""柬帖""下帖""换帖""谢帖""无名帖"等。

字帖(tiè)

"帖"字,作名词或名词词素时,指供学习书法、绘画用的临摹的范本(样本)或石刻的、木刻的拓本。又如"临帖""碑帖""法帖""画帖"等。这些词里的"帖"字,音 tiè,极易误读成阴平音。另外,"帖"字作形容词或形容词词素,在"帖服""帖然""帖泰""安帖""伏帖""服帖""宁帖""妥帖""熨帖""俯首帖耳"等词里读阴平音 tiē,表服从、顺从、妥当、平稳义。

烯烃(tīng)

不饱和烃的一类。乙烯即属之。另有"烃基"一词,指烃分子失去一个或几个氢原子而成的基团,通常用 R 表示。如烷基、烯基等。

彤云(tóng)

指红霞或下雪前密布的阴云。如陆机《汉高祖功臣颂》里载:"彤云(红云)昼聚,素灵夜哭。"《水浒传》第十回写林冲雪夜上梁山:"且说林冲与柴大官人别后,上路行了十数日,时遇暮冬天气,彤云(阴云)密布,朔风紧起,又见纷纷扬扬下着满天大雪。""彤"字,原本指红色。容易误读成阴平。汉语词还有"彤管""彤墀""彤弓""彤帏"等。

倥侗(kōngtóng)

书面语中指蒙昧无知。如"倥侗不实之辈""古初朴蒙倥侗而不争"。《汉书·扬雄传下》中载,扬雄的"《法言》文多不著,独著其目:天降生民,倥侗颛蒙,恣于情性,聪明不开,训诸理。撰《学行》第一。"

洪洞(Hóngtóng)

地名。在山西南部,临汾盆地北端。周代属扬侯国,隋改洪洞县。以县北洪洞镇得名。明代临狱就在洪洞县。因话本和京剧《玉堂春》而家喻户晓的苏三就曾在此监禁过,俗称苏三监狱,是我国现存最早的明代监狱,其布局和形制是研究封建社会官衙监狱规制的重要资料,后被毁。1984年复原重建。苏三的档案直到1920年仍在洪洞县司法科保存着。

洪洞大槐树还是闻名全国的明代迁民遗址。明朝末年,因水患、蝗灾、兵乱等原因,在洪洞大槐树下一共进行了18次大规模的移民,屡移山西民众于京、冀、豫、鲁、皖、苏、鄂、秦、陇等十余个省市,500多个县市。"洪洞",极易误读成hóngdòng。"洞"字,从《广韵》徒红切,中古平声字。

崆峒(Kōngtóng)

(1)山名,即崆峒山,属六盘山支脉,位于甘肃平凉城西12公里处,为泾河源地,也是古丝绸之路西出关中之要塞。轩辕黄帝曾亲自登临崆峒山,向智者广成子请教治国、养生之术。崆峒武术与少林、武当、峨嵋、昆仑等武术流派驰名华夏。(2)"崆峒岛",位于烟台市芝罘区东北部海域,是烟台市区第一大海岛,主岛面积 0.84 平方公里。

悲恸(tòng)

非常悲哀。《论语·先进》中载:"颜渊死,子哭之恸。从者曰:'子恸矣!'曰:'有恸乎?非夫人之为恸而谁为?'"

骰子(tóu)

方言。通称色子,一种游戏用具或赌具。一般用象牙或兽骨做成立体的正方形,六面分别刻上一至六个点数,掷之盘中以决胜负。

荼毒(tú)

荼是一种苦菜,毒指毒虫毒蛇之类,比喻毒害。李华《吊古战场文》曰:"秦起长城,竟海为关,荼毒生灵,万里朱殷。"另外,"荼"在古书上指茅草上的白花。如火如荼,形容旺盛、热烈或激烈。注意"荼"字与"茶"字在字形上的区别。

於菟(wūtú)

古代楚人称虎。"於"字,从《广韵》哀都切,中古平声字。陆德明的《释文》曰:"於音乌,菟音徒。"《左传·宣公四年》载:"楚人谓乳谷,谓虎於菟。"鲁迅 1931 年写的《答客诮》诗云:"无情未必真豪杰,怜子如何不丈夫? 知否兴风狂啸者,回眸时看小於菟。""於菟",又作地名,在今湖北云梦县北,古称"於菟乡"。相传为春秋时楚国的斗谷於菟(即令尹子文)出生后被遗弃、老虎哺育之地。

倾吐(tǔ)

倾诉。"吐"字,从《广韵》他鲁切,中古上声字。读这个上声音的"吐"字,一指使东西从嘴里出来;二指口儿或缝儿里长出来或露出来;三指说出来。相关汉语词有"吐痰""吐口水""吐穗儿""吐舌头""狗嘴里吐不出象牙来""吐实话""吐露""吐口""吐气""吐絮""喷吐""谈吐""吐鲁番""吐故纳新"等。

读去声音的"吐"字,从《广

韵》汤故切,中古去声字。指(消化道或呼吸道里的东西)不自主地从嘴里涌出。比喻被迫退还侵占的财物。如"呕吐""吐血""吐沫""吐酒""上吐下泻""吐了一地""吐出赃款"等。

湍急(tuān)

指水势急。《论衡·本性》中说:"譬之湍水,决之东则东,决之西则西。"

彖辞(tuàn)

《易经》中论卦义的文字,附于经文之下。也叫卦辞。如《周易·乾》:"彖曰,大哉乾元。"

颓丧(tuísàng)

情绪低落,精神萎靡。汉语里另有"颓废""颓靡""颓唐""颓败""颓势"等词。"颓"字,容易误读成 tuī。

馄饨(hún·tun)

一种用薄面片儿包卷上肉馅儿制成的、下锅煮熟后带汤吃的面品。江西叫"清汤"、广东叫"云吞"、四川叫"抄手"。元代张可久常用俚语的辛辣笔调讽刺和鞭挞元代社会一切以金钱为意志的恶浊风气以及官场中腐败昏庸的现象。其中最著名的一首小令就是《醉太平·无题》:"人皆嫌命窘,谁不见钱亲?水晶环入面糊盆,才沾粘便滚。文章糊了盛钱囤,门庭改做迷魂阵,清廉贬入睡馄饨。葫芦提倒稳。""饨"字,极易误读成 dùn。

拓扑学(tuòpū)

数学的一个分支学科,研究几何图形在连续改变形状时还能保留不变的一些特性,它只考虑物体间的位置关系而不考虑他们的距离和大小。

W

瓦剌(wǎlà)

明朝时对西部蒙古各部的总称。元朝灭亡后,蒙古族分为鞑靼、瓦剌、兀良哈三部。瓦剌部落主要活动在今蒙古国和新疆北部的科布多河流域。1449年瓦剌军进攻明朝，造成土木之变，英宗被俘。在大臣于谦的主持下，明军胜利地保卫了北京。结果瓦剌放回英宗，与明朝重新恢复了贡使贸易关系。后因内部四分五裂，逐步为鞑靼部所征服。

瓦刀(wà)

瓦工们手持的用来砍削砖瓦、涂抹泥灰的形状略像菜刀的一种铁制工具。"瓦"字，从《广韵》五化切，中古去声字，今音wà。读这个去声音的"瓦"字，多为动词，指盖（瓦）。如"瓦瓦"，读作wàwǎ，指往房顶上铺盖瓦片。

崴子(wǎi)

方言，山、水弯曲的地方多用于地名。如吉林海龙县西有太阳崴、辽宁有迟家崴等。另外在"崴脚"和"崴泥"（陷在烂泥里，比喻陷入困境，事情不易处理）等词里，"崴"字也读wǎi。

海参崴(Hǎishēnwǎi)

历史上曾是中国领土，因盛产海参而得名，"崴"指水洼地。现为俄罗斯地名，在中俄界河乌苏里江的东岸、绥芬河口海湾东岸。清朝时为吉林珲春协领所辖。1860年，沙俄强迫清政府订立不平等的《北京条约》，海参崴遂被沙俄割占，1862年改名为"符拉迪沃斯托克"（Vladivostok），是俄罗斯滨海边疆区的首府，远东太平洋沿岸最大的港口。1931年9月，瞿秋白、吴玉章等曾在海参崴发起召开了"中国新文字第一次代表大会"，提出了中国汉字"拉丁化"方案，标志着我国拉丁化新文字运动的开始。"崴"字，在这里容易误读成wēi。

烷烃(wántīng)

饱和烃的一类，分子中含有单键结构的开链烃。如甲烷、乙烷、丁烷等。

莞尔(wǎn)

微笑的样子。《论语·阳货》载："子之武城，闻弦歌之声。夫子莞尔而笑，曰：'割鸡焉用牛刀？'"

瓜蔓儿(wàn)

指细长不能直立的茎。"压蔓儿"里的"蔓"也读作 wàn。另外"蔓"字在"蔓延""蔓生""蔓草""不枝不蔓"里读 màn。在"蔓菁"里读 mán。

枉然(wǎng)

得不到任何收获；白费力气。相关汉语词还有"枉自""枉法""枉费心机""矫枉过正"等，分别表弯曲、使歪曲、冤屈等义。"枉"字，容易误读成 wáng。

王(wàng)

在古汉语中活用作动词时，不读阳平音 wáng，而要读作去声 wàng。从《广韵》的于放切。表成就王业、君临一国等义。历史文献记载的如《孟子·梁惠王上》"保民而王，莫之能御也"和"七十者衣帛食肉，黎民不饥不寒，然而不王者，未之有也"。另有《史记·项羽本纪》中的"沛公欲王关中"和《史记·陈涉世家》中的"陈胜王，大楚兴"等。

逶迤(wēiyí)

形容道路、山脉、河流等弯弯曲曲延续不绝的样子。如"群山逶迤""山势逶迤""大河逶迤"等。

委蛇(wēiyí)

"委蛇"，一义与"逶迤"相同，表蜿蜒曲折貌。如《史记·司马相如列传》中有"纡（音 yū）余委蛇，经营乎其内；荡荡乎八川分流，相背而异德"句。其二形容随顺。《庄子·应帝王》中有"吾与之虚而委蛇"句。后世将"敷衍""假意应付"称为"虚与委蛇"。"委蛇"，容易误读成 wěishé。

葳蕤(wēiruí)

形容枝叶繁盛。左思《蜀都赋》中有"敷蕊葳蕤，落英飘飘"句。张九龄的《感遇》之一有"兰叶春葳蕤，桂华秋皎洁"句。

韦编三绝(wéi)

孔子晚年很爱读《周易》，翻来覆去地读，使穿连《周易》竹简的皮条断了好几次（见于《史记·孔子世家》）。后来用"韦编三绝"形容读书勤奋。另外，"韦"字，在作姓氏字用时，读阳平 wéi。从《广韵》宇非切，中古平声字。"韦"是单姓，《百家姓》收。一说源自夏少侯康封其别孙元哲于豕韦（在今河南滑县东南），为夏的同盟部落，彭姓，后被商汤所灭，其子孙以国名为氏。一说西汉时韩信被杀，萧何让蒯彻藏韩信之子于南粤，取"韩"字之半，改姓"韦"。历史上唐代有诗人韦应物、勾结武三思篡权的韦皇后，五代时有词人韦庄，近代有太平天国北王韦昌辉，现代有广西百色起义领导人之一的韦拔群等。"韦"字虽作为"伟""纬""苇"字的声旁，但却不读上声 wěi，而要读阳平 wéi，与"围""违""帏""帷"等字同音。德国19世纪初作曲家韦伯，尽管是音译，但也要读成 wéi bó。

天下为公(wéi)

天下为公，出自《礼记·礼运》："大道之行也，天下为公。""为"字，在此读阳平音 wéi，中古平声字，指成为、变成。

"为"字，今有阳平和去声两读。在多音节词里，读阳平音的词有："为富不仁"中的"为"字，是"干""搞""办"的意思。《孟子·滕文公上》中载，阳虎曰："为富不仁矣，为仁不富矣。"意谓致力于或谋求致富与"为仁"正好相反，不能并存。后指商人唯利是图，不顾他人死活。"死亦为鬼雄""敢为天下先""俯首甘为孺子牛"中的"为"字，指充当。"量入为出"中的"为"字，指充当、作为。指根据收入的多少作为支出的限度。"宁为玉碎，不为瓦全"中的"为"字指作、作为。"为之倾倒""为之献身""不为所动""金石为开"中的"为"字，指被，介词，引出动作行动的主动者。

圩田(wéi)

在低洼沼泽地或陂塘、湖泊、河道边的滩地，用修筑堤岸的办法将地围起来以防止外来水流入,开辟为农田,称为"圩田"。因其"内以围田,外以围水",故又称"围田"。公元前5世纪时,吴国曾在固城湖"筑圩",越国在淀柳湖滨"围田"。至唐代,治湖营田在江南已相当普遍。大约在公元9世纪,太湖地区出现了类似河网化的圩田系统。后来在湖广一带很快得以推广。汉语里另有"圩子""圩埂""筑圩""圩堤""圩墙""盐圩""土圩子"等词。其中的"圩"均应读作 wéi。"圩"字,容易误读成 yú。

违例(wéi)

违反常规或惯例。在体育比赛或游戏中常用。如篮球比赛中带球跑、拳击球、脚踢球,还有三秒违例、二十四秒违例等。"违"字,从《广韵》雨非切,中古平声字,今音 wéi。1985年普通话异读词审音时将其审为"统读"为 wéi。相关汉语词还有"违章""违反""违纪""违背""违禁""违抗""违令""违误""违约""违犯""违宪""违法""违规""违心"等。

唯唯诺诺(wéiwéi)

"唯唯""诺诺",都是表示同意、顺从而恭敬的应声词,在古代"唯唯"和"诺诺"是分开用的。形容一味地顺从别人,自己没有主见、原则或独立见解。如《韩非子·八奸》中有"此人主未命而唯唯,未使而诺诺,先意承旨,观貌察色,以先主心者也"句。鲁迅先生在《且介亭杂文·从孩子的照相说起》中写道:"但中国一般的趋势,却只在向驯良之类——'静'的一方面发展,低眉顺眼,唯唯诺诺,才算一个好孩子,名曰'有趣'。"1962年普通话异读词第三次审音审"唯唯诺诺"中的"唯"字为 wěi。1985年普通话异读词审音时审"唯"字为"统读"wéi 音。《现代汉语规范词典》第6版标"唯唯诺诺"中的"唯"为 wéi(旧读 wěi)。

推诿(wěi)

也作推委。指将过失、责

任等推卸给别人。"诿"字,音wěi。如"相互推诿""推诿扯皮"。

猥琐(wěi)

也作委琐。(容貌、举动)庸俗不大方。相关汉语词另有"猥亵""猥辞""猥劣"等。"猥"字,容易误读成 wēi。

回味(wèi)

指某些食物吃完后留在口中尚有余味或某些文学艺术作品让人欣赏后引发人们的回忆、联想、感悟。

"味"字,在书面语合成词里,本不该儿化的,却往往有儿化的现象。一般不宜作儿化处理的有"味美色鲜""味美价廉""合口味""风味小吃""五味俱全""令人回味""回味无穷""余味""乏味""味同嚼蜡""味觉神经""令人玩味""饶有趣味""调味品""趣味性""味道十足""山珍海味""津津有味""五味瓶"等。可以儿化的词有:"京味儿""海味儿""闻味儿""臭味儿""怪味儿""汽油味儿""有滋有味儿""心里很不是滋味儿"等。"滋味",在口语中可以儿化,但在"别有一番滋味在心头"里,"味"字就不便儿化。

赠遗(wèi)

"遗"字,在古代指赠送、赠给。颜之推《颜氏家训·治家第五》中曰:"江东妇女,略无交游,其婚姻之家,或十数年间,未相识者,惟以信命赠遗,致殷勤焉。"

裂璺(wèn)

指陶瓷、玻璃等器皿上的裂痕。裂璺指器物现出将要或已经裂开的痕迹。

蓊郁(wěng)

形容草木茂盛的样子。左思《蜀都赋》有"楩楠幽蔼于谷底,松柏蓊郁于山峰"句。"蓊"字,极易误读成 wēng。

请君入瓮(wèng)

成语。比喻拿某人整治别

人的方法来整治他自己，见于《资治通鉴·唐则天皇后天授二年》。

"瓮"字，形声字。指一种盛东西的陶器，腹部较大。瓮中之鳖比喻逃脱不了的人或动物。据《墨经》记载，战国时代人们已经掌握了大量重要的物理学知识和技能，其中就懂得了"钟大而短，则其声疾而短闻；钟小而长，则其声舒而远闻"的声学规律，并利用声学共振原理造出了"听瓮"，作防御侦察之用。在朝鲜族聚居的地区，妇女们头上顶着的送水或搬运其他物品的工具一类的东西叫"瓦瓮"。

倭寇(wō)

14—16世纪屡次骚扰抢劫朝鲜和我国沿海的日本海盗。明代有抗倭名将戚继光。"倭"字，极易误读成wěi。

帷幄(wéiwò)

原指室内悬挂的帐幕，在周围的叫"帷"，四面合起来像屋宇的叫"幄"。《韩非子·喻老》中有"天下无道，攻击不休，相守数年不已，甲胄生虮虱，燕雀处帷幄，而兵不归"句。后专指军中用的帐幕，即天子决策之处或将帅幕府。《史记·留侯世家》载："汉六年正月，封功臣。良[张良]未尝有战斗功，高帝曰：'运筹策帷帐中，决胜千里外，子房功也。自择齐三万户。'"《颜氏家训·诫兵》中说："国之兴亡，兵之胜败，博学所至，幸讨论之。入帷幄之中，参庙堂之上，不能为主尽规以谋社稷，君子所耻也。"汉语词还有"帷幕""帷子""帷幔""幄幕""幄殿"等。

斡旋(wòxuán)

指第三方出面调停、调解，试图将僵持了局面扭转过来，以缓和双方的紧张关系。一般多指国与国之间的大的矛盾和纠纷，是解决国际争端的方法之一。在国家之间发生争端时，第三国经当事国请求或主动采取措施促使双方通过谈判等形式解决问题。进行斡旋的国家一般不参加双方之间的谈判。

龌龊(wòchuò)

指不干净、脏,也比喻人品质恶劣,或形容气量狭小,拘于小节。刘鹗在《老残游记》第六回中写老残到城武县府衙与申东造相见,相互寒暄后,东造说:"我出省的前一天,还听姚云翁说:宫保看补翁去了,心里着实难过,说自己一生契重名士,以为无不可招致之人,今日竟遇着一个铁君,真是浮云富贵。反心内照,愈觉得龌龊不堪了!"

於乎(wū)

同"呜呼"或"於戏"。文言叹词。表示叹息。《荀子·仲尼》中有"於乎,夫齐桓公有天下之大节焉,夫孰能亡之"句。

毋宁(wúnìng)

也作无宁,副词。表示不如,或在两相比较之后做出某种选择。常与"与其"呼应。如"不自由,毋宁死!"相关汉语词还有"毋庸""毋庸置疑""毋庸讳言"等。"毋"字,极易误读成wù。

吾辈(wú)

我们这些人。"吾"在古代汉语里是第一人称,是"我""我们"的意思。《论语·为政》中有"吾十有五而志于学,三十而立"句。《孟子·梁惠王上》中有"老吾老,以及人之老;幼吾幼,以及人之幼"句。相关汉语词另有"吾曹""吾侪""吾属""吾徒"等。"吾"字,极易误读成wù。

违忤(wéiwǔ)

违背、不顺从。祢衡《鹦鹉赋》中有"宁顺从以远害,不违忤以丧生"句。

廊庑(wǔ)

指正房对面或两侧的小屋子、走廊。汉语词还有"庑舍""庑下""东庑""西庑""两庑"等。"庑殿"指大屋子。"庑殿顶"建筑结构是中国古建筑屋顶形式中的最高等级。屋顶四面呈柔和曲面,共有五条脊,俗称五脊殿,有单檐、重檐之分。用于重要的宫殿,如北京紫禁城中的太和殿的屋顶。"庑"字,极易误读成 wú。

怃然(wǔ)

形容失望的样子。《孟子·滕文公上》中有"徐子以告夷子。夷子怃然为间曰:'命之矣'"句。《后汉书·蔡邕传》有"邕素为邦乡所宗,主人遂自追而问其故,邕具以告,莫不怃然"句。

忤逆(wǔ)

不孝顺(父母)。"忤"字,不顺从;不和睦。《后汉书·陈蕃传》中有"附从者升进,忤逆者中伤"句。相关汉语词还有"忤旨""忤视"等。

牴牾(dǐwǔ)

矛盾。"牴"指用角顶、触;"牾"指违背、不顺从。陆九渊《赠曾友文》有"生占辞论理,称道经史,未见牴牾,乃独业相人之艺"句。

兀术(wùzhú)

即完颜宗弼。姓完颜,名宗弼,金朝大将,女真族,金太祖完颜阿骨打第四子。曾参与灭辽战争。金天会三年率军攻宋,五年任统帅略地山东、河南,追宋康王(宋高宗)赵构至越州(今浙江绍兴)。1140年其铁塔兵、拐子马在河南郾城为宋将岳飞所败。因南宋政权执行投降政策,1141年终于与南宋政权签订了"绍兴和议",取得与宋割秦岭、淮河相治的结果。后因功被封为太师。

兀立(wù)

直立。"兀"字,高高地突起或形容山秃,泛指秃。相关汉语词还有"兀傲"(高傲)、"突兀"(高耸或突然发生)、"兀自"(方言中指仍旧、还是)、"兀鹫"(生活在高原山麓地区的一种秃鹰)等。

乌拉草(wù·lacǎo)

也作靰鞡草。产于我国东北地区的一种草,为东北三件宝之一(其他两件为人参、貂皮)。其茎与叶晒干后垫衬在鞋或靴子里,可保暖。乌拉,读音wùla(轻读),是东北寒冷地区的人们冬天穿的一种靴子,一般用皮革制成,内垫乌拉草,以防寒。

戊戌(Wùxū)

"戊"字,是我国古代天干中的一个,位居第五,"戊夜",指五更天;"戌"是地支中的一个,位居第十一,"戌时",旧式计时法,指晚上七点至九点的时间。古时人们用10个天干和12个地支相配成60组,表示年月日的次序(又称六十花甲子),周而复始,循环使用。"天干"最初用来记日,后多用来纪年。通常的次序是用天干的"甲、丙、戊、庚、壬"与地支的"子、寅、辰、午、申、戌"相配,用"乙、丁、己、辛、癸"与"丑、卯、巳、未、酉、亥"相配。现今我国的农历仍旧沿用"干支法"纪年。公元1898年为农历戊戌年。因此,以康有为、梁启超为首的改良派企图通过光绪皇帝支持所进行的为时103天的资产阶级政治改革,被史学家们称之为"戊戌变法"或"戊戌维新"。

"戊""戌""戍"三字形体相似,误写、误读时有发生。口诀"横戌(xū)、点戍(shù)、空心戊(wù)",可以帮助辨识记忆。

好莱坞(hǎoláiwù)

美国洛杉矶西北部的全球最大的电影制造业中心。"好莱坞"是英语译音字,原文是"Hollywood"。"坞"字,极易误读为wū。其实,"坞"字在《广韵》里标作安古切。既指地势周围高中间凹的地方,又指用作防御用的建筑物,小型的城堡,还指四面高而又挡风的建筑物。汉语里还有"山坞""村坞""花坞""竹坞""船坞""结坞自守"等词。

杌子(wù)

又叫杌凳,是一种轻便的圆形或方形的没有靠背的小凳子。清人张岱的《陶庵梦忆·扬州清明》中有"博徒持小杌坐空地"的描写。刘鹗在《老残游记》第三回里写老残在济南府高公馆高绍殷陪同下,来到山东抚署见宫保:"老残进了房门,深深作了一个揖。宫保让在红木炕上首坐下。绍殷对面相陪,另外搬了一张方机凳在两人中间。"

可恶(wù)

"恶"字,表示憎恨和讨厌,与"好(音 hào)"相对。如《论语·里仁》载:"唯仁者,能好人,能恶人。"相关汉语词还有"厌恶""憎恶""好恶""深恶痛绝""好逸恶劳"等。这里的"恶"字,都要读 wù,极易误读成 è。

孙悟空(wù)

中国明代小说家吴承恩的著作《西游记》中的人物之一,法号行者,唐僧的大徒弟。"悟"字,只有去声 wù 音一读,从《广韵》五故切,中古去声字。在"孙悟空"一词里,其实是可以读成"中轻重"格式的,即可将"悟"字读得又轻又短,但却不能读成 wǔ。相关汉语词还

有"恍然大悟"、"执迷不悟"、"悟性""觉悟""悟答""醒悟""悔悟""悟道"和"悟能"(猪八戒的法号)、"悟净"(沙僧的法号)等。

晤谈(wù)

见面交谈。汉语里另有"面晤""会晤""晤面""晤言"等词。"晤"字,表示见面。王羲之《兰亭集序》里有"夫人之相与,俯仰一世,或取诸怀抱,晤言一室之内;或因寄所托,放浪形骸之外"句。

痦子(wù)

指皮肤上微微突起的痣,有红色的,也有黑褐色的。

X

消息儿(xiāo·xir)

方言里指物件上暗藏的简单的机械装置,一触动就能牵动其他部分。如评书里讲到此地有"消息儿埋伏"。

"息"字一定要儿化。

翕张(xī)

"翕"字,动词。指和顺、协调或收敛。翕张,指一合一开。郭沫若《赠北京中国画院》诗云:"胸藏万汇凭吞吐,笔有千钧任翕张。"

嬉笑(xī)

笑着闹着。"嬉"字,极易误读成 xǐ。相关汉语词还有"嬉闹""嬉戏""嬉笑怒骂""嬉皮笑脸"和"嬉皮士"(指某些西方国家中具有颓废派作风的人。他们由于对现实不满而采取玩世不恭的态度,如蓄长发、穿奇装异服、吸毒等)。

熹微(xī)

形容阳光不强(多指清晨的)。"熹",容易误读成 xǐ。南宋有理学家朱熹,在哲学思想上,从二程学说发展为完整的理学体系,为理学之集大成者。有《四书集注》等名作传世。后人辑有《朱子大全》《朱子语类》等。

檄文(xí)

文体名。《经典释文》说:"檄,军书也。"古代用于晓谕、征召、声讨等的文书,特指声讨敌人或叛逆的文书。"檄"的名称,最早见于《史记·张仪列传》。汉代以后,檄文成为一种正式的文体形式。现在所能看到的最早的檄文是《昭明文选》所收司马相如的《喻巴蜀檄》,为司马相如受命出使巴蜀地区时为安抚晓喻巴蜀人民而作。魏晋时代的陈琳、阮瑀皆为擅长写檄文的高手。最为人们称道的是唐代骆宾王的《为徐敬业讨武曌檄》,是为唐世臣徐敬业起兵讨伐武则天而作。檄文在唐以前主要用散文,唐以后多用骈体。"檄"字,1985 年普通话异读词审音时审为"统读"xí。容易误读成 xī 或 jiǎo。

玉玺(xǐ)

君主的玉印。"玺"字,帝王的印。先古时原本是尊卑通用的,秦汉以后唯皇帝的印称之为玺。《史记·吕太后本纪》

载：汉室大臣们密谋诛吕氏，夺回刘氏政权，"乃相与共阴使人召代王。代王使人辞谢。再反，然后乘六乘传。后九月晦日己酉，至长安，舍代邸。大臣皆往谒，奉天子玺上代王，共尊立为天子。代王数让，群臣固请，然后听。"汉语词还有"玺书""玺绶"等。

畏葸(xǐ)

畏惧。《论语·泰伯》曰："子曰：'恭而无礼则劳，慎而无礼则葸，勇而无礼则乱，直而无礼则绞。君子笃于亲，则民兴于仁；故旧不遗，则民不偷。'"

迁徙(xǐ)

迁移，改变居住的地方。《老子·八十章》中有"小国寡民，使有什伯之器而不用，使民重死而不远徙"句。《三国志·魏书·武帝纪》载："二月，卓[董卓]闻兵起，乃徙天子都长安。"汉语里有"徙宅"一词，相传孟子之母为了教育孟子，曾三迁其宅。后因以指代母教。"徙边"是古代的一种刑罚，即将犯罪之人流放到边远之地去服役。"迁徙"，一般是指大的人群、种族集体的迁移。今一家一户的搬迁行为叫"搬家"。另外动物学上还指鸟类依季节的不同而改变栖居地区叫"迁徙"。有迁徙习性的称之为"候鸟"；没有迁徙习性的称之为"留鸟"。

敝屣(bìxǐ)

破旧的鞋，比喻没有价值的东西。如"弃之如敝屣"。"屣"字，原义就是"鞋"。《三国志·魏书·王粲传》载："献帝西迁，粲徙长安，左中郎将蔡邕见而奇之。时邕才学显著，贵重朝廷，常车骑填巷，宾客盈坐。闻粲在门，倒屣迎之。粲至，年既幼弱，容状短小，一坐尽惊。邕曰：'此王公孙也，有异才，吾不如也。吾家书籍文章，尽当与之。'""敝屣"一词也可以活用作动词。如"敝屣尊荣"（把富贵荣华看得像破旧的鞋一样）。汉语词"屣履"，指拖着鞋走路。

阋墙(xì)

　　谓兄弟相争于内。后指内部相争。语出《诗经·小雅·常棣》："兄弟阋于墙,外御其务(侮)。"

呷(xiā)

　　方言词,喝。从《广韵》呼甲切,中古入声字。《正字通·口部》注:"呷,吸而饮曰呷。"白居易有诗云:"坐依桃叶枝,行呷地黄杯。""呷"字,极易误读成 yā。

狎昵(xiánì)

　　过分亲近而态度轻佻。"狎"指亲近而态度不庄重。如《战国策·赵策四》:"公之客独有三罪:望我而笑,是狎也;谈语而不称师,是倍也;交浅而言深,是乱也。"《柳河东集·黔之驴》写老虎见到被船载入黔的驴子,先是甚恐。后来渐渐熟悉了驴子的声音,"稍近,益狎,荡、倚、冲、冒。驴不胜怒,蹄之。虎因喜,计之曰:'技止此耳!'因跳踉大㘚,断其喉,尽其肉,乃去。"相关汉语词还有"狎弄"、"狎玩"和"狎侮"(轻慢戏侮)、"狎客"(陪伴权贵游乐的人;旧称嫖客)等。

狡黠(xiá)

　　狡诈。《论衡·讲瑞》中有"且人有佞猾而聚者,鸟亦有佼黠而从群者"句。

罅隙(xiàxì)

　　缝隙。朱熹《百丈山记》中有"水自西谷中循石罅奔射出阁下,南与东谷水并注池中"的描写。汉语词还有"罅缝""罅漏""窗罅""石罅""岩罅""瓦罅""裂罅""云罅"等。

纤维(xiānwéi)

　　指天然的或人工合成的细丝状物质或结构。天然的如棉花、动物的毛等;合成的如涤纶丝、腈纶丝等。汉语词还有"纤维素""纤维板""长纤维""短纤维""粗纤维""细纤维""植物纤维""纤维蛋白"等。

氙灯(xiān)

把氙气填充在真空管里制成的灯,通电后发出的光和阳光的颜色相近。"氙",近现代字,音 xiān。气体元素。无色无臭无味,化学性质不活泼。用来填充光电管、闪光灯等。

籼稻(xiān)

我国栽培水稻的一个亚种。主要分布于华南热带和淮河以南的亚热带低地。与粳稻相比,分蘖性较强,叶子黄绿色,茎秆较高较软,稻穗上的子粒较稀,米粒长而细。早熟而黏性较弱,胀性大,比较耐热和耐强光。籼稻碾出的米叫籼米。《本草纲目·谷部一》载:"籼,似粳而粒小,如自闽入,得种于占城国。"

鲜卑(xiānbēi)

古代民族。居住在今东北、内蒙古一带。汉末势力渐盛,南北朝时曾建立过北魏、北齐、北周等政权,逐渐与汉族及其他各族相融合。北朝著名的乐府民歌《敕勒歌》:"敕勒川,阴山下,天似穹庐,笼罩四野。天苍苍,野茫茫,风吹草低见牛羊"即鲜卑族民歌。

鲜于(xiān)

较罕见复姓。《百家姓》收。今北京、沈阳、上海等地有。汉代有鲜于文宗,唐代有鲜于叔明,元代有鲜于枢。其来源是周武王灭商后封商纣王诸父(伯父或叔父)箕子于朝鲜,因以为氏。后箕子的支子仲食采于"于"邑,子孙遂合"鲜""于"二字为氏。作为姓氏用字,不论"鲜于"还是"鲜",古时皆从《广韵》的相然切,是中古平声字,合今音 xiān。又传箕子是最早在朝鲜半岛建立王朝和统一国家的人,因此"鲜于"氏在古朝鲜的地位举足轻重,以至于 14 世纪末李氏王朝建立后改国号仍为"朝鲜"。中国与朝鲜的关系见诸史籍的始于《史记》,《史记》第五十五回就是"朝鲜列传"。

暹罗(xiān)

泰国的旧称。暹罗人也称

"泰人",是泰国的基本居民,主要居住在泰中部和南部。13世纪中叶建立"暹国",故地在今泰国宋加洛一带,为泰族速古台王朝所建。据《元史》载,元时曾与中国通使,有友好关系。至14世纪中叶与其南部的罗斛国合并,称之为"暹罗国"。说泰语,多信奉小乘佛教,并将此定为国教。泰国的南海西部海湾被称作"暹罗湾"。"暹"字,原义是指太阳升起。王安石在《和平甫舟中望九华山》诗中有"卧送秋月没,起看朝日暹"句。

动人心弦(xián)

"弦"字,音xián,从《广韵》的胡田切,中古平声字。相关汉语词还有"心弦""弓弦""三弦""琴弦""管弦""丝弦""弦子""正弦""余弦""单弦""续弦""弦乐器""管弦乐""上弦月""下弦月""扣人心弦""弦外之音""弦乐四重奏"等。"弦"字,极易误读成xuán。

涎水(xián)

口水。如"垂涎三尺""涎皮赖脸"等。

舷梯(xián)

上下轮船、飞机等用的梯子。"舷"字,本指船或飞机的左右两侧。如"船舷""舷窗""左舷仓""右舷板"等。"舷"字,极易误读成xuán。

癫痫(xián)

通称羊痫风或羊角风。是由脑部疾患或脑外伤等引起的一种病,发作时突然昏倒,全身痉挛,意识丧失,有的口吐白沫。"痫"字,音xián,从《广韵》户间切,中古平声字。极易误读成jiān。

白鹇(xián)

鸟,雄的背部白色,有黑色的纹,腹部黑蓝色,雌鸟全身棕绿色。头上有冠,尾长。常生活于高山竹林间。也叫白雉。《宋史·江公望传》有"帝以拄杖逐鹇,鹇不去"的记载。

冼(Xiǎn)

单姓用字,读 xiǎn。从《广韵》的苏典切,中古上声字。明代陈士元的《姓觿(音 xī)》上说:"冼……《千家姓》云:南海族。"《隋书·列女传·谯国夫人》载:"谯国夫人者,高凉洗氏之女也。"虽然《中国姓氏集》和《新编千家姓》都将"冼"和"洗"分列两姓,但一般认为,二姓同一,"冼"又可写作"洗"。中国有现代音乐家即《黄河大合唱》《生产大合唱》《救国军歌》的曲作者冼星海。

跣足(xiǎn)

光着(脚)。《战国策·魏策四》中载:"唐且曰:'大王尝闻布衣之怒乎?'秦王曰:'布衣之怒,亦免冠徒跣,以头抢地尔'。"《魏书·太祖纪》中有"帝惊起,不及衣冠,跣出击鼓"句。

鲜见(xiǎn)

"鲜"字,音 xiǎn,从《广韵》息浅切,中古上声字。指少。"鲜见"即少见。《诗经·大雅·荡》中有"靡不有初,鲜克有终"句。汉语词另有"鲜有""鲜为人知""寡廉鲜耻"等。另外在"新鲜""鲜明""鲜美""数见不鲜""屡见不鲜"等词里,"鲜"字要读作阴平 xiān。从《广韵》相然切,中古平声字。

兵燹(xiǎn)

战争造成的焚烧破坏等灾害。"燹"字,指野火。鲁迅在《灯下漫笔》一文中鞭挞那些所谓的爱国者:"虽然那是古事,昭公七年离现在也太辽远了,但'复古家'尽可不必悲观的。太平的景象还在:常有兵燹,常有水旱,可有谁听到大叫唤么?打的打,革的革,可是处士来横议么?对国民如何专横,向外人如何柔媚,不犹是差等的遗风么?"

苋菜(xiàn)

一年生草本植物,嫩茎和叶子均可食用。杜甫《种莴苣》诗有"野苋迷汝来,宗生实于此"句。

见(xiàn)

"见"字在古代汉语里,表"显露""出现"义时,读xiàn,音从《广韵》胡甸切。这个"见"字,乃"现"的本字,音义皆同。如《论语·泰伯》中曰:"天下有道则见,无道则隐。"《史记·刺客列传》中有荆轲刺秦王,"图穷匕首见"的记载。北朝民歌《敕勒歌》中有"天苍苍,野茫茫,风吹草低见牛羊"的名句。

庠序(xiángxù)

古代指学校。夏朝古籍中有关学校的记载是"夏后氏之学在上庠","序,夏后氏之序也"。据孟子的解释是"庠者,养也;校者,教也;序者,射也。"由此可见。夏朝承有虞氏而设的庠学,乃是养老与教育兼施的机构。至于后来兴起的"序"则有明显的武士教育的特点。商沿夏制,只是增加了大小学和瞽学(教授祭祀、礼乐的机构)。西周时,上庠归于官府所办国学的大学级里,而普通的乡学里也有"庠",学习的科目不外乎礼仪、饮食、六艺等。到了汉代,庠仅指乡一级所办小学性质的学校了。

享用(xiǎng)

使用某种东西而得到物质上或精神上的满足。相关汉语词还有"享福""分享""享乐""享有""享年""享受""享誉""坐享其成"等。"享"字,极易误读成xiáng。

飨客(xiǎng)

"飨"字,原指乡人聚在一起饮酒。《诗经·豳风·七月》曰:"朋酒斯飨,曰杀羔羊,跻彼公堂。称彼兕觥:万寿无疆!""飨客",书面语中指以酒食来招待客人。《孟子·万章下》中载:"舜尚见帝,帝馆甥于贰室,亦飨舜,迭为宾主,是天子而友匹夫也。用下敬上,谓之贵贵;用上敬下,谓之尊贤。贵贵尊贤,其义一也。"今有"以飨读者"一词,意谓准备了好的精神食粮,以满足读者的阅读需求。

关饷(xiǎng)

(军队)发饷,泛指发工资。

"饷"字,指用酒食等款待,或指薪金(旧时多指军警等的薪金)。汉语词另有"军饷""粮饷""薪饷""饷钱""饷银"等。

枭雄(xiāo)

强横而有野心的人物;智勇杰出的人物;魁首。《三国志·吴书·鲁肃传》载,荆州刺史刘表死后,鲁肃献计于孙权曰:"今表新亡,二子素不辑睦,军中诸将,各有彼此。加刘备天下枭雄,与操有隙,寄寓于表,表恶其能而不能用也。若备与彼协心,上下齐同,则宜抚安,与结盟好;如有离违,宜别图之,以济大事。"汉语词另有"枭将""毒枭"等。

切削(xiāo)

"削"字,音 xiāo,《广韵》作息约切,中古入声字。指用刀斜着去掉物体的表层。如"削掉""削铅笔""削果皮""打削球""削球手"等。切削指的是用机床上的刀具或砂轮等削去工件的一部分,使工件具有一定形状、尺寸和表面粗糙度。

1957 年普通话异读词第一次审音和 1985 年的普通话异读词审音都有"切削"读 qiēxiāo 的规定。"削"字,在"剥削""削减""削弱""瘦削""削发为僧""削足适履"等词里读 xuē。

刀削面(xiāo)

一种带有山西传统风味的面食。用专用铁片刀将面团削制而成,削面时往往头顶坚硬有劲的面团,双手使刀,双刀交错飞动,形如柳叶的面片纷纷下落,坠入汤锅之中,煮熟即可食用。亦可炒制。食用时加醋等作料。

骁勇(xiāo)

勇猛。"骁"字,音 xiāo,《广韵》作古尧切,中古平声字。一指良马,如"良骁";二指勇捷。相关汉语词还有"骁将""骁悍""骁骑""骁猛""骁锐""骁腾""骁武""骁雄""骁勇善战"等。

倏然(xiāo)

指无拘无束、自由自在的

样子。《庄子·大宗师》中有"翛然而来,翛然而往而已矣"句。

混淆(hùnxiáo)

指混杂、界限模糊。作动词,多用于抽象的事物。也指使混淆、使界限模糊。如"混淆是非""混淆视听""黑白混淆"等。"混淆",容易误读成hǔnyáo。"淆"字本义就是混杂。汉语里还有"淆乱""淆惑"等词。如"纷然淆乱""淆惑视听"等。

谫闻(xiǎo)

小有名气。《礼记·学记》的开句就是:"发虑宪,求善良,足以谫闻,不足以动众。就贤体远,足以动众,未足以化民。君子如欲化民成俗,其必由学乎!"汉语里另有"谫才"一词,意思是才疏学浅。"谫"字,形容词,表示小。

肖像(xiào)

以某一个人为主体的画像或相片(多指没有风景陪衬的大幅相片)。"肖"字,在此读去声的xiào音,从《广韵》私妙切,中古去声字。指相似、像。相关汉语词还有"酷肖""逼肖""不肖子孙""惟妙惟肖""肖像画""肖像权"等。"生肖",又称属相。古时的术数家拿十二种动物配以十二地支记人的出生年,共十二生肖。有"子鼠""丑牛""寅虎""卯兔""辰龙""巳蛇""午马""未羊""申猴""酉鸡""戌狗""亥猪"。如子年生的人属鼠,丑年生的人属牛等。"生肖"中的"肖"字应读作去声xiào。

哮喘(xiào)

指气喘,通常指喘息时喉咙带鸣声。"哮"字,音xiào,1985年普通话异读词审音时的"统读音"。相关汉语词还有"咆哮""虎哮猿啼"等。

叶韵(xié)

"叶"字,音xié,从《广韵》胡颊切,中古入声字。指和洽、相合。南北朝时有些学者因按照当时的语音称读《诗经》感到好多的诗句韵不和谐,便以为作品中某些字需临时改读某音,称为"叶韵"。后人并以此应用于其他韵文,到宋代极为流行。明朝学者陈第则认为,所谓的"叶韵"是古代本音,读古音就能协韵,不应随意改读。汉语里还有"叶声"一词,"叶"也读 xié。

要挟(yāoxié)

利用对方的弱点,强迫对方答应自己的要求。"挟"字,从《广韵》胡颊切,中古入声字。指倚仗势力或抓住别人的弱点,强迫服从。东汉末年,刘备三顾茅庐,请教于诸葛亮匡扶汉室、平定天下之大计。诸葛亮对其曰:"自董卓以来,豪杰并起,跨州连郡者不可胜数。曹操比于袁绍,则名微而众寡,然操遂能克绍,以弱为强者,非惟天时,抑亦人谋也。今操已拥百万之众,挟天子(汉献帝刘协)而令诸侯,此诚不可与争锋(见《三国志·诸葛亮传》)。"汉语词另有"裹挟""挟持""挟制"

"挟带"和"挟嫌"(怀恨)、"挟书律"(秦始皇禁止民间藏书的法律)等。"挟"字本义指用胳膊夹住。如"挟泰山以超北海,语人曰'我不能'。是诚不能也"。(见《孟子·梁惠王上》)"挟"字,极易误读成 xiá。

偕同(xié)

跟别人一起(到某处去或做某事)。"偕"字,一同、偕同。《诗经·邶风·击鼓》中有"死生契阔,与子成说。执子之手,与子偕老"句。汉语词还有"偕老"(指夫妻共同生活到老)、"偕行"(一同出行)、"相偕"(一起,偕同)、"偕生之疾"(先天的疾病)等。

颉颃(xiéháng)

鸟上下飞。飞上为颉,飞下为颃。《诗经·邶风·燕燕》中有"燕燕于飞,颉之颃之。之子于归,远于将之。瞻望弗及,伫立以泣"句。潘岳《杨仲武诔》中有"归鸟颉颃,行云徘徊"句。后以"颉颃"泛指不相上下,相互抗衡。

采撷(xié)

采摘、采集。王维《相思》诗云:"红豆生南国,春来发几枝。愿君多采撷,此物最相思。"苏轼《超然亭记》有"撷园蔬,取池鱼,酿秫酒"句。"撷取"指摘取、选取。如"撷取精华"。

血晕(xiěyùn/xuèyùn)

两读两义。(1)读 xiěyùn,指受伤后皮肤未破,呈红紫色。"血"字,用于口语时一般读 xiě。义与"血(xuè)"同。现今人们习惯读 xiě 音的"血"字大致还有"便血""咯血""吐血""猪血""鸡血""羊血""充血""输血""贫血""血本儿""淤血""不出血""大出血""血淋淋""一针见血""流了几滴血""给他放点血"等语词。(2)读 xuèyùn,中医指产后因失血过多而晕厥的病症。

万俟卨(Mòqíxiè)

北宋奸臣,与秦桧一起执行民族投降政策,编织莫须有罪名,害死民族英雄岳飞父子。与秦桧、王氏、张俊四人被后人筑成铁人反剪双手面墓而跪于杭州岳飞墓庙前石阶下,受千古唾骂。"万俟",为复姓,《百家姓》收。原为鲜卑族部落名称,后以部落为氏。

头屑(xiè)

又叫"头皮屑",指人的头皮所生的细小的头皮碎末儿。"屑"字,音 xiè,《广韵》作先结切,中古入声字。原本指碎末儿或研成碎末。现代汉语收纳了古"屑"字的"碎末""琐碎"义。其中"顾惜""介意"义已衍变为"认为值得去(做)"的意思。汉语词还有"纸屑""木屑""铁屑""粉屑""碎屑""琐屑""不屑一顾"等。"屑"字,极易按声符误推成 xiāo 音。

猥亵(wěixiè)

指淫乱、下流的(言语或行为),如"言辞猥亵";也指做下流的动作,如"猥亵妇女"。

解数(xiè)

指武术的架势,也泛指手段、本事。关汉卿《斗鹌鹑·女校尉》曲有"演习得踢打温柔,施逞得解数滑熟"句。《西游记》第三回写孙悟空在东海龙宫得金箍棒后的一番折腾:"你看他弄神通,丢开解数,打转水晶宫里。唬得老龙王胆战心惊,小龙子魂飞魄散;龟鳖鼋鼍皆缩颈,鱼虾鳖蟹尽藏头。"又如"使尽浑身解数""跑马卖解"(特指骑马表演的各种技艺)等。"解"字,从《广韵》胡买切,中古上声字,今读 xiè。极易误读成 jiě。

解州(xiè)

古代地名。五代置,当时叫解邑,辖邑在今运城、闻喜一带,即现在山西的解县。周武王的儿子唐叔虞的后裔曾受封于此,其子孙便以邑名为姓氏,所以晋国多有解姓。"解"字在姓氏读音上也作 xiè。春秋时晋有解扬、解狐(晋国大夫祁黄羊向晋平公举荐的自己的仇人)等。今山西姓"解"的仍为

数不少。历史上还有"解池""解虞""解梁"等地名,山西有解县、解店。另外春秋时的"解"在周畿内地,分大解和小解,均在河南洛阳西南。《左传·昭公二十二年》记载的"王师军于氾、于解"即此。在这些词里的"解"字也读 xiè。

獬豸(xièzhì)

古代传说中的独角异兽,能辨曲直,见人争斗就用角去顶坏人。如司马相如《上林赋》中有"椎蜚廉,弄獬豸"句。清代御史及按察史的官服前后常绣有獬豸图案。

邂逅(xièhòu)

指偶然遇见,不期而遇。《诗经·郑风·野有蔓草》中有"有美一人,清扬婉兮。邂逅相遇,适我愿兮。……有美一人,婉如清扬。邂逅相遇,与子偕臧"句。

燮理(xiè)

指协调治理。"燮"字,指调和。《诗经·大雅·大明》中有

"长子维行,笃生武王,保右命尔,燮伐大商"句。杨炯《中书令汾阴公薛振行状》有"四迁门下,二八中书,用能燮理我阴阳,经纬我天地"句。

沆瀣一气(hàngxiè)

"沆瀣",原指夜间的水汽。韦庄《又玄集序》载:"所以金盘饮露,唯采沆瀣之精;花果食珍,但享醍醐之味。""沆瀣一气",成语,比喻臭味相投的人结合在一起。源出宋代钱易的《南部新书》:唐代科举考试的考官崔沆,录取了他的门生崔瀣,当时有人嘲笑说,"座主门生,沆瀣一气"。

歆羡(xīnxiàn)

羡慕。"歆"字,即羡慕。张协《七命》有"斯人神之所歆羡,观听之所炜晔也"句。

囟门(xìn)

通常指婴儿头顶骨未合缝的地方,在头顶的前部中央。

芯子(xìn)

指装在器物中心捻子一类的东西,如蜡烛的捻子、爆竹的引线等。蛇的舌头也叫"芯子",如"毒蛇吐出芯子"。

寻衅(xìn)

指故意找事挑衅。"衅"字,争端、嫌隙。相关汉语词还有"衅隙""衅端""启衅""挑衅""寻衅滋事"等。

王不留行(xíng)

又名"王不留",石竹科的一年生草本植物。原植物不下十几种。药用以竹科为主。入药后的种子能活血通经、下乳。

井陉(xíng)

"陉"字,音 xíng,从《广韵》户经切,中古平声字。本指山脉的中断处。"井陉",地名,战国时属赵邑。汉置井陉县。北齐改置石邑。故址在石家庄西北,与山西相邻。"井陉"也是山名,为太行山支脉。秦汉之际乃兵家必争之地。秦始皇十八年,秦将王翦统兵伐赵曾取井陉("将上地,下井陉")、汉三年时韩信破代王陈余兵处也在此地。井陉山上的井陉关为太行山进入华北平原的隘口,是"太行八陉"之一,四面高,中央下如井,故名。1957年普通话异读词第一次审音审"井陉"为 jǐngxíng。

荥阳(xíng)

汉置郡名。隋朝时郑州隶属荥阳郡。现在的荥阳在郑州正西。明末十三家农民起义军、七十二营二十万众集聚河南,共商作战方略,史称"荥阳大会"。

省亲(xǐng)

回家乡或到远处看望父母或其他尊亲。《礼记·曲礼上》载:"凡为人子之礼,……昏定而晨省。"《三国志·吴书·周瑜传》载:"瑜从父尚为丹阳太守,瑜往省之。""省"字,容易误读成 shěng。读 xǐng 的"省"字还指(1)检查自己的思想行为。如"反省""内省""自省""省察"

和"吾日三省吾身"(见《论语·学而》)等。(2)指醒悟、明白。如"不省人事"等。

擤鼻涕(xǐng)

捏住鼻孔用力出气,排出鼻涕。

荇菜(xìng)

多年生水生草本植物。浮在水面,根生在水底,茎可以吃,全草入药。《诗经·周南·关雎》里有"参差荇菜,左右流之。窈窕淑女,寤寐求之。……参差荇菜,左右采之。窈窕淑女,琴瑟友之。参差荇菜,左右芼之。窈窕淑女,钟鼓乐之"句。李邕《斗鸭赋》有"避参差之荇菜,随菡萏之荷花"句。

川芎(xiōng)

多年生草本植物,羽状复叶,花白色,果实椭圆形。生长在四川、云南等地。根状茎入药。也叫芎䓖。"芎"字,容易误读成 qióng。

束脩(xiū)

旧时送给老师的酬金（原意为干肉，古时弟子用来送给老师做见面礼）。《论语·述而》中有"子曰：'自行束脩以上，吾未尝无诲焉'"句。"脩"字，指干肉，又叫"脯"。每条脯叫一脡（通"挺"），十脡为一束。《周礼·天官·膳夫》中载："膳夫掌王之食饮、膳羞，以养王及后、世子。……凡肉脩之颁赐，皆掌之。凡祭祀之致福者，受而膳之。"

珍馐(xiū)

珍奇贵重的食物。"馐"字，是"羞"的后起字，古代写作"珍羞"，指精美的食品。李白《行路难》中有"金樽清酒斗十千，玉盘珍馐直万钱"的诗句。张衡的《南都赋》有"珍羞琅玕，充溢圆方"句。

通宿(xiǔ)

通夜；通宵。"宿"字，量词，用来计算夜。如"一宿""半宿""三天两宿""通宿未眠"等。"宿"字还读 sù 音。读 sù 音的"宿"字，(1)指夜里睡觉、过夜。相关汉语词有"留宿""夜宿""住宿""宿营""露宿""宿舍"等。(2)指旧有的、一向有的。相关汉语词有"宿愿""宿怨""宿心""宿志"等。(3)指年老的、长期从事某事的。相关汉语词有"宿将""名宿""耆宿"等。

腋臭(chòu)

指腋窝狐臭。

"臭"字的古音有 xiù 和 chòu 两种读音。都是中古去声字。前者从《集韵》许救切，后者从《广韵》尺救切。读 xiù 音的"臭"字，在上古时代，作名词，是气味的总称，"气息于鼻皆曰臭，无香秽之分"。如《诗经·大雅·文王》载："上天之载，无声无臭。仪刑文王，万邦作孚。"郑玄笺："天之道难知也，耳不闻声音，鼻不闻香臭。"现代汉语保留了古汉语的此音此义，有"乳臭未干""无色无臭"和"乳臭"（奶腥气）等词。读 chòu 音的"臭"字，其实在上古汉语里，指香气。《易经·系辞》中说:"同心所言,其臭如兰。"古代的"臭"字也指难闻的气味,被认为是"臭(xiù)"音引申出来的坏气味。《礼记•大学》中有"所谓诚其意者,毋自欺也。如恶(音 wù)恶臭,如好好色,此之谓自谦"句。宋代范如圭《遗秦桧书》中有"公不丧心病狂,奈何为此?必遗臭万年矣"句。

今天的"臭"字不再表示"香气",只是仍旧在一些词里保留了中性的"气味"含义。如"乳臭"等。婴儿的气味不一定就是臭味。还有"铜臭"一词,其中的"臭"字指的是铜钱的气味,无所谓香臭的。由此,在1985年普通话异读词审音时,有"乳臭""铜臭"中的"臭"字读作 xiù 的规定。"臭味相投",古时比喻同类的人或事物彼此投合。《左传•襄公八年》载:"季武子曰:'谁敢哉!今譬于草木,寡君在君,君之臭味也。欢以承命,何时之有?'"今多作贬义词,指坏人相互勾结聚合,狼狈为奸。

星宿(xiù)

我国古代天文学家把天上某些星的集合体叫做"宿"。如"星宿""二十八宿"等。黄河源头在历史上又叫做"河源",有著名的"星宿海"。藏语称为"错岔",意思是"花海子"。星罗棋布着数以百计的大小不一、形状各异的湖泊,在阳光的照耀下,熠熠闪光,宛如夜空中闪烁的星星。星宿海之名大概即由此而来。

胥吏(xū)

古代官府中的小吏。古有春秋末期吴国大臣伍子胥(伍员)、胥山、胥涛(传说伍子胥被吴王夫差所杀,尸投浙江,成为涛神,因此浙江潮的涛声也称"胥涛")、胥产(伍子胥和郑国宰相子产都博学多闻,后世以"胥产"并称)等词。"胥"字,极易误读成 xù。

自诩(xǔ)

"诩"字,夸耀。"自诩"即自夸。黄遵宪的《闭关》诗有"墙头山自好,何必诩神仙"句。

鲁迅在《灯下漫笔》中在鞭笞中国人对待中华文明的态度时写道:"我们的古圣先贤既给予我们保古守旧的格言,但同时也排好了用子女玉帛所做的奉献于征服者的大宴。中国人的耐劳,中国人的多子,都就是办酒的材料,到现在还为我们的爱国者所自诩的。"

抚恤(xù)

(国家或组织)对因公伤残者、牺牲者及病故者的家属进行安慰并给以物质帮助。"抚恤金"是指国家或组织发给因公受伤或致残的人员,或因公牺牲以及病故人员的家属的费用。"恤"字,表示的意思有忧虑、怜悯、救济等。汉语里另有"体恤""怜恤""悯恤""赈恤""恤金"等词。

畜养(xù)

饲养(动物)。动词。如"畜养鸡鸭""畜养牛羊"等。在"畜牧""畜牧业""畜产"等词里"畜"字也读 xù。在"畜禽""畜类""牲畜""畜力""畜肥""家畜""役畜""耕畜""种畜""幼畜""子畜""畜生""畜疫""六畜兴旺"等词里读 chù。

酗酒(xù)

没有节制地喝酒、喝酒后撒酒疯。《尚书·无逸》中载:"无若殷王受之迷乱,酗于酒德哉!""酗"字,音 xù,从《广韵》香句切,中古去声字。《释文》的解释是"以酒为凶曰酗。"相关汉语词还有"酗酒滋事"。"酗"字,容易按声符误推成 xiōng 音。

勖勉(xùmiǎn)

勉励。《后汉书·马援传》载:肃宗时,虎贲中郎将廖敬平上书长乐宫,以劝成德政:"陛下既已得之自然,犹宜加以勉勖,法太宗之隆德,戒成、哀之不终。"

拂煦(xù)

(风)吹来了暖意。"煦"字,指温暖。颜延之《陶徵士诔》中有"晨烟暮霭,春煦秋阴"句。汉语里另有"和煦""温煦"等词。

煊赫(xuān)

形容名声很大、气势很盛。如"声势煊赫""权势煊赫""煊赫一时"等。

漩涡(xuán)

也作旋涡。指流体旋转时形成的螺旋形。比喻牵累人的事情。"漩"字,极易误读成xuàn。

咺赫(xuǎn)

形容名声很大、声势很盛。也有"咺赫一时""声势咺赫"等词。义同"煊赫"。

泫然(xuàn)

指水滴下的样子(多指眼泪)。如"泫然泪下""泫然流涕"等。陆游《沈园》诗有"此身行作稽山土,犹吊遗踪一泫然"句。

炫耀(xuàn)

照耀;夸耀。"炫"字,音xuàn,从《广韵》黄练切,中古去声字。指(强烈的光线)晃人的眼睛或夸耀。相关汉语词还有"炫目""炫弄""自炫""炫示""自炫其能""炫耀武力"等。"炫"字,极易误读成xuán。

眩晕(xuànyùn)

感觉到本身或周围的东西旋转,多由内耳、小脑等功能障碍引起。

"眩"字,从《广韵》黄练切,中古去声字。《说文解字》曰:"眩,目无常主也。"《战国策·燕策三》载:刺客荆轲携燕图和匕首于秦王殿上行刺秦王,图穷匕首见后,几次击刺秦王未果,秦王在大臣左右的提示下,拔剑断荆轲左股,后又八创之。"左右既前斩荆轲,秦王目眩良久。"相关汉语词还有"昏眩""晕眩""头晕目眩"等。"眩"字,极易误读成阳平。

旋风(xuàn)

指螺旋状运动的风。如"黑旋风李逵"(《水浒传》中的人物)、"红色旋风"等。在"旋床""旋根车轴""旋个苹果"和"旋子"(武术中的动作)中的"旋"字也读xuàn。"旋"字在以上词里容易误读成阳平。

渲染(xuàn)

本指中国画的一种技法,画家用水墨或色彩涂染画面,使之浓淡相宜,增强艺术效果和感染力。后引申为对事物的性质或效果过分夸大地形容。"渲"字,极易误读成阴平。

楦子(xuàn)

制作鞋帽时所用的模型,多用木头做成。也叫楦头。有"鞋楦子""帽楦子"等。

穴位(xué)

也叫穴道,医学上指人体上可以进行针灸的部位。多为神经末梢密集或较粗的神经纤维经过的地方。"穴"字,音 xué,从《广韵》胡决切,中古入声字。"穴"还指岩洞、地上或建筑物上的坑或孔、墓穴、动物的窝等。相关汉语词还有"树穴""巢穴""墓穴""洞穴""孔穴""耳穴""穴居""走穴""穴头""匪穴""虎穴""蚁穴""点穴""空穴来风""龙潭虎穴"

"不入虎穴,焉得虎子"等。"穴"字,极易误读成去声。

趑摸(xué)

指寻找。口语词。如"他在书店趑摸了一下午"。"趑"字,指来回走或中途折返。

噱头(xué)

方言中指引人发笑的话或举动。也指花招或滑稽。"噱"字,极易误读成去声。

血液(xuè)

人和高等动物体内循环系统中的红色液体组织,有腥气,由血浆、红白细胞和血小板组成。作用是把养分和激素输送给体内各个组织,收集废物送到排泄器官,调节体温和抵御病菌等。在书面语合成词里或成语里的"血"字,一般都要读作 xuè。古汉语里是没有 xiě 音读法的,所以在古诗文或较规整的语句中"血"字一律可读作 xuè。相关汉语词有"血浆""血脉""血压""血型""血库""血清""血栓""血脂""血肉"

"血管""血癌""血糖""血泊""血案""血渍""血性""血统""血亲""血缘""血战""热血""心血""血汗""血色""血书""血迹""血腥""流血""血洗""血衣""血小板""血吸虫""脑溢血""脑血栓""出血热""血红蛋白""血洒疆场""血浓于水""血盆大口""嗜血如性""鲜血直流""血流如注""血口喷人""血本无归""血雨腥风""血气方刚""残阳如血""呕心沥血""冷血动物""茹毛饮血""我以我血荐轩辕"等。

嘲谑(xuè)

嘲笑戏谑。"谑"字,在古代汉语里(1)表开玩笑。如《诗经·郑风·溱洧(音 wěi)》有"维士与女,伊其相谑"句。(2)表喜乐。李白《将进酒》诗云:"陈王昔时宴平乐,斗酒十千恣欢谑。"相关汉语词还有"戏谑"等。

微醺(xūn)

微醉、轻醉或半醉。"醺"字,表酒醉。杜甫有"去远留诗别,愁多任酒醺"的诗句。汉语里还有"醉醺醺"一词。

寻思(xún)

考虑、思索。"寻思"里的"寻"字,1985 年以前读 xín。1985 年普通话异读词审音审为 xún。因而,在"寻死""寻短见""寻开心"等一些词里,"寻"字就同"寻找""寻求""寻常""寻觅""寻访""耐人寻味"等词里的"寻"统读为 xún。

荨麻疹(xún)

医学名词。指由药物、寄生虫、血清、细菌感染、接触刺激性物质等引起的一种皮肤病。1985 年普通话异读词审音规定:"荨麻疹"中的"荨"字,音 xún。口语词。

驯服(xùn)

指顺从或使顺从。相关汉语词还有"驯兽""驯养""驯良"等。1985 年的普通话异读词审音将"驯"字"统读"为 xùn。

徇私(xùn)

指为了私情而做不合法的事。"徇"字,音 xùn,从《广韵》辞闰切,中古去声字。《北史·炀帝纪》有"侵害百姓,背公徇私"句。苏轼《论每事降诏约束状》载:"若受贿徇私,罪名重者,自从重。"1962 年普通话异读词审音时即将"徇情""徇私"里的"徇"字审为 xùn。1985 年又做了"徇"字"统读"为去声的规定。

汉语里另有"徇私枉法""徇私舞弊""不徇私情""徇情"等。现今的法律有"徇私枉法罪",指司法工作人员徇私枉法、徇情枉法,对明知是无罪的人而使之受追诉,对明知是有罪的人而故意包庇不使之受追诉,即在刑事审判活动中故意违背事实或法律做枉法裁判的犯罪行为。"徇"字,极易误读成阳平。

殉情(xùn)

因恋爱受到挫折感到绝望而自杀。"殉"字,指殉葬或为维护某种事物或追求某种理想而牺牲生命。汉语里还有"殉国""殉节""殉葬""殉难""殉职""殉葬品"等词。"殉"字,极易误读成阳平。

浚县(xùn)

地名,也是古邑名。春秋时属卫邑,汉置黎阳县,隋为浚州,明改浚县。《诗经·鄘风·干旄》里所写的"孑孑干旄,在浚之郊。……孑孑干旟(音 yú),在浚之都。……孑孑干旌,在浚之城"中的"浚"就指此地。今浚县为鹤壁市所辖县。1957 年普通话异读词审音时审"浚县"里的"浚"字为 xùn。"浚"字的 xùn 音只此一用,在"疏浚""浚河""浚渠""浚泥船"等词里读 jùn。

熏着了(xùn)

方言中指(煤气)使人窒息中毒。"熏"字,音 xùn。1962 年普通话异读词的第三次审音和 1985 年的普通话异读词审音对此都有规定。"熏"字在其他词语中都读作 xūn。

Y

倾轧(yà)

在同一组织中排挤打击不同派系的人。"轧"字,指碾、滚压或排挤。也形容机器开动时发出的声音。汉语里还有"轧场""轧花""轧道机""轧棉花""轧花机""轧马路""轧死人"等词。读 zhá 音的"轧"字,指压(钢坯),如"轧钢""轧机""轧辊""轧板机"等词。

压根儿(yà)

副词,口语中表示根本、从来(多用于否定式)。"压"字,极易误读成阴平。

迎迓(yà)

迎接。《韩非子·外储说右上》载:"宋人有酤酒者,升概甚平,遇客甚谨,为酒甚美,县帜甚高,然而不售,酒酸。怪其故,问其所知闾长者杨倩,倩曰:'汝狗猛耶?'曰:'狗猛,则酒何故而不售?'曰:'人畏焉。或令孺子怀钱携壶瓮而往酤,而狗迓而龁之,此酒所以酸而不售也'。"

揠苗助长(yà)

成语。也作拔苗助长。"揠"字,指拔。据《孟子·公孙丑上》载:"宋人有闵其苗之不长而揠之者,芒芒然归,谓其人曰:'今日病矣!予助苗长矣!'其子趋而往视之,苗则槁矣。天下之不助苗长者寡矣。以为无益而舍之者,不耘苗者也;助之长者,揠苗者也非徒无益,而又害之。"现今比喻违反事物的发展规律,急于求成,反而坏事。

恹恹欲睡(yānyān)

形容患病而精神疲乏。宋·周密《鹧鸪天·清明》词下阕云:"情默默,恨恹恹,东风吹动画秋千。拆桐开尽莺声老,无奈春何只醉眠。"

殷红(yān)

"殷",音 yān,从《广韵》乌闲切,中古平声字。指暗红色或赤黑色。如《左传·成公二年》载:"癸酉,师陈于鞌。邴夏御齐侯,逢丑父为右。晋解张御郤克,郑丘缓为右。齐侯曰:'余姑翦灭此而朝食。'不介马而驰之。郤克伤于矢,流血及屦,未绝鼓音,曰:'余病矣!'张侯曰:'自始合,而矢贯余手及肘,余折以御,左轮朱殷,岂敢言病。吾子忍之!'"杜预注:"殷,音近烟,今人谓黑为殷色。"白居易有诗云:"白珠垂露凝,赤珠滴血殷。"1962年和1985年普通话异读词审音都将"殷红"中的"殷"字审定为yān,这里极易误读成yīn。

阏氏(yānzhī)

汉代匈奴称君主的正妻。据说王昭君出嫁匈奴呼韩邪单于后,先被立为"宁胡单于(皇后)"。呼韩邪单于死后,其前阏氏之子代立,复为"单于阏氏"。

淹留(yān)

长期逗留。"淹"字,指久、迟延。《战国策·楚策四》载:庄辛对楚襄王说:楚王淫逸侈靡,不顾国政,郢都必危矣。楚襄王不听。结果庄辛曰:"'臣请辟于赵,淹留以观之。'庄辛去之赵,留五月,秦果举鄢、郢、巫、上蔡、陈之地,襄王流揜于城阳。于是使人发驺,征庄辛于赵。""襄王曰:'寡人不能用先生之言,今事至于此,为之奈何?'"于是这才引出庄辛"见兔而顾犬,未为晚也;亡羊而补牢,未为迟也"的名句。

腌渍(yānzì)

把鱼、肉、蛋、蔬菜、果品等加上盐、糖、酱、酒等。如"腌肉""腌鱼""腌鸭蛋""腌咸菜"等。

嫣然(yān)

美好的样子。如"嫣然一笑"。宋玉的《登徒子好色赋》中有"嫣然一笑,惑阳城,迷下蔡"句。欧阳修《啼鸟》诗有"花能嫣然顾我笑,鸟劝我饮非无情"句。汉语里另有"姹紫嫣红"一词。

燕山(yān)

山名。在北京东北部。延袤数百里，历玉田、丰润直抵海岸。《顺天府志》载："燕环沧海以为池，拥太行以为险，枕居庸关以制外；襟河济而举重以驭轻，东西贡国来万国之朝宗；西北诸关壮九边之难堞，万年强御，百世治安。""燕"字，音yān，从《广韵》乌前切，中古平声字。"古燕国"，周代国名，姬姓。武王曾封召公奭于此。以燕山得名，称北燕。故址在今大兴县。战国时易王始称王，为"战国七雄"之一。公元前222年，为秦所灭，后人以国为姓。"燕京"乃北京的旧称，因市区在春秋战国时为燕国辖域而得名。相关汉语词还有"燕京大学"、"燕园"(北京大学的别称)、"燕伋"(孔子门徒)、"燕昭王"、"燕太子丹"、"燕歌行"、"自古燕赵多悲歌慷慨之士"(司马迁语)、"燕然山"(今蒙古国境内的杭爱山，东汉车骑将军窦宪与耿秉大破北匈奴，"登燕然山"，并在此刻石记功而返)、邓拓的"《燕山夜话》""燕山石油化学总公司""燕京啤酒"等。以上这些词里的"燕"字都应读阴平yān。

在姓氏读音中，"燕"字也读阴平yān。《百家姓》收。我国南北皆有，较为罕见。历史上的南燕、前燕、后燕、西燕、北燕等王朝名，其中的"燕"字也读作yān。

芫荽(yán·sui)

通称香菜，也叫胡荽。一年生或二年生草本植物，茎和叶有特殊香气。果实球形，用作香料，也可入药。嫩茎和叶用来调味。

妍媸(yánchī)

指美和丑。"妍"指美丽；"媸"指相貌丑。"不辨妍媸"，指不分美丑、不识好坏。《世说新语·巧艺》载："顾长康画人，或数年不点目精。人问其故，顾曰：'四体妍媸，本无关于妙处，传神写照，正在阿堵中。'"陆机《文赋序》有"夫放言遣辞，良多变矣，妍媸好恶，可得而言"句。

百花争妍(yán)

形容繁花盛开,生机勃勃的景象。"妍"字,指美好、美丽。现多用作人名。极易误读成去声。

河沿儿(yán)

指河边。1985年之前,"沿"字曾有两读。一读yán,如"沿着""沿途""沿线""沿海""沿岸""沿江""沿湖"等,用得较多,是第一读音。当时的第二读音,在"河沿儿""炕沿儿""沟沿儿""坑沿儿"中的yànr音,一直鲜为人知,也往往读作yánr。因此,1985年的普通话异读词审音将"沿"字"统读"为阳平。

铅山(yán)

地名。在江西东北部,武夷山下,邻接福建。因境内的铅山得名。"铅山"自古为"八省通衢"之要冲,与景德镇等并列江西四大名镇。"铅山",又名桂阳山。五代时曾产过铅,今已倾废。"铅"字,从《广韵》与专切,既读qiān,又读yán。古代"铅"与"沿"字通假。但是对于"铅山"这个地名,在1957年普通话异读词审音时就已审定为yánshān。

筵席(yán)

指宴饮时陈设的座位,泛指酒席。谢朓《始出尚书省》诗有"既通金闺籍,复酌琼筵醴"句。"筵"字,指古人席地而坐时铺的席,泛指筵席,容易误读成 yàn。如曹植有《斗鸡》诗云:"游目极妙伎,清听厌宫商。主人寂无为,众宾进乐方。长筵坐戏客,斗鸡间观房。群雄正翕赫,双翅自飞扬。挥羽激清风,悍目发朱光。觜落轻毛散,严距往往伤。长鸣入青云,扇翼独翱翔。原蒙狸膏助,常得擅此场。"

奄忽(yǎn)

忽然;倏忽。《后汉书·韦彪传》载:"[韦彪]永元元年,卒,[和帝]诏尚书:'故大鸿胪韦彪,在位无愆,方欲录用,奄忽而卒。其赐钱二十万,布百匹,谷三千斛'。""奄"字,容易误读成阴平。

奄奄一息(yǎnyǎn)

只剩下微弱的气息。形容呼吸微弱,濒于死亡。又作"气息奄奄"。"奄"字,音yǎn,从《广韵》衣俭切,中古上声字。晋人李密《陈情表》载:"今臣亡国贱俘,至微至陋,过蒙拔擢,宠命优渥,岂敢盘桓,有所希冀?但以刘日薄西山,气息奄奄,人命危浅,朝不虑夕。臣无祖母,无以至今日,祖母无臣,无以终余年。母孙二人,更相为命,是以区区不能废远。""奄"字,极易误读成阴平。

俨然(yǎn)

(1)形容庄严。《诗经·陈风·泽陂》的结尾段是:"彼泽之陂,有蒲菡萏。有美一人,硕大且俨。寤寐无为,辗转伏枕。"(2)形容很像。同"俨如"。(3)形容齐整。如"屋舍俨然"。"俨"字,极易误读成阳平。

衍生(yǎn)

较简单的化合物中的原子或原子团被其他原子或原子团所取代而生成较复杂的化合物。也表示演变发生。相关汉语词还有"衍变""衍化""衍更""衍生物""繁衍""敷衍""推衍"和"衍文"(因缮写、排版错误而多出来的字句)等。"衍"字,容易误读成阳平。

郾城(yǎn)

古地名。在河南中部。汉置郾县,隋改为郾城。南宋初年发生过著名的抗金战役——"郾城之战"。当时金军兵分四路进攻中原。岳飞派兵深入河南地区,自率轻骑驻守郾城。金兀术率精兵一万五千人与岳飞大战。岳飞大败金军的"铁塔兵"和"拐子马"。

蔡琰(yǎn)

即蔡文姬。东汉末期女诗人、音乐家,蔡邕女。"博学有才辩,妙解音律"(《后汉书·列女传》)。汉末,天下丧乱,蔡琰被胡骑所俘,陷于南匈奴十二年,为左贤王妃,与左贤王生有二子。十二年后,曹操念与其父友善,谴使者以金璧赎回。所作《悲愤诗》今尚流传,诗中叙述了流亡后思乡之苦以及还乡时惜别稚子之痛,真切感人。另有琴曲《胡笳十八拍》,相传也是她的作品。"琰"字,指一种上端尖锐而有锋芒的玉器。"琰琰"表示有光泽的样子。"琰"字,极易误读成阳平。

梦魇(yǎn)

睡梦中,因受惊吓而喊叫,或觉得有东西压在身上,不能动弹。

鼹鼠(yǎn)

又叫"田鼠"或"隐鼠"。指的是一种外形似鼠,黑褐色毛、生活在田间的夜晚出来捕食昆虫蚯蚓或吃农作物根的哺乳动物。因其善挖掘洞道伤害农作物被视为害鼠。有"欧鼹""长吻鼹""缺齿鼹""麝鼹"等亚种。"鼹"字,极易误读成去声。

砚池(yàn)

即砚台,特指砚中间被磨得低洼的地方。汉语词还有"笔砚""端砚""砚兄""砚弟""砚友"和"同砚"(共笔砚的同学)等。岑参《走马川奉送封大夫出师西征》诗有"五花连线旋作冰,幕中草檄砚水凝"句。"砚"字,容易误读成阳平。

唁电(yàn)

慰问死者家属的电报。"唁"字,本指对遭受非常变故者表示慰问,后特指吊丧活动,对遭遇丧事者进行慰问。《左传·昭公三十年》中载:这年冬天,吴国国君逮住了钟吾子,讨伐徐国,堵住山上的水再灌进徐国,将徐灭掉。徐国的国君章禹绞断了自己的头发,携其夫人迎接吴王。"吴子唁而送之,使其迩臣从之,遂奔楚。"相关汉语词还有"吊唁""唁函""悼唁""慰唁"等。

酽茶(yàn)

味道极浓的茶。"酽",指(汁液)浓,味厚。苏轼《答秦太虚书》中有"村酒亦自醇酽,柑橘椑(音 bēi)柿极多"的叙述。"酽"还指色彩极浓。如白玉蟾

《春词》道:"红酽海棠红似雪,翠娇杨柳暗如烟。""酽"字,容易误读成阳平。

餍足(yàn)

满足(多指私欲)。《战国策·燕策三》载,荆轲面见燕太子丹时,太子丹对荆轲避席顿首曰:"今秦有贪饕(音tāo,比喻凶恶贪婪的人)之心,而欲不可足也。非尽天下之地,臣海内之王者,其意不餍。""餍"字,原义为饱。

赝品(yàn)

伪造的文物或艺术品。汉语里另有"赝本"(假托名人手笔的书画)、"赝币"(伪造的货币)、"赝鼎"(伪造的鼎,泛指赝品)等词。茅坤《韩文公文钞》引中有"其患在剿而赝"句。

旸谷(yáng)

古书指日出的地方。"旸"字,指日出。曹丕有《愁霖赋》诗曰:"仰皇天而太息,悲白日之不旸。"

佯装(yáng)

假装。《战国策·赵策一》载:苏秦为齐上书说赵王曰:"臣窃以事观之,秦岂得爱赵而憎韩哉?欲亡韩吞两周之地,故以韩为饵,先出声于天下,欲邻国闻而观之也。恐其事不成,故出兵以佯示赵、魏。恐天下之惊觉,故微韩以贰之。恐天下疑己,故出质以为信。"相关汉语词还有"佯攻"(虚张声势地进攻)、"佯狂"(假装疯癫)、"佯言"(诈言;说假话)、"佯死"(装死)等。

溃疡(kuìyáng)

皮肤或黏膜组织缺损、溃烂。如胃溃疡、十二指肠溃疡等。"疡"字,容易误读成上声。

怏怏不乐(yàngyàng)

指因不满或不平而心中感到不快、不高兴。《史记·高祖本纪》载:"四月甲辰,高祖崩长乐宫。四日不发丧。吕后与审食其谋曰:'诸将与帝为编户民,今北面为臣,此常怏怏,今乃事少主,非尽族是,天下不安。'人或闻之,语郦将军。郦将军往见审食其,曰:'吾闻帝已崩,四日不发丧,欲诛诸将。诚如此,天下危矣。陈平、灌婴将十万守荥阳,樊哙、周勃将二十万定燕、代,此闻帝崩,诸将皆诛,必连兵还乡以攻关中。大臣内叛,诸侯外反,亡可翘足而待也。'审食其入言之,乃以丁未发丧,大赦天下。""怏怏",极易误读成 yāngyāng。

无恙(yàng)

没有疾病、没受损害。如"安然无恙""别来无恙"等。"恙"字,指病。相关汉语词还有"抱恙""贵恙""微恙"等。

打烊(yàng)

方言词。(商店)晚上关门停止营业。"烊"字,极易误读成阳平。

高要(yāo)

地名。在今广州市正西,西江北岸。肇庆市所辖县。汉置县。后经几度兴废,到明清时皆为肇庆府治。"要"字在"高要县"一词里从《广韵》於霄切,中古平声字。1957年普通话异读词第一次审音审"高要"中的"要"字为阴平 yāo。

爻辞(yáo)

解释说明《周易》六十四卦中各爻象要义的文辞。"爻"是《周易》中表示卦的基本符号,一个长横道"—"为阳爻,用"九"表示;两个短横道为阴爻,用"六"表示。每三爻合成一卦,一共八卦。又以两卦相重,变成六十四卦,每卦六爻。卦的变化取决于爻的变化,"爻"表示交错和变动的意义。

僬侥(jiāoyáo)

古代传说中的矮人。《国语·鲁语下》中载,"客曰:'人长之极几何?'仲尼曰:'僬侥氏长三尺,短之至也。长者不过十之,数之极也'。"如"僬侥国",是传说中的矮人国。《列子·汤问》载:"至伏羲神农时,其国人犹数十丈。从中州以东四十万里,得僬侥国,人长一尺五寸。"

皋陶(Gāoyáo)

中国古代传说中东夷族的首领,偃姓,曾被禹定选为继承人,因早亡未继。春秋时的"英""六"等国为其后。《尚书》中有专门记载皋陶言论的《皋陶谟》卷。"皋"字,从《广韵》古劳切;"陶"字,从《广韵》的余昭切。今读 gāoyáo。容易误读成 gǎotáo。

杳无音信(yǎo)

指没有一点消息。"杳"字,远得看不见踪影。相关汉语词还有"杳渺""杳冥""杳杳""杳如黄鹤"等。

舀子(yǎo)

舀水、油等液体用的器具,有柄,多用铝或铁皮制成。如"水舀子"。"舀"字,做动词时,指用瓢、勺等东西取(多指液体),如"舀水""舀粥""舀酒"等。

窈窕(yǎotiáo)

"窈"字,从《广韵》鸟皎切,中古上声字;"窕"字,从《广韵》徒了切,中古上声字。指女子文静而美好;(妆饰、仪容)美好。也指(宫室、山水)幽深。如《诗经·关雎》的开句:"关关雎鸠,在河之洲。窈窕淑女,君子好逑。"《楚辞·九歌·山鬼》的开句就是:"若有人兮山之阿,被薜荔兮带女萝。既含睇兮又宜笑,子慕予兮善窈窕。""窈窕",极易误读成 yáotiáo。

疟子(yào)

疟疾的口语词。

鹞子(yào)

雀鹰的通称。也指纸鹞、风筝。"雀鹰",猛禽的一种,捕食小鸟。饲养的雌鸟可以帮助打猎。

藏掖(yē)

怕人知道或看见而竭力掩藏,如"藏掖躲闪"。

抽噎(yē)

表哭泣的一种状态,抽抽

搭搭，一吸一顿地哭。"噎"字，(1)指食物堵住喉咙。(2)在方言中指说话顶撞人或使人受窘没法接着说下去。相关汉语词还有"防噎""鲠噎""涩噎""酸噎"等。"噎"字在这些词里容易误读成去声。

莫邪(mòyé)

相传为春秋吴王阖庐时人，干将之妻。吴王使干将铸剑，铁汁久久不下。后受干将示意，莫邪断发剪爪，只身投入炉中，果得雌雄两剑，名之曰"干将"和"莫邪"。后世泛指宝剑。"邪"字，在此容易误读成 xié。也作镆铘。

揶揄(yéyú)

耍笑、嘲弄。白居易《南阳小将张彦硙口镇税人场射虎歌》有"老饕已毙众雏恐，童稚揶揄皆自勇"句。"揶"字，容易误读成阴平。

叶公(yè)

刘向《世说新语》中的人物。说的是食采于"叶"的楚国贵族沈诸梁(字子高)："钩以写龙，凿以写龙，屋室雕文以写龙。"后来龙果真来了，叶公却"弃而还走，失其魂魄，五色无主"。借此典故比喻"好其是而非者"。即说是爱好某事物，其实并不真的爱好。"叶公"的"叶"字，音 yè。古汉语中读 shè，从《广韵》书涉切，中古入声字。"叶"，乃古邑名，春秋时楚地，故城在今河南叶县南，后作县名。"叶"姓的来源之一即沈诸梁之后因地为氏。

摇曳(yè)

摇荡。元代鲜于枢的《八声甘州》曲写的是冬天水乡的生活景象："江天暮雪，最可爱青帘摇曳长杠。生涯闲散，占断水国渔邦。烟浮草屋梅近砌，水绕柴扉山对窗。时复竹篱旁，吠犬汪汪。"汉语里另有"曳光弹""弃甲曳兵"等词。"曳"字，极易误读成 yì。

哽咽(yè)

哭泣时不能痛快地发出声音来。"咽"字常用来形容声音受阻而低沉。如汉乐府《陇头歌》之二:"陇头流水,鸣声幽咽。""咽"字,音 yè,从《广韵》乌结切,中古入声字。作动词。汉语里另有"悲咽""鸣咽""凄咽""幽咽""哀咽""凝咽"等词。

另外,"咽"字还读 yān 和 yàn 两音。读 yān 的"咽"字从《广韵》乌前切,中古平声字。作名词。指口腔后部主要由肌肉和黏膜构成的管子,也叫咽头。汉语词还有"咽喉""咽腔""咽音""咽炎""后咽壁""咽侧体"等。读 yàn 的"咽"字,从《广韵》於甸切,中古去声字。作动词。指吞咽食物。汉语里还有"吞咽""咽吐沫""咽不下去""狼吞虎咽""细嚼慢咽""咽了口气"等词。

奖掖(yè)

"掖"字,原指从侧面搀扶别人的胳膊,后借指扶助或奖励提拔。相关汉语词还有"扶掖""诱掖""提掖""中掖"等。

拜谒(yè)

拜见。多用于下对上,晚辈对长辈,后人对先人。相关汉语词还有"参谒""朝谒""请谒""干谒""晋谒""礼谒""求谒""造谒"等。"谒"字,也指瞻仰(陵墓、碑碣)。"谒陵"指拜谒某人的陵墓。古代的"谒者",还是一种官职。秦朝时是专门负责接待宾客及赞礼的。南北朝时的"谒者"掌管朝觐宾飨及奉诏出使。

笑靥(yè)

酒窝儿;笑脸。相关汉语词还有"娇靥""酒靥""两靥""浅靥""微靥"等。萧统《拟古》诗有"眼语笑靥迎来情,心怀心想甚分明"句。

衣锦还乡(yī)

成语。古时指做官以后,穿着锦绣的衣服,回到故乡向亲友夸耀。也说衣锦荣归。"衣"字,本音 yī。在古汉语里,如果名词活用作动词,也读作去声 yì,从《广韵》於既切,表示穿、穿衣裳等。《论语·雍也》中有"子曰:'赤之适齐也,乘肥马,衣轻裘。吾闻之也:君子周急不继富'"句。《梁书·柳庆远传》中有"高祖饯于新亭,谓曰:'卿衣锦还乡,朕无西顾之忧矣'"句。

揖让(yī)

作揖和谦让,是古代宾主相见的礼节。"揖"字,拱手行礼,即"作揖";"让"指谦让。颜之推《颜氏家训·风操第六》中谈到我国南北方迎送客人的礼节时曰:"南人宾至不迎,相见捧手而不揖,送客下席而已;北人迎送并至门,相见则揖,皆古之道也,吾善其迎揖。"

涟漪(yī)

指细小的波纹。汉语词另有"漪澜""清漪"等。唐代李郢典型的写景诗《冬至后西湖泛舟看断冰偶成长句》诗有"山影斜中留瓦砾,日光寒外送涟漪"句。曹禺的话剧《雷雨》中有周朴园之妻繁漪。"漪"字,极易误读成上声。

不合时宜(yí)

不符合当前的潮流(社会思想、习俗等)。汉语词还有"不宜""合宜""事宜""失宜""适宜""相宜""得宜""气候宜人""因地制宜""面授机宜""权宜之计""事不宜迟""老少咸宜""儿童不宜""冤家宜解不宜结"等。"宜"字,极易误读成去声。

贻贝(yí)

软体动物,壳很厚,三角形,黑褐色。生活在浅海岩石上。也叫壳菜。"贻"字,音yí,《广韵》作与之切,中古平声字。容易误读成tái。另外在"贻害""贻患""贻误""贻人口实""贻笑大方"等词里的"贻"字也读yí。

胰子(yí)

猪羊等的胰或肥皂。如"香胰子""药胰子"。汉语词还有"胰岛素""胰腺""胰液"等。

颐养(yí)

保养。据《后汉书·马融传》载,元初二年,马融上《广成颂》以讽谏。其中有"夫乐而不荒,忧而不困,先生所以平和府藏,颐养精神,致之无疆"句。后因惹恼了邓太后,被禁锢。现今有"颐养天年"一词。"颐"字,容易误读成去声。

大快朵颐(yí)

大饱口福,痛快淋漓地大吃一通。也可用来形容食物鲜美。"朵颐",指鼓动腮颊嚼东西的样子。《周易•颐》中说:"观我朵颐,凶。"陈子昂《感遇》诗云:"深闺观元化,悱然争朵颐。"今也常以"大快朵颐"形容文艺作品给人以充分的感官享受。

迤逦(yǐlǐ)

曲折连绵。多指山势。柳永的《风栖梧》词写道:"蜀锦地衣丝步障。屈曲回廊,静夜闲寻访。玉砌雕阑新月上。朱扉半掩人相望。旋暖熏炉温斗帐。玉树琼枝,迤逦相偎傍。酒力渐浓春思荡。鸳鸯绣被翻红浪。""迤逦",极易误读成 yǐlí。

旖旎(yǐnǐ)

本为旌旗随风飘扬的样子,引申为柔和美丽,多用来描写景物。"旖"字,《广韵》作於绮切;"旎"字,从《广韵》女氏切,均为中古上声字,两字多连缀成"旖旎",一般少有单用。后指柔美、婀娜多姿的样子。用来比喻女子美丽。元代王实甫《西厢记》第一本第一折写张生与崔莺莺佛殿的初次相遇,张生即被崔莺莺的美貌和非凡气质所吸引,其中的[幺篇]更是将崔莺莺的声音和姿态描述的动人妩媚,让张生如痴如醉:"恰便是呖呖莺声花外啭,行一步可人怜。解舞腰肢娇又软,千般袅娜,万般旖旎,似垂柳晚风前。""旖旎"读音 yǐnǐ。按"上变"规律,"旖"字要变读为近似阳平;而不能将"旎"字变读成 ní。极易误读成 yǐní。

倚重(yǐ)

依靠、器重。"倚"字,有靠着、仗恃、偏歪等多重含义。《战国策•赵策四》载,五国伐秦无功,罢于成皋。苏代为齐王分析天下大势曰:"齐、秦非复合也,必有倚重者矣。后合与倚重者,皆非赵之利也。且天下散而事秦,是秦制天下也。"另有汉语词"倚仗""倚赖""倚靠""倚傍""倚马可待""倚老卖老""倚马千言""不偏不倚""倚闾而望""倚栏远眺"和"祸福相倚"(老子言:"祸兮,福之所倚;福兮,祸之所伏。")等。"倚"字,极易误读成阴平。

割刈(yì)

指割(草或谷类)。《楚辞·离骚》有"冀枝叶之峻茂兮,愿俟时乎吾将刈"句。《论衡·逢遇》说:"春种谷生,秋刈谷收。"

自怨自艾(yì)

本义是悔恨自己的错误,自己改正。现在只指悔恨。汉语里还有"怨艾"一词。"艾"字,本指"治理",容易误读成ài。读ài音的"艾"字,指艾草、停止等。如"艾草""艾绒""方兴未艾""期期艾艾"等。"期期艾艾",典故。西汉时大臣周昌口吃,越是情急越说不出话来,常重复"期期"二字。一次在大臣面前与高祖争论废立太子之事:"臣口不能言,然臣期期知其不可。陛下欲废太子,臣期期不奉诏。"三国时魏国大将军邓艾也口吃,多重复"艾艾"二字。后人因用"期期艾艾"形容口吃的人言辞重复,说话不流利。

造诣(yì)

原义是指到朝廷、官长、上级、长辈处去。后来泛指前往、走访、往访。《晋书·陶潜传》载:"或要之共至酒坐,虽不识主人,亦欣然无忤,酣醉便反,未尝有所造诣,所之唯至田舍及庐山游观而已。"后指学问或技艺所达到的程度。"诣"字,音yì,《广韵》作五计切,中古去声字。容易误读成zhǐ。

昳丽(yì)

指容貌美丽。《国策·齐策一》中写邹忌其人"修八尺有余,而形貌昳丽。"

挹取(yì)

舀取、酌取的意思。《战国策·齐策三》载："淳于髡一日而见七人于宣王。王曰：'子来，寡人闻之，千里而一士，是比肩而立；百世而一圣，若随踵而至也。今子一朝而见七士，则士不亦众乎？'淳于髡曰：'不然。夫鸟同翼者而聚居，兽同足者而俱行。今求柴葫、桔梗于沮泽，则累世不得一焉。及之睪黍、梁父之阴，则郄车而载耳。夫物各有畴，今髡贤者之畴也。王求士于髡，譬若挹水于河，而取火于燧也。髡将复见之，岂特七士也。'"后形容为扶持、援引、提拔。相关汉语词还有"谦挹""推挹"和"挹注"（比喻从有余的取些出来以补不足的地方）、"奖挹"（奖掖）等。

翊戴(yì)

辅佐拥戴。《周书·文帝纪》有"翊戴圣明，诚非[高]欢力"句。"翊"字，指辅佐或帮助。汉语里还有"翊赞"（辅助）、"翊卫"（辅佐保卫）等词。

翌日(yì)

次日。"翌"字，指次序在第二的（日或年），即次于当日、当年的。汉语词还有"翌年""翌晨"等。《旧唐书·食货志下》载："市牙各给印纸，人有买卖，随自署记，翌日合算之。"

自缢(yì)

上吊自杀。

云翳(yì)

"翳"字，指遮蔽。云翳，指阴暗的云，也指眼球角膜发生病变后遗留下来的瘢痕组织，影响视力。

懿贵妃(yì)

慈禧太后在咸丰年间被封为"懿贵妃"。皇太后或皇后的命令叫"懿旨"。"懿"字，指美好（多指德行）。汉语里另有"懿德""懿范""嘉言懿行"等词。"司马懿"，三国时魏国重臣。为人多智谋，善权变。多次出师与诸葛亮相拒。曹芳即位后与曹爽同受遗诏辅政。后控制中央禁军,发动政变,代为丞相,执国政。死后其子司马师、司马昭相继专政。后被其孙司马炎追尊为宣帝。"懿"字,极易误读成阳平。

氤氲(yīnyūn)

形容烟或云气浓郁。《乐府杂谈》中谈到歌唱用气的技巧时说:"善歌者,必先调其气,氤氲自脐间出。"说明了在唐代,艺人们已经掌握了相当高的发声技巧和方法。宋代沈瀛的《满庭芳》词云:"画戟双勾,樵门风动,满城和气氤氲。"

喑哑(yīnyǎ)

嗓子干涩发不出声音或发音低而不清楚。宋代范祖禹《唐鉴》卷三中有"一岁再赦,妇儿喑哑"句。

饮场(yìn//chǎng)

旧时戏曲演员在台上喝水润嗓子。读去声音的"饮"字,古音从《广韵》於禁切,中古去声字。是以饮料"使饮""给别人喝"的意思,动词,对象一般是人或牲畜。如《诗经·小雅·绵蛮》中三段皆有"饮之食之,教之诲之"句。《史记·曹相国世家》载:"[曹相国,名参]日夜饮醇酒。卿大夫已下吏及宾客见参不事事,来者皆欲有言。至者,参辄饮以醇酒。间之,欲有所言,复饮之,醉而后去,终莫得开说,以为常。""饮",也指给牲畜喂水喝。如"饮马""饮牲口""饮水"等。古语词"饮马投钱"、乐府古题"饮马长城窟行"(又名"饮马行")中的"饮"字,也读去声 yìn。

荫庇(yìnbì)

大树枝遮蔽阳光,宜于人们休息,比喻尊长照顾晚辈、祖宗保佑子孙。济南市有个"槐荫区",其"荫"字就是取的"荫蔽"义,槐荫者,槐树之荫蔽也。因此,槐荫区,要读为 huáiyìnqū。

应届(yīng)

"应"字,音 yīng,《广韵》作於陵切,中古平声字。应届,属性词。本期的(用于毕业生)。应届毕业,即本届毕业,与"往届"相区别。"应届",极易误读成 yìngjiè。相关汉语词还有"应允""应许""应了一声""一应俱全""这事是我应下来的"等,其中的"应"字也容易误读成去声。

膺选(yīng)

当选。"膺"字,在此指承受、承当。《晋书·穆章何皇后传》有"以名家膺选"句。汉语里另有"荣膺"一词。另外"膺"字还指胸。如《史记·秦始皇本纪》载:尉缭曰:"'秦王为人,蜂准,长目,挚鸟膺,豺声,少恩而虎狼心,居约易出人下,得志亦轻食人。我布衣,然见我常身自下我。诚使秦王得志於天下,天下皆为虏矣。不可与久游。'乃亡去。"汉语里还有"拊膺""服膺""义愤填膺"等词。

坟茔(yíng)

指坟地。汉语词还有"祖茔""冢茔""茔地"等。

荥经(yíng)

四川县名,位于成都西南、乐山正西。今为雅安市所辖县。秦朝置县,当时叫严道县。唐时改此称。

嬴政(yíng)

秦始皇的名字。秦庄襄王之子,公元前246年—公元前210年在位。年十三被立为秦王。粉碎了吕不韦、嫪毐集团政变后,重用李斯等人灭六国、成一统之计,经十年兼并战争,终于公元前221年创立了中国历史上第一个统一的封建中央集权国家。史称"始皇帝"或"秦始皇"。秦统一后实行郡县制,统一了法律、货币、文字、度量衡、车轨,筑长城,击匈奴,焚书坑儒,即帝位一十二年,五次东巡。在中国封建王朝历史上建立了不朽功业。

"嬴"字,姓氏用字。"嬴政"的"嬴"字,下部中央是"女"字;"输赢"中的"赢"字下部中央是"贝"字;"羸弱"中的"羸"字的下部中央是"羊"字。

应征(yìng)

指适龄的公民响应征兵号

召,泛指响应某种征求或征集。"应"字,音yìng,《广韵》作於证切,中古去声字。相关汉语词还有"应变""应承""应酬""应答""应对""应付""应和""应景""应急""应考""应试""应时""应聘""应声虫""应验""应邀""应用""应战""应诊""应声""供应""顺应""适应""呼应""报应""照应""响应""相应""得心应手""应接不暇""里应外合"等。

供不应求(yìng)

供应的东西不能满足需求。"应"字,极易误读成阴平音。

媵臣(yìng)

古代随嫁的臣仆。如《后汉书·郎顗传》载:"天子一娶九女,嫡媵毕具。"杜牧《阿房宫赋》有"嫔妃媵嫱,王子皇孙,辞楼下殿,辇来于秦"句。"媵",也指小妾。汉语里另有"媵婢""媵嫱"等词。

佣人(yōng)

受人雇佣以出卖劳动力为生的人,又叫"佣工",指受雇为人做工的人。相关汉语词还有"帮佣""雇佣""佣工""女佣"等。这些词中的"佣"字,都读yōng,《广韵》作余封切,中古平声字。"佣金""佣钱"等词里的"佣"字要读去声 yòng。指买卖时付给中间人的报酬。"佣"字,极端误读成去声。

饔飧(yōngsūn)

指早饭和晚饭。柳宗元《种树郭橐(音 tuó)驼传》中有"吾小人辍飧饔以劳吏者,且不得暇,又何以蕃吾生而安吾性邪"句。饔飧不继指吃了上顿没有下顿。

颙望(yóng)

仰望,敬仰地期待;盼望,等待。柳永《八声甘州》词有"想佳人,妆楼颙望,误几回,天际识归舟"句。"颙颙",是仰慕的样子。

甬道(yǒng)

古代最早指两旁有墙的驰道或通道。如《史记·高祖本纪》载:"汉王军荥阳南,筑甬道属之河,以取敖仓。与项羽相距岁馀。项羽数侵夺汉甬道,汉军乏食,遂围汉王。"后指大的院落或墓地中间对着厅堂、坟墓等主要建筑物的路,多用砖石砌成。也叫甬路。后来泛指走廊、过道。甬江,在浙江东部,宁波别称"甬"。

攸关(yōu)

助词,指所。如"性命攸关""大局攸关"等。《诗经·大雅·泂(音 jiǒng)酌》中有"岂弟君子,民之攸归"句。

邮政(yóu)

"邮"字,极易误读成阴平。相关汉语词还有"邮票""邮戳""邮政编码""集邮""邮购""邮寄""邮汇""邮电""邮筒""通邮""邮路""邮包""邮差""邮车""邮船""邮袋""邮递""邮费""邮件""邮局""邮亭""邮资""邮箱""邮展""邮品"等。

柚木(yóu)

落叶大乔木,叶子大,卵形或椭圆形,花白色,核果近球形。木材暗褐色,坚硬,耐腐蚀,用来造船、车或家具,也供建筑用。在"柚子"一词里读去声 yòu。柚子树是常绿乔木。果实也叫文旦,皮淡黄,果肉可鲜食,皮厚不易剥食。

赘疣(zhuìyóu)

皮肤病,病原体是乳头状瘤病毒,常见的有寻常疣、扁平疣。不痛不痒,多长在面部、头部或手背等处。也比喻多余而无用的东西。"疣"字,容易误读成阴平。

鸿猷(yóu)

宏大的计划、计谋。"猷"字,指计划、谋划。汉语里另有"嘉猷""才猷""新猷"等词。"猷"字,极易误读成上声。

酉时(yǒu)

十二地支的第十位。旧式计时法指下午五点钟到七点钟的时间。《左传·成公二年》中有:"癸酉,师陈于鞌。邴夏御齐侯,逢丑父为右。晋解张御郤克,郑丘缓为右"的记载。白居易《和寄问刘白》诗有"吟哦不能散,自午将及酉"句。

良莠不齐(yǒu)

指好人坏人都有。"莠"字,比喻品质坏的(人)。

户牖(yǒu)

"牖"字,指窗户。户牖指门窗、门户。《老子·第四十七章》载:"不出户,知天下;不窥牖,见天道。其出弥远,其知弥少。是以圣人不行而知,不见而明,不为而成。"《淮南子·主术训》中说:"是故不出户而知天下,不窥牖而知天道,乘众人之智,则天下之不足有也。"

黝黑(yǒu)

"黝"字,《广韵》作於纠切,中古上声字。指微青黑色。"黝黝"指黑盛貌。左思《魏都赋》中有"黝黝桑柘,油油麻纻"句。中国封建社会的等级森严在建筑的色彩上也有充分的表现,讲究"天子丹,诸侯黝,大夫苍",红墙黄瓦全为天子所垄断。"黝"字,在这个词里极易误读成阴平。

在汉语里,一部分以形容词起头的三音节词,后面作为词缀的两个重复的音节,不论原调是什么,一般均可按阴平音或轻声读。如"红彤彤""绿油油""白茫茫""沉甸甸""热腾腾"等,其中也包括"黑黝黝"。"黑黝黝",既可以读作 hēiyǒuyǒu,也可以读作 hēiyōu yōu。但是,在两字词里"黝"字就只能读作上声。

囿于(yòu)

局限于、拘泥于。"囿"字,指养动物的园子。也指局限、拘泥。《孟子·滕文公下》载:"尧舜既没,圣人之道衰,暴君代作,坏宫室以为污池,民无所安息;弃田以为园囿,使民不得衣食。邪说暴行又作,园囿、污池、沛泽多而禽兽至。"汉语里还有"拘囿""囿于成见""囿于习俗""鹿囿""园囿"等词。

釉陶(yòu)

一般是指表面涂饰有玻璃质釉子的陶器。涂上釉子的陶瓷器皿能增加制品的光泽、机械强度,耐腐蚀。相关汉语词还有"釉子""上釉""彩釉""青釉"等。"釉"字,容易误读成阳平。

宽宥(yòu)

宽恕、原谅。汉语里还有"原宥""赦宥""谅宥""尚希见宥"等词。"宥"字,容易误读成上声。

迂腐(yū)

(言谈、行事)拘泥于陈旧的准则,不适应新时代。相关汉语词还有"迂拙""迂阔""迂缓""迂叟""迂夫子"等。另外"迂"字也指曲折,有"迂回"一词。"迂"字,在汉语里只有阴平的 yū 音一读。极易误读成阳平。

萦纡(yū)

旋转弯曲;萦回。另有汉语词"环纡""盘纡""纡行""纡徐"等。"纡"字在汉语里也只有阴平音一读。极易误读成阳平。

予取予求(yú)

成语。原意是从我这里取,从我这里求(财物)。语出自《左传·僖公七年》。申侯曾有宠于楚文王。文王将死,与之璧,使行,曰:"唯我知女(音 rǔ,通'汝')。女专利而不厌,予取予求,不女疵瑕也。后之人将求多于女,女必不免。"文王葬后,申侯逃至郑国,又一度受郑厉公宠信。最后还是被郑国杀掉,以取悦齐国。后人以"予取予求"指任意索取。

"予"字,在先秦时代作第一人称代词,通"余"字,相当于现代的"我"字,读阳平的 yú,从《广韵》以诸切,中古平声字。

婕妤(jiéyú)

也作倢伃。古代女官名,是帝王妃嫔的称号。《汉书·外戚传序》载:"至武帝制婕妤、娙(音 xíng)娥、傛华、充依,各有爵位,而元帝加昭仪之号,凡十四等云。昭仪位视丞相,爵比诸侯王。婕妤视上卿,比列侯。"《汉书·叙传上》载:"会许皇后废,班婕妤(西汉文学家,班固祖姑,善诗赋。后受赵飞燕谗,惧祸自求供养太后)供养东宫,进侍者李平为婕妤,而赵飞燕为皇后。"

须臾(yú)

极短的时间、片刻。苏东坡在《赤壁赋》中借助他人之口道出对短暂人生的苦闷:"哀吾生之须臾,羡长江之无穷。"陆机《文赋》中有"观古今于须臾,抚四海于一瞬"句。意思是说:片刻之间可观古往今来,一眨眼的工夫可将四海八方尽览。"臾"字,容易误读成去声。

曹禺(yú)

我国现代文学家、著名剧作家。原名万家宝。这里的"禺"字,应读作 yú,极易误读成上声。

"禺"字在古代有四种读音,演变至今只剩一个 yú 音。"禺"字,应从《广韵》遇俱切,中古平声字。一指"区域"。古时一里为一禺。二通"隅"字。"禺谷"是传说中日落的地方。《山海经》中有"夸父不量力,欲追日景(影),逮之于禺谷"句。

谀辞(yú)

阿谀奉承的话。也作谀词。《吕氏春秋·先识》中有"国之亡也,天遗之乱人与善谀之士"句。《史记·魏其武安侯列传》载:"灌夫为人刚直,使酒,不好面谀。贵戚诸有势在己之右,不欲加礼,必陵之;诸士在己之左,愈贫贱,尤益敬,与钧。稠人广众,荐宠下辈。士亦以此多之。""谀"字,极易误读成去声。

娱乐(yú)

使人快乐、消遣,也指快乐有趣的活动。"娱"字,音 yú,《广韵》作遇俱切,中古平声字。相关汉语词还有"欢娱""自娱自乐""文娱活动"等。"娱"字,1957年普通话异读词第一次审音时即审为阳平音 yú。

1985年普通话异读词审音又审定为"统读"yú。极易误读成去声。

茱萸(zhūyú)

山茱萸、吴茱萸、食茱萸的统称。茱萸在先秦时代指的是一种带有辛辣味道的植物，多用于厨膳调味。按古代人的习俗，在九九重阳节爬山登高时，身上佩带插有茱萸的袋子（古时称茱萸囊），大多是妇女、儿童佩带，有些地方男子也佩带。以示对亲朋好友的怀念。王维的《九月九日忆山东兄弟》诗云："独在异乡为异客，每逢佳节倍思亲。遥知兄弟登高处，遍插茱萸少一人。"

城隅(yú)

城墙角上作为屏障的女墙，也指城角。"隅"字，《广韵》作遇俱切，中古平声字。今音yú。指角落或靠边沿的地方。《诗经·邶风·静女》篇有"静女其姝，俟我于城隅"句。左思《咏史》诗有"习习笼中鸟，举翮（音hé，鸟翅）触四隅"句。汉语里另有"屋隅""巷隅""一隅之地""向隅而泣""负隅顽抗""失之东隅，收之桑榆"等词。"隅"字，极易误读成去声或上声。

喁喁私语(yúyú)

指随声附和，或形容说话的声音（多用于小声说话）。"喁"字，容易误读成yǒng。

逾期(yú)

"逾"字，古又作"踰"，从《广韵》羊朱切，中古平声字。今音yú。指超过、越过。"逾期"，指超过所规定的期限。如《诗经·郑风·将仲子》："将仲子兮，无逾我里，无折我树杞。……将仲子兮，无逾我墙，无折我树桑。……将仲子兮，无逾我园，无折我树檀。"《论语·为政》中有"吾十有五而志于学，三十而立，四十而不惑，五十而知天命，六十而耳顺，七十而从心所欲，不逾（踰）矩"句。相关汉语词还有"逾分""逾越""逾常""超逾""过逾""逾限""年逾古稀""情逾骨肉"

和"逾越节"(犹太教的传统节日)等。"逾"字,极易误读成去声。

丰腴(yú)

指(身体)丰满,(土地)丰美肥沃,也指丰盛。"腴"字,极易误读成去声。汉语词还有"膏腴""充腴""甘腴""珍腴"等。

愚拙(yúzhuō)

指愚笨。相关汉语词还有"愚昧""愚弄""愚顽""愚蠢""愚见""愚钝""愚妄""顽愚""贤愚""智愚"等。《列子》中有《愚公移山》篇。"愚"字,极易误读成阴平;"拙"字,极易误读成阳平。

予以(yǔ)

指给以。如"赐予""赋予""给予""寄予""授予""准予""予以表彰""免予处分""予人口实""生杀予夺"等。"予"字,除了在古文中指代第一人称"我",通"余"字时读阳平音外,其余的场合都读作上声音 yǔ。《广韵》作余吕切,中古上声字。"予"字自古就没有去声音。只是在"予以"一词里,"予"按"上变"规律要变成近似阳平。在"准予""给予""免予"等词里,前面的字也应变调。"予以"一词,常有人误读为 yǔyǐ。

在"不予办理""准予毕业""免予处分"里,"予"字也常常被误读为去声 yù。"予"字能否正确读音,不仅关系它本身的调值,还累及它前面字的调变。在"不予办理"中,"予"字若能正确地读出上声 yǔ 的话,那它前面的"不"字即仍应按原调 bù 读,读作 bùyǔbànlǐ;如果将"予"字误读为 yù,那么"不"字则应按变调规律变读为 bú,读成 búyùbànlǐ。这种 búyùbànlǐ 读法的产生,不能不说是与"予"和"预"字的混用有关。"予告"在古代有其特定含义,官吏休假叫"告",准予休假叫"予"。"予告"读作 yǔgào。"予备党员""财政予算""疾病予防"等词中的"预"和"予"字的串写误读,都在客观上助推着"予"字 yù 音的误出。

在"准予毕业"一词里,"予"字如能准确读成上声,那么,"准"字则须按规定变读为阳平的近似音,调值应为24,可以标写为 zhúnyǔbìyè;如将"予"字误读成 yú,那"准"字则仍读作上声。

至于"免予处分"和"免予起诉"两个词,"予"是仍旧读上声的。因为两词中的前三个字同为上声,按"上变"规则应该读成 miányúchǔfen 和 miányúqǐsù。从词义的角度看,两个词的"词魂"都在"免"字上,为了语义表达的准确、鲜明,也有人习惯地把词的重音加在"免"字上,并主张尽可能地保住它的上声读音,同时将"予"字作以"轻化"处理,读成 miǎnyuchǔfen 和 miǎnyuqǐsù。这样的处理是可以的。三音节以上词的连读,调变无定规,一般是考虑言语习惯,但有时也必须服从于词义的表达效果。

伛偻(yǔlǚ)

腰背弯曲。《淮南子·精神训》中有"子求行年五十有四,而病伛偻"句。欧阳修《醉翁亭记》中有"至于负者歌于滁,行者休于树,前者呼,后者应,伛偻提携,往来而不绝者,滁人游也"的描写。

瘐死(yǔ)

古代泛指在监狱中病死。《汉书·宣帝纪》中有"诏曰:死者不可生,刑者不可息。此先帝之所重,而吏未称。今系者或以掠辜若饥寒瘐死狱中,何用心逆人道也!朕甚痛之"的记载。

窳败(yǔ)

破败、腐败。"窳"字,指(事物)的恶劣、坏。汉语词还有"窳惰""窳劣"等。

与会(yù)

参加会议。"与"字,在此读去声音 yù。《广韵》作羊洳切,中古去声字。作动词或动词词素。主要指参与、在其中。相关汉语词还有"参与"和"与闻"(参与并知道)等。"与"字,极易误读成上声。读 yǔ 音的

"与"字,在中古时代就是上声音,现代义是给、赞助、交往等。除了作动词外,主要是作连词和介词。

吁请(yù)

呼吁并请求。

吐谷浑(tǔyùhún)

中国古代鲜卑族在隋唐时建立的王朝。原为鲜卑族的一支,游牧于今辽宁锦县一带。西晋末,首领吐谷浑率所部西迁至今甘肃西北部、青海北部和新疆东南部。再传至孙叶延,始以吐谷浑为姓氏。用汉文。南北朝时先后属宋、齐、北魏。唐高宗龙朔三年被吐蕃所灭。如王昌龄《从军行》诗:"大漠风尘日色昏,红旗半卷出辕门。前军夜战洮河北,已报生擒吐谷浑。"

翁妪(yù)

指年长的男子和老妇人。《史记·高祖本纪》载:"高祖以亭长为县送徒郦山,……行数里,醉,因卧。后人来至蛇所,有一老妪夜哭。人问何哭,妪曰:'人杀吾子,故哭之。'人曰:'妪子何为见杀?'妪曰:'吾子,白帝子也,化为蛇,当道,今为赤帝子斩之,故哭。'人乃以妪为不诚,欲告之,妪因忽不见。后人至,高祖觉。"汉语里另有"老妪"一词。

久旱不雨(yù)

干旱久了,不下雨。"雨"字,本读 yǔ,名词。在这里被活用作动词,读去声的 yù,从《广韵》王遇切。《集韵》的解释是:"自上而下曰雨(yù)。"《韵会》解释为:"风雨之雨上声,雨下之雨去声。"《诗经·小雅·大田》有"雨我公田,遂及我私"句。"雨沙""雨石""密而不雨"等词里的"雨"字,都可按去声 yù 读,当"下"讲。汉乐府诗《上邪》云:"山无陵,江水为竭,冬雷震震,夏雨雪,天地合,乃敢与君绝。"

不以语人(yù)

不将事情告诉别人。"语"字,在古汉语中本作名词,这里被活用作动词。读去声 yù,从《广韵》牛倨切。指告诉、告诫。如《孟子·梁惠王上》中,孟子对齐宣王说:"挟太山以超北海,语人曰:'我不能。'是诚不能也。为长者折枝,语人曰:'我不能。'是不为也,非不能也。故王之不王,非挟太山以超北海之类也;王之不王,是折枝之类也。"

听阈(yù)

能产生听觉的最高限度和最低限度的刺激强度。汉语里另有"视阈"一词。

手谕(yù)

指上级或尊长亲笔写的指示。汉语里另有"劝谕""上谕""训谕"和"面谕"(当面吩咐)、"谕旨"(皇帝对臣子下的命令、指示)等。

尉犁(yù)

地名,在塔里木盆地东北部。汉时为尉犁地,清朝设清平县,1914年改为尉犁县。1957年第一次普通话异读词审音时将"尉犁"审为此音。

尉迟(yù)

复姓。《百家姓》收。现较为罕见。"尉迟"是个与北魏同起的部落,号"尉迟部"。北魏孝文帝改为"尉迟氏"。后族人以部落为氏。唐时西域于阗国王即姓尉迟。唐初有唐太宗名将尉迟恭,字敬德。从李世民征战一生,战功卓著。参与"玄武门之变",助李世民夺取帝位。晚年笃信方术,杜门不出,以声色自娱。后世民间常将他和唐朝另一大将秦琼尊为门神,贴于双门上。唐代还有著名画匠尉迟乙僧,于阗贵族,工佛像、鬼神、人物、花鸟。曾画长安慈恩寺塔前的"千佛眼大悲像"。"尉迟杯",是词牌名,双调,105字。一说此人好酒,凡饮必用大杯,因取此名。"尉"字,从《广韵》纡物切,中古入声字。容易误读成 wèichí。

"尉"字作为单姓用字,古今均有两读。(1)从《广韵》的於胃切,中古去声字,读音大致相当于今天的 wèi。"尉"本为官名,以官为氏。(2)从《广韵》纡物切,中古入声字。今读 yù。

蔚县(yù)

在北京正西、太行山西麓,邻接山西。唐开元中置安边县,属蔚州,至德初改称兴唐县,五代晋改灵仙县,明朝并入蔚州。1913 年改为蔚县。今属张家口所辖县。"蔚县"中的"蔚"字,1957 年普通话异读词第一次审音时审为 yù。

熨帖(yùtiē)

一指(用字、用词)贴切、妥帖;二指心里平静;三在方言中指(事情)完全办妥。

燠热(yù)

闷热。"燠"字,指暖、热。如《楚辞·天问》:"投之于冰上,鸟何燠之?"汉语里另有"燠暑"一词。"燠"字,容易误读成 ào。

鹬蚌相争(yù)

"鹬"字,常在浅水边或水田中吃小鱼、贝壳、昆虫等的一种候鸟。《战国策·燕策二》中有著名寓言"鹬蚌相争"。蚌张开壳晒太阳,鹬去啄它,被蚌壳钳住了嘴,两方都不肯相让。渔翁来了,把两个都捉住了。比喻双方争持不下,让第三者得了好处。

卖官鬻爵(yù)

旧时指当权者出卖官职和爵位,指卖聚敛财富。《国语·齐语》载,管仲给齐桓公出主意说"令夫商,群萃而州处,察其四时,而监其乡之资,以知其市之贾,负、任、担、荷、服亲、辎马,以周四方,以其所有,易其所无,市贱鬻贵,旦暮从事于此,以饬其子弟,相语以利,相示以赖,相陈以知贾。少而习焉,其心安焉,不见异物而迁焉。是故其父兄之教不肃而成,其子弟之学不劳而能。夫是,故商之子恒为商。"

纸鸢(yuān)

风筝。洪昇《长生殿·觅魂》有"谁知他做长风吹断鸢,似晴曦散晓烟"句。"鸢"字,指老鹰。《诗经·大雅》中有"鸢飞戾天,鱼跃于渊"句。《荀子·法行》中曰:"鹰鸢犹以山为卑而增巢其上。"

城垣(yuán)

城墙。如《诗经·氓》中有"乘彼垝(音 guǐ)垣,以望复关。不见复关,泣涕涟涟。既见复关,载笑载言。尔卜尔筮,体无咎言。以尔车来,以我贿迁"的描写。汉语里还有"墙垣""短垣""省垣""颓垣""断壁残垣"等。"垣"字,容易误读成 huán。

鼋鱼(yuán)

即鳖,也写作"元鱼"。是国家一级保护动物。也有称"癞头鼋"为"鼋鱼"的。癞头鳖,是身体比鳖大,吻突比鳖短,头上有小疣的一种爬行动物。

御苑(yuàn)

古代帝王的园林或花园。"苑"字,指古代畜养禽兽、种植花草树木的圈地或园林,大的叫苑,小的叫囿。如"苑囿""宫苑""翰苑""禁苑""阆苑"等。后来泛指荟萃、集中的地方(多指文学、艺术),有"书苑""说苑""文苑""艺苑"等词。现在的宾馆或花园常有称作"南苑""东苑""中苑"的。"苑"字,极易误读成阳平。

干哕(yuě)

要呕吐又吐不出来。"哕"字。(1)拟声词。呕吐时嘴里发出的声音。(2)动词。口语中指呕吐。

乐清(yuè)

地名。在浙江东南沿海,台州和温州之间,西北有著名的中雁荡山。东晋置乐成县。五代时吴越避后梁太祖朱温父讳而改为乐清县。考古学界所称的"史前乐清人"即乐清人的先祖。"乐"字在地名"乐清"里读作 yuè。1957 年第一次普通话异读词审音时审"乐清"为 yuèqīng。

清平乐(yuè)

原本为唐教坊曲名,后为词牌名。又名"忆萝月""醉东风"。双调,四十六字。上阕押仄韵,下阕换平韵。作为词牌名,属南曲羽调。其一,字句格律与词牌前半阕相同,其二,与词牌不同,都用作引子。如毛泽东1929年秋写有《清平乐·蒋桂战争》、1934年夏写有《清平乐·会昌》。1935年10月长征途中又写有《清平乐·六盘山》。"清平乐"中的"乐"字,读yuè。

锁钥(yuè)

比喻做好一件事情的关键,也比喻军事要地。"钥"字,音yuè,《广韵》作以灼切,中古入声字。指"门锁""开锁的工具"等。如《方言·五》中写道:"户钥,自关而东,陈楚之间,谓之键;自关而西谓之钥。"只是现代"钥匙"中的"钥"字已改读为yào音,古yuè音只保留在"锁钥"一词里,它既可指"锁",也可指"钥匙"。韩愈《竹洞》有"洞门无锁钥,俗客不曾来"的描写。

斧钺(yuè)

斧和钺,古代兵器,用于斩刑。借指重刑。"钺",古代兵器,青铜或铁制成,形状像板斧。"钺"大多出自商代。商代的青铜还用于打造戈、矛、戚、刀、剑等兵器,用于砍杀。在西周青铜器铭文中也可经常见到周王赐予有功者弓矢斧钺,让其代行王权。山东青州曾出土有商代的"人面钺"。

伍员(wǔyún)

即春秋时吴国重臣伍子胥。先策划刺杀吴王僚,使公子光夺得王位。后辅佐吴王阖庐整军经武,一举攻楚灭郢,受封于申,故又称申胥。吴王夫差时任大夫,参赞国事。因主张不许越和,不北上争霸,渐被吴王疏远。最后借使齐之便,属其子于鲍氏,为太宰所诬,激怒吴王,赐剑令他自杀。李白有《行路难》诗赞曰:"吾观自古贤达人,功成不退皆殒身。子胥既弃吴江上,屈原终投湘水滨。陆机雄才岂自保?李斯税驾苦不早。华亭鹤唳讵可闻,上蔡苍鹰何足道!""伍员",容易误读成 wǔyuán。

"员"字,还是分布较广的单姓,《百家姓》收,音 yùn,从《广韵》王问切,中古去声字。一说为古帝颛顼之后;二说为楚国大夫伍员的后代。

陨落(yǔn)

(星体或其他在高空运行的物体)从高空掉下。相关汉语词还有"陨石"(含石质较多或全部为石质的陨星)、"陨灭"(物体从高空掉下后毁灭)、"陨星"(流星体经过地球大气层时未完全烧毁的掉入地球表面的残余部分)、"陨铁"(含铁质较多或全部是铁质的陨星)、"陨石雨"等。"陨落",容易误读成 yúnluò。

殒灭(yǔn)

丧命,也作陨灭。另有汉语词"殒身""殒命"等。《红楼梦》第三十三回写道:金钏儿含羞赌气自尽后,"宝玉素日虽是口角伶俐,只是此时一心总为金钏儿感伤,恨不得此时也身亡命殒,跟了金钏儿去。"

晕车(yùn)

"晕"字,音 yùn,中古去声字,从《广韵》王问切。一指头晕的感觉,周围物体好像在旋转、有要跌倒的感觉。如"晕针""晕船""晕机""晕血""晕高""晕场""晕池""血晕""眼晕"等;二指日光或月光通过云层中的冰晶时经折射而形成的光圈,如"日晕""月晕"等;三指光影、色彩四周模糊的部分,这一类的词有"红晕""光晕""灯晕""波晕""墨晕""霞晕"等。

读阴平 yūn 的"晕"字,一般指头脑的昏乱或昏迷状态,如"头晕""发晕""晕倒""晕厥""眩晕""晕头转向""晕头晕脑""晕晕乎乎"等有限的几个词。

愠色(yùn)

恼怒的脸色。如"面有愠色"。《论语·学而》中有:"人不知,而不愠,不亦君子乎"的名句。

Z

包扎(zā)

包裹捆扎。表示捆、束等动作义的行为都读平舌声母的"扎",多单用。如"捆扎""结扎""绑扎""扎腰带""扎领带""扎红领巾""扎裤脚""扎蝴蝶结""扎彩车""扎头巾""扎辫子""扎风筝""扎台子"等。

匝月(zā)

满一个月。如"淫雨匝月"。"匝"字,指遍、满,也指环绕。也作量词,指周、圈。平时说将东西捆了一圈儿时也称"一匝"。

咂摸(zā)

仔细辨别(滋味、意思等)。《水浒传》第二十九回写武松告别施恩后,独自前往蒋门神酒店。武松假醉佯颠,开始找事儿,一连叫酒保换了两次酒。到了第三次时,"武松提起来咂一咂,道:'这酒也不好!快换来便饶你!'"结果是武松先用口角激怒蒋门神的小妾,将其丢进酒缸,调出了蒋门神,这才上演了一幕"武松醉打蒋门神"的好戏。

载文(zǎi)

"载"字,音 zǎi,从《广韵》作亥切,中古上声字。一是指记载、刊登。相关汉语词还有"记载""登载""转载""刊载""连载"等。二是"年"和"岁"的别称。《尔雅》载:"夏曰岁,商曰祀,周曰年,唐虞曰载"。相关汉语词还有"一年半载""三年五载""千载难逢"等。

装载(zài)

"载"字,音 zài,从《广韵》作代切,中古去声字。读去声的"载"字,多作动词或动词词素。第一,表装载。如"载重""承载""运载""负载""过载""实载""超载""满载""空载""载客""载货""载体""载荷""下载""卸载""机载""舰载""载人航天飞船"等词。这一类词中的"载"字多容易误读成上声。第二,指充满(道路)。汉语词有"怨声载道""风雪载途"等。第三,作副词,指又、且。"载歌载舞",容易误读成 zǎigēzǎiwǔ。

糌粑(zān·ba)

青稞麦炒熟后磨成的面,吃的时候用酥油茶或青稞酒拌和,捏成小团。是藏族人的主食。

簪子(zān)

别往发髻的条状物,用金属、玉石、骨头等制成。杜甫《春望》诗有"白头搔更短,浑欲不胜簪"句。

暂且(zàn)

暂时、姑且。容易误读成 zhǎnqiě 或 zǎnqiě。

錾子(zàn)

凿石头或金属的小凿子。一般是左手握錾子,右手用锤子击打。

臧否(zāngpǐ)

褒贬、评论。"臧否人物"就是评价、评论人物的优劣高下。三国魏文学家、思想家阮籍到了晚年即口不臧否人物,常用醉酒的办法在复杂的政治斗争中保全自己。诸葛亮在《出师表》中告诫后主刘禅:"宫中、府中,俱为一体;陟罚臧否,不宜异同。若有作奸犯科,及为忠善者,宜付有司,论其刑赏,以昭陛下平明之治。不宜偏私,使内外异法也。"

"臧"字的姓氏读音为 zāng。《百家姓》收。源自春秋时鲁孝公之子彄(音 kōu),字子臧,食邑于臧,其子孙以祖父为氏。春秋时有臧僖伯,东汉有臧旻,明代有臧懋循,当代有著名诗人臧克家、作曲家臧东升与臧云飞、歌唱家臧玉琰等。"臧"字,《广韵》作则郎切。极易误读成去声。

玄奘(zàng)

唐代高僧,通称"三藏法师",俗称"唐僧"。与鸠摩罗什、真谛并称为中国三大佛教经典著作翻译家,中国佛教法相唯识宗的创始人。唐代佛教盛行,但众说纷纭。唐太宗贞观三年,玄奘出玉门关西行,至天竺国(今印度)的那烂陀寺,从戒贤受学。后游历天竺各地,与当地众僧辩论,名震五竺。历时十七年。贞观十九年,携经回国后专心从事译经工作,译出经、论75部,凡1335卷。所撰的《大唐西域记》,是研究中国西北地区以及印度、尼泊尔、巴基斯坦、孟加拉国、中亚等地古代历史地理以及从事考古的重要历史资料。民间将其西天取经的故事常作以夸张描述,形成了许多文学作品。如元代吴昌龄的杂剧《唐三藏西天取经》和明代吴承恩的小说《西游记》等。

确凿(záo)

非常确实。汉语里的"证据确凿""确凿无疑"和"穿凿附会"等词在1985年之前是读zuò音的。1985年普通话异读词审音时将"凿"字审定为"统读"záo。因此,"凿"字目前只有一个读音。汉语词还有"凿子""凿空""凿枘""凿孔""凿岩机""言之凿凿"等。

咋舌(zé)

咬着舌头,形容吃惊、害怕,说不出话。"咋"字的读音比较复杂。《现代汉语词典》《应用汉语词典》《新华词典》上标为zéshé,《新华字典》的标音是zhàshé。"咋"字,在中古时代是平声字,主要读音是zé,从《广韵》侧革切。中古其原意为啃、咬。如《汉书·东方朔传》载:有客难东方朔,东方朔回答:"语曰'以管窥天,以蠡测海,以莛(音tíng,草本植物的茎)撞钟',岂能通其条贯,考其文理,发其音声哉!繇(音yáo)是观之,譬犹鼩鼱(音qújīng,食虫类的小鼠)之袭狗,孤豚之咋虎,至则靡耳,何功之有?"又据《后汉书·马援传》载,马援给隗嚣大将杨广写信,让其晓劝隗嚣:"春卿事季孟,外有君臣之义,内有朋友之道。言君臣邪,固当谏争;语朋友邪,应有切磋。岂有知其无成,而但萎腰(读音 wěiněi,软弱无力的样子)咋舌,叉手从族乎?"若按此义推演下去,"咋舌"读为 zéshé 为好。另外,在"咋呼"一词里,"咋"字读 zhā。在"咋样""咋说""咋办""咋啦"等一些方言词里,读 zǎ。

逼仄(zè)

形容地方狭窄、空间很小。古代汉字的声调中上、去、入三声总称为"仄声",与"平声"相对。

憎恨(zēng)

厌恶痛恨。"憎"字,音 zēng,从《广韵》作滕切,中古平声字。相关汉语词还有"憎恶""憎称""爱憎分明""面目可憎"等。1957 年普通话异读词第一次审音时将"憎"字审为 zēng。1985 年的普通话异读词审音又做了"统读"为 zēng 的规定。"憎"字,极易误读成去声。

锃亮(zèng)

状态词。形容反光发亮。如"皮鞋擦得锃亮""小头儿梳得锃亮""桌面抹得锃亮""大理石地面锃光瓦亮"等。

甑子(zèng)

古代蒸食物(米饭)的瓦器炊具,呈桶形,底部有许多气孔,有屉而无底,用时放在鬲(lì)上。陆羽《茶经·二之具》中说:"甑,或木或瓦,匪腰而泥,篮以箅之,篾以系之。始其蒸也,入乎箅,既其熟也,出乎箅。釜涸注于甑中,又以谷木枝三亚者制之,散所蒸牙笋并叶,畏流其膏。"

查拳(zhā)

拳术的一种,明代回人查尚义传留下的十路长短拳法。讲究短拳长用,出手含蓄,步武讲究扣裆,动作紧凑,节奏鲜明。要求"行如风,站如钉",特别注意精、气、神的结合。

"查"字,姓氏读音为 zhā。《百家姓》收。是历史上分布较广的单姓。五代十国时南唐有歙州人查文徽,有诗《寄麻姑仙坛道士》传世。查氏家族自清朝以来名人辈出,康熙帝称之为"唐宋以来巨族"。清初有画家查士标、大诗人查慎行等。出生于浙江海宁的武侠小说家金庸,原名查良镛。另有我国著名"九叶派"诗人和诗歌翻译家查良铮,笔名穆旦,曾翻译出版了普希金、雪莱、拜伦等人的十余册诗集。"查"字,作为姓氏用字时,极易误读成 chá。

札记(zhá)

指读书时摘记的要点和心得。在古代,"札"字表示写字用的小而薄的木片,同时也是一种信件式的文体,如"信札""手札""书札""札子"等。"札"字,极易误读成 zhā。

马扎儿(zhá)

一种小型坐具,腿交叉,上面绷帆布或麻绳等,可以合拢,便于携带。"扎"字,极易误读成阴平。读这个阳平音的"扎"字,还在"挣扎"一词里用,表示用力支撑。另外,"扎"字,也读阴平音 zhā。表示刺、钻进去、驻扎义,如"扎根""驻扎""扎针""扎手""扎猛子""扎进去""扎堆儿""安营扎寨""扎啤""扎实""扎眼"等。

手拃(zhǎ)

张开的大拇指与中指两端间的距离为"拃"。"拃"字做动词时,还表示张开大拇指和中指(或小指)来量长度。"拃"字,极易误读成 zhā。

砟子(zhǎ)

指石头或煤块等。如:"道砟""煤砟""焦砟""炉灰砟子"等。"砟"字,极易误读成 zhā。

栅栏(zhà)

用竹条、木条或铁条等做成类似篱笆而较坚固的东西。"栅"字,极易误读成 shān。当然,在"光栅""栅极"等词里,"栅"字是要读 shān 的。

侧棱(zhāi·leng)

方言词,指向一边斜。如"鸟儿侧棱着膀子""他侧棱着睡觉"等。另外,还有"侧歪"一词,读 zhāiwai(轻读)。

择菜(zhái)

指把蔬菜中不宜吃的部分剔除,留下可吃的部分。另有"择不开"(比喻摆脱不开,抽不出身)、"择席"(在某个地方睡惯了,换个地方就睡不安稳)等词里的"择"字也读 zhái。

鹿砦(zhài)

也作鹿寨。军用的一种障碍物。将树木的枝干交叉放置来阻止敌军的步兵或坦克。因形状像鹿角而得名。

祭公(zhài)

"祭",为历史上较罕见的单姓用字,音 zhài,从《广韵》侧界切。原为周朝畿内之国,子民原姓姬,后东迁至今河南郑州东北,始封之君为周公子祭伯,亦称"祭公",后世因以为氏。"祭"字,作为姓氏用字,不读 jì。

占卜(zhānbǔ)

古代用龟甲、蓍(音 shī)草等,后世用铜钱、牙牌等推断凶吉祸福。时代不同,方法也不一样。相关汉语词还有"占星""占卦""占梦"等。

谵妄(zhān)

中医学上的病症名称。一般是由高热、中毒以及其他疾患而引起意识模糊、短时间内精神错乱的症状,如不认识熟人、说胡话等。汉语里另有"谵语""谵谆"等词。

观瞻(zhān)

指具体的景象和景象给人的印象,外观和对外观发生的反应。如"以壮观瞻""有碍观瞻"等。"瞻"字,指往前或往上看。如"瞻顾""瞻仰""瞻念""瞻望""瞻前顾后""高瞻远瞩"等。

颤栗(zhànlì)

即战栗。身体或身体的某一部位因紧张、害怕或发冷而发抖的样子。另外"寒颤"一词中的"颤"字也要轻读为 zhan。

长孙(zhǎngsūn)

罕见复姓。《汉书·艺文志》"孝经"中有《长孙氏说》二篇。唐初有吏部尚书长孙无忌,曾参与谋划发动了"玄武门之变",助李世民登位。后与房玄龄等人主修《唐律》,成《唐律疏义》三十卷,乃流传至今最完整的古代法典。后因反对高宗立武则天为后,被诬谋反,迫令自杀。长孙,也指长子的长子,现在也指排行最大的孙子。

长子(zhǎngzǐ)

地名。在今山西。春秋时属晋邑。《左传·襄公十八年》中所载的"晋人执卫行人石买于长子"即此。汉置县,为上党郡治。北齐废。隋又重建,故址在山西长子县西,金时徙今地。

长子,也指排行最大的儿子。"长子"中的"长"字,从《广韵》知丈切,中古上声字。1957年普通话异读词第一次审音时审"长子"为 zhǎngzǐ。

仉(Zhǎng)

音 zhǎng,从《广韵》诸两切,中古去声字。《百家姓》收。其来源:一说即"掌"氏;一说为春秋时鲁国大夫党氏之后,字讹为仉。传说孟子母亲为仉氏。另外南朝梁四公子之一姓仉。汉朝梁州有仉启。明代有仉经。现今仍有"仉"氏后代。

高涨(zhǎng)

指物价、情绪、运动等急剧上升或扩展。现也多指水位上升。如"河水暴涨""水涨船高""涨潮""涨落""物价上涨""涨价""涨幅"等。另外"涨"字也读去声 zhàng。一指固体吸收了液体后体积增大,如"涨肚子""豆子泡涨了"。"君问归期未有期,巴山夜雨涨秋池。何当共剪西窗烛,却话巴山夜雨时(李商隐诗)"。二指(头部)充血,如"头昏脑涨""涨红了脸"等。

身无长物(cháng)

成语。源于刘义庆的《世说新语·德行》:高门首富、大官僚王恭自恃清廉,在其叔王忱去看望他时,地坐六尺竹席。王忱向他索要多余的竹席。王恭则将自己座下的竹席送予其叔。又对王忱说:"恭作人无长物。""长"字,在此读去声的 zhàng 音,从《集韵》直亮切。指多余。"长"与"物"合用,原指多余、剩余的东西。后来人们用"身无长物"来形容穷困潦倒。

啁哳(zhāozhā)

也作嘲哳,形容声音繁杂细碎。白居易在《琵琶行》中,回忆自己谪居病卧浔阳城时称:"浔阳地僻无音乐,终年不闻丝竹声。住近湓江地低湿,黄芦苦竹绕宅生。其间旦暮为何物,杜鹃啼血猿哀鸣。春江花朝秋月夜,往往取酒还独倾。岂无山歌与村笛,呕哑嘲哳难为听。"

朝歌(zhāo)

古都邑名,商代帝乙、帝辛(纣王)的别都。周武王封康叔为魏侯、项羽封司马卬(音 qióng)为殷王皆都于此。西汉时为县名,治所旧址在今河南淇县。隋大业年间改为卫县。邹阳在《狱中上书自明》中有"邑号朝歌,墨子回车"句。左思《魏都赋》有"锦绣襄邑,罗绮朝歌"句。

着急(zháo)

"着"字,音 zháo。读此音的词还有"着凉""着火""着水""着慌""着迷""着魔""没睡着""猜着了""上不着天,下不着地"等。指接触、感到、燃烧,也用在动词后,表示已经达到目的或有了结果。

在现代汉语词里,"着"字还有其他三种读音:(1)读 zhāo,儿化。下棋时下一子或走一步叫一着儿。比作计策或手段。如"支着儿""高着儿""没着儿了""着数""花着儿""绝着儿""妙着儿"等。(2)读 zhuó。《广韵》作张略切,中古入声字。指穿(衣)、接触、使接触别的事物、着落等。现代汉语词有"着意""着装""着衣""着色""着手""着落""着实""着想""着眼""着重""穿着""着陆""着墨""着笔""黏着"

"胶着""执着""附着""沉着""不着边际""下落无着""衣食无着"等。（3）读轻声的 zhe，结构助词。一般用在动词或少数形容词后，表示动作或状态的持续。如"走着路""大门敞着""好着呢""悠着点儿"等。

容易读错的是"着落""着色""着实""着想""着眼""着衣""着意""不着边际"等词里的"着"字，容易误读为 zháo。

鳞爪(zhǎo)

指鳞和爪。比喻事物的片断。另有"一鳞半爪"。另外"爪牙""鹰爪""虎爪""魔爪""爪哇岛""爪哇国"等词里的"爪"字，也读 zhǎo。"爪"字，在以上词里容易误读成 zhuǎ。

号召(zhào)

"召"字，去声。相关汉语词还有"召集""召唤""召回""召见"等。"召"字，极易误读成阴平。

笊篱(zhào·li)

指一种用竹篾、柳条或金属丝等制成的能漏水的工具。一般有长柄，用来捞取东西。

肇始(zhào)

"肇"字，一指开始。另有"肇端"一词。二指引起。如"肇事""肇祸"等词。

谪居(zhé)

指被贬谪后住在某个地方。王维在唐开元九年被贬济州（今山东茌平），离开长安时写了一首《初出济州别城中故人》诗，抒发他的颓丧心情，开句便是："微官易得罪，谪去济川阴。"范仲淹《岳阳楼记》的题记有："庆历四年春，滕子京谪守巴陵郡。越明年，政通人和，百废俱兴，乃重修岳阳楼，增其旧制，刻唐贤今人诗赋于其上，属予作文以记之。"汉语中另有"谪戍""贬谪"等词。

赭石(zhě)

矿物。主要成分为三氧化二铁，通常呈暗棕色，也有土黄色或红色的，主要用作颜料。

褶子(zhě)

指(衣服上)经折叠后留下的痕迹或皮肤上的皱纹。

鹧鸪(zhègū)

一种背部和腹部黑白两色相杂的鸟,吃昆虫、蚯蚓、植物的种子等。宋词有《鹧鸪天》词牌。晏几道、秦观、辛弃疾、姜夔、黄庭坚、吴文英等都以此词牌写词。顾况《听山鹧鸪》中有"夜宿桃花村,踏歌接天晓"句,描写的是在唐代盛行的民间集体歌舞"踏歌"的盛况。

装帧(zhēn)

指书画、报刊的装潢设计(书刊的装帧包括封面、版面、插图、装订形式等设计)。"帧"字,在1985年之前的普通话异读词三次审音都未审及,而《现代汉语词典》和《新华字典》上的标音是 zhèng。1985年的普通话异读词审音规定:"帧"字,"统读"为 zhēn。如"帧频""一帧"等。

鸡胗儿(zhēn)

鸡的胃。

砧木(zhēn)

嫁接植物时把接穗接在另一个植物体上,这个植物体叫砧木。"砧"字,一般是指在捶或砸东西时垫在下面的器具,如"砧子""木砧""砧板""铁砧""石砧""肉砧"等。"砧"在古代也指捣衣石。

甄别(zhēn)

审查辨别(优劣、真伪);考核鉴定(能力、品质等)。《三国志·吴书·步骘(音 zhì)传》载:"骘于是条于时事业在荆州界者,诸葛瑾……十一人,甄别行状……""甄"字,也用作姓氏,《百家姓》收。

箴言(zhēn)

劝诫的话。箴也是一种古代的文体,以规劝告诫为主。宋代王应麟《辞学指南》说:"箴者,谏诲之辞,若箴之疗疾,故名箴。"箴又分为"官箴"和"私箴"两类。早期的箴文,是臣下对君王或对其他贵官所作的谏劝文。后来又出现了自警自戒的作品,即"私箴"。韩愈的《五箴》则是"私箴"中的佳作。

缜密(zhěn)

周密、细致,多指思想或思绪。司空图的《诗品》有"缜密"篇,主要是谈诗的意象:"意象欲出,造化已奇。"到了唐代,意象成为艺术作品中所创造的艺术形象或形象体系。"缜"字,容易误读成阴平。

鸩毒(zhèn)

毒酒、毒药。"鸩"字,作名词时是指古代传说中的一种鸟,羽毛有毒,用来泡酒,能将人毒死。作动词时,指用毒酒害人。《汉书·赵隐王刘如意传》有"吕太后征王到长安,鸩杀之"的记载。"鸩酒"即用鸩的羽毛泡的酒,或比喻为有毒的酒。如"饮鸩止渴",比喻只求解决目前困难,而不顾其严重后果。"鸩"字,极易误读成 jiū。

朕兆(zhèn)

兆头;预兆。"朕"字,原为第一人称代词,秦始皇以后成为皇帝自称的专用词。

赈济(zhèn)

用钱或衣服、粮食等救济(灾民或贫困的人)。赈济灾民叫"赈灾"。《后汉书·顺帝纪》中有"方春戒节,赈济乏厄,掩骼埋胔(音 zì,腐肉、尸骨)之时"的记载。汉语里另有"赈赡""赈恤"等词。

丁丁(zhēngzhēng)

拟声词。形容伐木、下棋、弹琴等的声音。《诗经·小雅·伐木》有"伐木丁丁,鸟鸣嘤嘤,出自幽谷,迁于乔木"句。"丁丁",容易误读成 dīngdīng。

正旦(zhēng)

农历正月初一。《后汉书·陈翔传》载:"时正旦朝贺,大将军梁冀威仪不整,翔奏冀恃贵不敬,请收案罪。"汉语里另有"正月"和"正朔(一年的第一天)"等词。

怔忪 (zhēngzhōng)

惊恐。《潜夫论·救边》中有"军书交驰,羽檄狎至,乃复怔忪如前"的记述。汉语里另有"怔忡(音 chōng)"一词,中医指心悸(心脏跳动得很厉害)。其中的"怔"字也读阴平。"怔"字,还指发愣、发呆,读 zhèng。如"一听这话,他就怔住了""他怔怔地站在那里"。

症结 (zhēngjié)

中医指腹腔内结块的病。如《史记·扁鹊仓公列传》中载:扁鹊舍客长桑君传扁鹊一禁方,"扁鹊以其言饮药三十日,视见垣一方人。以此视病,尽见五藏症结,特以诊脉为名耳。为医或在齐,或在赵。在赵者名扁鹊。"后比喻为事情或问题弄坏或不能解决的关键。"症"字,在古代通"癥",《广韵》作陟陵切,中古平声字。在"症结"一词里,容易误读成去声。

读去声音的"症"字,从《字汇》之盛切,病象,泛指疾病。今有"病症""症候""急症""绝症""顽症""症状""对症下药""不治之症"等词。

诤谏 (zhèng)

直爽地说出人的过错,劝人改正。颜之推《颜氏家训·省事十二》载:"谏诤之徒,以正人君之失尔,必在得言之地,当尽匡赞之规,不容苟免偷安,垂头塞耳;至于就养有方,思不出位,干非其任,斯则罪人。故《表记》云:'事君,远而谏,则谄也;近而不谏,则尸利也。'"汉语里另有"诤言""诤友"等词。"诤友"指能够直言规劝的朋友。"诤"字,极易误读成 zhēng。

挣脱 (zhèng)

用力使自己摆脱束缚。"挣"字,音 zhèng,从《字汇》侧迸切,中古去声字。古语词的意思一是用力摆脱,二是出力换取。相关汉语词还有"挣命""挣开""挣断""挣钱""挣外快"等。"挣"字,在"挣扎"一词里读 zhēng,从《集韵》初耕切,中古平声字。

月氏(zhī)

又作"月支"。古代西域少数民族国名。秦汉之际游牧于敦煌、祁连间。汉文帝初年,遭匈奴攻击,大部西迁至今新疆伊犁河流域,称"大月氏";少数未西迁的月氏人入祁连山,与羌人杂居,称"小月氏"。武帝时,张骞使其国,以后大月氏与汉往来渐密。"氏"字,从《广韵》章移切,中古平声字。在"月氏"一词里,容易误读成 shì。

栀子(zhī)

常绿灌木,叶子长椭圆形,花大,白色,供观赏;果实倒卵形,可入药或做染料。

脂肪(zhī)

由三个脂肪酸分子和一个甘油分子构成的有机化合物,存在于人体和动物的皮下组织以及植物体中,是生物体内储存能量的物质。相关汉语词还有"油脂""松脂""树脂""脱脂" "羊脂""脂肪肝""脂肪酸""香脂""脂膏""涂脂抹粉"等。"脂"字,极易误读成 zhǐ。

摭拾(zhí)

拾;捡(多指袭用现成的事例或词句)。《论衡·逢遇》中有"犹拾遗于涂,摭弃于野"句。汉语词还有"采摭""采经摭传"等。

踯躅(zhízhú)

形容慢慢地走,徘徊不前,同踟蹰。如"踯躅街头""踯躅不前"等词。汉乐府诗《孔雀东南飞》写刘兰芝被公姥遣送回到娘家后,提亲者传话给刘家,言及择吉日娶亲时要"青雀白鹄舫,四角龙子幡,婀娜随风转。金车玉作轮,踯躅青骢马,流苏金镂鞍。赍钱三百万,皆用金丝穿。杂彩三百匹,交广布鲑珍。从人四五百,郁郁登郡门"。

抵掌(zhǐ)

击掌(表示高兴)。《战国策·秦策一》中载:苏秦"乃摩燕乌集阙,见说赵王于华屋之下,抵掌而谈。赵王大悦,封为武安君。受相印,革车百乘,绵绣千纯,白璧百双,黄金万溢,以随其后;约从散横,以抑强秦。故苏秦相于赵而关不通"。"抵"字,容易误读成 dǐ(抵)。

枳壳(zhǐqiào)

"枳"字,从《广韵》诸氏切,中古上声字,纸韵。枳树,植物名,又叫"枸橘",木如橘而小,芸香科,春生白花,至秋结果。果小味酸,可入药。成熟的果实干制入药称"枳壳";未成熟的果实干制入药叫"枳实",均有消积、化痰的功效。

指甲(zhǐ)

1985 年之前的"指"字,有三种读法:阴平 zhī,用于"指甲"等词;阳平 zhí,用于"手指头"等词;上声 zhǐ,用于"指导""指示""指教""指挥""指正""拇指""手指"等词。1985 年《普通话异读词审音表》规定:"指"字"统读"为上声 zhǐ。综观"指"的含义,"手指头"为基本词义。"指甲"一词变读后,"甲"须作"轻读"处理。"手指头"中的"手"字按上声音变规则应变为近似于阳平音,"头"轻读,即"中重轻"格式。

虫豸(zhì)

没有脚的虫子,如蚯蚓之类。《尔雅·释虫》说:"有足谓之虫,无足谓之豸。"

标识(zhì)

"识"字,中古有"赏职切"和"职吏切"两种读音(见《广韵》),今天分别读作 shí 和 zhì。"职吏切"的"识(zhì)"字,表记、记号等义。成语"博闻强识"中的"识"指记。《论语·述而》篇中有"默而识之,学而不厌,诲人不倦,何有于我哉"句。汉语词"标识""款识""符识"和"题识"(题写在书画、古籍上的文字)中的"识"指记号、标记。《现代汉语词典》第 6、7 版尊重大多数人的口语习惯。规定"标识"除了作为"标志"异形词读 biāozhì 外还成为独立词条,读为 biāoshí。

卷帙(juànzhì)

书籍(指数量)。如"卷帙浩繁"。"帙"字，一指古代书画外面包着的布套；二做量词，古代线装书一函(套)为一帙。如苏舜钦在《石曼卿诗集序》中写道："其逸亡而存者，才四百余篇，古律不异，并为一帙。"

栉比(zhì)

像梳子齿那些密密地排着。形容细密而又齐整。左思《吴都赋》中有"屯营栉比，解署棋布"句。"栉"字，指梳子、篦子一类的梳头发的用具，作为动词指梳(头发)。相关汉语词还有"鳞次栉比""栉风沐雨"和"栉沐"(梳头洗面)等。

对峙(zhì)

一指相对耸立、直立、屹立，多指两座大山。曹操《观沧海》诗有"东临碣石，以观沧海。水何澹澹，山岛竦峙"句。又如"双峰对峙""一山飞峙大江边"等。二比喻相互对立、势均力敌、相持不下。如"六国互峙"。"峙"字，音 zhì。只在"繁峙县"里读 shì。

鸷鸟(zhì)

凶猛的鸟。如鹰、雕。《孙子·势》中说："鸷鸟之疾，至于毁折者，节也。""鸷"字，表示猛禽、凶猛的意思。《淮南子·说林训》有"日月不并出，狐不二雄，神龙不匹，猛兽不群，鸷鸟不双"句。

评骘(zhì)

评定。"骘"字，原指公马。后来指安排、定，如"阴骘"。

中肯(zhòng)

(言论)抓住重点，正中要害。"中"字，音 zhòng，从《广韵》的陟仲切，中古去声字。读 zhòng 的"中"字，指正对上、恰好合上、受到、遭到等。相关汉语词还有"中意""中选""中奖""猜中""选中""相中""命中""看中""中伤""中毒""中风""中暑""中标""中弹""不幸言中""一语中的""切中要害""言必有中"等。在"看中""中意""中肯"等词里，"中"字容易误读成阴平。"中听""中看"两词中的"中"字指适于、合于,要读阴平 zhōng。

荒冢(zhǒng)

指荒芜的坟地或坟头。"冢"字,指坟墓。《吕氏春秋·安死》中有"故宋未亡而东冢抇(音 hú,发掘)"句。中国有句古话"温柔乡是英雄冢"。汉语词还有"义冢""古冢""衣冠冢""鹦鹉冢"等。

踵武(zhǒng)

跟着别人的脚步走,比喻效法。如"踵继""踵武前贤"等。"踵"字,本指脚后跟。《楚辞·离骚》中有"忽奔走以先后兮,及先王之踵武"句。另有"摩肩接踵"一词,指肩碰肩,脚碰脚,形容人很多,很拥挤。

啁啾(zhōujiū)

拟声词,形容鸟叫的声音。王维《黄雀痴》诗有"到大啁啾解游飏,各自东西南北飞"句。

压轴子(yāzhòu·zi)

在戏曲演出活动中,排在倒数第二的节目叫"压轴子",也叫"压轴戏";而倒数第一个节目叫"大轴子"。压轴戏因紧压大轴戏(最后一个剧目)而得名。一般都安排有名气的主要演员出演精彩的节目,最后一出戏却有时安排无足轻重的小戏,称为"送客戏"。所以在有的观众心目中,"压轴戏"和"压台戏"同样重要。现也泛指安排在最后的、比较精彩的节目。

甲胄(zhòu)

指盔甲。"胄"字,古代士兵作战时所戴的帽子,即头盔。据《左传》载:晋楚两国军队在鄢陵交战。晋将领遇见楚国的国君,立即跳下战车,"免胄而趋风"。即摘下头盔,快步如风地上前向楚君行礼。"胄"字,容易误读成 wèi。

籀文(zhòu)

古代一种字体,就是大篆,是传说中《史籀篇》所用的字体。春秋战国时通行于秦国,笔画繁复,多有重叠。现今所存的"石鼓文"即是这种字体的代表。

白术(zhú)

多年生草本植物,一般开紫红色花,根茎肥大成块状,中医入药有健脾益气、利水化湿之功效。"术"字,音 zhú,从《广韵》直律切,中古入声字。"术"自古为草名,《尔雅·释草》中说:"术,山蓟。"另外,"参(音 shēn)术""苍术""芝术"中的"术"也读 zhú。

舳舻(zhúlú)

指船尾与船头相衔接的船只。"舳"指船尾;"舻"指船头。苏轼《前赤壁赋》中写苏轼与客泛舟于江上,饮酒作诗,扣舷而歌。客怀想曹操当年金戈铁马的豪雄,曰:"方其破荆州,下江陵,顺流而东也,舳舻千里,旌旗蔽空,酾酒临江,横槊赋诗;固一世之雄也,而今安在哉?"

主意(zhǔ·yi)

指主见、办法。1962年普通话异读词第三次审音时将"主意"的"主"字,审为上声 zhǔ。《现代汉语词典》第 5 版注音为 zhǔ·yi,第 6、7 版括注口语读音为"zhǔ·yi(口语中也读 zhú·yi)"。在"好主意""很有主意""出点主意"等一些词里,由于上声连读需要适当变调,但是一般只变"主"字前面的字音,"主"的上声(214)的调值保持不变。

属望(zhǔ)

期望、期待。也作瞩望。"属"字,同"嘱"字,音 zhǔ。如范仲淹《岳阳楼记》的序文:"庆历四年春,滕子京谪守巴陵郡。越明年,政通人和,百废具兴,乃重修岳阳楼,增其旧制,刻唐贤今人诗赋于其上,属予作文以记之。"古汉语中的"属"字还有专注、劝邀、连接、聚集等义。苏轼《前赤壁赋》开篇写道:"清风徐来,水波不兴。举酒属客,诵明月之诗,歌窈窕之章。"其中的"属"就指邀请。

苎麻(zhù)

一种多年生的草本植物,茎部韧皮纤维坚韧有光泽,可供纺织、造纸、制作渔网等用。也指这种植物的茎皮纤维。如"苎麻织物""苎麻产品"等。经考古发现表明,在距今4700年前,我们的祖先就已经开始种植苎麻了,并用它来织布缝衣。中国的苎麻很早就东传日本,被称为"南京草"。18世纪传入英国,被称为"中国草"。以后又相继传入法国、美国、比利时等国。

机杼(zhù)

古代指织布机上的一种机件,可以控制经线的密度,保持经纱的位置。一般称为梭子。如《三字经》里说:"昔孟母,择邻处。子不学,断机杼。"《木兰诗》有"不闻机杼声,唯闻女叹息"句。汉语词"杼轴"除了表示织布机上的主要部件外,还比喻文章的组织构思。陆机《文赋》中曰:"虽机杼于予怀,怵他人之我见。"

颛顼(zhuānxū)

传说中的上古帝王名,黄帝后裔,炎黄联盟的重要首领之一。号高阳氏,下分八个氏族。活动据点在帝丘一带(今河南濮阳西南)。曾在炎黄两系激烈的夺权斗争中击败炎帝后裔共工氏,使共工怒撞不周山,支撑天的柱子被撞断,地的四角裂开。其人重视人事治理,发展农业,实行人神分职,标志着原始宗教向神权的过渡。

旋转(zhuǎn)

指物体绕着一个点或一个轴做圆周运动。如"旋转餐厅"。

经传(zhuàn)

原指经典和古人解释经文的传,泛指比较重要的古书。古代儒家的经典称"经";解释经文的书称"传",合称为"经传"。"不见经传"指经传上没有记载。后常指人没有名声或论述没有根据。"经传"中的"传"字,容易误读成chuán。

鸣啭(zhuàn)

形容(鸟)婉转地鸣叫。庾信《春赋》诗有"新年鸟声千种啭,二月扬花满路飞"句。"啭"字,容易误读成上声。

撰写(zhuàn)

写作。"撰"与"纂"的区别在于:"撰",主要是自己写作,多为发表自己的观点;"纂"则侧重于资料的汇集、编辑和整理,音zuǎn。

篆刻(zhuàn)

原指用篆书刻制印章。后泛指刻制印章。因为印章一般采用篆字先写后刻而得名。如齐白石并非先写后刻,而是用单刻刀直接在石头上刻写,一刀下去即成,不用修改,被称为铁笔。又由于篆刻材料多取金属物或石料,故又称"金石"。"篆刻",从书法上讲有多种字体;从刀法上说,讲究腕力;从章法上说,讲究字与字、笔画与笔画之间的疏密适当,讲究印出后笔画和红、白两色图案的美感。中国历史上的"篆书",是汉字形体的一种,是大篆和小篆的统称,是汉魏以前的通用文字。"篆书"一般特指"小篆",又叫"篆字"。

盛馔(zhuàn)

丰盛的饮食。多用于称人相邀而设的宴席。《论语·乡党》有"有盛馔,必变色而作"句。意思是遇有丰美的菜肴,一定神色变动,站立起来。汉语里另有"馔馐"一词。

戆直(zhuàng)

憨厚而刚直。如"为人戆直""生性戆直"。"戆"字,指迂愚耿直。《史记·高祖本纪》载:"高祖击布时,为流矢所中,行道病。病甚。……已而吕后问:'陛下百岁后,萧相国即死,令谁代之?'上曰:'曹参可。'问其次,上曰:'王陵可。然陵少戆,陈平可以助之。陈平智有馀,然难以独任。周勃重厚少文,然安刘氏者必勃也,可令为太尉。'"

惴惴不安(zhuìzhuì**)**

形容因害怕或担心而不安。"惴"字,音 zhuì,从《广韵》之睡切,中古去声字。《说文解字》中曰:"惴,忧惧也。"汉语里另有"惴栗""惴惧"等词。

肫挚(zhūn**)**

真挚、诚恳。《礼记·中庸》中有"肫肫其仁"句。另有"肫笃"一词。

拙劣(zhuō**)**

笨拙而低劣。常指手法或技艺等。"拙"字,音 zhuō,从《广韵》职悦切,中古入声字。原义笨,与"巧"相对。如《老子》第四十五章载:"大成若缺,其用不弊。大盈若冲,其用不穷。大直若屈。大巧若拙。大辩若讷。静胜躁,寒胜热。清静为天下正。"后来"拙"字也引申为"粗劣"。相关汉语词还有"笨拙""眼拙""藏拙""古拙""拙涩""拙见""拙著""拙文""拙作""拙笔""大巧若拙""弄巧成拙""勤能补拙"和"拙政园"(苏州古典园林之一)等。1985年普通话异读词审定"拙"字"统读"为 zhuō,极易误读成阳平。

卓越(zhuó**)**

非常优秀,超出一般。"卓"字,在 1985 年以前的正确读音是 zhuō。如"卓见""卓绝""卓烁""卓然""卓立""卓拔""卓识""卓著""卓有成效""卓文君""卓尔不群"等。1985 年普通话异读词审音规定:"卓"字,一律"统读"为 zhuó。现今仍有不少人将"卓"字误读为阴平。

谣诼(zhuó**)**

造谣污蔑的话。"诼"字,指造谣诽谤的谗言。《楚辞·离骚》中有"众女嫉余之蛾眉兮,谣诼谓余以善淫"句。

擢升(zhuó**)**

提升。"擢"字,本义指拔。据《史记·范雎蔡泽列传》记载,范雎质问仇人须贾犯过多少罪,须贾回答说:"擢贾之发,以续贾之罪,尚未足。"后以"擢发难数"形容罪恶极多。相关汉语词还有"拔擢""擢用"等。颜之推《颜氏家训·杂艺》有"厮猥之人,以能书拔擢者多矣。故道不同不相为谋也"句。

洗濯(zhuó)

洗涤;洗去衣物上的脏东西。"濯"字,指洗。如《孟子·滕文公上》载:"孟子对陈相曰:'曾子曰:江汉以濯之,秋阳以暴之,皜皜乎不可尚已。'今也南蛮鴂(音 jué)舌之人,非先王之道,子倍子之师而学之,亦异于曾子矣。"

缁衣(zī)

黑色的衣服。《论语·阳货》中有"不曰坚乎,磨而不磷;不曰白乎,涅而不缁"句。汉语里另有"缁黄"(僧人)、"缁郎"(僧人)、"缁林"(犹僧界,僧众)、"缁流"(僧徒,僧尼多穿缁衣,故称)等。

趑趄(zī jū)

行走困难。也指欲行又止,犹豫不前的样子。韩愈《送李愿归盘谷序》有诗云:"足将进而趑趄,口将言而嗫嚅。"汉语词有"趑趄不前"。

锱铢(zī zhū)

锱和铢都是中国古代很小的重量单位。四锱为一两,六铢为一锱。指很少的钱或很小的事。《老子·二十六章》载:"重为轻根,静为躁君。是以圣人终日行不离辎重。"陆机《文赋》曰:"考殿最于锱铢,定去留于毫芒。"意思是说,写文章于细微之处能分出高下,在极为细微的地方决定去留。汉语里另有"锱铢必较"一词,形容非常小气,很少的钱也一定要计较。也比喻气量狭小,很小的事也要计较。

龇牙咧嘴(zī)

形容疼痛难忍或凶狠的样子。"龇"字,容易误读成 cī。"呲牙咧嘴"中的"呲"字读 cī。

髭须(zī)

指人嘴上边的胡子。也指动物口边的硬毛。《左传·昭公二十六年》载："至于灵王，生而有髭。"

秭归(zǐ)

地名。在湖北长江西陵峡上游。汉置秭归县，北周改长宁县，唐置归州。1914年复置秭归县。传说是屈原和王昭君的故里。在古代，"秭"还指数目。十万为亿，十亿为兆，十兆为京，十京为垓，十垓为秭。一说万万垓为秭（见《孙子算经》上）。《诗经·周颂·丰年》中有"丰年多黍多稌（音 tú，粳稻），亦有高廪，万亿及秭"句。《郑笺》："万亿为秭，以言谷物数多。"

床笫(zǐ)

用竹子编成的床席。《方言》卷五曰："床，齐鲁之间谓之簀（音 zé），陈楚之间或谓之笫。"也指闺房或夫妇之间。如《左传·襄公二十七年》载："床笫之言不逾阈。""笫"字，极易误读成 dǐ。"笫"与"第"在写法上应注意区别。

付梓(zǐ)

古时用木版印刷，在木版上刻字叫梓。因此将书稿交付刊印叫"付梓"。

桑梓(zǐ)

指故里、乡里。《诗经·小雅·小弁》中有"维桑与梓，必恭敬止"句。意思是家乡的桑树和梓树都是父母种的，对它应表示恭敬之意。在中国古代，桑树和梓树是与人们的衣食住行、生老病死关系极为密切的两种树，因此人们常将"桑梓"比喻为家乡或故乡。

訾议(zǐ)

评论人的短处。如"无可訾议"。"訾"字，指说人坏话。在姓氏读音中念阴平 zī。《百家姓》收，现较为罕见。其来源一是古代姜姓纪国（在今山东寿光南纪台村）有訾城，为齐国所灭，其后遂有訾姓；二是春秋时周地有訾（在今河南巩县西南），以地为氏。

渣滓(zhāzǐ)

一指物品提出精华后剩下的东西;二比喻品质恶劣对社会有破坏作用的人,如盗贼、骗子、流氓。汉语词有"社会渣滓""民族渣滓""文化渣滓"等。"滓"字,一般轻读,间或重读。

待字闺中(zì)

女子未出嫁而待在自己的闺房里或娘家。旧时称女子许嫁为"字"。如"尚未字人"等。《周易•屯》里有"十年乃字"句。

恣睢(zìsuī)

指任意胡为。一般多与"残暴"相并称,如"暴戾恣睢"。"恣"字,指放纵、没有拘束。如"恣情享乐""骄横恣肆""恣意妄为""恣行无忌"等。另外"恣"字,在方言中还指很舒服、自在,多加儿化,叫"恣儿"。

睚眦(yázì)

瞪眼怒视,引申指极小的仇恨。如"睚眦之怨""睚眦必报"等。"眦"字,指眼眶,即上下眼睑的接合处。靠近鼻子的部分叫内眦,靠近鬓角的部分叫外眦。"目眦尽裂"形容愤怒到了极点。《淮南子•泰族训》载:"荆轲西刺秦王,高渐离、宋意为击筑而歌于易水之上,闻者瞋目裂眦,发植穿冠。因以此声为乐而入宗庙,岂古之所谓乐哉!"杜甫有《望岳》诗云:"荡胸生层云,决眦入归鸟。会当凌绝顶,一览众山小。"

浸渍(jìnzì)

用液体泡。"浸"指浸泡,"渍"指浸、沤、沾。如"渍蚕茧""渍亚麻""汗水把衣服都渍黄了"等。同时"渍"字也指东西被油泥等物污染或地面的积水,还指积在器物上的难以除去的污染物。如"油渍""内渍""防洪排渍""茶渍""污渍""牙渍"等。浸渍,后也指人被另外一种观念、行为、习惯逐渐渗透或影响。

枞阳(zōng)

地名,在安徽南部,长江北岸。现为安庆市辖县。汉武帝南巡至此,曾作"盛唐枞阳之歌"。历史上有著名的重要军事会议——"枞阳会议"。1957年普通话异读词第一次审音时审"枞阳"里的"枞"字为 zōng。1985年普通话异读词审音又重新确认。

箭镞(zú)

"镞"字,指箭头。据《庄子·天下》载,惠施曾以自己的"历物十事"与天下之好辩之士相互辩难,其中就有"镞矢之疾,而有不行不止之时"一题。意思是飞速的箭头也有不进不停的时刻,说的是运动中的间断性与连续性的矛盾。

刀俎(zǔ)

指刀和砧板,是宰割的工具。比喻宰割者和迫害者。古代一指祭祀或宴会时盛放祭品的器具,如"樽俎""越俎代庖";二指切肉的案板,如"人为刀俎,我为鱼肉(见《史记·项羽本纪》)"。"俎上肉",指砧板上的肉,比喻任人欺压蹂躏的人或国家。

编纂(zuǎn)

编辑(多指资料较多、篇幅较大的著作)。《汉书·艺文志》中有"故《书》之所起远矣,至孔子纂焉,上断于尧,下讫于秦,凡百篇,而为之序,言其作意"的记载。

钻井(zuàn)

用钻机打井。"钻"字,有阴平 zuān 和去声 zuàn 两种读音。读阴平的"钻"字,(1)表示"穿孔""打眼儿"义,多作动词,如"钻探""钻进""钻探机""钻木取火"和"钻个孔儿"(眼儿)等;(2)引申为穿过、进入,如"钻深山沟""钻到土里""钻空子""钻心虫""钻心疼""钻被窝儿""钻牛角尖"等;(3)指推究事理、深入研究,如"钻研""钻劲儿"等;(4)钻营,指的是依附于权势向上爬或找门路托人情谋求晋升,也可以解释为设法巴结有权势的人以谋求私利。

读去声的"钻"字,基本都作为名词用:(1)指打眼儿用的工具,有手摇的、电动的、风动的多种;(2)指钻石;(3)也作为名词,但义同读阴平的"钻",如"钻机""钻具""钻杆""钻头""电钻""钻床""手钻""木钻""风钻""钻塔""金刚钻"等。

琢磨(zuó·mo/zhuómó)

两读两义。(1)读 zuómo。指思索、考虑。如"你先琢磨琢磨""我琢磨着他不会回来了"。(2)读 zhuómó。指对玉石器等进行精细加工、打磨。同时也引申为对文学艺术作品进行加工使之更趋于完美。如"切磋琢磨"。

一撮毛(zuǒ)

"撮"字,量词,用于成丛的毛发。如"一撮毛"。鲁迅在《且介亭杂文·病后杂读之余》中写道:"而且对于拥有二百余年历史的辫子的模样,也渐渐的觉得并不雅观,既不全留,又不全剃,剃去一圈,留下一撮。"另外"撮"字也读 cuō。从《广韵》仓括切,中古入声字。一指用手捏住细碎的东西拿起来,动词。二作量词,表示用手指所撮取的极少的分量,如"一撮盐""一撮芝麻"等。"一小撮"里的"撮"字,如果读 cuō,指撮取细碎的东西或借用于极少的坏人或事物。如"放进一小撮白糖""一小撮敌对分子"等。

作坊(zuō·fang)

指手工业工场。茅盾在《创造》中曾使用过"洗衣作"一词。巴金在《一封信》里曾用到"订书作"一词。宋代手工行业或技工以"作"为名,有"碾玉作""油漆作""腰带作"等。

1985 年普通话异读词审音规定:"作"字,除了在"作坊"一词里读 zuō 外,其余都读 zuò。于是,以前读阴平音的"作死""作揖""作弄""自作自受",读阳平音的"作料""作践"中的"作"字要一律读作去声。这条规定可以变通的是:《现代汉语词典》的标注,"作弄""作死""作揖"中的"作",口语里多读 zuō;"五行八作"读作 wǔhángbāzuō;在"作践""作料"中的"作",口语里多读 zuó。

酬酢(chóuzuò)

宾主相互敬酒,泛指应酬。"酬"是主人向客人敬酒,"酢"是客人用酒还敬主人。如《淮南子·主术训》有"故古之为金石管弦者,所以宣乐也;兵革斧钺者,所以饰怒也;觞酌俎豆,酬酢之礼,所以效善也"句。

第 1 版后记

播音员,在老百姓眼里,无非就是多认识几个字,能用普通话字正腔圆地念念稿子而已。常听编辑记者们说:来,用用你的嘴巴!似乎播音员只有个嘴巴。且不说播读稿子须先用眼,后用脑,最后才轮到嘴。单就说用嘴吧,首先要走脑走心,其次也有个嘴巴好不好使的问题。每每遇到这样的尴尬,我是只能付之一哂。毕竟隔行如隔山嘛!

我绝对不是因为多认识几个汉字,就非要把这部分内容硬生生编成一本书,滥竽充数。实在是因为在三十多年的播音实践中,我切身体会到汉字读音还真是一门学问,一定要将它归之于哪个学科,倒也未必现实,它还真的撑不起一门专门学科,甚至连边缘学科也算不上。但是一个播音员如果经常读白字、读错字,那可就糟透了。相信每个播音员都曾经读过白字和错字,都曾经汗颜过,因此都会对此感同身受。

方块汉字,博大精深。形、声、义相互脱节,难读、难认又难写,"通儒不能遍识"。单说"读",过去是"三千字内做文章",今日就文化的普及程度而言,已无多少文章可做,但若想将五六万汉字都读得准确无误,也绝非易事。举其要者有三:其一,中国传统文化向来重写轻读,古人留下来的有关文献寥若晨星,《广韵》《集韵》的"反切"注音年代久远,相当一部分已无法与现代声韵相合,只能作为读音辨证的辅资。其二,汉字构成的原则"六书"也已基本失去应有的作用,形旁已不大象形,声旁也不太谐声,"秀才认字认半边"几乎成了历史陈迹。不仅如此,近现当代大小工具书对字音的标注各执一词。且不论《康熙字典》《中华大字典》《辞源》《辞海》等稍早些的工具书,即便是近些年出版的《新华字典》《现代汉语词典》《汉语大字典》《汉语大词典》《新华词典》《现代汉语规范词典》等,虽然事实上已成为校正和研究字音的依据,但这些工具书对字音的标识尚不具备法律效力,这又构成一难。自上世纪50年代始,国家语言文字部门先后对汉字读音做过四次审订,但其标准至今尚不为多数人所熟知,生活中、交际口语中读音讹误多舛,俯拾皆是;前些年个别新版工具书对字音的标注竟然还与国家审定标准相左,客观上也助长了旧音的流布。更为遗憾的是,在大众有声传媒(广播、电视)中的读音也缺乏章制,既无培训,也无监督。无怪乎时下主持人节目中、课堂教学中、生活交往中读错字、读白字的现象不比写错字、写白字为轻,有时几乎到了见怪不怪的地步,令人欷歔扼腕。

汉字读音,与写字、构词、炼句、谋篇一样,从来就是文化人的"世袭领地"。读和写,犹如车之两轮、鸟之双翼,不可或缺。俗话说:没有规矩,无以成方圆。审慎与精当,说到底也是一种文化、一种学养。具体到汉字的读音又何尝不是!笔者有感于兹,将平时搜集的容易误读的字词整理出来,并加以适当诠释,目的是希望我们大家都了解和使用正确的汉字读音,少读些白字、错字,少点汗颜和遗憾,于公于私都不无裨益。

  2004年,作者编著的《实用普通话》(中国国际广播出版社出版)一书里收辑过播音员汉字读音的辨析内容。今次,受中国传媒大学出版社同仁赵欣、李艳华老师等邀约一起将汉字读音辨析内容单列辑录成册,重新付梓,感动与感谢一并在焉。

张涵

2011年3月于济南

图书在版编目(CIP)数据

播音员主持人汉字读音手册/张涵编著--2版. --北京：中国传媒大学出版社,2018.10（2021.11重印）
("我们爱朗读"系列丛书)
ISBN 978-7-5657-2385-8

Ⅰ.①播… Ⅱ.①张… Ⅲ.①汉字—语音—手册 Ⅳ.①H11-62

中国版本图书馆 CIP 数据核字（2018）第 202642 号

播音员主持人汉字读音手册（第2版）
BOYINYUAN ZHUCHIREN HANZI DUYIN SHOUCE(DI-ER BAN)

编　著	张　涵
策划编辑	赵　欣
责任编辑	赵　欣　张　笛
特约编辑	高卓毓
责任印制	李志鹏
封面设计	拓美设计
出版发行	中国传媒大学出版社
社　址	北京市朝阳区定福庄东街1号　邮　编　100024
电　话	86-10-65450528　65450532　传　真　65779405
网　址	http://cucp.cuc.edu.cn
经　销	全国新华书店
印　刷	唐山玺诚印务有限公司
开　本	880mm×1230mm　1/32
印　张	13.5
字　数	340 千字
版　次	2018 年 10 月第 2 版
印　次	2021 年 11 月第 2 次印刷
书　号	ISBN 978-7-5657-2385-8/H・2385　定价　38.00 元

版权所有　翻印必究　印装错误　负责调换